공부가 된다

공부가 된다

초판인쇄 2003년 6월 2일
초판발행 2003년 6월 10일

지 은 이 설지인 · 최고운 외 53명
기 획 신구비
책임편집 이승희 · 변경혜
출판제작 김진섭 책공방
펴 낸 이 김정순
펴 낸 곳 (주)북하우스
출판등록 1997년 9월 23일 제1-2228호

주 소 110-795 서울시 종로구 운니동 98-78 가든타워빌딩 802호
전자메일 editor@bookhouse.co.kr
홈페이지 www.bookhouse.co.kr
전화번호 741-4145~7
팩 스 741-4149

ISBN 89-5605-056-2 03370

공부가 된다

설지인 · 최고운 외 53명 지음

북하우스

|책을 펴내며|

희망을 전하며

처음 이 원고를 제안받았던 때가 떠오른다. 눈이 내린 이후 갑자기 기온이 더 떨어져 길 곳곳이 빙판길이었던 겨울날이었는데, 지금 이렇게 책이 세상에 나오려 하니 벌써 봄은 지나가버리고 여름이 성큼 다가와 있다. 그리고 처음 원고를 쓸 때 저자들의 모습과 지금 저자들의 모습 또한 많이 달라진 것 같다. 각자 자신의 길을 찾기 위해 고민하며 하루하루 삶을 살아가는 저자들의 모습이 그 당시와 같을 수는 없으리라. 비록 중고등학교를 다닐 때 항상 마음 한켠을 무겁게 했던 '입시' 라는 짐은 덜어버렸지만, 정작 자신이 어떻게 앞으로 살아가야 할 것인지에 대해 더 무거운 고민을 안고 살아가기 때문일까. 이런 대학생들의 입장에서 자신이 지금까지 걸어온 길을 되돌아보았을 때, 후배들에게 하고 싶은 말이 단순히 한두 마디에 그칠 수만은 없을 것이다.

그렇기에 이 책이 세상에 나오게 되었다. 지금 교실 안에서 후배들이 걱정하고 있을 진로 문제, 학습 문제, 건강 문제, 생활관리 문제 등을 조금 더 일찍 체험하였고, 지금 후배들이 겪고 있는 것과 똑같은 어려움을 겪었고, 결국 나름대로의 성공적인 방법으로 그러한 관문을 잘 통과해나갔던 선배들이다. 같은 경험을 해봤기 때문에 아직 자신이 왜 공부를 하는지, 그리고 어떻게 공부를 해야 하는지를 몰라 힘들어하고 있는 후배들에게 도움과 격려가 될 수 있도록 하고 싶은 말이 많았을 것이다. 이 책 안에 소중하게 보관되어 있는 55명의 솔직한 체험담을 매개로 후배들이 저자 한 사람 한 사람과 좋은 선후배로서의 만남을 가질 수 있었으면 한다.

가끔씩 이런 생각을 한다. '이 책을 다 읽고 난 후배들의 소감을 한 단어로 표현한다면 어떻게 말할 수 있을까?' 여러 단어가 떠오르지만 무엇보다도 '희망' 이라는 단어가 머릿속에 제일 먼저 떠오른다. 자신에게 맞는 방법을 찾아내고, 자신이 왜 공부하는지에 대해 뚜렷하게 인식하고, 그리고 성실히 노력만 한다면 누구나 자신이 원하는 대학에서, 자신이 원하는 학과 공부를 할 수 있다는 희망 말이다.

열심히 학교에서 야간자율학습을 하다가, 학원에서 보충 학습을 하다가, 또는 집에서 잠시 휴식을 취하다가 이 책을 펼쳐들었을 후배들이 직접 말을 걸어보고 싶은 선배에게 언제든 연락할 수 있도록 저자들의 이메일 주소를 글과 함께 넣어두었다. 공부하는 도중에 궁금한 것이 있다면, 그리고 더 물어보고 싶은 것이 있다면 항상 고민을 털어놓을 수 있는 선배를 찾을 수 있게 문을 열어두려는 작은 배려이다.

아무쪼록 이 책이 본래 세상에 나오고자 했던 의도처럼 많은 후배들에게 힘과 격려가 되었으면 한다.

싱그러운 관악의 5월 햇살 아래에서

설지인 · 최고운

차례

| 책을 펴내며 | 희망을 전하며 **4**

1

성적 많이 올리기가 된다

곽병수 수학 28점짜리의 성공기 **13**

고동욱 공부역전은 가능하다! **22**

임준형 나를 완전히 바꾸고 싶다 **36**

조해성 고3 때 모의고사 점수 70점 올리기 **46**

2

방법을 알고 나니 공부가 된다

서 진 공부에 체계를 잡자 **63**

성현영 내신과 수능, 한꺼번에 잡기 **78**

이은혜 백 투 더 퓨처 **87**

이수정 교과서가 곧 진리 **100**

박기용 영역별로 감 잡기 **106**

김은혜 모르는 것은 반드시 짚고 넘어가라 **118**

정혜윤 문제집만 줄창 풀었다 **127**

박상웅 구체적이고 자세한 계획을 세우다 **132**

강기현 60일만에 영어 10점 올리기 **142**

최영한 수학공부, 나처럼 하라! **150**

노형우 고3 막판 7주 필살의 비기 수첩 **156**

3

시간 '제대로' 활용이 된다

지경아 일 년 동안 이과생 되기의 어려움 **175**

방민영 학교공부만으로도 충분하다 **183**

최 광 학습계획표 만드는 법 **193**

고아라 내신공부 준비 비법 **199**

김선미 일일 계획수첩 만들기 **204**

김지효 틈새시간 공부법 **211**

김경애 번데기 득도하기 **220**

남경보 시험 볼 땐 진지하게 **230**

4

나만의 공부 스타일을 찾게 된다

이정훈 공부를 재미있고 흥미롭게 한다고? **239**

박세욱 공부는 내 체질이 아니라고? 체질도 바꿀 수 있다! **248**

이용준 한 과목씩 끝내기 **256**

신용남 어렵게 공부하자 **269**

김종훈 마인드맵을 그려라 **276**

양윤걸 문제는 집중력이다 **286**

염지연 나는 노력파 **291**

양재욱 안 되면 되게 하라: 당근과 돈키호테 **298**

최고운 언어영역, 취약과목에서 만점과목으로 **308**

김지현 나는 올빼미족 **326**

5

목표를 갖게 된다

김희준 특별히 힘겨워하는 후배들을 위하여 339
설지인 꿈을 꾸는 사람은 다르다 351
길경환 Why not the best? 359
김민재 I Can Do It! 366
김나연 나의 전교 1등 도전기 374
이민희 지금 알고 있는 걸 그때도 알았더라면 380
김영후 지금에 충실하라 385
전현석 자기대화 392
정윤주 세상, 미래, 그리고 난? 397
류승민 변화는 작은 것에서부터 409

6

'현역'이 아니어도 합격된다

이경호 등고자비 421
허유진 돌아서, 다시 내 자리로 436
최정성 삼수를 통해 자신감을 얻다 446

7

수시 합격, 준비하는 사람에게 기회가 오게 된다

김혜영 '제대로' 아는 것이 중요하다 **457**

심효정 03학번 새내기의 수시 합격기 **469**

강명훈 수시냐 정시냐 **474**

이슬기 Make hay while the sun shines **481**

김은경 대학입시는 정보 전쟁 **487**

8

남들과 조금은 다른 나의 꿈, 펼치게 된다

김재연 향상음악회 **495**

신경진 저만의 노하우, 들어보실래요? **503**

이민우 서울대 체육교육과 합격 전략 **511**

김정은 독하게 마음먹어라 **519**

1

성적 많이 올리기가 된다

곽병수 **수학 28점짜리의 성공기**

고동욱 **공부역전은 가능하다!**

임준형 **나를 완전히 바꾸고 싶다**

조해성 **고3 때 모의고사 점수 70점 올리기**

수학 28점짜리의 성공기

곽병수 서울대 외교학과 99학번

"공부? 3학년 때 하지 뭐!"

3학년 올라가서 공부하겠다는 것이 일반 사람들의 시각으로는 말도 안 되는 이야기일 것이다. 물론 지금 와서 돌이켜보면 조금은 황당한 구석이 없지 않다는 것을 느낀다. 하지만 나는 정말 그렇게 생각했다. 고3이 되기 전까지는 말이다.

중학교를 졸업하고 고등학교라는 새로운 세계에 첫발을 내디디면서 나름대로 가졌던 생각이 있었다. '1, 2학년 때에는 좀 놀아도보고 본격적인 공부는 3학년 올라가서 해보자.' 아니, 좀더 정확히 말하면 '어차피 3학년 되면 죽도록 공부해야 할 텐데…… 그렇다면 조금이라도 여유 있을 때 노는 게 낫다!' 이런 심정이었다. 물론 논다는 것이 마냥 시간만 흘려보내자는 것은 아니었다. 학교생활, 대학입시의 틀에서 조금 벗어나더라도 정말 해보고 싶은 것들, 다양한 것들을 접하면서 좀더 의미 있는 고교시절을 보내고 싶다는 생각이 간절했고, 그것은 어느 정도는 입시경쟁에서 나를 보호하기 위한 타협책이었다.

또한 한편으로는 중학교 때까지 그럭저럭 상위권의 성적을 유지했던 터라 '나중에 조금만 노력하면 되겠지……' 라는 자만심이 어느 정도 작용했던 것도 사실이다. 하지만 중학교 때의 실력만 믿고 자만했던 것이 말 그대로 허세였음을 깨닫는 데에는 그리 오랜 시간이 걸리지 않았다.

고등학교에 들어오자마자 중학교와는 사뭇 다른 분위기에 주눅이 들지 않을 수 없었다. 대부분은 이미 대학 진학을 목표로 하고 들어온 학생들이었기에 나름대로 어깨가 무거웠던 것도 있지만, 시간이 갈수록 '면학분위기 조성' 이라는 명목으로 은근히 공부를 강요하고 점수에 따라 학생을 평가하는 학교 전체의 분위기가 피부로 느껴졌다. 벌써부터 과외를 하거나 학원에 다니는 친구들이 하나 둘 늘어갔고, 학교에서는 반강제적으로 보충수업과 야간자율학습을 시켰다. 그러나 나는 방과후에 친구들과 놀러다니거나 잡다한 책들을 읽으며 시간을 보낼 뿐이었다. 특별히 예습이나 복습을 하는 일도 없었고, 공부에 대한 관심도 수업시간에만 한정될 뿐이었다.

그러다 첫 수능 모의고사와 중간고사를 치르게 되었다. 수능 유형의 모의고사는 처음 접하는 것이니 만큼 내 실력을 테스트하는 기분으로 보았는데, 결과는 266점이었다. 이 정도면 특별히 좋은 것도 나쁜 것도 아니라 생각하며 담담하게 넘어갔지만, 중간고사 결과는 약간 당혹스러웠다. 과목 평균이 75점이었는데, 기대에 못 미친 평균 점수도 그랬지만 수학이 28점이라는 사실에는 아연해지지 않을 수 없었다. 고등학교는 중학교와 많이 다르다는 이야기를 듣고도 별로 개의치 않았던 나는 그제서야 그 말을 실감할 수 있었다. 공부를 하지 않고도 요행으로 좋은 성적을 기대한다는 것은 통하지 않는다는 것을 조금씩 느꼈다. 하지만 그럼에도 공부에 대한 의욕은 더 커지지 않았다. 수업 내용이 어렵다보니 제대로 따라가지 못해 공부에 흥미를 잃고 있었기 때문이다. 특히 영어와 수학의 경우, 선생님은 내용을 이해하는 몇몇에게 맞추어 수업을 하는 듯했고, 나는 도무지 이해를 못해 수업시간에 멍하게 있거나 조용히 잡담하는 것으로 시간을 보내곤 했다. 결국 1학년 내내 전체 과목 평균은 70점까지 떨어졌고, 영어는 50점대, 수학은 30점대를 맴도는 상황이 되었다. 수능 모의고사도 240점대로 떨어졌는데, 특히 수학은 문제를 푸는 것보다 찍는 것이 훨씬 많아 대체로 20~30점을 왔다갔다하는 수준이었고, 그냥 다 찍어버린 적도 있었다.

이대로 가다가는 계속해서 성적이 떨어질 것 같은 불안감 때문에 2학년에 올라가서는 나름대로 공부에도 신경을 써야겠다는 생각을 했다. 어차피 예습, 복습이야 할 턱이 없었으니, 수업이 재미없더라도 일단은 들어보자고 스스로를 타일렀다. 그렇게 수업시간만이라도 내용을 따라가보려 노력하니 기억에 남는 것도 많아지고 어려운 부분도 조금씩 줄어드는 것 같았다. 영어 단어도 이전처럼 한 번만 보고 넘어가기보다는 따로 메모해두고 한 번이라도 더 보니 뭔가 머릿속이 '채워진다' 는 느낌이 들었다. 그런 식으로 첫 시험에서 간신히 80점을 넘길 수 있었다. 하지만 여전히 친구들과 어울리는 시간이 많았고, 생활도 크게 달라진 것은 없었다. 공부에 대한 의욕도 단순히 '자존심' 을 유지하려는 것 외에는 별다른 동기가 생기지 않았고, 오히려 '공부를 왜 하는가' , '무엇을 위해서 공부하는가' 에 대한 의문들이 생겨나면서 미래에 대한 고민을 하기 시작하였다. 친구들과 술을 마시며 고민을 주고받기도 하고 관심 있는 책들을 읽으며 무언가를 찾아보려고도 했다. 그러나 쉽게 풀릴 만한 문제는 아니었다. 대학에 가기 위해 공부해야 한다고 하면서도 그 이유에 대해서는 별다른 실마리를 주지 않는 현실을 원망하기도 하였다.

그렇게 혼란을 느끼면서도 한 가지 재미를 붙인 일이 있었다. 1학년 때부터 시작했던 '겨끔내기'라는 문예부 활동이 그것이다. 처음에는 그저 '시 쓰는 방법이나 배워볼까' 하고 들어갔던 곳이었는데, 1학년 가을 축제에서 〈문학의 밤〉이라는 공연을 하고 나서는 써클 활동에 많은 애착을 가지게 되었다. 문예부 활동은 평소에 시나 소설, 수필 등을 쓰고 축제 때 다양한 공연을 통해 작품발표회를 하는 것으로, 그만큼 노력이 많이 들기는 하였지만 직접 쓴 글을 스포트라이트를 받으며 낭송하고 관객들로부터 박수를 받는 데서 짜릿한 감동을 느낄 수 있었다. 한 시간 남짓의 공연과 그것이 끝난 이후 무대에 남겨진 여운을 맛보기 위해 부원들과 많은 연습을 했던 시간들이 무척 소중하게 다가왔다. 2학년 가을, 후배들과 부대끼며 공연을 멋지게 해낸 후 뒷풀이 도중 갑자기 왠지 모르게 '국문과에 가고 싶다'는 욕구를 강하게 느꼈다. 이전까지 별로 진지하게 생각해본 적도 없었던 일이고 구체적으로 무엇을 하고 싶은 것인지 스스로도 명확하지 않았지만, 문예부 활동과 같은 일을 계속 하면 참 좋겠다는 생각이 들었다.

어쨌든 막연하게나마 대학에 가면 좋겠다는 생각을 가지면서 '왜 공부를 하는가'에 대한 답이 어느 정도 찾아지는 것 같았다. 이제는 공부하는 것도 단순히 자존심을 위해서가 아니라 무언가 이루고자 하는 목표를 위해 해야 하는 것이 되었다. 그리고 이왕 하는 것이라면 보다 '잘' 하고 싶다보니 조금씩 공부에 흥미가 붙기 시작했다. 국사, 세계사 등 무엇을 안다는 것 자체로 재미있는 과목들도 생기면서 공부라는 것이 꼭 성적을 올리기 위해서만은 아니라는 것도 조금씩 느끼게 되었다. 다행히 2학년 기말고사는 만족스러운 결과를 얻으면서 마무리할 수 있었다.

그러나 학교 성적이 올라도 수능 모의고사 성적이 오르지 않는 것이 걱정거리였다. 가고 싶은 학교, 가고 싶은 학과에 가기 위해서는 수능이라는 관문을 통과해야 하는 것이 어쩔 수 없는 현실이라면, 수능 성적을 올려야 하는 것은 하나의 과제였다. 하지만 기초가 부족한 나로서는 무엇부터 어떻게 해야 할지 잘 몰랐고 2학년말까지 270점대에 오르는 것도 꿈만 같은 일이었다.

가장 어려운 것은 수학이었다. 1학년 때는 공통수학을 거의 찍다시피하였고, 2학년 올라와서는 수학1을 어느 정도 이해할 수는 있었지만 모의고사를 보면 언제나 20~30점대를 맴돌았다. 다른 과목이야 수업시간에 들었던 것을 기억하면서 부족한 부분을 메우면 되었지만, 수학만큼은 아예 포기하거나 완전히 처음부터 시작해야 했다. 집안 형편상 과외를 받거나 학원을 다니는 것도 쉬운 일은 아니었다. 결국 남은 시간 동안에 그 어려운 수학을 다시 시작한다는 것은 위험부담이 너무 크다고 생각하였고, 다른 과목들에 치중하기로 마음을 잡아가고 있었다. 그런데 뜻하지 않은 곳에서 행운이 찾아왔다.

3학년 선배들의 수능 결과가 발표되던 날, 세상이 떠들썩했다. 시험이 쉬워져서 평균 30~40점이 올랐다는 것이다. 더욱 놀라운 것은 앞으로 어려운 수능을 지양하고 교과서만 가지고도 풀 수 있을 정도로 난이도를 조정하겠다는 이야기였다. 이러한 상황 전개에 '그렇다면 나에게도 가능성이 있지 않을까?' 하는 생각이 들었다. 수학이 쉬워진다면 한번 해볼 만하다는 생각이 들었다. 물론 교과서만 가지고 어떻게 공부를 할 수 있겠냐 하는 의구심이 없지는 않았지만, 그래도 반신반의하면서 낙서밖에 없는 나의 수학교과서를 집어서 훑어보았다. 확신은 없었지만 '나도 한번……' 하는 모험심이 발동하였다. 결국 수학에 도전하기로 했다. 정말로 교과서만 풀어보기로 했다. 교과서조차 이해하지 못해 쩔쩔매던 나로서는 교과서만 마스터하면 무언가 길이 열릴 것만 같았다. 교육부 방침을 완전히 믿기는 어려웠지만 속는 셈치고 도전해보기로 하였다.

2학년에서 3학년으로 넘어가던 1997년 겨울, 겨울방학은 고스란히 공통수학과 씨름하는 데 보내야 했다. 기초가 없는 상태에서는 아무리 수능문제를 많이 풀어봤자 실력이 쌓일 리 없다고 생각하고, 방학동안 수학 교과서를 처음부터 끝까지 풀어보기로 한 것이었다. 어떤 날은 여러 장 넘어가기도 하고 어떤 날은 한 장도 못 넘길 때도 있었다. 정석에 나와 있는대로 이렇게도 풀어보고 저렇게도 풀어보면서 모르는 부분이 있으면 시간이 얼마가 걸리든 그 다음으로 넘어가지 않았다. 교과서와 정석을 번갈아가면서 풀어보고 한 부분의 내용이 이해되었다고 생각되면 그 부분에 대한 문제집을 풀어보는 식으로 계속 반복해나갔다. 그렇게 하다보니 수학을 '이해한다'는 게 어떤 것인지 감이 잡히는 듯했다. 이해가 되다보니 자신감이 붙었고 점차 책장을 넘기는 속도가 빨라졌다. 지금까지 어렵다는 이유 하나만으로 아예 쳐다보지도 않았던 수학도 자꾸 쳐다봐주니까 내 것이 되는 듯했고, 그렇게 미워할 필요도 없는 것 같았다. 어느덧 방학이 끝나갈 즈음, 그렇게 두꺼워 보이던 수학 교과서도 끝이 보였고, 마지막 장을 넘길 때의 기분은 말로 설명하기 어려울 정도로 홀가분했다. 그렇게 자신감을 얻고 나니 내친 김에 수학1도 끝장을 봐야겠다고 생각했다.

봄방학이 시작되면서 공통수학을 하던 것과 똑같은 방식으로, 교과서와 정석, 연습장과 문제집 하나를 책상 위에 올려놓고 한 장 한 장 넘겨나갔다. 수학1은 다행히 수업시간에 들어놓은 것이 있어서 공통수학보다는 일찍 끝낼 수 있었다. 다른 과목도 아예 안 할 수는 없어서 조금씩 하긴 했지만, 고스란히 수학공부로 보낸 방학이었다.

지금까지 어렵다는 이유 하나만으로 아예 쳐다보지도 않았던 수학도 자꾸 쳐다봐주니까 내 것이 되는 듯했고, 그렇게 미워할 필요도 없는 것 같았다.

그렇게 겨울방학과 봄방학이 끝난 후, 첫 페이지부터 마지막 페이지까지 나의 손길이 스쳐간 수학 교과서를 보면서 피식 웃었다. '그래, 이렇게 하면 되는 것을…….' 그동안 수학이라면 지레 겁먹고 고개부터 휘저었던 내 모습이 떠올랐다. 막상 마음먹고 해보면 안 될 것도 없는 것을, 해보지도 않고 포기해버렸다면 이런 뿌듯함은 결코 느끼지 못했을 것이다. 여전히 어려운 문제를 접하면 끙끙대긴 했지만 교과서를 한 번 다 풀어보았다는 경험이 자신감을 안겨주었다. '까짓거, 교과서도 다 봤는데 못할 게 뭐가 있어?' 하면서 한번 잡은 문제는 완전히 이해가 될 때까지 놓지 않았다.

그렇게 수학이라는 콤플렉스를 자신감으로 바꾸어놓고 이제 무엇을 해야 할 것인가를 생각해보았다. 별다르게 고민할 것은 없었다. 중학교 졸업할 때부터 가졌던 생각을 그대로 실천하는 것이 남았다. 1, 2학년 때 친구들과 후회 없이 놀기도 했고, 문예부 활동을 하면서 좋은 경험을 얻기도 했다. 좋아하는 텔레비전 프로그램도 빠지지 않고 보고, 읽고 싶은 책이 있으면 내키는 대로 읽기도 했다. 이제 '지옥 같은 고3'이 되었으니 남은 시간 동안은 다른 것을 잠시 미루고 눈 딱 감고 공부에 열중해보기로 마음을 잡았다. 하지만 그것은 타의에 의해 어쩔 수 없이 해야 하는 것이 아니라, 내가 원하는 것을 이루어보기 위해 선택한 길이었기에 그다지 지옥처럼 느껴지지는 않았다.

다행인지 3학년 첫 모의고사에서 처음으로 300점을 넘겼다. 수학도 교과서를 본 효험이 있었는지 40점이 넘은 것을 보고, 다시 한번 자신감이 생겼다. 이후 한결 쉬워진 모의고사에서 수학은 50~60점대가 유지되었고, 다른 과목들 점수도 조금씩 오르는 것이 보였다. 2학년 때까지 80~90점을 오가던 언어영역과 수탐II도 100점대를 유지하였고, 외국어영역도 전반적으로 향상되어 70점대에 진입하게 되었다. 그렇게 시간이 흘러 불볕 같은 여름이 물러날 즈음, 꿈에 그리던 모의고사 360점대에 진입하는 기적 같은 일도 벌어졌다.

시간은 가을로 접어들고 날씨도 점차 싸늘해져갔다. 이제 남은 시간은 그동안 보아왔던 내용들을 잊지 않도록 다시 한번 정리하는 데 쏟기로 하였다. 새로운 문제, 어려운 문제를 풀기보다는 하나라도 잊어버리지 않는 것이 더 중요하다고 생각했기 때문이었다. 어느 정도 긴장은 유지하되, 마음 편안하게 먹고 하루하루를 보내기로 하였다. 학교에서는 시간이 나는 대로 모의고사 문제를 풀어보고 집에 와서는 교과서를 훑어보면서 전체적인 흐름을 그림 그리듯이 잡아가는 데 시간을 보냈다. 모의고사 점수가 그럭저럭 360점 안팎으로 유지되는 것을 보면서 안도감이 들기도 하였다. 수학에는 각별히 신경을 써서 시간을 조금 더 투자했다. 그 결과 마지막 모의고사에서 수학 80점이라는 믿기지 않는 경험도 선물처럼 받게 되었다. 비록 진짜 수능에서는 60점대를 기록하긴 했지만 말이다. 어쨌든 그렇게 수능 치는 날이 다가왔고, 전날 아무 생각 없이 일찍 자고 일찍 일어나 약간의 긴장감과 편안한 마음가짐 속에 수능을 무리 없이 치를 수 있었고, 예상보다 좋은 결과가 나오는 행운도 얻을 수 있었다.

애초에 나에게 대학이라는 목표를 심어주었던 국문과에는 가지 않았다. 3학년 때 '정치' 과목에 흥미를 가지게 되었고, 이전부터 보아왔던 잡다한 '사회과학 서적'의 영향으로 또다시 막연하게 사회과학에 끌렸기 때문이다. 그래서 중도에 목표를 수정하였다.

목표라는 것은 고정불변의 것도 아니고, 그럴 필요도 없다. 다만 어느 순간에는 크든 작든 적절한 목표를 잡고, 이를 실현하기 위한 계획을 세워 실천할 수 있는 자신감이 필요하다. 그러나 자신감은 그냥 주어지는 것은 아니다. 이것은 내가 수학을 통해 얻은 교훈이다. 지레 겁먹고 포기하는 것도, 그렇다고 무작정 뛰어드는 것도 절대 현명한 방법은 아니다.

이 글을 읽는 후배들도 공부는 왜 하는지, 목표는 무엇인지, 그리고 무엇을 해야 하는지에 대해 스스로에게 많이 질문해보기 바라며 이 글을 마친다.

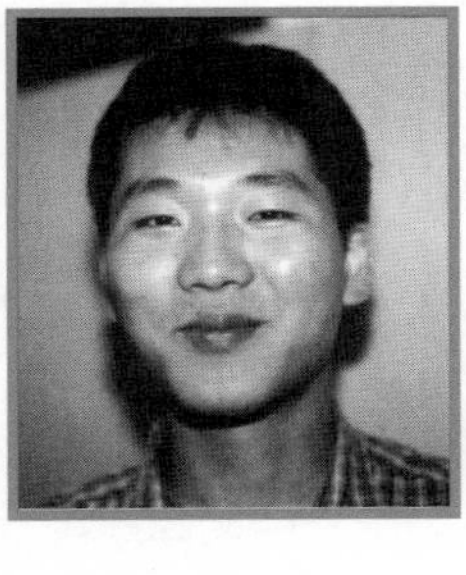

곽병수 jorgue@hanmail.net

출신학교 서울 도봉중학교—온수고등학교 • **태어난 해와 별자리** 1980년생 천칭자리 • **혈액형** A형 • **나의 좌우명** 없다.

공부역전은 가능하다!

고동욱 서울대 경제학과 99학번

나는 중학교 때까지 공부를 열심히 하지 않았었다. 서울대는커녕 서울에 있는 4년제 대학도 가기 힘든 성적이었다. 그때는 왜 그랬는지 모르지만 공부가 너무 싫었고 빨리 집에 가서 컴퓨터 게임을 하고 싶다는 생각만 하면서 하루하루를 살았다. 세운상가에 있는 게임 복사집에 다니면서 새로운 게임을 하는 것이 내 인생의 낙이었다. 게임 잡지도 두 권씩 사보면서 게임에 대한 열정을 불태우고 공부는 뒷전이었다. 우리 친척 한 분은, 내가 서울대를 가면 헬리콥터를 사준다고도 했었다. 내가 서울대 갈 거라고는 정말 나 자신도 상상조차 못했다. 서울대는 정말 천재들만 가는 곳인 줄 알았었다.

중학교 때에는 성적에 기복이 좀 있는 편이었다. 못할 때는 전교 250등에서, 잘할 때는 전교 10등까지(이건 딱 한 번뿐이어서 아직도 기억이 난다) 성적의 변동폭이 매우 컸다. 중학교 때 한 번 봤던 전국 모의고사가 전국 10퍼센트 정도 수준이었는데, 이 정도로는 서울에 있는 4년제 대학에 가기도 힘들었다. 고등학교에 들어가기 전까지는 시험 보기 전날 당일치기하는 정도 외에는 별로 공부해본 적이 없다. 다만 영어는 좋아하는 편이라 다른 사람보다는 조금 더 공부했었다. 물론 그래봐야 공부 잘하는 전교 상위권 애들보다는 못했지만 말이다. 그것도 사실은 컴퓨터 오락의 대부분이 영어로 진행되기 때문에 못 알아먹는 게 답답해서 공부한 것이었다.-.-;; 중학교 때는 그냥 무뇌충같이 살았다. 공부도 안 하고 그렇다고 사람들이랑 어울려서 논 것도 아니고, 오로지 컴퓨터 오락만 했다. 시험 때 잠깐씩만 공부하는 정도였고 계획을 세워서 장기적으로 무언가를 해본 적은 한 번도 없었다. 그래서 고등학교에 진학할 때가 되니까 슬슬 걱정이 되기 시작했다.

공부를 못하면 집안 분위기상 무시받을 수도 있어서 대학은 잘 가고 싶었고, 내 게으른 성격에는 공부를 많이 시키는 고등학교로 가는 것이 좋겠다는 생각도 들었다. 그래서 마침 그해 생긴 위례외국어고등학교(지금의 서울외국어고등학교)를 지원했다. 한창 외고 경쟁률이 낮을 때라 운 좋게 합격하게 되었다.

고등학교에 입학한 후로는 중학교 때와는 너무도 다른 생활이 펼쳐졌다. 매일 밤 열시반까지 이어지는 자율학습에, 주말에도 학교에 나가서 공부하는 생활이 이어졌다. 신설학교인지라 윤리와 지리, 화학과 물리를 한 선생님이 가르치셔야만 하는 등 시스템이 확립되지 않아 혼란스러웠다. 하나 좋은 게 있다면 아이들을 열심히 공부시킨다는 것뿐. 2, 3학년 때가 되자 새로운 선생님들이 오시면서 선생님 부족 현상은 많이 개선되었다. 그런데 신기한 것이, 수업시간에 앉아 있는 것, 수업 듣는 것은 지루했지만, 나름대로 목표 세워서 공부하고 모르는 것을 알아가는 재미가 쏠쏠했다. 그러면서 '아, 서울대 가야겠다' 는 생각을 하게 됐다. 기왕에 공부도 재미있는데 한번 열심히 해서 가보자, 이렇게 된 것이다. 그때 성적은 물론 서울대 갈 성적은 절대로 아니었다. 1학년 때는 서울에 있는 4년제 대학 갈 정도의 성적은 나오기 시작했지만, 서울대는커녕 연고대 가기도 힘든 성적이었다. 입학 초기보다는 성적이 올라서 전교 50등 안에는 들게 되었지만 말이다.

그런데 외고라는 것이 남녀공학인지라 연애에 또 관심이 가게 돼서 여학생 하나를 좋아하게 되었다. 세상이 참 묘한 것이, 그 친구는 내 친구를 좋아하고 내 친구는 나한테 관심을 가지고 있던 여학생 좋아하고 해서, 물고 물리는 사이가 됐다. 사각 관계라고 해야 하나? 어찌어찌 하여 내가 좋아하던 여학생이 나와 같은 반 친구 녀석과 사귀게 됐다. 무척 분했다. 그 친구들은 둘 다 나보다 공부를 잘했다. 그 '불상사' 가 있고 나서 방(전교등수 50등까지 성적순으로 이름과 점수를 종이에 써서 공개적으로 벽에 붙이는 아주 비교육적인 제도다)이 붙었는데 그 친구들 이름이 나보다 위에 있는 거였다. 아 화난다, 이렇게 된 거 뭐라도 하나 잘하고 살아야겠다 싶어서 미친 듯이 공부에 집중했는데 1학년 2학기 중간고사에서 갑자기 전교 1등을 했다. 선생님들도 혹시 너 커닝한 거 아니냐, 정말 저게 맞냐고 하셨는데, 선생님들의 그런 반응이 당연한 거라는 생각이 들었다. 나 역시도 정말 신기했다. 그 이후로는 공부하는 재미도 알게 되어 계속 열심히 하게 됐다. 공부해서 다른 사람들에게 인정받을 때의 뿌듯함 그리고 공부 자체가 주는 즐거움을 알게 되면 그 재미에서 빠져나올 수가 없다. 다른 거로는 공부에서 얻는 재미 이상의 무언가를 얻어낼 수가 없기 때문이다. 적어도 고등학교 때는.

그렇게 공부하다보니 3학년 즈음에는 서울대학교에 지원할 수 있는 성적이 나오기 시작했다. 중학교 때 나보다 훨씬 공부 잘하고 내가 도저히 따라잡기 힘들어 보였던 친구들보다 내가 더 공부를 잘하게 된 것이다. 요새 유행하는 인생역전이 이루어진 것이다. 주변에서 나를 보는 시선과 대우가 너무나 달라졌다. 나 자신은 그다지 변한 것이 없는데도 말이다.

누구나 주위사람들에게 인정받으며 살고 싶은 욕구가 있다. 그런 욕구가 있다면, 학생시절에는 공부하는 방법이 가장 좋다. 주위에 자신을 우습게 보는 사람들이 있어서 기분이 나쁘다면 공부를 통해 인생역전을 한번 시도해보라고 권하고 싶다. 다만, 인생역전이 쉽게 되는 것은 아니니 그만큼의 노력을 쏟아야 하는 것은 감수해야 한다.

공부를 잘하고 싶다면 좋아해라

중학교 때 우등생이었던 친구들과 중학교 때 평범한 편이었던 내가, 고등학교에 입학한 이후 왜 그런 차이가 나게 되었는지는 나도 정확하게는 모른다. 아마 고등학교 시절에는 그 친구들보다 내가 공부하는 것을 좀더 좋아했기 때문이 아닐까.

어떤 일을 싫어하면서도 잘할 수도 있다. 그렇지만 그것은 뼈를 깎고 피를 토하는 노력과 의지가 필요한 일이기에 공부를 잘하고 싶다면 공부를 좋아하라고 말하고 싶다. 그렇지 않은 소수의 천재들도 있겠지만 나는 인생을 바꿔보고 싶은 사람들을 위해 이 글을 쓰는 것이기에 이런 말밖에는 해줄 수가 없다. 그들보다 더 공부를 좋아하라고.

그렇다면 공부역전은 가능하다.

공부를 좋아하라는 말이 너무 추상적으로 들리는가? 그렇더라도 나는 그런 재미를 느끼면서 공부해서 성공했기에 그렇게밖에 말할 수 없다. 공부하면서 느끼는 괴로움에서 쾌감을 느끼라니, 내 말이 이상하게 들릴 수도 있다. 그런데 공부를 잘하게 되면 주변의 시선이나 자기 스스로 자신을 생각하는 모습이 달라진다. 사람은 누구나 인정을 먹고사는데, 공부 잘하면서 사람들이 자신을 인정해줄 때의 뿌듯함은 엄청나다. 스스로의 모습에 자신감을 갖게 되고 말이다.

그리고 공부 자체가 재미있기도 하다. 수학은 어느 정도 경지에 오르기만 하면 제일 재미있는 과목이다. 두뇌 퍼즐 같아서, 심심하면 수학문제 하나 풀고 싶고, 다른 공부 하다가도 '아 수학이 하고프다' 이렇게 된다. 그런데 그 정도의 경지가 처음부터 되는 게 아니기 때문에 힘들게 절대량을 쌓아야 한다. 나는 고등학교 1학년 때, 수학 100점 만점에 10점도 맞아봤고, 40점 만점 모의고사에 20점을 넘은 적이 없었다. 그래도 교과서 읽다보면 앞서 간 사람들이 만들어놓은 개념들이 재미있었다. '이 사람 머리 진짜 좋은 거 같네' '나도 몰라서 못하는 건 아닌데 왜 저놈들은 저렇게 머리가 좋은 거야' '나도 질 수 없다' 이런 생각을 했다. 그리고는 연습장을 바닥부터 쌓아나가면 된다. 외우다보면 이해가 간다.

수학에 재능이 있는 친구들은 나같이 안 해도 될지 모른다. 그런데 자기가 워낙 못하는 과목을 공부하려면 스스로 최면을 걸어야 된다. '난 할 수 있다' '난 똑똑하다' '노력하면 된다' 이렇게 말이다. 나도 수학 때문에 죽을 맛이었는데 해보니까 됐다. 제일 안 좋은 게 자기 자신을 무시하는 것, '난 안 돼……' 라고 생각하는 것, 그 과목에 공포감을 갖고 시도조차 하지 않는 것이다. 고등학생이면 아직 젊지 않은가? 열정도 가장 많을 나이 아닌가? 에너지도 넘치고…… 그 에너지를 쏟아부으면 못할 게 없다. 그렇게 순수하고 열정이 있는 시기가 인생에서 좀처럼 자주 오는 게 아니다.

공부를 위한 순서

다음의 순서는 꼭 공부뿐만 아니라 앞으로 이루어내고 싶은 일에 전반적으로 적용될 수 있다. 독자의 취향과 적성에 맞게 받아들여 변용해서 쓰는 것이 좋겠다.

목표를 세워라

목표는 무엇이 되어도 좋다. 멀리는 자기가 가고 싶은 대학을 목표로 삼는 것도 좋고 가까이는 반에서 몇 등이라는 형식이 되어도 좋다. 목표는 반드시 필요하다. 목표가 있다면 지금의 어렵고 힘든 상황을 참아낼 수 있다. 주위에서 누가 뭐라고 하든, 나를 뒤흔드는 일이 일어나든, '나에겐 내일이 있다' 고 믿으면 힘이 난다. 내일을 위해 목표를 세워라.

자신감을 가져라

목표를 세웠는가? 그렇다면 자신감을 가져야 한다. 맨손으로 시작해 일본 최대의 사업가가 된 손정의 소프트뱅크 사장의 좌우명은 '아무런 근거 없는 자신감' 이었다고 한다. 사과상자 위에 올라가 꼭 이

회사를 최고로 일구어내겠다고 한 그 자신감. 다른 사람이 보기엔 미쳤다고 하기 딱 좋은 자신감이 결국 그를 최고로 만들었다. 다른 사람이 어떻게 보든, 뭐라고 하든, 자신의 목표를 확실히 세우고, 난 한다, 할 수 있다는 자신감을 가져라. 그 목표를 이루어낸다면 사람들의 평가는 바뀌게 마련이다. 이것은 실제로 나의 경험담이기도 하다.

자기최면을 걸어라

난 할 수 있다. 난 멋진 놈이다. 지금의 내 모습은 이렇지만 내일의 내 모습은 다를 것이다…… 이렇게 자꾸 자기 스스로 자기 최면을 걸고 이미지 트레이닝을 해라. 그리고 불가능해 보여도 공부는 재미있다, 재미있다, 재미있다 하면서 자꾸 최면을 걸어라. 그러다보면 정말 가끔 공부가 재미있어지기도 한다. 개인적으로 나는 많은 암기과목들을 이렇게 자기최면의 방식으로 해결했다. 암기과목에 나오는 사항들로 퀴즈를 만들어 노는 것도 나름대로 재미있을 수 있다.

자신의 스타일을 파악하라

백 명의 사람이 있다면 그 백 명마다의 스타일과 사고방식은 다 틀리다. 내 주변의 서울대 학우들도 스타일이 다 틀리다. 법대 친구 중 하나는 치밀한 사고방식에 정석 스타일로 수업 듣고 정리해가며 공부한다. 서울대에 가장 흔한 스타일이다. 또 다른 법대 친구는 직관적이고 외도를 좋아하는지라 선생님 수업은 하나도 안 듣고 자기 혼자서 (그 친구네 고등학교는 시골 고등학교라 선생님들 수업의 질이 워낙 떨어져서 혼자 공부할 수밖에 없었다고 한다) 문제집만 풀어가며 똑같이 법대에 진학했다. 또한 공부를 즐기면서 재미있게 하는 사람이 있는 반면, 정말 죽도록 하기 싫지만 의지를 발휘하여 인내하며 공부한 친구도 있다. 심지어 어떤 친구는 자신은 새벽에 공부가 잘 된다면서 저녁부터 새벽까지 공부하고 학교에서는 잠을 잔 친구도 있다.

자신이 어떤 사람인지 우선 파악해라. 이를 위해 여러 가지를 시도해보아라. 수업도 들어보고, 학원도 다녀보고, 과외도 받아보고, 갖가지 방법을 동원해서 자기한테 맞는 스타일을 알아내라.

암기가 최고다

이 글에서 가장 중요한 부분이다. 아리스토텔레스가 공부를 지루해하는 알렉산더 대왕에게 "공부에는 왕도가 없다"라고 이야기한 것은 유명하다. 그렇지만 사실 공부에는 왕도가 있다. 바로 암기하는 것이다. 물론 수준 높은 차원의 공부에서는 다르다. 그렇지만 고등학교 수준의 공부는 암기하는 것이 곧 왕도이다. 암기 방식은 자기한테 맞는 대로 하라. 쓰면서 외우고 싶으면 쓰고, 읽으며 암기하고 싶으면 많이 읽고, 노래를 만들어 외우고 싶으면 노래를 만들어라. 유치해도 그 유치함 때문에 기억이 잘 난다면 무조건 해라. 창피해할 필요가 전혀 없다. 심지어 수학도 암기과목이다. 나는 고1 때 수학 100점 만점에 10점을 맞던 실력이었지만 고3 때는 수학 평균이 100점이었다. 훌륭한 선생님을 만난 덕이 가장 컸고 그 다음으로는 수학도 암기과목이라는 것을 깨달은 덕분이었다. 이해가 되지 않는 것을 억지로 이해하려고 해서 머리털 빠지고 자기 머리를 원망하지 말고 그냥 외워버려라. 그러면서 몇 번 문제를 풀다보면 저절로 이해가 가게 된다. 암기하고 절대량을 쌓아라!!

단, 암기하고 절대량을 쌓는 공부법이 적용되지 않는, 유일한 예외가 언어영역인데 언어영역은 좀 타고나야 한다. 단순한 암기로 해결되는 것이 아니기 때문에 힘든 면이 있는데 이를 위해서는 독서를 강력히 권한다. 평소에 공부는 하지 않더라도 교양이 풍부하고 글을 자주 접하는 친구들은 거의 대부분 언어영역에서 고득점을 올렸다.

집중해서 테마별로 공부하기

절대량이 쌓이고 성적이 많이 오르고 이제 무언가 될 듯한데 이상하게 그 벽을 넘지 못한다면 이제 남은 일은 집중력이다. 절대량이 많이 쌓이면 이제 어느 정도 놀아도 성적이 떨어지지 않는다. 대충 어디에 무슨 내용이 나오는지 외우고 있고 다른 사람에게도 척척 설명해줄 정도가 바로 절대량을 많이 쌓았을 때의 모습이다. 거기서 한 단계 올라가려면 집중력을 높이고 그 대신 공부하는 절대 시간을 줄여라. 좀더 어려운 고난도의 문제집을 본다든지, 지금까지 대충했던 부분을 완벽히 이해한다든지 하는 식으로 테마를 잡아서 공부하고 이전보다는 공부시간을 줄여라. 시간을 줄이고, 어렵고 힘든 문제와 약한 부분에 도전해라. 전체적인 내용 이해와 어려운 사항을 파악해가게 되면 이제는 그렇게 힘들게 공부하지 않아도 성적은 비슷하게 나온다. 이 경지에까지 이르면 최소한 자신이 목표한 학과가 있는 서울에 있는 대학에 갈 성적은 될 것이다.

구체적인 나의 공부법

목표 세우기-자신감 갖기-자기최면 걸기-자기 스타일 파악하기-암기하면서 절대량 쌓기-집중해서 테마별로 공부하기. 지금까지 내가 밝힌 단계별 공부법이다. 이 단계에 맞게 나는 어떤 식으로 공부했는지 구체적으로 이야기하겠다.

목표는 그때 그때 내 자신에게 맞게 잡았다. 성적 몇 점 올리겠다, 문제집 몇 권을 풀겠다, 저 얄미운 누구보다 잘하고야 말겠다, 뭐 이런 거였다. 목표에 맞게 조금씩 공부해가면서 자신감이 저절로 같이 커져가게 된다. 나는 용이다 절대 지렁이가 아니다 이렇게 자꾸 자기최면을 걸면서 계속 공부에 매달렸다. 거울을 보면서 '어 그놈 뉘 집 아들인지 참 잘 생겼네. 사람 중의 용일세' 이렇게 약간 나르시스적인 기질을 발휘해보고 말이다.

나는 고1 때 수학 100점 만점에 10점을 맞던 실력이었지만 고3 때는 수학 평균이 100점이었다. 훌륭한 선생님을 만난 덕이 가장 컸고 그 다음으로는 수학도 암기과목이라는 것을 깨달은 덕분이었다. 이해가 되지 않는 것을 억지로 이해하려고 해서 머리털 빠지고 자기 머리를 원망하지 말고 그냥 외워버려라. 그러면서 몇 번 문제를 풀다보면 저절로 이해가 가게 된다. 암기하고 절대량을 쌓아라!!

이제 본격적인 공부에 들어가면 된다. 내 스타일은 기본서를 중시하는 스타일이다. 수학으로 치면 정석, 영어로 치면 문법책(성문, 맨투맨), 이렇게 과목별로 가장 기본이 되는 책을 계속해서 보는 걸 좋아했다. 암기하면서 절대량을 쌓는 방법은 앞에서 말했다시피 연습장을 쌓아가는 거였다. 수학뿐만 아니라 갖가지 과목을 공부하면서 연습장을 애용했다. 방법은 무식하게 간단하다. 연습장 몇 권 사서 그걸 다 채우는 거다. 일주일에 한 권 채운다, 이런 각오로 말이다. 대부분의 과목을 다 연습장에 쓰면서 외웠다. 그렇다고 무식하게 내용을 다 쓰지 말고, 필요한 부분만 쓰면서 외우는 거다. 그리고 가끔 순차적으로 내용도 정리해보고, 내용 정리가 잘 됐다 싶으면 그 부분의 연습장은 찢어서 몇 번씩 보고 또 보기도 했다. 수학을 예로 들면, 좀 쉬운 문제집 하나랑 병행하면서 정석 예제 풀고 연습문제 풀고 그랬다. 내가 아는 친구 중 한 녀석이, 수학 잘하고 싶으면 문제집 두 권 사서 하루에 한 장(고등학교 수학은 공통수학은 수1 모두 일곱 개의 장으로 되어 있다)씩 일주일 동안 미친 듯이 풀라고 했다. 그 친구는 지금까지 내가 본 사람 중에서 수학을 제일 잘했다. 그 친구 말을 듣고 나도 따라 해봤는데, 나는 수학문제집 두 권을 푸는 데 이 주가 걸렸다. 그것도 어느 정도 실력이 완성된 재수 시점이었는데도 도저히 수학문제집 두 권을 일주일만에는 풀지 못했으니, 이 절대량을 쌓는 기간은 다 자기한테 맞게 해야 한다는 점은 명심할 것. 내가 그 과목에서 초보 수준이면, 친구 한 명을 찍어서 그 친구가 쓰는 연습장의 두 배를 써보라.

사실 나는 고등학교 1학년 2학기 중간고사 이후 공부에 대한 큰 갈등이 없었던 것 같다. 정작 갈등이 있었다면 재수하고 삼수하면서 수학성적이 오르지 않을 때였다. 사실 많은 문과생들이 수학 때문에 고생할 텐데, 사실은 수학도 암기과목이다. 꼭 필요한 것은 외워야 하는데, 단지 이해해야 한다는 강박관념에 휩싸여 있으면 수학 점수가 극복이 안 된다. 계속 암기하다보면 어느 순간 이해가 간다. 내가 수학 공부하면서 쓴 연습장을 쌓으면 바닥에서 천장까지 두 번은 쌓을 수 있다. 정말이다. 이 과정을 단축시키려면 좋은 선생님을 만나야 하는데 그건 각자의 인연이 닿아야 하는 문제이다. 사실 공부 안 하고 평범하게 살다가 공부 잘하려면 좀 돌아야 된다. 정상적으로 행복하게 살려면 힘들다. 수학 연습장 하나 더 쌓으면서 내가 이 연습장을 천장까지 쌓고야 말리라, 이런 식으로 좀 독한 마음을 가져야 된다. 그리고 수업시간에 선생님들이 간단한 질문을 하실 때, 그냥 멍하니 있지 말고 적극적으로 대답해보라. 그래서 틀리면 창피한 만큼 나중에 기억에 남고, 맞으면 재미있어서 또 기억에 남고 그렇다. 수업시간에든, 자습시간에든 적극적으로 임해야 한다. 남들보다 뒤처져 있는데 그걸 따라가려면 적극성과 끈기가 반드시 필요하다.

재수하고 삼수할 때는 성적이 이게 한계다 싶을 정도로 정체기를 맛보면서 많이 괴롭기도 했다. 정말 죽을 맛이었다. 그래도 그냥 묵묵히 했다. 별 생각 없이 마음을 비우고.

그리고 공부할 때는 국영수에 치중해서 공부해야 한다. 국영수는 점수가 어느 수준에 도달하면 성적이 고정되고 점수 변동폭이 작아진다. 특히 수학과 영어가 그렇다. 그래서 1학년 때는 반드시 수학과 영어에 집중해서 실력을 쌓아야 한다. 마음을 제대로 다잡고 비장한 각오를 하고, 뭐 이런 대단한 절차는 필요 없다. 그냥 하는 거다. 공부는 머리가 아니라 엉덩이로 하는 거다. 아무리 좋은 선생을 붙여도 자기가 앉아 있지 않으면 말짱 도루묵인 것이다.

그리고 또 하나, 아주 중요한 것이 놀이이다. 적당히 놀지 않으면 공부도 못한다. 나는 친한 친구들이랑 농구 같은 스포츠도 즐겨 했었고 술도 좀 마시면서 학교를 다녔었다. 시험이 끝나면 맥주 한잔 정도 해보고 그랬었다. 간간이 쉬어줘야 공부도 할 수 있다. 시험기간에는 보통 많이 무리하게 되니까 시험 끝나고는 조금 놀아라.

그리고 특히 잠. 잠도 하루에 여덟 시간 정도는 자야지 그렇지 않으면 공부 내용이 머리에 들어오지 않는다. 잠은 충분히 자야 공부할 수 있다. 필요한 수면량이 적은 사람이야 복받은 거지만 나는 여덟 시간은 자야 공부할 수 있었다.

그리고 내가 쓴 교재는 수학은 정석이랑 디딤돌 그리고 모의고사 문제집과 EBS 문제집이었고, 언어영역은 디딤돌, 하이라이트, 그 외 각종 모의고사 문제집이었다. 언어영역을 대비해 아무거나 닥치는 대로 독서도 했다. 신문은 필수고, 공상과학소설도 즐겨 읽었다. 영어는 원래 흥미를 가지고 있었고 재미있어했던 과목이라 별 어려움이 없었고 맨투맨과 학교 교재를 중심으로 봤다.

내가 보기엔 요즘 교재 수준이 거의 평준화되었다. 따라서 마음가짐과 노력이 더 중요하다.

그냥 열심히 많이 암기하고 문제를 많이 풀어보라. 내가 과외를 해본 결과, 너무 편한 것만 찾는 학생들은 실력이 늘지 않는다. 공부할 각오가 되어 있는 학생들이 점수가 오른다는 거다. 내가 수학 과외한 애 중에 체육하는 학생이 있었는데, 그 녀석은 수학 80점 만점에 20점 받던 친구였다. 그런데 이 친구가 저력이 있었다. 체력도 좋고 열심히 하고 수업시간에 집중하려고 하고 질문도 많이 하고 적극적이었다. 사고 치고 다니다가 그 녀석 어머니가 눈물과 신앙으로 교화해서 대학 가기로 마음먹고 고3 돼서야 공부를 시작한 학생이었다. 공통수학만 공부하긴 했지만 실제 수능에서 그 친구는 80점 만점에 60점 정도 받았다. 해본 사람은 알 것이다. 모의고사에서 수학 점수 20점이면 거의 다 찍는다는 얘긴데, 그런 학생이 수능에서 60점 받았다면 정말 잘한 거다. 단 넉 달 공부하고 말이다. 마음가짐이 이렇게 중요한 거다.

암기과목을 재미있게 외우기 위해 국사와 세계사 연표 외우기 놀이를 해서 문제당 백 원씩 친구들과 서로 주고 받았다. 그러려면 함께할 친구가 옆에 있어야 된다. 국사 연표 오늘은 삼국시대다! 하면 그날 계속 그 연표만 외우다가 집에 가기 전에 갑자기 물어보는 거다. 여제 동맹은 언제? 장수왕은 언제 태어나서 언제 죽었나?

또 하나는 친구들이랑 서로 내기를 하는 거다. 서로의 문제집에서 자기가 문제를 찍는다. 그리고 상대방에게 그 문제를 보여주고 풀게 해서 상대가 맞추면 백 원(금액은 자유다!)을 내가 그 친구에게 주고, 틀리면 내가 받는다. 사람이 원래 돈에 약하지 않은가. 그렇게 해서 모은 돈으로 매점에 가서 빵도 먹고 우유도 마시면서 승리의 기쁨을 누려보는 것도 좋지 않을까.

하지만 계속해서 강조하지만, 팁만 밝히고 쉬운 것만 찾으면 절대 실력이 늘지 않는다.-.- 엉덩이 무거운 게 최고다.

고동욱 killerlooks@hanmail.net
서울외국어고등학교－종로학원(재수)－연세대 상경대 합격 후 삼수 • 1979년생 물고기자리 • A형 • 즐겁게 살자.

나를 완전히 바꾸고 싶다

임준형 서울대 국사학과 01학번

내 이야기는 많은 친구들에게 희망을 줄 수 있을 것이라고 생각한다. 나는 원래 그다지 공부를 잘하는 학생이 아니었으나 고등학교 시절 나만의 공부방법으로 피나는 노력 끝에 서울대에 입학하게 되었다. 나는 누구나 할 수 있는 이야기는 하지 않겠다. 대신 약간 독특했던 나의 공부방법과 입시준비의 경험을 바탕으로 (나는 고교 1학년 때부터 수시모집을 목표로 입시를 준비했다) 나만이 할 수 있는 이야기를 하도록 하겠다.

대전환—어제의 나와 작별하자

중학교 시절 나의 석차는 전교 50~60등 가량이었고 공부에도 별로 흥미가 없었다. 그러나 중학교를 마칠 무렵 나는 공부를 잘하고 싶다는 마음이 간절하게 들었고, 큰 전환이 필요하다고 생각했다.

집안 형편이 그다지 좋지 않았고 거기에서 벗어나고 싶다는 생각이 강렬하게 들었다. 당시의 별 볼일 없던 인생에서 빠져나와 정말 특별해지고 싶었다. 그 생각이 이전의 물렁물렁하던 나를 믿을 수 없을 정도로 독한 나로 만들어주었다.

내가 선택한 방법은 환경을 완전히 바꾸는 것이었다. 어제의 나와 작별하고 싶어도, 어제의 나를 둘러싼 환경이 그대로 있는 한 그것은 불가능하다. 새로운 환경을 찾아 나는 내 친구들 대부분이 가는 고등학교가 아닌, 다른 고등학교를 선택하여 진학했다. 나를 전혀 모르는 친구들이 있는 곳에서 나는 새로 시작했다.

그래서 나는 전교 60등으로 고교에 입학하여 일 년 후, 2학년 첫 모의고사에서 문과 전체 1등을 할 수 있었다.

사실 고등학교 3년 중에 고1 일 년간 가장 독하게 공부했다. 이후에는 마음이 해이해져서 고1 때만큼 열심히 공부하지 못했다. 하지만 고1 때는 정말 독했다. 항상 이를 악물거나 입술을 깨물고 있었던 것 같다. 나를 지배하던 것은 인생을 바꾸고 싶다는 생각이었다. 그리고 그냥 미친 듯이 열심히 했다. 아무것도 쳐다보지 않았고 아무 생각도 하지 않았다. 특별히 시간관리를 했다기보다는 공부 이외에 아무것도 하지 않았다. 이래도 성적이 안 오르면 오히려 그게 정말 이상하다고 생각한다. 사실 보통 각오가 아니면 이렇게 하기는 힘들다. 모르는 부분이 많을 때가 사실 더 공부하기 편했다. 무작정 외우고 읽고 또 읽었다.

이 과목은 내가 짱

공부에 흥미가 없더라도 좋아하는, 혹은 마음에 드는 과목 한두 개 정도는 있을 것이다. 그 과목을 집중 공략하여 그 과목만은 자신이 전교에서 최고로 잘하는 과목으로 만들자. 그런 과목이 생기면 거기에서 터득한 노하우로 자연히 다른 과목의 공부에도 자신이 생기게 된다. 나의 경우 일본어와 한문을 좋아해서 집중 공략한 결과 일본어는 전국대회 동상, 한문은 전국대회 장려상을 타는 결과를 얻었고, 다른 과목의 공부에도 자신이 생기게 되었다.

일본어와 한문도 그냥 무식하게 막 했기 때문에 딱히 비법을 전하기 좀 그렇다. 그냥 두 과목이 왠지 쉬워 보였고 그 두 과목이라면 내가 쉽게 최고를 먹을 수 있을 것 같았다. 처음에는 일본어 자습서와 한문 자습서를 보고 또 봐서 새카맣게 만들었다. 이후에는 일본 영화와 일본 만화영화를 엄청나게 많이 보았는데 일본어 공부에는 이게 최고다.

그리고 교재는 자신 있게 말할 수 있다. 일본어는 일본어 능력시험 일급 교재를 보고 또 봐서 새카맣게 만들었고, 한문은 한자능력검정시험 일급 교재를 보고 또 봐서 새카맣게 만들었다. (그리고 고2 때 결국 둘 다 일급을 땄다.)

어떤 공부든지 본격 수험교재를 보고 공부하는 게 가장 좋다. 일본어와 한문에서도 나는 본격 수험 교재를 보았다.

영어도 그렇다. 텝스나 토익을 위한 본격 수험교재를 보다보면 수능 대비 영어교재는 그냥 하품만 나온다. (그래서 나도 〈It's TEPS〉를 보았었다.)

일본어능력시험 교재는 블랙박스에서 나온 게 가장 좋고 한자능력검정시험 교재는 딱 한 종류밖에 없다.

그 두 과목에서 최고 수준에 이르게 되자 공부방법이 그냥 보였다. 그냥 뭐가 중요하고 뭐가 안 중요한지, 어떤 걸 외워야 하고 어떤 건 그냥 이해만 해도 되는지가 보이게 됐다. 그리고 어느 정도로, 얼마만큼 공부해야 그 정도 수준에 이를 수 있는지도 알게 됐다. 그래서 그런 비법들을 다른 과목에 더 적용할 수 있게 되었다.

공부에 흥미가 없더라도 좋아하는, 혹은 마음에 드는 과목 한두 개 정도는 있을 것이다. 그 과목을 집중 공략하여 그 과목만은 자신이 전교에서 최고로 잘하는 과목으로 만들자. 거기에서 터득한 노하우로 자연히 다른 과목의 공부에도 자신이 생기게 된다.

수능 대비는 문제풀이가 짱

해마다 계속해서 강세를 보이고 있는 재수생들의 성적이 증명하듯, 수능을 위한 공부의 정석은 문제풀이 위주의 공부이다. 수능도 이제 출제 팔 년째를 맞아 이미 문제 유형이 많이 정형화되었기 때문에 문제만 많이 풀면 완벽하게 대비할 수 있다. 계속 기본서에 얽매이기보다는, 약간의 기초라도 있다고 생각되면 바로 시중에서 파는 모의고사 문제집을 사다가 쌓아놓고 무작정 푸는 편이 수능 모의고사 성적 향상에 훨씬 더 도움이 된다. 그리고 그 편이 공부하기에 덜 지루하다. 나의 경우도 고교 시절 이백여 회에 가까운 실전 모의고사 문제를 풀었고 큰 효과를 보았다.

언어영역

이건 딱히 뭐라고 해줄 수가 없다. 서점에서 파는 모의고사 기출문제 묶음이 있을 것이다. 그거 많이 풀다보면 성적이 올라간다.

수탐I

〈디딤돌 개념원리 수학〉을 풀고 풀고 또 풀었다.

수학은 다른 과목과 약간 다른 게, 기초 개념을 정말 튼튼히 알고 있어야 한다. 그리고 그 기초 개념을 튼튼하게 만드는 데는 개념원리가 짱이다. 그냥 개인적으로, 수학 점수가 70점으로 올라가기 전까지는 다른 문제집 보지 말고 개념원리만 계속 풀고 또 푸는 게 가장 좋은 공부방법이라고 생각한다.

수탐II

이것도 문제풀이가 짱이다. 수탐II는 기본서를 같이 보면서 문제집을 보는 게 좋다.

나는 블랙박스에서 나온 기본서(참고서)를 보았는데, 요즘 나오는 누드교과서도 참 괜찮은 것 같다. 그리고 서점에서 파는 모의고사 기출문제 묶음을 무진장 많이 풀면서 틀린 부분을 계속 기본서에서 확인하자. 그래서 기본서를 새카맣게 만들어가자.

외국어영역

아까도 얘기했지만 본격 수험 교재를 보다보면 수능 영어는 그냥 껌이다. 〈It's TEPS〉라는 교재를 보고 또 봐서 새카맣게 만들었었다. 그런데 한 가지, 수능 영어는 그래도 수능 영어만의 스타일이란 게 있으므로 그 문제를 푸는 감각을 떨어뜨리지 않기 위해 서점에서 파는 모의고사 기출문제 외국어영역은 계속 풀었다.

수시를 노려라!

수시모집 선발이 대폭 늘어나면서 고1 때부터 수시를 노리고 준비하는 학생이 많아졌다. 수시모집에서 중요한 것은 논술과 면접, 수상 경력, 특별활동 그리고 내신 성적이다. 서울대 수시모집 학교장 추천에 합격한 나의 경험을 바탕으로 하나씩 이야기를 풀어놓겠다.

논술

논술은 일찍 시작할수록 좋다. 최소한 고등학교 1학년 때부터는 준비해야 한다. 그렇게 하면 남과 확실한 차이를 낼 수 있다. 논술 학원에 다니며 최대한 많은 글을 써보자. 논술은 많이 쓰는 게 최고다. 그런데 나는 혼자서 계속 쓸 자신이 없어서 학원에 갔다. 학원에서 강제로 쓰라고 시켜주니까 논술을 많이 쓸 수 있었다. 고등학교 때 논술 준비한다고 책 많이 읽는다는 것은 심각한 착각이다. 고등학교 때는 책 읽을 시간이 없다. 논술을 정말 제대로 준비하는 방법은 철학을 공부하는 것이지만 그 방법은 그다지 권하고 싶지 않다. 고등학교 입시 공부란 대개 암기이다. 그러나 철학을 공부하게 되면 모든 문제의 근본을 캐는 버릇이 생기기 때문에 빨리빨리 암기하는 것이 중요한 고등학교 공부엔 오히려 해가 될 수 있다. 대신 그저 많이 써보는 것을 권한다. 많이 쓰면 늘게 되어 있다.

면접

면접은 논술을 준비하면 자연히 해결된다. 면접(구술)은 결국 말로 하는 논술이기 때문이다. 그리고 논술학원에서 대개 구술도 지도해준다. 구술은 수능 전부터 준비할 필요는 없고 수능이 끝난 후 학원을 다니며 한두 달 준비하면 충분하다.

수상경력

수상경력은 중요하다. 특히 서울대 수시를 노린다면 전국대회 입상 경력 하나쯤은 있어야 한다. 최대한 많은 대회에 도전해보자. 나도 대회에 나가는 것을 좋아해서 일본어, 한문, 논술 등 다양한 대회에 나갔었다. 대회에 많이 나가는 것은 더 넓은 세계를 접하게 해주고 세상엔 정말 열심히 사는 인재들이 많다는 사실을 깨닫게 해주어 자신을 계발하는 데 큰 도움이 된다. 다만 그로 인해 자신의 공부 페이스를 잃지는 않아야 한다.

특별한 특별활동

공부를 잘해야겠다고 마음먹었다면 자신의 모든 생활을 공부로 수렴시키겠다는 자세가 필요하다. 그러니 입시에 도움이 되는 특별활동을 하자. 나의 경우 CA는 일본어회화반에 들었고, 동아리는 시사토론 동아리를 했다. 일본어는 일본어 대회 입상을 노린 것이었고, 시사토론 동아리는 물론 논술과 면접 준비를 위한 것이었다. 다만 특별활동까지 공부와 관련되는 것을 한다는 게 너무 질린다는 생각이 든다면 예능에 관련된 것을 하되 그 활동을 통해 스트레스를 확실히 해소할 수 있도록 하고 또 그 시간만은 정말 최선을 다해 열심히 하자. 공부를 잘하기 위해서는 공부뿐만 아니라 모든 시간에 최선을 다하겠다는 자세가 중요하다.

수시모집 합격을 위해서는 간부경력도 필요하다. 소심한 성격 때문에 반장, 회장 등의 선거에 나가는 것을 기피하는 친구들도 있을 것이다. 그러나 걱정할 것 없다. 사람은 경험과 실패를 통해 성장하며, 또 자리가 사람을 만든다고 했다. 패기를 가지고 간부직에 도전한다면 어느덧 한 단계 성장해 있는 자신을 발견할 수 있을 것이다.

정말 특별한 활동을 하나 하자. 요즘에는 국토대장정 등에 고등학생들도 꽤 참여하는 것 같다. 수시모집에서 심사위원에게 강렬한 인상을 주기 위해서, 또 고등학교 시절 멋진 추억을 하나 만들기 위해서라도 특별한 활동을 하나 해두는 것이 좋다. 나의 경우는 고교시절 취미였던 일본어를 살려 일본 정부에서 후원하는 두 차례의 일본 연수여행에 참가했다. 입시를 위해 누구나 해야 하는 봉사활동, 그 봉사활동을 정말 의미 있는 시간으로 만들어본다면 어떨까. '지구촌나눔운동' 이라는 시민단체의 홈페이지(www.globalsharing.org)에 가면 해외 봉사활동에 관한 안내를 볼 수 있으니 참고하기 바란다.

내신은 시험기간에만 충실하자

대부분의 학생들에게 결정적으로 승부가 나는 것은 수능이기 때문에, 내신에 너무 집착하는 것은 좋지 않다. 평소에는 수능공부를 열심히 하다가 내신은 시험 일주일 전부터 준비하는 것이 좋다. 다만 내신고사를 공부하는 기간에는 죽을 힘을 다해 내신고사에만 집중하여 공부한다. 알다시피 내신은 단기간 암기력 싸움이다. 그러므로 너무 오래 전부터 준비하는 것도 좋지 않고 단기간 동안 최고도의 집중력을 발휘하여 최대한의 내용을 암기하는 것이 중요하다. 그런데 내신고사 기간에 학교가 일찍 끝난다고 시내로 놀러다니거나 낮잠을 늘어지게 잔 다음 느지막하게 공부를 시작하는 친구들이 있다면 미안하지만 그런 친구들은 천재가 아닌 이상 그 시험에서 좋은 성적을 받기는 힘들 것이다. 바란다. 평소의 내신 준비는 수업시간에 집중하는 것으로 충분하다. 다만 시험기간에 밥 먹을 시간도 아껴가며 최선을 다해 공부하자. 시험이 끝나면 비록 다 잊어버릴 내용일지라도 죽을 힘을 다해 암기하자. 그렇게 자신의 모든 것을 소진시켜 공부한다면 내신고사가 끝난 후 며칠 정도 논다고 해서 뭐라고 할 사람은 아무도 없을 것이다.

마지막으로 당부하고 싶은 것은 시간관리에 관한 것이다. 성공하는 사람과 그렇지 않은 사람의 차이는 시간관리를 어떻게 하느냐에 달려 있다고 해도 과언이 아니다. 순간순간마다 지금 자신이 하고 있는 일이 자신의 미래에 어떤 영향을 끼칠지를 생각하며, 언제나 긴장을 잃지 않고 살아가기를 바란다.

또 하나. 이건 공부법과 직접적으로 관계 있는 이야기는 아니지만 꼭 해주고 싶다.

자신이 세상을 위해 무엇을 할 수 있을지를 생각하자. 꿈을 품자. 개인의 이익을 위한 꿈에 매몰되지 말고 세상을 위하는, 세상을 좀더 좋은 곳으로 바꾸겠다는 원대한 꿈을 품자. 원대한 꿈을 가진 모든 사람이 성공하는 것은 아니다. 다만 원대한 꿈을 품은 사람만이 그것을 이룰 가능성이라도 가진다. 원대한 꿈은 자신을 끊임없이 담금질하고 채찍질할 수 있는 원동력이 되어줄 것이다.

임준형 ilovejoon7@freechal.com
전주 해성중학교-한일고등학교 • 1982년생 전갈자리 • AB형 • 이상과 현실에 모두 충실한 삶이 되자.

고3 때 모의고사 점수 70점 올리기

조해성 서울대 지구환경시스템공학과 02학번

얼굴 한 번 본 적 없는 너지만, 내가 선배일 테니 그냥 편하게 이야기할게.

다들 그렇듯 나 역시 중고등학교를 거쳐오면서 많은 친구들을 사귀었어. 당연히 친구들 중에는 공부를 잘하는 친구도 있고, 또 성적이 그리 좋지 않은 친구도 있었지. 내가 정말 아쉬울 때는, 친구들이 자신이 가진 능력을 다 발휘하지 못하고 있는 게 눈에 보일 때였어. 말 그대로 '해도 해도 안 되는' 공부를 하고 있는 애들을 볼 때 말야. 지금 생각해보면, 그런 애들한테 내가 조금이라도 도움이 될 수 있지 않았을까 하는데, 또 한편으로는 내 공부방법을 다른 사람한테 잘 설명해준다는 게 그리 쉬운 일은 아니었을 거라는 생각이 들어. 지금 이 글을 쓰는 것도 쉽지 않거든.

어쨌든 이젠 대학에 와서 대학 공부를 하다보니 더욱 그때 친구들이 생각나. 난 솔직히 그 친구들보다 공부를 오래 했다거나 더 열심히 했다고 말하기에는 가슴 한쪽에서 양심의 가책을 막 느껴. 하지만 나한테 주어진 시간 동안 그 애들보다 효율적으로, 또 생산적으로 공부했다는 것만큼은 자신 있게 말할 수 있거든. 공부방법에 정답이라는 건 없는 거지만, 이제부터 중고등학교 시절의 내 경험을 바탕으로 이야기를 풀어나가보려고 해.

공부는 어떻게 하냐고?

기초는 생명이다!

하루 종일 문제집만 풀어대고 있는 친구들 있지? 혹시 너도 그럴지도 모르겠다. 수업이고 뭐고 신경도 안 쓰고 오직 문제집에만 몰두하지. 일주일에 한두 권씩 막 풀어젖혀. 그래, 그러면 어느 정도까지는 성적이 오르는 게 보통이야. 문제 푸는 기술만큼은 분명히 느니까 말야. 하지만 그게 끝이야. 흔한 비유로 말하자면 '모래 위에 지은 성'이랄까.

학교 선생님들은 물론이고, 많은 사람들이 교과서의 중요성을 강조하지. 학습지 광고 같은 걸 보면 다들 교과서만 공부하고 명문대에 들어갔대. 나도 그땐 거짓말이라고 생각했어. 근데 지금 생각해보면 내가 했던 공부는 결국 다 교과서 공부였어. 간단하게 생각해봐. 만약 교과서가 중요하지 않다면 뭐하러 학교에서 황금 같은 수업시간에 계속 교과서만 가르치고 있겠니.

우선은 교과서를 확실히 해야 해. 그렇다고 따로 시간을 투자해서 교과서를 보라는 말이 아냐. 교과서 내용은 수업시간에 선생님들께서 자세히 가르쳐주시잖아. 수업시간을 절대 버리지 말고, 정말 열심히 하도록 해. 가끔 선생님이 공부와 상관없는 말씀을 하셔도 그냥 무조건 다 듣는 거야. 골라낼 수 있으면 좋겠지만 그렇게 잔머리 굴리다가는 중요한 수업 내용까지 다 놓칠 수 있거든. 졸리면 선생님께 한 대 때려달라고 해서라도 수업은 정말 열심히 들을 것! 또 그게 선생님들에 대한 최소한의 예의라는 점도 잊지 말 것!

난 공부를 아주 열심히 했던 건 아냐. 내가 고등학교 2학년말에 봤던 모의고사 점수는 320점 정도였거든. 근데 일 년 뒤에 본 3학년 마지막 모의고사는 394점이었어. 30~40개 틀리던 녀석이 두어 문제밖에 안 틀리게 된 셈인 거지. 일 년만에 이 정도까지 점수가 오를 수 있다는 게 나도 참 신기해. 근데 곰곰이 생각해보면 그 바탕은 바로 교과서였어. 난 1, 2학년 동안 누가 뭐래도 수업만큼은 진짜 열심히 들었거든. 그 기초 위에 3학년 일 년간의 연습이 쌓여서 좋은 결과를 얻을 수 있었던 거야.

문제집은 언제나 교과서 다음이야. 교과서에서 다 설명해주지 못하고 있는 것들을 익히는 도구가 바로 문제집이나 참고서 같은 것들이지. 그렇다고 문제집이 중요하지 않다는 건 아냐.

기억하자고. 공부는 교과서로 하고 연습은 문제집으로 해야 한다는 것. 무턱대고 문제집을 잡으면 문제집은 너한테 아무것도 말해주지 않아. 뭐라도 알고 있는 상태에서 문제집을 펼쳐야 문제도 보이고, 풀이도 보이고, 네 실력도 자라는 거야.

시간은 금이다!

고등학교 때, 제일 안타까운 친구는 바로 밤새고 공부하는 친구였어. 밤은 몸과 마음을 쉬게 하라고 신이 주신 귀한 시간이야. 밤에는 무조건 자! 밤에는 원래 자야 돼. 그게 맞는 거야.

그럼 공부는 언제 하냐고? 밤에는 자야 하니까 공부는 낮에 해야지. 밤 새는 친구치고 낮에 팔팔하게 돌아다니는 녀석 못 봤어. 잠이 부족하니까 당연히 낮에 졸리고, 그러다보면 수업시간에도 졸고, 하루 종일 피곤해서 맥을 못 추잖아. 뭐하러 밤을 샌건지 이해할 수가 없어.

고등학교 2학년말에 봤던 모의고사는 320점 정도였는데 일 년 뒤에 본 3학년 마지막 모의고사는 394점이었다. 그 바탕은 바로 교과서. 난 1, 2학년 동안 수업만큼은 진짜 열심히 들었다. 그 기초 위에 3학년 일 년 간의 연습이 쌓여 좋은 결과를 얻을 수 있었어.

자, 이제부터는 낮에는 공부하고 밤에는 자는 거야. 생각해봐. 어차피 잠은 자야 하잖아. 안 자고 살 순 없으니까. 그렇다면 아무 일도 없는 밤에 침대에 누워서 편하게 자는 게 좋을까, 학교 가서 수업 들어야 하는 낮에 책상에 불편하게 엎드려 꾸벅꾸벅 조는 게 좋을까?

잠 자는 시간을 아깝다고 생각하지 마. 뭐가 어찌 되었건 우리 몸은 일정 시간 이상 잠을 자야만 하니까 말야. 잠 자는 시간도 깨어 있는 시간에 좀더 나은 활동을 하기 위한 투자인 거지.

잠은 충분히 자는 것이 좋다고 생각해. 낮에 졸리지 않을 정도로 시간을 잘 조절하자고. 나는 밤 열두시반에서 아침 여섯시반까지, 여섯 시간 정도 잤어. 고3 때 학교 기숙사 생활을 했는데 기숙사생 1, 2, 3학년 통틀어서 내가 제일 일찍 자고 늦게 일어났어. 대신 나는 다른 애들이 낮에 꾸벅꾸벅 졸 때 졸지 않고 공부할 수 있었어.

그럼 깨어 있는 시간은 어떻게 써야 잘 쓰는 걸까?

우선 아침 자습시간. 주변을 둘러보면 하나같이 책상에 엎드려서 선생님 눈을 피해서 자고 있는 애들이 보이지? 하지만 너는 졸면 안 돼. 잠은 밤에 자는 거야. 잠에서 깬 지 얼마나 됐다고 아침 자습시간에 또 자니? 난 보통 어제 다 못한 숙제나 오늘 수업 예습으로 아침 시간을 썼는데, 아침에 좋은 책을 읽는 것도 좋다고 생각해. 따로 책 읽을 시간 내기 힘들잖아.

수업시간에는 주어진 시간대로 사는 게 제일 좋아. 국어 시간에는 국어 공부를 하고, 수학 시간에는 수학공부를 하는 거야. 영어 시간에 수학 숙제를 하고, 국어는 별로 공부 안 해도 된다는 생각에 국어 시간 내내 과학책만 붙들고 있거나 하는 건 참 바보 같은 짓이야. 학교 시간표를 사춘기 말기의 마지막 반항 대상으로 삼지는 말자고. 선생님께서 그 시간에 가르쳐주는 공부를 하는 게 좋아. 아는 내용이라도 또 들으면 더 확실하게 알게 되니까 나쁠 거 없잖아.

그리고 쉬는 시간에는 말 그대로 쉬는 게 좋아. 머리도 쉬고 몸도 쉬고. 쉬는 시간까지 계속 공부하면 대체 언제 쉴 수 있는 걸까. 근데 그 짧은 시간에 졸음을 해결해보려고 하는 건 참 위험한 일이야. 일반적으로 20분 이상은 자야지 피로가 풀린다고 하거든. 근데 쉬는 시간은 10분 정도잖아. 쉬는 시간 내내 달콤한 꿈을 꾸고 깨어나도 피곤한 건 마찬가지일 수 있고, 그럼 다음 시간 수업이 참 힘들 테니까. 점심밥 먹고 나른할 때 낮잠을 자는 건 오후 수업에 꽤 도움을 줄 수 있어. 나도 잠깐씩 잤거든. 하지만 수업시작 10분 전에는 깨서 세수도 하고 마음가짐을 정리해야 한다는 것을 잊지 말 것!

수업이 끝나고 나면 이제 자신과의 싸움이 시작되는 거야. 바로 자습 시간. 혼자 공부해야 하는 시간이지. 일단 자습에서 가장 중요한 건 복습이야. 어떤 연구에 의하면 사람이 한 번 본 것 중에 24시간 후까지도 기억하고 있는 것은 50퍼센트 정도밖에 안 된다고 해. 그런데

24시간이 지나기 전에 한 번 더 보게 되면 70퍼센트 정도, 48시간 이전에 또 한 번 보면 거의 100퍼센트에 가깝게 기억할 수 있대. 학교에서 오늘 배운 내용은 오늘 복습하자고. 학교에서 내주는 숙제도 복습의 일종이야.

교과서를 일단 이해하는 게 우선이고, 문제집은 그 다음이라는 점을 명심! 특히 암기과목의 경우엔 한 번에 오래 보는 것보다는 하루 정도 간격으로 여러 번 보는 게 기억하는 데 훨씬 좋아. 즉 삼일 전의 내용까지 연결해서 복습하는 거야. 이렇게 하면 국사 같은 걸 공부할 때 따로 흐름을 정리하지 않아도 자연스럽게 사건들이 연결되어 머릿속에 들어오는 장점도 있어. 나중에 시험에 대비해서는 교과서 내용을 쭉 보면서 자기가 놓친 것들만 정리하면 되는 거지.

난 자습할 때는 두 시간 단위로 했어. 한 번 책상에 앉으면 두 시간 정도는 앉아 있는 거지. 공부 내용도 되도록 같은 과목을 하려고 노력했고. 사이사이 시간에는 15분 정도 쉬면서 졸음이 오면 간단히 운동도 해보고 말야. 한 시간은 개인적으로 집중하기에 좀 짧은 거 같았고, 세 시간은 내 인내력 밖의 범위더라고. 너도 너한테 맞는 시간을 정해봐. 시간이 무조건 길다고 좋은 건 아니야. 보통 한 시간 이상 세 시간 이내가 좋은 것 같아.

이제, 황금 같은 시간인 주말과 휴일은 어떻게 써야 할까를 생각해 보자고. 뭐 특별할 것은 없어. 단지 휴일 같은 경우는 하루 종일 자신과의 싸움을 해야 한다는 점이 참 힘들다고 할까. 난 토요일 점심 먹고부터는 놀았어. 컴퓨터도 하고, 영화도 보러 가고, 그냥 집에서 뒹굴거리기도 하고 말야. 아무리 그래도 일주일에 반나절은 공부말고 다른 걸 좀 해야 하지 않을까 생각했거든. 내가 그 시간에도 공부하려고 마음먹었다면 아마 제대로 하지 못하고 기분만 상하거나 자책만 하지 않았을까 싶어. 뭐 공부를 하든 놀든 그건 자신의 선택이야. 중요한 건 자신과의 약속을 얼마나 잘 지킬 수 있느냐일 거야. 그리고 토요일 저녁부터는 다시 책상 앞에 앉았지. 그렇다고 밤까지 책을 덮어두기에는 주어진 시간이 그렇게 충분하진 않았으니까.

주말이나 휴일에 내가 했던 공부는 대부분 문제집을 통한 응용력 공부였어. 일주일간 배운 내용에 대한 복습의 일환이기도 했고, 실제 문제를 대함으로써 실전에 대비하려는 노력이었지. 이 시간을 잘 쓴다면 벼락치기로 시험공부를 해야 하는 일이 적어질 거야.

공부도 개성이다!

난 좀 결벽증이 있어서 뭐든 완벽하게 해야 직성이 풀리는 성격이야. 그래서 그런지 책은 두 권 정도만 펴서 책상을 깔끔하게 하고, 모르는 게 있으면 적어뒀다가 나중에 교과서나 참고서에서 관련 부분을 찾아보거나 선생님께 여쭤보아서 꼭 해결했어. 음악을 정말 좋아하지만 집중에 방해가 되어 공부할 때만큼은 듣지 않았고. 수업시간을 최대로 활용했고, 책의 설명이 부족하면 인터넷 등의 매체를 적극 활용했어. 인터넷을 검색해보면 전국의 학교 선생님들이 만들어놓은 자료가 아주 많거든. 그런데서 구한 한 장의 그림이 어려운 내용을 단박에 이해시켜줄 때의 기분은 정말 말로 표현할 수가 없지. 쉬는 시간에는 특별한 일이 없는 한 꼭 쉬었고, 졸리면 스트레칭 등의 간단한 체조를 하기도 했어.

1, 2학년 때는 거의 수업 위주로만 공부했고, 시험에 대비해서 시험범위 전체정리를 하는 공부가 대부분이었어. 물론 과목별로 문제집 한두 권 정도는 풀었지만, 따로 수능시험에 대비하지는 않았어. 그래

서 수능모의고사 성적은 별로였던 것 같아. 이때까지는 공부를 열심히 해야겠다는 생각은 별로 없었고, 그냥 주어진 시간에 거의 습관처럼 공부했어. 습관으로 공부하는 게 중요한 거 같아. 습관이 되면 공부하지 않으면 좀이 쑤시거든.

3학년이 되면서부터 수학, 과학 등의 주요과목은 구할 수 있는 대로 많은 문제집을 봤어. 진짜 수능 준비를 시작한 거지. 다섯 권 정도를 넘어가면서는 접해보지 못했거나 전에 틀린 적이 있었던 유형 혹은 고난도의 문제들만 골라서 풀게 되더라고. 나중에 가서는 문제집 한 권에서 실제 푸는 문제가 50문제 안팎이었어. 기타 과목 문제집은 각 과목별로 두세 개 정도만 봤고, 틀린 문제는 표시해두고 여러 번 반복하여 다시는 틀리지 않으려고 했지. 괜히 많이 볼 필요는 없다고 생각했고, 또 그럴 시간적 여유도 없었어. 문제집 하나를 봐도 완벽하게 내 것으로 만든다면 두세 권이면 만점 공략에 충분하다고 생각해.

문제집을 고를 때는 선생님께 추천을 받는 경우가 많았고, 내가 좋아하는 문제집은 '설명이 적고 문제가 많은 책'이었어. 교과서에 다 있는 설명으로 지면을 마구 채우고 있는 문제집들은 맘에 안 들더라고. 그런 의미에서 참고서는 문학 쪽만 조금 봤고, 나머지는 다 문제집을 사용했어.

수능모의고사 시험지는 개인적으로 최고의 문제들이라고 생각하며 다 모아두었다가 정말 너덜너덜해질 때까지 봤어. 수능모의고사 문제들을 되풀이 공부했던 것이 내가 했던 공부 중에 정말 최고의 효과를 내주었다고 생각해. 너도 꼭 하기를 바래. 수능모의고사 시험지 안에 수능 유형이 다 모여 있다고 생각하면 돼. 정말 최고라니까.

언어영역은 양이 방대한 만큼 문학과 비문학으로 나누어서 꾸준히

수능모의고사 시험지는 개인적으로 최고의 문제들이라고 생각하며 다 모아두었다가 정말 너덜너덜해질 때까지 봤다. 수능모의고사 문제들을 되풀이 공부했던 것이 내가 했던 공부 중에 정말 최고의 효과를 내주었다고 생각한다. 수능모의고사 시험지 안에 수능 유형이 다 모여 있다고 생각하면 된다. 정말 최고다.

했어. 문학은 거의 암기에 가까워서 갈수록 많은 작품을 접하게 되므로 쉬워지는 반면, 쓰기 영역이나 비문학은 높은 사고력을 필요로 했기 때문에 갈수록 어려워지더라고. 차분히 맘을 먹고 문제 하나하나를 신중하게 생각하면서 공부해나갔어. 보통 학생들이 언어영역은 다른 과목에 비해 별로 공부를 하지 않는데, 후반부로 갈수록 고득점의 열쇠는 언어영역임을 명심해야 해. 공부를 안 해도 순식간에 떨어지지는 않지만, 그만큼 공부를 해도 잘 오르지 않거든. 또 한번 떨어지면 회복이 매우 힘든 과목이 바로 언어영역이야.

수학문제집은 열 권 정도 봤어. 이 정도면 괜찮다 싶은 출판사의 책은 다 본 셈이지. 개인적으로 정석 시리즈를 싫어해서 중학교 2, 3학년 때 조금 보다가 고등학교 때에는 전혀 보지 않았어. 딱딱한 표지가 난 영 맘에 안들더라고. 최대한 많은 문제를 풀어보면서 실수하는 비율을 줄였고, 또 될 수 있는 대로 많은 유형을 접해봄으로써 실전에 대비했어. 참, 중학교 때 배운 도형 관련 내용을 꼭 다시 봐야 돼. 수능에서 비중이 꽤 높거든. 웬만한 문제집에는 다 그 내용이 따로 마련되어 있어.

사회탐구 역시 양이 많으므로 꾸준히 할 수밖에 없는 거 같아. 일반사회는 중요 용어와 그에 따른 내용 정리에 중점을 두어서 공부했어. 국사의 경우 앞에서 사건의 연결을 통한 인과관계를 중심으로 공부했고, 나중에 다시 검토하면서 놓친 부분들을 암기해나갔어. 철학 쪽은 각 사상의 변화 흐름과 그렇게 변화할 수밖에 없었던 시대적인 배경을 함께 짜맞추어가면서 공부했어.

내가 제일 자신 있던 과학탐구는 이해 위주로 공부하면서 논리적인 사고를 하려고 노력했어. 물리는 정말 외울 공식이 많았지만, 기본 공식 외에는 최대한 외우지 않으려고 했어. 내용 이해를 통해서 논리적으로 결론을 끌어내려고 했던 거지. 외우면 의미가 없거든. 잊어버리면 꽝이잖아. 아무튼 그 바탕에 문제집을 통해 문제해결능력을 길렀어. 여러 가지 자연 현상을 접해보고 그걸 과학적으로 어떻게 해석해야 하는지에 대한 공부를 문제집을 통해서 한 거지. 바로 그게 '과학'이기도 하고. 면접을 대비해서 많은 상식을 기르기 위해서 중요용어들을 인터넷에서 검색해본다든지 백과사전에서 찾아본다든지 해서 자투리 지식들을 많이 보려고 했어. 특정 사이트의 내용을 많이 봤다거나 하지는 않았어. 어디서든지 그냥 스쳐 지나가면서 한번 눈으로 훑은 글이나 그림까지도 다 도움이 되는 거니까. 그래도 좋은 사이트는 있더라. 과학 잡지의 공식 사이트가 대체적으로 도움이 많이 되었어.

영어는 단계별로 나와 있는 독해집을 순서대로 봤어. 보면서 직독직해 연습을 꾸준히 했어. 그래야 문제 푸는 시간도 단축할 수 있고, 주먹구구식 영어에서 벗어날 수 있거든. 영어를 영어 그 자체로 보는 거지. 너도 영어를 외국어로 보지 말고 그 자체로 이해해봐. 해석하려고 하지 말고 그냥 받아들이는 거지. 그런 의미에서 사전은 영영사전이 좋은 거 같아. 영한사전은 영어와 한글을 억지로 끼워 맞추려고 한 구석이 없지 않아서 좀 부족할 때가 있거든. 영영 사전이라고 해도 기본 단어 실력만 있다면 충분히 볼 수 있어. 별로 어렵지 않거든. 단어는 그때그때 잠깐씩 외웠고 그럴 때도 '영어=한국어' 이렇게 연결시키진 않았어. 그냥 영어라는 언어적 뉘앙스를 그대로 받아들이려고 노력했지. 그래서 단어장도 만들지 않았어. 아무튼 따로 단어를 외우지 않았는데도 이렇게 하면 여러 번 나오는 중요단어를 자연스레 익힐 수 있고, 쓸데없는 단어들을 괜히 외우는 수고를 덜 수 있더라고. 문법은 이미 중학교 때 배운 것이 대부분이니까 감각을 잃지 않기 위해서 복습하는 방향으로 했고, 또 수능에 자주 등장하는 문법 사항을 중심으로 공부했어.

'작은 차이가 명품을 만든다' 는 광고 있지? 조금씩 조금씩 고쳐나가면서 너한테 딱 맞는 올바른 공부습관을 들이길!

시험은 다 똑같다!

많은 학생들이 내신공부 따로 수능공부 따로 하더라고. 같은 책을 보는데 어째서 공부는 두 갈래로 나뉘는 것인지.

물론 내신과 수능의 문제 유형은 좀 다르긴 하지. 그래도 충분히 공부했다면 처음 보는 유형이라도 얼마든지 풀어낼 수 있을 거야. 단지 내신시험에는 소위 '찍어준 문제' 가 등장하기 때문에 따로 할 만한 게 좀 있을 수도 있어. 하지만 사실 그 찍어준 문제라는 것은 그 교과 내용에서 중요한 문제라는 뜻이거든. 그렇다면 곧 그 문제는 수능에 중요하게 등장할 수도 있는 내용인 거라고. 이렇게 조금만 생각해보면 내신 따로 수능 따로 공부할 이유도 필요도 없다는 걸 알 수 있지?

이번에는 수능모의고사를 보는 태도를 생각해보자. 수능시험은 시험시간이 매우 길어. 하루 종일 보잖아. 그러다보면 아무래도 지치게 되서 중간에 포기하고 잔다든지 하는 경우가 생겨. 넌 절대로 그래선 안 돼. 모의고사는 곧 실전과 같아. 시간표도 같고 시험 보는 방법도 같고 말야. 즉 실전에 대비하는 연습인 거야. 연습 때 아무리 잘해도 실전에서 종종 실수하기 마련인데, 연습 때도 제대로 못한다면 실전에서 잘할 리가 없잖아? 모의고사를 풀 때에는 절대 중간에 펜을 놓지 말고 끝까지 풀자고. 나는 시험지 처음부터 끝까지 순서대로 풀어갔지만, 꼭 그럴 필요는 없다고 생각해. 매번 모의고사 때마다 시간안배를 연습해서 페이스를 조절하구. 아무리 졸립더라도 허벅지를 꼬집어가면서 참아야 돼. 연습 때 졸면 실제 시험장에 가서도 똑같이 졸게 될 테니까. 내신시험이든, 모의고사든, 수능시험이든 시험은 다 똑같은 거야. 다 똑같은 자세로 임할 것!

덧붙이자면 간혹 그런 애들이 있어. 언어는 양이 많아서 포기, 수학은 어려워서 포기, 사회는 별로 중요하지 않으니까(?) 포기, 과학은 복잡해서 포기, 영어는 단어를 하나도 모르겠어서 포기. 다 포기하면 대체 어디서 점수를 얻겠다는 걸까. 포기한 과목의 점수를 다른 과목에서 만회하겠다는 생각은 절대 금물이야. 이게 가능하려면 포기하지 않은 다른 과목은 정말 천재적으로 해야 하거든. 근데 만약 그게 가능하다면 포기한 과목도 공부만 한다면 점수가 오를 거야. 한 과목도 포기하지 말고 골고루 하는 게 중요해.

모두들 후회 없이 공부하길 바랄게.

조해성 laonl@hanmail.net
전주중학교—한일고등학교 • 1983년생 황소자리 • O형 •
하면 된다(알아도 참 적용하기 힘든 좌우명이다).

이 책을 쓴 서울대생 55명에게 설문조사를 했습니다. 공부법과 생활 습관 등에 대해서요. 그 결과를 이곳에 공개합니다. 그들만의 공부노하우와 생활노하우를 배워 보세요.

먼저 서울대생들이 평소 체력관리를 어떻게 했는지를 질문해보았습니다.

1. 하루 평균 수면 시간은?

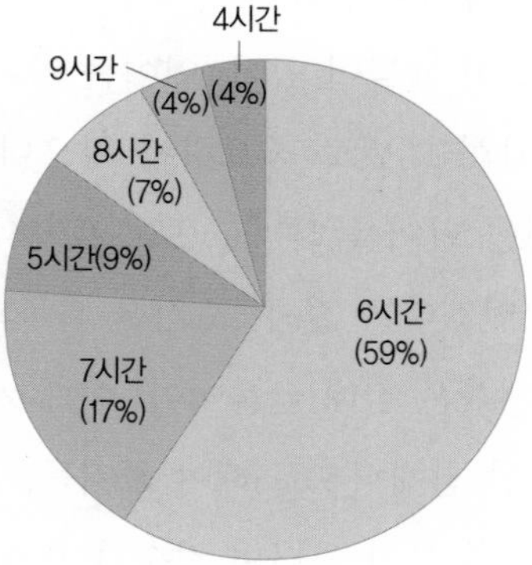

6시간 정도는 잠을 잤다는 대답이 압도적입니다. 이건 그냥 둘러대는 말이 아닙니다. 거의 모든 응답자들이 강조한 것 중의 하나가 바로 밤에 푹 자고 낮 시간에 집중해서 공부하는 것이었습니다. 수면시간 역시 대학 입시를 위한 중요한 계획 중 하나라고 답한 분들도 많았답니다. 여러분, 지나치게 잠을 줄이려 하지 말고 잘 자고 열심히 공부합시다.^^

2. 체력관리를 위해 내가 한 일은?

가장 좋은 체력관리는 뭐니뭐니해도 운동이지요. 좋아하는 운동을 하면서 스트레스도 풀고 체력도 관리했다는 답변이 많았습니다. 그러나 꽉 짜여진 일정에 의해 움직이는 고등학생이다보니 특별히 체력관리를 하지 않았다는 답변이 그 뒤를 뒤따르고 있군요.

그 외에, 규칙적으로 식사하기, 체육시간 적극 활용하기, 잠을 푹 자기, 등하교 때 자전거 타거나 걷기 등 운동하는 걸 별로 좋아하지 않는 친구들은 이렇게 아주 일상적인 방법을 통해서 체력을 관리해보도록 하세요.^^

3. 아침을 먹었나요?

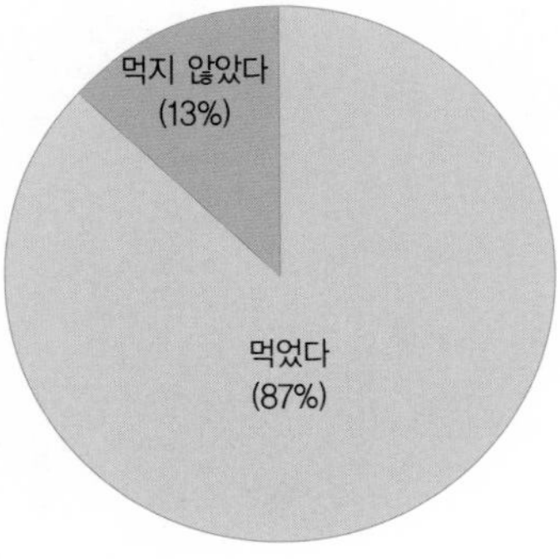

아침을 먹는 건 정말 중요하군요. 대부분의 응답자들이 꼬박꼬박 아침을 먹었으며 그것이 공부하는 데 큰 도움을 주었다고 답변을 했습니다. 아침을 제대로 먹지 않았다고 말한 서울대생들 중에서도 간혹 아침을 먹을 때는 컨디션이 확실히 좋았다면서 아침 먹을 것을 권하는 경우가 있었답니다. 아주 조금만 일찍 일어나서 아침 먹고 학교 갑시다.^^

2

방법을 알고 나니 공부가 된다

서 진 **공부에 체계를 잡자**

성현영 **내신과 수능, 한꺼번에 잡기**

이은혜 **백 투 더 퓨처**

이수정 **교과서가 곧 진리**

박기용 **영역별로 감 잡기**

김은혜 **모르는 것은 반드시 짚고 넘어가라**

정혜윤 **문제집만 줄창 풀었다**

박상웅 **구체적이고 자세한 계획을 세우다**

강기현 **60일만에 영어 10점 올리기**

최영한 **수학공부, 나처럼 하라!**

노형우 **고3 막판 7주 필살의 비기 수첩**

공부에 체계를 잡자

서진 서울대 화학교육과 00학번

> 큰 나무도 가느다란 가지에서 시작되는 것이다. 10층의 탑도 작은 벽돌을 하나씩 쌓아올리는 데에서 시작되는 것이다. 마지막에 이르기까지 처음과 마찬가지로 주의를 기울이면 어떤 일도 해낼 수 있을 것이다.
>
> —노자

나는 뛰어나게 공부를 잘했던 학생도 아니었다. 고등학교 1학년 때만 해도 수능모의고사 수학 성적이 40점을 밑돌고 전교에서 50등쯤 했던 그저 그런 중상위권 학생이었기 때문에 후배들에게 해줄 말이 무언가 있을 게다. 자, 공부하기로 마음먹은 그 누군가가 이 페이지를 펼쳐들었다고 생각해본다. 어떤 순서를 거치게 될까?

목표 정하기

보통 공부하기로 마음먹는 경우에는 계기가 있기 마련이다. 목표가 무엇인가? 의사? 판검사? 아니면 디자이너? 무엇이든 좋다. 직업에 대한 목표든, 대학교에 대한 목표든, 아니면 누군가와 같은 학교에 다니고 싶든 말이다. 목표가 어디든 간에 목표를 세워두어야 한다. 그래야만 가야 할 길이 험난하고 때로 길을 잃게 될지라도 결국 제대로 된 궤도에 들어설 수 있기 때문이다.

어디서부터 시작해야 하나

공부하려고 막상 마음은 먹었지만 어디에서부터 시작해야 하는지, 어디서부터 손을 대야 하는 건지 막막할 수가 있다. 그럴 땐 성적표를 꺼내보자. 분명 파란만장한 숫자들일 테지만 분명 어느 과목은 잘하고 어느 과목은 못할 것이다. 가만히 들여다본다. 주요과목 중에서 가장 못하는 게 무엇인가? 수학? 영어? 국어? 성적표를 잘 분석하면 어느 과목을 열심히 해야 하는지를 알 수 있고 이것이 자기 이해의 바탕이 된다. 소크라테스가 말하지 않았는가? 너 자신을 알라고 말이다. 이것이 바로 출발점이다.

생활 패턴 분석하기

다음은 자신의 생활 습관에 대해 이해하는 것이 필요하다. 아침에 몇 시에 일어나는지, 잠자리엔 몇 시에 드는지, 낮잠이 필요한지 등등. 총 수면시간과 깨어 있는 시간이 얼마나 되는지를 먼저 파악하자. 하루 세 끼를 꼭 챙겨먹어야 하는지, 아침을 자주 거르는지, 물을 많이 마시는지, 자주 피로를 느끼는지 등 식생활과 건강에 관련된 사항도 파악하자. 평소에 조용한 걸 좋아하는지, 귀에 이어폰을 꽂아야 집중이 되는지, 집에서 공부하기가 편한지, 학교나 도서관이 좋은지 등등 학습생활 관련 사항도 파악해보자. 특히 시험기간에 어떻게 하는지, 무엇이 공부를 힘들게 했었는지도 잘 생각해보자. 자신에 대해 잘 모르겠다고? 자기애야말로 자기 자신을 포기하지 않는 힘이 된다. 자신에 대한 애정으로 차근차근 살펴보자.

문제 발견

이렇게 자신에 대해 살펴보다보면 자신의 생활 습관을 알게 될 것이다. 또한 공부를 하는 데 방해되는 요인도 어느 정도 파악이 될 것이다. 건강이 문제라면 고른 식생활과 걷기 등의 간단하면서도 규칙적인 운동, 긍정적인 사고방식이 도움이 될 것이다. 집중을 못한다면 의지를 갖고 의식적으로 집중하려는 노력을 한다면 어느 정도 해결이 될 것이다. 아침에는 저작운동(咀嚼運動. 음식물을 씹는 것)을 통해 뇌를 자극하자. 밥을 먹든 가볍게 토스트를 먹든 아니면 신선한 야채나 과일로 채식을 하든 무언가 씹는 행위 자체가 두뇌활동에 도움을 준다고 한다. 운전자들이 졸음이 올 때 껌을 씹는 것과 같은 원리이다.

학교 수업의 중요성

대학교에 들어와서 과외를 많이 하다보니 요즘 중고등학생들이 너무 선행학습에 치중하는 것을 보게 된다. 학교 수업만 따라가도 될 텐데 교과서 내용을 먼저 배워두면 나을까 해서 너도나도 선행학습에 뛰어드는 것이다. 대신에 학교에 가면 재미가 없다. 벌써 학원 등을 통해 다 배운 내용이기 때문이다. 그렇게 된다면 학교에 있는 시간은 얼마나 의미 없게 되어버릴까? 나 역시 중학교 다닐 때 학원에 몇 번 다녀봤지만 그 모든 학원을 한 달 이상 버틴 적이 없다. 당장 시험을 치르지 않는 이상 학원에서 시행하는 강의식, 주입식, 문제풀이 요령만 배우는 식의 수업은 의미가 없다.

교단에 서 있는 선생님을 한번 열린 눈으로 보라. 수업을 잘하고 못하고를 떠나서 가르치기 위해 서 있는 사람이고 내가 존중받아야 마땅한 인격체이듯 그분 역시 존중받아야 마땅한 사람인 것이다. 학교 수업은 학생들의 평균 수준으로 진행되기 때문에 개개인의 수준에 딱 맞는 학습은 아닐 것이다. 하지만 제대로 한번 들어보자. 수업에 참여하는 성실성이야말로 모든 일의 기본이 된다. 그 성실성으로 고등학교 때 과외 한 번, 학원 수업 한 번 받지 않고도 원하던 목표를 이루었기에 내가 이런 말을 쓸 수 있는 것이다.

예습의 중요성

고등학교 때 일반사회 선생님은 성적 올리는 데 관심이 많아서 그와 관련된 분야의 책이란 책은 모두 읽어보셨단다. 그리고 공부 잘 하는 학생들의 공통점을 찾은 결과 그 학생들은 예습을 하더라는 것이다. 그렇다. 예습은 매우 중요하다. 어제라는 지나간 시간은 이미 자기의 것이 아니다. 복습은 배운 후에 하는 것이므로 어느 때든 할 수 있으며 수능 같은 시험을 보려면 반드시 하게 되는 과정이다. 하지만 예습할 시간은 배우기 전 시간에 한정되어 있다. 한번 놓쳐버린 예습 시간은 후에 그 어느 곳에서도 찾을 수 없다. 예습하기 가장 좋은 시간은 수업 시작 10분 전, 쉬는 시간이다. 그 시간에 친구들과 잡담하는 대신 다음 시간에 배울 내용을 한번 훑어보는 습관을 갖는 것은 어떨까?

'포스트잇' 의 활용 – 질문과 오답의 중요성

일단 공부를 시작하면, 그리고 그 공부가 제대로 시작되었다면 무궁무진한 궁금증들이 생겨날 것이다. 그동안의 학습량이 부족하여 배경지식이 부족해서일 수도 있고 공부하는 교재가 너무 요약 중심이어서일 수도 있다. 문제를 풀다보면 왜 이런 문제는 꼭 이런 식으로 풀어야 하는지 그 문제풀이 과정이 이해되지 않는 것들이 너무도 많다. 나는 '이게 답이야' 라고 생각하는데 답지는 왜 이렇게 해설을 달아놓았는지 이해되지 않을 때도 있다. 답이 틀렸나 가끔 의심도 들고 말이다.

궁금한 점이 생기면 포스트잇을 활용하자. 최대한 간단하게, 핵심만 적은 질문을 궁금한 부분 바로 옆에 붙여놓는다. 질문을 적어보는 과정에서 스스로 그 답을 깨닫게 되는 경우도 많다. 자신이 무엇을 모르는지 아는 것이 지식의 첫걸음이니 말이다. 그 다음 과정은? 그 과목 선생님과 친해지는 것이다. 질문을 들고 가서 선생님을 귀찮게 해라. 수업료 내면서 수업 받는데 아무것도 얻어가지 못한다면 그 얼마나 억울한 일인가? 창피하고 쉽지 않더라도 몇 번 해보다보면 그것처럼 즐거운 일도 없다. 물론 공부를 얼마 하지 않았거나 그 의문에 대해 깊게 생각해보지 않고 선생님을 찾아간다면 면박을 받을 수도 있다. 하지만 그런 과정들이 다 나 자신을 키운다고 생각하면 그리 쓴맛만 나는 것은 아닐 것이다.

질문과 함께 오답이 왜 오답인지를 아는 것도 중요하다. 오답을 보면 항상 그 문장을 정답으로 바꾸어보는 습관을 가져보자. 실력을 키우는데, 또한 자신의 실력이 얼마나 늘었는지를 확인하는 데 이보다 더 확실한 방법은 없다. 예를 들어 고등학교 1학년 과학 에너지 단원에서 출제된 문제의 답지 중 아래와 같은 오답이 있다고 하자.

"같은 속도로 움직이는 물체에 작용하는 힘은 크기와 방향이 일정하다."

이 문장을 참이 되게 바꾸어보면?

"같은 속도로 움직이는 물체에 작용하는 힘의 합력은 0이다."

이렇듯 왜 오답인지를 아는 것은 단순히 답을 맞추는 것보다 한 단

궁금한 점이 생기면 포스트잇을 활용하자. 최대한 간단하게, 핵심만 적은 질문을 궁금한 부분 바로 옆에 붙여놓는다. 질문을 적어보는 과정에서 스스로 그 답을 깨닫게 되는 경우도 많다. 자신이 무엇을 모르는지 아는 것이 지식의 첫걸음이니 말이다.

계 높은 수준의 학습에 속한다.

이렇게 문제를 많이 풀다보면 꼭 한두 가지 정도는 모르는 부분이나 아리송한 유형의 문제만을 계속 틀리는 경우가 발생하곤 한다. 이럴 때의 해결방법은 간단하다. 틀리는 문제만을 골라 계속 풀어보는 것이다.

하지만 무작정 답을 맞춘다고 해서 이 부분이 해결되는 것은 아니다. 문제 유형을 익혔다면 이젠 오답이 왜 오답인지를 알아야 한다. 앞서 언급했듯이 오답을 정답으로 바꾸어보는 것은 분명 시간이 좀 걸리는 일일 테지만 그만큼 지식을 확실하게 자기것으로 만들 수 있는 방법도 없음을 명심하자.

1+1의 비유 ― 관점의 중요성

가끔 문제집을 산더미……는 아니더라도 책상 높이만큼 많이 푸는데도 막상 시험 성적은 노력에 비해 별로인 경우가 있다. 과연 무엇이 문제일까?

1+1=?	무엇이라 답하겠는가?
1+1=2	대부분의 학생들의 대답이다.
1+1=1	물방울 같은 액체는 부피는 커질지라도 그 합은 한 방울이다.
1+1=3	화학반응에서 2몰(mol)의 반응물이 반응에 참여하여 3몰의 생성물이 되는 것은 그리 생소한 일이 아니다.
1+1=사랑	가장 로맨틱한 대답일 것이다.

당신이 생각하는 1+1의 답은 무엇인가? 현재 이 문제에서는 모두 답이 될 수 있다. 출제자가 의도하는 바가 문제에 드러나 있지 않기 때문이다. 그러나 시험의 경우에는 늘 정답은 하나이다. 특히 언어영역 문제에 있어 가장 중요한 것은 문제가 무엇을 묻고 있는가 하는 것이다. 출제자가 의도하는 바, 즉 출제자의 관점은 문제에 드러나 있고 그 관점에 부합하는 것만이 답이 된다. 대개 이건 왜 답이 아니냐고 물어서 담당 선생님을 당황하게 하는 일은 문제의 의도를 잘못 파악하는 데서 오는 것이다. 단순히 문제를 많이만 푸는 것이 아니라 문제에서 의도하는 바를 분석하면서 문제를 풀자. 그리고 문제의 관점에 자신의 눈높이를 맞추어보자.

복습

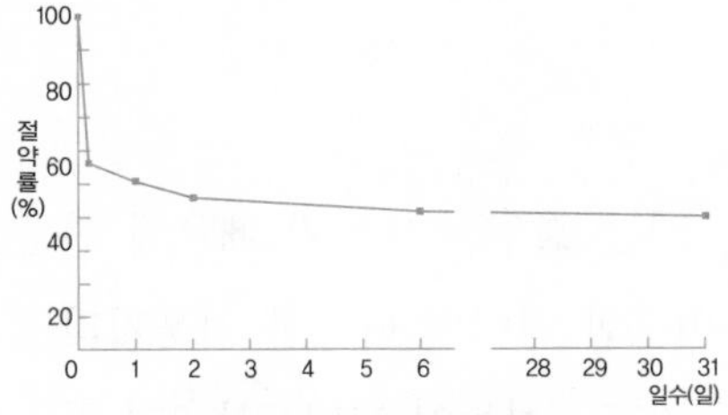

에빙하우스의 보유곡선(1885)

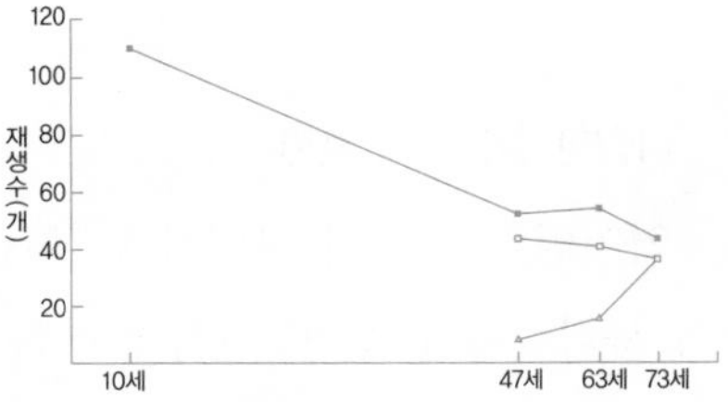

망각곡선(1935, 1951, 1963)

1885년에 에빙하우스(Ebbinghaus)의 기억 연구 결과인 방사성 원소의 반감기 곡선처럼 보이는 왼쪽의 그래프를 본 적이 있을 것이다. 인간의 기억은 하루가 지나면 반 이상 소멸되고 만다. 슬픈 일이 아닐 수 없지만 그로 인해 인간이 살아갈 수 있는 것도 사실이다. 곡선에서 알 수 있듯 망각 시간을 늦추려면 24시간 내에 반복 학습을 해주면 된다. 그럴 경우 인지구조 속에 자리한 기억의 흔적이 공고화되어 장기 기억으로 전환될 수 있는 확률이 그만큼 높아지기 때문이다. 복습을 하기에 학습 당일보다 효과적인 날은 없다.

국영수 공략법

언어영역

내가 수능을 치를 당시 언어영역이 유난히 어려웠다. 하지만 채점 결과 백분위 점수가 99.96이었으니 언어영역에서 나보다 높은 점수를 받은 사람은 전국에 얼마 되지 않았을 것이다. 책을 좋아하는 사람은 언어영역을 공부하는 데 큰 어려움이 없다. 하지만 그렇지 못하다면 훈련을 해야 한다.

다양한 읽을거리 훈련

언어영역 지문이 시험지 한 쪽을 넘는 경우는 드물기 때문에 신문의 사회란이나 칼럼, 과학기사 등 비슷한 길이의 다양한 읽을거리들을 읽는 훈련을 하면 훨씬 나아질 것이다. 처음엔 그냥 읽는 데 치중하겠지만 차츰 중심 문장을 찾아보고, 모르는 단어도 찾아보고 그 사안에 대한 자신의 의견까지 생각하고 직접 적어보는 정도에까지 이른다면 더할 나위 없을 것이다.

신문의 사설을 예로 들어보자. 신문의 사설은 가장 논리적인 글로 꼽힌다. 서론, 본론, 결론이 분명하고 말하고자 하는 논지도 분명하다. 그러나 만약 사설이 너무 부담된다면 가벼운 칼럼 정도로 시작해도 무방하다. 먼저 해야 할 일은 노트나 파일 하나를 준비하는 것이다. 사설을 오려붙여놓고 시작해보자. 우선은 형식문단을 나눈다. 형식문단이란 눈에 보이는 문단으로, 들여쓰기가 되어 있는 차례대로 하나씩 번호를 붙여나간다. 모르는 단어가 나올 경우 따로 사전에서 그 뜻을 찾아 정리해둔다. 이런 식으로 전체 읽기가 끝난 다음엔 내용문단을 나눈다. 보통 사설은 짧기 때문에 내용문단이 네 문단을 넘지 않는 경우가 많다. 각 형식문단의 중심이 되는 말을 찾아보고 다음은 내용문단, 그리고 전체 글의 주제를 찾는 식으로 진행해나간다. 국어 자습서 설명에 보면 각 문단마다 중심내용을 간결하게 적어놓은 것을 볼 수 있는데 그런 방식으로 한다고 생각하면 된다. 쉽지 않은 과정이겠지만 인내심을 갖고 하다보면 글을 보는 눈과 함께 사회를 보는 눈도 길러질 것이다. 읽을거리를 제재별로 다양하게 보는 것도 좋다. 한가지 제재에만 치우치면 편식을 하는 것과 같은 결과를 초래하므로 한번은 사회 한번은 과학, 이런 식으로 바꾸어가며 해본다. 상식이 부쩍 느는 것을 실감할 것이다. 힘들 때마다 이 과정의 산물로 파일 하나 혹은 두툼한 공책 한 권이 손에 들려 있는 모습을 생각하며 힘을 내어보자.

시(詩)

시는 가슴으로 느껴야 하는데 머리로 이해하고 문제를 풀어야 하는 비극이 있지만 시에서는 공통적으로 묻는 내용이 있으므로 그것만 알면 큰 어려움은 없을 것이다. 밑줄 친 부분의 문맥적 의미나 시어의 함축적 의미를 묻는 문제는 보통 널리 알려진 시에 한하여 자주 출제된다. 시의 특징에 대해 묻는 경우는 시 문항에서 빈번히 출제된다.

이 경우 시의 전반적인 내용을 묻는 문제이므로 작가, 중심소재, 주제, 시대상황 등 총체적 배경지식이 필요하다. 시적 화자의 정서와 유사한 정서를 보이는 다른 시를 찾으라는 문제도 많다. 이런 경우 보기에 제시된 시를 알고 있어야 하므로 보기에 제시된 시라도 어떤 시인지 하나하나 꼭 확인해보고 주제와 중심소재, 작가 정도는 알아두어야 한다. 제목이 중심소재가 되는 경우가 많으므로 제목을 외우는 것도 효과가 있다.

고전

고전은 많이 보고 이해하려고 노력하고 그에 대한 배경지식까지 겸비해야만 진짜배기 학습이 이루어질 수 있다. 고전의 묘미는 어떻게 읽어야 할지 모르는 어색한 단어들을 소리내어 읽어보는 데에 있으므로 옛 사람들이 어떻게 발음했을지 상상하며 읽어보면서 고전에 대한 거부감을 줄여보자. 매일 지문 하나 이상을 읽으며 언어영역에 대한 감을 놓치지 않는 것 역시 중요하다. 언어란 늘상 사용하는 데에 의미가 있으니 말이다.

수리영역

내게 있어 가장 힘든 사투를 벌였던 과목이 바로 수학이다. 수학을 너무나도 못해서 오죽했으면 고3 때 담임선생님께서 다른 건 다 하지 않아도 괜찮으니 제발 수학만 하라고 하셨을까? 초등학교 다닐 때부터 산수에 약점을 보이던 나는 고등학교 2학년 때까지 수학이 가장 취약부분이었다. 여학생들이 보통 그렇다고들 하는데 선생님을 싫어하면 그 과목도 싫어하게 된다나? 그렇게 수학 낙제생으로 고3을 맞게 되었다. 다른 과목 성적을 아무리 높여도 수학으로 인한 일정부분의 성적 결손을 막을 수가 없었다. 그 사실을 깨달은 고3 3월부터 수능시험을 보는 날까지 정말 한시도 수학을 내 손에서 놓아본 적이 없다.

지난 이 년간의 교과과정을 따라잡기 위해서는 자율학습 시간에 늘 수학문제집을 펼쳐놓고 풀어야 했다. 풀다가 너무도 간단한 부분에서 막히면 혼자 울기도 참 많이 울었다. 남들은 저만큼 앞서가고 있는데 나 혼자서만 퇴행하는 느낌, 공부하지 않았던 지난날에 대한 후회…… 하지만 모른다고 절대 답지를 먼저 펼쳐들지 않았다. 문제를 읽고 이 문제가 어느 학년의 어느 단원의 문제인지, 통합형이라면 어떤 단원과 어떤 단원의 통합형인지를 먼저 판별해야 한다. 동시에 단순 계산을 요구하는 배점 낮은 문제인지 사고력을 요구하는 이해나 적용 수준의 문제인지 난이도에 대해서도 점검해야 한다. 다음은 문제를 보고 분석하는 것이다. 문제에서 함수값을 요구하는 것인지 나머지를 구하란 것인지 혹은 a+b를 구하란 것인지 파악해야 한다. 전에 이런 유형을 풀었다는 것이 기억나면 금상첨화, 성적향상은 시간문제다. 이제 연습장에 차근차근 풀이과정을 적어가며 푼다. 여기저기 적어가며 푸는 것보다 연습장에 차근차근 계산과정을 적어나가면 어디에서 실수했는지 확인할 수 있기 때문에 상당히 유익하다. 수학과 담을 쌓은 지 오래인지라 어떤 땐 한 시간 내내 한 문제도 못 푸는 날도 있었지만 성급하게 답지에 손을 대지 않았다. 언제나 보고 또 보고 그래도 모를 때에만 풀이를 보고 이해하는 것이 내 방법이었다. 그렇게 고민하다 해결해낸 문제는 절대 잊을 수 없는 법이다. 그래서 비슷한 문제 유형을 만나면 "너 잘 만났다"라는 말이 입에서 저절로 튀어나오기도 했다. 그러다가 아주 쉬운 문제집을 접하게 되었다. 유명

출판사에서 나온 것도 아닌, 그래서 아쉽지만 지금까지도 다시 찾을 수 없는 그 얇은 문제집을 만나고서 문제가 술술 풀리는 기쁨에 금방 그 문제집 한 권을 끝내게 되었고 이에 자신감을 얻어 신이 나서 수학 공부를 해나갔다. 자신의 수준에 맞는 문제집을 찾는 것, 그리고 인내심을 갖고 스스로 문제를 풀려는 노력을 한다면 더디긴 해도 마지막에 웃는 자가 될 수 있을 거라 확신한다.

외국어영역

듣기

꾸준히 연습하는 방법밖에 없다. 먼저 해야 할 것은 스크립트(script)를 보지 않고 자신이 얼마만큼 들을 수 있는지 확인하는 것이다. 그 다음에 아무리 들어도 무슨 말인지 모르는 부분을 직접 스크립트에서 확인해야 한다. 처음엔 어려울지라도 시간이 지날수록 실력이 향상되는 것을 몸소 체험할 수 있을 것이다. 시간이 된다면 받아쓰기를 해보아도 좋다. 학교에서 듣기 시간에는 테이프를 들려준 후 몇 개의 빈칸이 있는 스크립트를 나누어준다. 그리고 다시 한번 들려줄 때 그 빈칸을 채워넣는 방식이었는데 막무가내로 처음부터 끝까지 하는 받아쓰기보다는 이렇게 시작하는 편이 수월할 것이다. 또한 대화는 회화체이므로 따라하다보면 자연스럽게 문장이 입에 붙게 된다. 회화 실력까지 얻을 수 있는 좋은 기회이다.

좋아하는 외국 가수의 노래나 외국 시트콤을 이용하는 것도 흥미를 유발한다는 점에서 괜찮다. 팝송의 경우 빠른 랩이 아닌 이상 잘 듣다보면 단어를 어떻게 읽어야 할지를 리듬감과 함께 알 수 있다. 시트콤은 물론 팝송보다는 상당히 말이 빠르고 그 나라에서만 쓰이는 회화

체와 속어도 종종 등장한다. 하지만 영어공부뿐 아니라 그 나라의 문화를 웃음을 매체로 하여 이해할 수 있기 때문에 시도해볼 만한 방법이다. 요즘에는 인터넷으로 인해 모든 자료들이 찾아보면 손닿을 곳에 있다. EBS에서 저렴한 가격으로 인터넷 강좌를 들어도 되고 아침잠이 없는 사람이라면 각 방송사에서 아침 영어 프로그램을 이용하는 것도 좋다. 파일공유 사이트나 영어 동호회에 가보면 mp3 파일이나 스크립트 혹은 영어소설, 오디오북 등이 많이 올려져 있는데 이를 이용해도 좋을 것이다. 조금의 노력과 시간만 들이면 공짜로 많은 것을 얻을 수 있는 곳이 인터넷이다.

문법

수능 세대인 나는 문법 문제가 나오지 않기만을 바랐다. 다행히 한 문제, 그것도 쉬운 부분에서 출제되어서 내가 대학 가는 데 큰 도움이 되었으니 나로서는 행운이 아닐 수 없었다. 문법의 기본은, 중학교 과정에서 등장하는 기본적인 문법은 꼭 알고 넘어가야 한다는 것이다. 거기에 살을 붙여가며 조금만 하다보면 고등학교 수준의 시험에서는 고득점을 기대할 수 있다. 문법 시험에서 가장 많이 등장하는 유형이 바로 다음의 세 가지이다. 이 세 가지를 먼저 확인하는 습관을 갖자.

1. 주어－동사의 일치
2. 시제의 일치
3. 주어, 동사가 제대로 존재하는지의 여부

독해와 어휘

점수의 대부분을 차지하는 만큼 다른 어떤 부분보다 관심을 기울여야 하는 부분이다. 영어 지문을 많이 읽고 새로운 단어가 나올 때마다 외워야 한다는 것을 누구나 알고 있지만 그게 어디 말처럼 쉬운 일인가? 외우는 능력이 탁월한 친구들은 〈능률Vocabulary〉 같은 단어집을 사서 외웠지만, 단어나 숙어를 쓰면서 외우는 걸 너무나도 싫어하는 나는 나만의 방법을 고안해내야 했다. 먼저 단어장을 하나 만들어 반으로 접은 다음, 왼쪽엔 단어나 숙어를, 오른쪽엔 그 뜻을 쓰는 것이다. 그런데 그 뜻을 쓸 때 그냥 쓰는 것이 아니다. 만일 bar exam이란 단어를 모른다면 bar exam은 왼쪽에, 그리고 '우리 오빠는 어제 변호사가 되기 위해 bar exam을 보았다' 라는 문장을 만들어 오른쪽에 쓴다. 그러면 한글로 된 문장을 몇 번만 읽어도 그 단어의 뜻이 머리에 쏙쏙 들어오게 된다.

물론 이렇게 만들 수 없는 경우도 많다. 그럴 경우에는 영어 문장을 만들어 통째로 외우는 방법을 썼다. 이 방법은 'It's boring' 과 'I'm bored' 처럼 사용할 때 헷갈리는 경우에 유용하다.

시간이 많은 경우라면 영영사전을 사용해서 인내심을 갖고 찾아보는 것도 좋다. 그렇다면 시험 보기 직전엔 어떻게 해야 할까? 그동안 몰랐던 수많은 단어들을 한꺼번에 볼 수는 없다. 그런데 가끔 시험을 보면 몰랐던 단어는 외워도 또다시 생각나지 않는 경우가 있다. 그런 단어들만 표시해두었다가 시험 보기 직전 쉬는 시간에 머리를 식히면서 천천히 봐둔다. 이렇게 어휘력을 쌓았다면 독해는 쉬워진다. 문제를 먼저 읽고 지문에 접근하는 것이 우선이다. 그렇게 출제 관점을 알고 지문을 읽을 때 그 지문이 실용문인지 에세이인지 혹은 편지글인지에 따라 읽는 성격을 달리할 수 있다. 자세한 부분을 문제에서 묻는다면 그만큼 시간을 들여 자세히 읽어야 하고 실용문처럼 정보를 알리는 문제일 경우 선택지에 등장하는 수치 등을 본문에서 찾아내면 되는 것이다. 개인적인 글인 경우에는 감정을 묻는 문제가 나오므로 글의 분위기를 파악해야 할 것이다.

하고자 하는 신념 자체가 다른 어떤 것보다 우선되어야 한다. 지금 당장은 내가 찍는 작은 점들이 언제 쌓여서 지식이 될까 싶지만 한참 지난 후에 뒤를 돌아보면 그 작은 점들이 하나의 선을 이루고 있을 것이다. 비약이 아닌, 점에서 선이 되는 지속성의 원리, 현실이 너무 답답하고 당장에 성과가 나타나지 않더라도 이것을 기억하자. 판도라가 인간에게 선사한 유일한, 하지만 최고의 선물이 바로 '희망'이므로. 그리고 희망은 인간만이 가질 수 있는 유일한 것이기에.

서진 xjvmrjf11@hanmail.net
군산여자중학교—군산여자고등학교 • 1981년생 사자자리 • O형 • 항상 기뻐하라. 쉬지 말고 기도하라. 범사에 감사하라.

내신과 수능, 한꺼번에 잡기

성현영 서울대 영어교육과 00학번

고등학생이라는 이름이 아직은 어깨에 무겁게 와 닿을 수도 있는 현실. 하지만 이왕 할 공부라면, 앞으로 자신이 하고 싶은 것을 향해 한 발씩 나아가는 과정이라고 생각하고 너른 호흡으로 보세요. 몇 년 후에 캠퍼스를 누비고 있을 내 모습을 상상해보는 것도 좋고, 친구들과 자신의 꿈에 대해서 이야기를 나누어보는 것도 좋습니다.

수능과 내신은 하나다

고등학교 공부의 경우, 중간고사와 기말고사 같은 내신 성적을 관리하는 것과 수능을 목표로 하는 공부도 꾸준히 해야 하는 것이 자칫 부담으로 느껴질 수 있습니다. 그런데 의외로 둘을 하나라고 생각하니 마음이 편해지는 데 도움이 되었습니다. 실제로 내신과 수능은 두 마리 토끼가 아닙니다. 기본적으로 언어영역, 외국어영역, 수리탐구I, 수리탐구II만 해도 내신의 웬만한 주요 과목과 겹쳐지는 것이 상당히 많죠. 일단 평소에 내신관리를 잘 하면서 그 연장선 위에 수능시험도 있다고 생각하고 효율적으로 공부해야 합니다. 특히 2학년, 3학년으로 올라갈수록 더욱 그러합니다. 일단 '내신 따로, 수능 따로'라는 식으로 생각하고 공부시간도 따로 배분하려고 생각하면 시간적 여유도 없는 것처럼 느껴지고 심리적으로도 위축되기 싶습니다. 따라서 수업시간에 따로 혼자 수능 문제집을 푸는 것은(특히 내신에도 포함되는 과목의 경우) 결코 좋은 방법이 아닙니다.

일단, 내신시험을 벼락치기로 공부하는 습관을 버리고 꾸준히 관리해나가야 합니다. 하루 이틀 전에 급하게 암기과목을 공부한다면, 시험 치고 나서 머리에 그다지 오래 남아 있지 않겠죠. 그렇게 되면 나중에 3학년이 되어서 '분명히 배웠지만 생소해진' 교과서를 들고 '이것들을 언제 다 외우나'라는 중압감에 시달리게 될 것이고, 그러다보면 공부에도 흥미를 잃기 쉽습니다. 따라서 내신시험 전에 길게는 20일, 적어도 이 주 정도는 잡고 꾸준히 계획을 세워서 공부해야 합니다.

그리고 한 과목을 한꺼번에 다 보고 나서 다음 과목으로 넘어가는 공부 방식보다는 여러 과목을 조금씩 보는 것이 더 효율적입니다. 예를 들어, '나는 국어 공부를 다 하고 나서 일반사회를 하고, 그리고 나서 물리를 하고……'하는 식의 계획보다는 하루에 국어, 일반사회, 물리 등의 너덧 과목을 일정 페이지씩 할당해서 공부하는 편이 낫습니다. 시험 준비기간을 두세 파트로 나누어 너덧 과목을 공부하는 방식으로 계획을 세우면 특정 과목에만 치중하게 되는 과목간 공부의

내신, 벼락치기로 하는 습관을 버리자! 적어도 이 주 전부터 꾸준히 계획을 세워서 공부하는 것이 좋다. 그리고 한 과목을 한꺼번에 다 보고 나서 다음 과목으로 넘어가기보다는 여러 과목을 조금씩 보는 것이 효율적이다.

편중을 막을 수 있습니다. 그리고 심리적으로도 한 가지 과목이나 한 가지 자극만 장기간 받는 것보다는 다양한 자극이 주기적으로 변화되며 주어지는 것이 두뇌의 작용을 활성화하는 데 도움이 됩니다. 그리고 중요한 것은, 시험기간 전에 계획을 세워서 공부해놓은 내용을 시험 전날에는 꼭 한 번 더 봅니다. 일단 한번 공부해둔 것이니 시간만 잘 안배하면 충분히 전날 한 번 정도는 더 볼 수 있습니다. 장기 기억과 단기 기억이 함께 시너지 효과를 발휘하면 분명 머릿속에도 잘 남고 시험을 칠 때도 그 기억을 잘 살려서 좋은 성과를 얻을 수 있을 것입니다.

구체적으로 과목별 공부방법을 살펴보겠습니다.

영어

앞서 이야기했던 기초 다지기에 이어 중요한 것이 풍부한 독해 연습입니다. 일단 중학교 때와는 달리 긴 문장이 많이 나오므로 문장을 통째로 익히는 것은 조금 무리가 있을 수 있습니다. 하지만 적어도 문장에 자신이 익숙해질 수 있을 만큼 소리 내어 세 번 정도 읽는 것은 필요합니다. 자신이 직접 소리 내서 읽는 것은 듣기 공부와도 연관이 되므로 꾸준히 습관을 들이면 좋습니다. 그리고 고교 영어의 경우 갑자기 늘어난 어휘들을 익히는 것이 중요하죠. 단어 암기는 앞에서 이야기했던 방법을 유념하면서, 무엇보다도 꾸준히 외워야 합니다. 그리고 단어장을 만들어서 따로 달달달 외우는 것보다는 문맥 속에서의 의미에 신경써가면서, 그리고 다른 단어와 연계를 지어가면서 외우는 것이 제 경험상 효과적이었습니다. 많이 구입하는 단어집의 경우, 예문이 있는 것을 권장하고 싶네요. 꾸준히 외우기 위해서는 자기가 외울 수 있는 실질적인 단어 개수(5~10개 정도가 좋습니다)를 고려해서 아침에 학교 갈 때 지하철에서나 자투리 시간에 외우고, 저녁에 다시 반복하는 방식으로 계획을 세우십시오.

그리고 독해를 할 때는, 주어가 긴 경우에 끊어 읽기, that절에서 의미상으로 끊어주기, 관계대명사나 분사 등의 수식 구문에 익숙해지기, 부사절 앞에서 끊어주기 등을 연습하는 것이 좋습니다. 즉 문장의 기본 구조나 구문 위주로 연습해야 합니다. 그리고 우리 말 어순으로 사고하면서 해석하지 말고, 반드시 직독직해를 해야 시간이 모자라지 않습니다.

2002년 수능 외국어영역의 문제에서 제시되었던 지문을 예로 들어 볼까요.

"Expecting/that a blanket will always make something warm, they think/that it must warm ice, too."를 해석할 경우, 의미 단위가 끊어지는 부분이 'that'이라는 점에 유념해야 합니다. 고교 과정의 영어 독해 지문에서 'that'은 '그, 그것'이라는 뜻이 아닐 경우 거의 다 that으로 시작하는 명사절 혹은 관계대명사절로 생각하면 됩니다. 쉽게 말하자면 끊어주거나 꾸며주면 된다는 것이지요. 또한 'make *sth* warm' 부분은 make가 '~하게 하다, ~하게 시키다'는 의미의 사역동사라는 점에 주목해야 합니다. 'make A B'의 패턴을 'A가 B하게 하다'라는 식으로, 일종의 한 덩어리의 구문으로서 입과 눈에 익숙하도록 공부하고, 해석할 때도 한 덩어리처럼 긴밀하게, 그리고 재빨리 의미를 파악해야 합니다.

"People were advised to use chopsticks/instead of knives/at the table/because knives would remind them of killing animals."의 경우에는 위와 같이 끊어 읽을 수 있습니다. instead of 등과 같은 전치사구, at the table과 같이 장소나 시간 방법 등을 나타내는 부사구, 그리고 because와 같은 접속사는 대표적으로 문장을 끊어 읽을 수 있는 부분입니다.

고등학교 과정에서 나오는 전치사나 접속사는 어느 정도 정해져 있으니 그것만 익혀놓아도 해석하는 데 도움이 될 것입니다. 어떻게 보면 문법 이야기 같지만 문법이라는 게 '문장 구조'라는 면에서 해석하는 데 필요한 부분도 있으니까 그런 것들은 같이 공부를 해줘야 하겠죠.(물론 문법을 위한 문법 공부는 바람직하지 않지만요.) 부사구의 경우는 문장 구조의 차원을 차치하고서라도, 해석을 해보면 의미적으로 '뭔가 부수적으로 덧붙여진 부분'이라는 감이 올 겁니다. 그리고, 밑줄 그어진 'be advised to' 부분은 위의 'make *sth* warm' 처럼 의미가 긴밀하게 연결되므로 한 덩어리로 파악해야 할 것입니다. 'be+pp'의 구문이 수동의 의미로 하나의 단위를 형성하고 특히 advise라는 단어 특성상 to와 연결이 되는 경향이 있기 때문이지요. 단어 공부도 중요하지만, 이런 점을 생각해보면 여러 단어가 하나의 단위로 사용되는 숙어 공부도 중요함을 알 수 있습니다. 일단 숙어를 외우고 익숙해지면 해석할 때 문장이 좀 길어도 숙어는 한 단위로 의미를 파악해버리니까 실질적으로는 길지 않게 느껴질 수도 있습니다.

수학

수학의 경우, 예습과 선행학습이 중요합니다. 고등학교 들어가기 전 겨울방학을 이용해 함수 단원까지는 봐두는 것이 좋습니다. 많이 들 보는 〈정석〉이나 〈디딤돌 개념 원리 수학〉 같은 교재를 하나 정해서 새로운 수학적 개념들을 숙지하고 문제의 유형에 자신감이 붙을 정도로 연습을 해야 합니다. 특히 중학교에 비해 새롭고 다소 어려울 수도 있는 개념들이 많이 나오는데, 그러한 개념들을 확실히 이해하고 그로부터 도출되는 공식을 익혀야 어려운 응용 문제가 나와도 당황하지 않고 풀 수 있습니다. 특히 수능 수리영역의 경우 사고력과 응용력을 측정하는 문제가 많으므로 단편적인 공식 암기 이상의 '제대로 된' 수학공부가 필요합니다. 예를 들어, 정석을 가지고 공부하는 경우 그냥 빨갛게 표시된 공식만 외우고 유제 몇 개 풀고 만다면 수학 실력은 결코 늘지 않습니다. 조금 읽기 싫어도 앞부분의 개념 설명과 공식도출 과정을 찬찬히 읽고 이해하도록 노력해야 합니다. 그런 뒤에 유제를 풀고 그 유형들에 익숙해져야 하며, 연습 문제도 자기 힘으로 풀어보아야 합니다. 문제는 한 번 풀고 넘어가는 것이 아니라, 나중에 여러 번 더 풀어보며 완전히 자기 것으로 만들어야 합니다.

그리고 수업 때 다루는 교과서나 문제집의 문제는 반드시 먼저 풀어본 뒤에 수업에 임해야 합니다. 그리고 수업을 들을 때는 그냥 칠판만 보고 있기보다는 선생님이 풀이하는 과정을 참고하며 자신도 함께 연습장에 풀이 과정을 적어보는 것이 좋습니다. 끊임없이 손과 수학적 사고를 열심히 움직여야 한다고나 할까요. 자신이 쓴 연습장 양만큼 수학 실력이 는다는 말은 괜히 나온 게 아니라고 생각합니다.

암기과목

사회과 과목과 같은 암기 과목의 경우에는 계획을 세우고 흡입력 있게 공부하는 것이 필요합니다. 일단 교과서를 들고 있자니 무엇을 외워야 할지 막막하다면 문제집의 요점정리를 이용하는 것도 좋습니다. 일단 중요한 내용에 대한 뼈대를 잡고 나서 교과서를 다시 보면 무언가 답답한 심정이 사라지고 공부에 대한 가속도가 붙죠. 문제집의 목차를 보고 단원 수를 세어본 뒤, 하루에 한두 단원 정도로 계획을 세우고 차근차근 외워나가면 암기 과목이 마냥 지겹지만은 않을 것입니다. 오히려 성적을 올리기가 가장 좋은, 그래서 하다 보면 재미가 붙는 과목이 사회과 과목이라고 생각합니다. 그리고 공부할 때에는, '달달달 외운다'는 느낌이 아니라 '생각하면서 외운다'는 느낌으로 자신의 두뇌를 능동적으로 사용해야 합니다. 일단 그 단원의 중요 내용을 주욱 읽어본 뒤, 흐름을 잡아보고 외워야 될 내용간에 연계를 만들어보는 것이 도움이 됩니다. 그리고 '왜 그런가?'를 생각해보면서 스스로에게 설명하듯이 머릿속을 부지런히 움직이면서 외워야 기계적인 암기에 비해 보다 오래 남습니다.

조선의 사서 편찬의 시기적 특징을 외우는 경우를 예로 들어볼까요?

건국초기—성리학적 사관, 고려국사, 동국사략(권근)
15세기—자주적 사관, 고려사, 고려사절요, 동국통감
16세기—존화주의적 사관, 동국사략(박상), 기자실기

이것을 달달달 외운다면 힘들게 느껴질 것입니다. 하지만 우선 '성리학적⇒자주적⇒존화주의적 사관'의 큰 틀을 먼저 잡고, 머릿속으로 생각해나갑니다.

'조선이 처음 건국되었을 때에는 통치 규범을 확립해야 했을 테니까 성리학적인 성향을 띠었을 거야. 그리고 그에 대한 비판의식이 생기면서 '자주적' 사관이 형성되었을 것이고, 다시 바퀴가 돌듯이 보수적인 '존화주의적' 성향으로 돌아갔을 거야.'

이런 식으로 머리를 부지런히 움직이면 큰 틀을 잡는 것은 어렵지 않죠. 그리고 나서 각 사관에 해당하는 역사서를 외우는 단계에서는 역사서의 제목에서 우러나오는 이미지나 자신만의 상상을 연상 작용처럼 만들어내 사관과 연결 고리를 만들어나갑니다.

구체적으로 예를 들자면, '건국 초기에 고려에 대한 역사를 정리할 필요가 있었을 거야. 그래서 고려국사가 만들어졌고……음, 동국사략에서 '사략'은 왠지 '책략이라는 말과 통하는 것 같다……조선을 건국하는 데는 많은 책략과 고민이 있었겠지……그러니까 건국초기는 고려국사와 동국사략이구나!' 하고 외울 수 있을 겁니다. 그리고 다음으로 15세기로 넘어가보면, '음, 고려국사가 성리학적이었으니 그에 대한 반대 세력(?)이 다른 시각에서 고려에 대해 다루어보자는 생각으로 고려사와 고려사절요를 만들었구나. 그리고 그러한 필요성을 '절감'해서 동국'통감'을 만들었을 거야. 고려국사에서는 '국'자가 들어가니까 '건국단계'이고 고려사와 고려사절요는 15세기야.' 이렇게 생각할 수 있습니다. 16세기의 경우, "지은이는 다르지만 다시 동국사략이 나왔네. 역시 성리학적 사관과 존화주의적 사관은 어딘지 비슷하게 통하는 데가 있단 말이야…… 음, 수업시간에 기자조선은 중국에서 기자라는 사람이 와서 우리나라에 세운 나라라고 했는데, 그러니까 기자실기는 중국을 숭상하는 존화주의적 사관에 해당하는구나" 하고 외울 수 있습니다. 이건 제 머릿속의 연상작용이라 다른 사람에게는 좀 산만하게 느껴질 수도 있지만 막상 자기 스스로 독창적인 이런저런 생각의 고리를 만들어서 외우려고 노력하면 분명 효율적으로 암기 과목을 공부할 수 있을 것입니다.

그리고 암기가 중요한 사회과 과목과 관련하여 또 하나 중요한 것은 한 번 외웠다고 끝내서는 안 된다는 것입니다. 짧게는 두 시간, 길게는 일주일 이내에 반복해서 외워야 완전히 공부했다고 할 수 있습니다. 처음에 공부 계획을 세울 때부터 두 번 본다는 생각으로 시간을 짜는 것이 좋습니다.

제 글이 중고생들의 공부에 작으나마 도움이 되길 바라며, 여러분의 건투를 빌어봅니다. 너른 호흡으로 자신의 꿈을 생각하고, 그 속에서 한 발자국씩 꾸준히 내디뎌가기를 바랍니다.

성현영 mymint3@yahoo.co.kr
대구중학교―경명여자고등학교 • 1981년생 염소자리 • A형 • 너 자신을 믿어라.

백 투 더 퓨처

이은혜 서울대 인문학부 02학번

안녕, 은혜 언니~!

나 J야.

언니, 나 이번에 고3 되는 거 알지? 이제 이번 방학만 지나면 고3이 되는데, 하도 막막해서 이렇게 언니한테 편지를 쓰게 됐어.

언니도 우리 엄마 아빠가 얼마나 나에게 기대하시는지 알지? 두 분 다 어린 시절 집안형편으로 대학에 다니지 못하셨기 때문에, 나는 꼭 대학에 진학하길 바라셔. 막상 대학을 안 가겠다고 하자니 특별히 뭘 해야 할지도 모르겠어. 나도 텔레비전 드라마에 나오는 애들처럼 대학 가서 미팅도 하고 동아리 활동도 하고 싶더라고…….

그런데 정작 수능이 올해 11월로 다가와 있다는 생각을 하니 가슴이 꽉 막힐 것 같아. 고등학교 들어와서 나름대로 공부라는 걸 했던 것 같은데…… 도대체 내 성적표는 왜 요 모양 요 꼴인지 모르겠어. 언니도 알지? 우리는 수시로 대학 많이 가는 거. 그런데 1학기부터 있는 수시로 대학을 가려고 해보니까, 생활 기록부가 너무 빈약한 거 있지? 창피한 얘기지만 작년 한 학기 내 성적표만 보더라도 '수' 서너 개에 '우' 몇 개가 있을 뿐이고, '미'나 '양'도 한두 개씩 있어. 1학년 때부터 지금까지 반장이나 부반장 하다못해 서클 차장 한 번 한 적이 없고, 그렇다고 3학년 돼서 수시모집 노리고서는 반장하겠다고 나서자니 그것도 좀 웃기잖아. 3학년 때 반장할 여유도 없고 말야. 번듯한 상장 하나도 없고.

그렇다고 수능으로 밀자니 그건 더 막막해. 1학년 때부터 학원도 다니고 하면서 나름대로 공부에 신경을 쓴다고 써왔지만 모의고사 점수는 고작해야 300점 안팎을 왔다갔다할 뿐이야. 주위에서 들리는 말로는 이 점수로는 서울 안에 있는 대학도 진학하기 힘들다고 하더라.

이제는 고3이 되었고 하니까, 정말 열심히 해야겠다고 생각해. 하지만 막상 내 처지를 생각하니 괜히 가슴만 답답해져와. 자신감도 점점 없어지고 말야. 도대체 뭘 어떻게 해야 하는 걸까? 어차피 버린 내신, 아예 신경쓰지 말고 수능공부만 할까? 아니면 수시에 붙을 수도 있으니 내신공부에 치중해볼까? 선생님들은 3학년 내신이 대부분의 대학에서 50퍼센트나 반영되니 3학년 때 내신 성적이 좋으면 수시도 가능하다고들 하시더라. 하지만 지금까지 변동의 기미를 보이지 않던 내신을 어떻게 갑자기 올릴 수 있다는 거지? 수능공부만 한다고 해도 언어, 수리, 사탐, 과탐, 외국어, 어느 것 하나 자신 있는 것이 없으니, 도대체 뭘 먼저 손대야 하는 거지? 휴~ 정말 미치겠다. 정말 요즘은 한숨밖에 안 나온다니까.

정말 용기를 내서 이런 편지 쓰는 거야. 아직 아무한테도 이런 고민을 얘기한 적 없거든. 그러니까 언니가 나를 좀 도와줘. 언니도 원래는 그렇게 공부 잘 하는 편 아니었는데 고2 때 성적 많이 올렸다며? 나도 성적을 올릴 수 있을까? 도대체 무슨 공부를 어떻게 시작해야 할지 모르겠어.

나 정말 도와줄 거지?

J의 편지를 보니까 어떤가요? 자기 자신의 이야기라는 생각이 들지 않나요? 아마 이 책을 읽는 많은 수의 학생들이 J와 비슷한 경험을 하고 있을지 모르겠습니다. 그러면 J가 성적이 잘 나오지 않는 이유는 무엇일까요? 저는 이 편지를 받고 가장 먼저 J에게 무슨 대학 무슨 과를 왜 가고 싶은지 구체적으로 물어보았습니다. J는 대답을 잘 못하더군요. 그녀는 대학에 가고 싶어했습니다. 하지만 어느 대학 무슨 학과에 왜 가고 싶은지는 그녀 자신도 몰랐습니다. J는 그냥 남들 다 가니까, 대학에 가면 좋을 것 같으니까 막연히 대학에 가야겠다고 생각했던 겁니다. 아마 이런 생각을 가지고 계신 분들이 다수 계실 것입니다. 그리고 '그냥 점수 나오는 대로 점수 맞춰서 대학 가야지……' 라는 위험한 생각을 가지고 있는 분들도 있을 겁니다.

하지만 이런 생각은 대입을 준비하는 데 치명적입니다. 대입을 준비하는 것은 결코 만만치 않은 일이기 때문입니다. 우선 대학에 가기 위해서는 전국에 있는 수십만 명의 경쟁자들을 제쳐야 하고 적어도 전국 10퍼센트 이내의 성적은 나와줘야 마음 편하게 대학에 지원할 수 있습니다. 게다가 요즘은 각 대학마다 전형방법이 다양하기 때문에 가고 싶은 대학을 정해놓고 그 대학에서 요구하는 바에 따라 전략적으로 공부하지 않는다면 수능을 괜찮게 보고도 대학에서 떨어지는 경우가 생길 수도 있습니다. 목적지 없는 배는 바다 위에서 이리저리 부유하다 암초에 부딪혀 부서질 수밖에 없는 것처럼, 정확한 목표도 없이 대입 레이스에 첫발을 내디딘다면 금방 지치고 포기하게 되기 쉽습니다.

저 역시도 고등학교 1학년 때부터 서울대에 지원할 만큼 넉넉한 성적을 가지고 있었던 것은 아닙니다. 고등학교 1학년 때, 제가 오랫동안 품어왔던 미술학도의 꿈을 포기할 수밖에 없는 상황에 처해졌기 때문에 저는 반발 심리로 한동안 공부를 소홀히 했었습니다. 그랬더니 성적은 나날이 곤두박질쳐서 내신은 전교 100등 안팎까지 내려갔고, 모의고사 성적도 300점을 간신히 넘을 정도였습니다. 실제로 고등학교 1학년 때 제 내신 성적과 수능 점수는 J와 거의 비슷했습니다. 하지만 고등학교 2학년 때 '난 서울대학교 인문대학에 갈 거야' 라고 결심하고 확고한 목표를 세운 이후로는 저의 목표를 이루기 위해 정말 열심히 노력했습니다. 부족한 공부를 채우기 위해, 짧은 시간에 효과적으로 공부하기 위해 엄청나게 노력했고, 실제로 많은 양을 빠르게 채워나갈 수 있었습니다. 그리고 '서울대 인문대 아니면 안 간다' 라는 목표의식을 가지고 수능을 준비했기 때문에, 복잡한 서울대 입시에 전략적으로 대응할 수 있었습니다. 시간이 날 때면 서울대 사이트에 자주 접속해 서울대 입시가 정확히 어떤 식으로 진행되는지 살폈습니다. 그래서 수능을 어떻게 반영하고 내신은 어떻게 산출하고, 면접은 어떤 식으로 진행되며, 기출문제는 어떤 것들이었는지 서울대 입시에 관한 것이라면 무엇이든지 훤히 꿰고 있었습니다.

공부할 때도 2002년도 서울대 인문대학 입시에서는 수능 1등급이 자격 조건으로만 들어가는구나, 그리고 1단계에서 반영하는 수능 영역에는 수학이 빠지는군. 수학이 빠지니까 인문대학 지원자들의 점수에선 언어점수가 중요해지겠군. 언어를 좀더 집중적으로 해야겠는걸. 어? 제2외국어가 다른 대학에 비해 많이 반영되는군. 프랑스어 공부도 소홀히 해서는 안 되겠어. 제2외국어는 쉬우니까 하나라도 틀린다면 그것도 변수가 될 거야 하는 식으로 생각하며 공부 전략을 세워나갈 수 있었습니다.

이처럼 공부를 하는 데 있어서 목표를 세우는 것은 정말 중요합니다. 목표가 있어야 공부할 맛도 나고, 목표가 있어야 공부 전략도 세울 수 있습니다. 수험생 여러분! 무엇보다 먼저 목표를 '구체적'으로 세우세요. 그리고 자신은 그 목표를 이룰 수 있다고 강한 '암시'를 주세요. '무슨 대학 무슨 과'라는 구체적인 목표를 세운 그 순간부터 수험생 여러분은 이미 반쯤은 그 대학 그 학과에 속한 학생이 된 것입니다.

짧은 시간에 내신 성적 올리기

해를 거듭할수록 대학입시에서 수시모집 비중이 점점 커지고 있습니다. 이런 와중에 대학 수시모집을 포기한다면 대학에 갈 수 있는 길이 엄청나게 좁아집니다. 설사 J와 같은 내신 성적으로 고3이 되었다 하더라도 절대 내신을 포기해서는 안 됩니다. 고등학교 3학년 내신 성적은 50퍼센트나 반영됩니다. 그렇기 때문에 고3이 되어서 내신 성적을 드라마틱하게 올릴 수만 있다면 수시모집을 기대할 수 있을 것입니다. 혹시 '나는 학급 임원 경력도 없고, 커다란 수상 경력도 없는데,

어떻게 수시에서 뽑힐 수 있겠어' 라고 생각하시는 분이 있겠지만 여러분과 비슷한 성적을 가진 학생들 중에 그런 경력을 가진 학생은 극히 소수에 불과합니다. 대부분의 학생들이 나와 비슷한 처지라는 것을 생각하세요. 그리고 그러한 차이는 면접으로 충분히 보완할 수 있습니다.

그렇다면 어떻게 내신 성적을 빨리 올릴 수 있을까요?

첫째, 내신과 수능을 별개로 생각해서는 안 됩니다.

어떤 학생들은 학교에서 보는 중간, 기말고사 문제가 수능에 나오지 않는다고 해서 수업시간에 모자란 잠을 보충하거나 수능 문제집을 풀기도 합니다. 하지만 이것은 정말 잘못된 생각입니다. 이렇게 행동한다면 수능과 내신 둘 다 망치기 십상입니다. 학교에서 배우는 국어, 문학, 독서, 공통 수학, 국사, 윤리, 세계지리, 정치, 사회문화, 공통과학 등등 모두 수능에 나오는 과목입니다. 국영수는 물론이려니와 내가 선택하지 않은 기타 사회 과목이라도 수능에 배경지식으로 나올 수 있다는 걸 명심해야 합니다. 학교 수업을 들으면서, 그리고 학교 시험을 준비하면서 수능 준비를 좀더 치밀하게 한다고 생각하고 공부한다면 학교 성적은 물론 수능 성적을 올리는 데도 도움이 될 것입니다. 그리고 수능에 전혀 나오지 않을 것 같은 예체능 시간에는 공부에 지친 머리를 쉬는 시간이라고 생각하면서 음악이면 음악, 체육이면 체육에 활발히 참여하는 것이 좋습니다. 제발 체육시간에 단어장 가지고 나가지 마시고요.-_-;;

둘째, 내신을 올리려면 수업시간을 전쟁처럼 보내야 합니다.

내신공부를 할 때, 특히 고3 학생들같이 시간이 부족한 경우에는 내신공부를 여러 시간 들여서 할 계획을 세우면 안 됩니다. 수능 대비를 위해 모자란 과목을 보충해야 하고 수학문제도 많이 풀어봐야 합니다. 그런데 내신만을 위해 모든 시간을 바친다면 수능 점수는 언제나 제자리걸음을 할 뿐입니다. 더군다나 많은 시간을 들여 중간고사 계획을 세우고 그대로 실천한다고 해도 결과가 항상 좋을 것이라 보장하기는 힘듭니다.

공부는 최대한 짧은 시간에 효율적으로 해야 합니다. 내신공부의 효율을 극대화하기 위해선 시험문제는 지금 수업을 하고 있는 선생님께서 내시는 것이라는 사실을 잊어선 안 됩니다. 수업시간에 시험에 나올 모든 중요 요점이 숨어 있는 것입니다. 수업에 집중해서 그 흐름을 느끼다 보면 '아! 저게 중요한 거구나. 이 개념의 흐름은 이렇군' 하는 느낌이 옵니다. 이런 느낌이 오면 그걸 표시하고 정리하는 것이 중요합니다. 만약에 국사 과목이라면 주요 요점의 흐름을 나름대로 책 위에 간단하게 몇 글자로 정리할 수 있을 것입니다. 이 작업은 물론 수업시간에 하는 겁니다. 그리고 선생님께서 아이들의 잠을 깨우기 위해 공부 이외의 말씀을 하실 때는 눈을 감고 방금 배운 요점을 떠올리면서 그 개념이 나오기까지의 전반적인 흐름을 기억해내려고 노력해보는 것입니다. 쉬운 일은 아니지만 이렇게 하면 요점이 머릿속에 완전히 각인됩니다. 만약 선생님의 농담이 길어진다면 그 시간을 이용해 이전 시간에 배운 요점도 기억해볼 수 있습니다. 물론 책을 덮고 말입니다. 그리고 집에 가는 차 안에서는 그날 배운 모든 요점을 다시 떠올려보는 것입니다. 그러면 각 과목별로 머릿속에 나름대로의 '요점 지도'가 생기게 되고 따로 시간을 들이지 않고도 배운 내용을 여러 번 복습할 수 있습니다. 이렇게 하면 시험 보기 하루 전에 간단히 책을 한 번 훑어보기만 해도 전 과목을 90점 이상 맞을 수 있을 것

요점 지도

1. 수업시간에 집중해서
2. 선생님께서 강조하시는 단어나 문장을 간략히 정리하여
3. 그 단어나 문장이 나오기까지의 전후 내용까지 한꺼번에 외운다.
4. 수업시간에 틈날 때마다 계속 요점을 반복해서 마스터한다.

입니다. 물론 수학 같은 과목은 따로 연습이 필요하지만요.

이것은 매우 고통스러운 작업입니다. 매 수업시간마다 긴장을 늦춰선 안 되고, 그저 선생님의 말씀을 감상하는 수준으로 수업을 들어서도 안 됩니다. 고도로 집중하고 끊임없이 뇌 세포를 사용해야 합니다. 그래서 수업시간을 '전쟁' 처럼 보내야 합니다.

실제로 이렇게 한 시간 수업을 듣고 나면 머리도 뜨거워지고 심장도 두근거립니다. 하지만 수업이 완전히 내 것이 된 것 같은 뿌듯함은 정말 기분 좋은 것입니다. 저는 고등학교 2학년 때부터 이 방법을 시도했었습니다. 그리고 진짜 내신 성적이 큰 폭으로 향상되는 것을 직접 느낄 수 있었습니다. 무슨 다이어트 약 선전하는 것 같지만^^ 내신공부엔 정말 효과적인 방법입니다. 한번 해보세요.

수능공부는 백 투 더 퓨처로

수능출제원에서 항상 하는 말이 있습니다.

"정상정인 교과과정을 이수한 학생이라면 누구나 풀 수 있는 문제……."

이말에 발끈하는 분이 있을지 모르지만 정말 맞습니다. 모든 수험생들이 초, 중, 고를 나오지 않았습니까? 제가 보기엔 모두 정상적으

로 교과과정을 이수했다고 보는데요. 그럼 모든 학생들이 수능에서 만점을 받아야 하지 않겠습니까? 이렇게 반문하시는 분도 분명 계실 것입니다. 하지만 제가 말씀드리고 싶은 것은 과연 모든 수험생들이 정규 교과과정을 '제대로' 이수했느냐 하는 것입니다.

우리의 어린 시절을 생각해봅시다. 초등학교 시절엔 공부는커녕 책 한 권 제대로 들여다보지 않았습니다. 그러다가 이제 중학생이 됩니다. 중학생이 되면 슬슬 공부에 대한 압박이 시작됩니다. 그래서 나름대로 학원도 다니면서 공부라는 걸 좀 해봅니다. 하지만 여전히 초등학교 때 놀던 가락이 있어서 공부를 대강대강 하는 습관을 들이게 되고, 학교 시험 못 보면 엄마한테 혼나니까 시험 때우기용으로 벼락치기 공부를 합니다. 그러다가 시험을 보고 나면 시험지는 갖다버립니다. 내가 뭘 몰라서 틀렸는지 절대 모르고 알고 싶어하지도 않습니다. 그리고 항상 시험 대비용 공부에 익숙해 있기 때문에 2학기 기말고사 시험범위 이후, 이른바 시험에 나오지 않는 부분을 배울 때는 그냥 놉니다. 그래서 항상 수학책 뒷부분에 나오는 확률이니 통계니 하는 건 잘 모릅니다. 그래도 뭐, 별로 관여치 않습니다. 시험에 나오지 않으니까요.

이렇게 초등학교와 중학교 시절을 보낸 우리들, 이제 고등학생이 됩니다. 고등학생은 공부할 과목과 양도 엄청나게 많습니다. 그러니 중학교 때 배운 것 중에 뭘 모르고, 뭘 아는지 생각할 겨를도 없습니다. 그저 하루하루 진도 따라가다가 금새 고3이 되어버립니다. 이렇게 고3이 된 학생이 과연 정규교과과정을 '제대로' 이수했다고 볼 수 있을까요? 수능출제원에서 하는 얘기는 초등학교부터 중학교, 고등학교의 모든 교과과정을 빠짐없이 일정 수준 이상으로 '제대로' 이수하고 지나간 학생들을 이야기하는 것입니다. 그러니 그저 시험 위주로 얼렁뚱땅 공부하고, 시험 끝나면 그걸로 모두 끝인 줄 알았던 우리들이 수능시험을 잘 볼 리가 없습니다.

실제로 수능시험은 초중고 모든 교과과정의 완결판이라 할 수 있습니다. 언어영역에서는 우리가 초등학교 때부터 배우는 설명문, 논설문, 소설, 수필, 시 등이 나오고, 초등학교 때부터 배우는 주제 찾기와 설명방법, 직유니 비유니 하는 문학 기법이 주요 문제로 나옵니다. 수학도 그렇습니다. 수리영역에서 가장 비중이 큰 공통수학은 초등학교와 중학교에서 배운 수학 내용을 심화시킨 것입니다. 더군다나 중학교 수학책에는 나오지만 공통수학에선 자세히 다루지 않는 개념도 수능에서 심심치 않게 등장합니다. 그것도 어려운 응용문제로 말입니다. 그 대표적인 예가 바로 '도형문제' 입니다. 중학교 때 도형공부를 제대로 안 하고 올라온 학생은 이런 문제만 나오면 벌벌 떨면서 어떻게 해야 할지 갈피를 못 잡습니다. 과학은 어떻습니까? 공통과학은 중학교 과학시간에 잘 들은 학생이라면 무난히 넘어갈 수 있습니다. 공통과학이 실험 위주로 나와 있다면, 그 실험에 대한 개념은 중학교 때 배우는 과학책에 나와 있습니다. 공통과학은 중학교 과학 개념의 응용편에 지나지 않는다는 말입니다. 실제로 과학책을 갖다놓고 비교해봅시다. 그림이며 실험이며 중복되는 것이 많을 것입니다. 사회과목은 더합니다. 국사과목만 한번 보자면, 대부분 학생들이 고등학교 국사책이 주제별로 자세히 분석하는 식으로 기술되어 있기 때문에 역사의 흐름을 알아야 하는 문제(수능 국사 문제의 대다수를 차지함)가 나오면 어려워합니다. 그런데 바로 역사의 흐름에 따라 공부하는 것은 중학교 때 이미 배우고 지나온 것입니다. 중학교 때는 시대의 흐름에 따라 사건이 어떻게 전개되는지 배웠기 때문에 우리는 고등학교에서 각 사건들의 자세한 의미를 살피는 식으로 공부하게 되는 것입니다.

이렇듯 우리가 어릴 때 특히 '중학교' 때 배운 지식은 고등학교 교과과정과 밀접하게 연결되어 있습니다. 그렇기 때문에 사실상 중학교 교과를 제대로 이해하지 못한 학생은 고등학교 교과과정을 제대로 이해하고 있다고 보기는 힘듭니다. 그러므로 중학교 공부를 제대로 안 한 고등학생이 수능은 개념이 중요하다는 말을 듣고 고등학교 교과서를 죽어라 본다고 해도 점수는 오르지 않습니다.

중학교 공부를 제대로 하지 못하고 올라왔다면 수능은 준비할 것이 많은 시험이 됩니다. 그럼 이제 우리는 어떻게 해야 할까요? 뭐, 방법은 한 가지입니다. 거꾸로 하는 거죠. 수능은 개념을 정확히 알아야 하는 시험입니다. 중학교 개념이 필요하면 중학교 책이라도 들춰보며 공부해야 한다는 것입니다. 그렇다고 엄청나게 많은 중학교 책을 처음부터 꼼꼼히 볼 수는 없는 노릇입니다. 그러니까 고등학교 교과서로 공부하다가 막히는 게 있으면 중학교 교과서에서 관련된 부분을 찾아보는 것입니다. 예를 들면, 수학문제를 풀다가 도형문제가 나왔다고 가정해봅시다. 어렵사리 풀어내긴 했지만 여간 찜찜한 게 아닙니다. 그러면 중학교 수학책을 구해다가 도형 관련 부분을 모조리 찾아서 주말에 날을 잡아 공부합니다. 문제집을 구할 수 있으면 응용문제도 풀어보고요. 모르는 것이 있으면 학교 선생님께 여쭤보면 됩니다. 다른 과목도 마찬가지입니다. 공통과학과목을 보자면 학생들이 가장 애를 먹는 부분 중 하나가 바로 '전기' 단원입니다. 공통과학 책에는 이 단원에서 '발전소 송전' 정도만 간단히 언급하고 맙니다. 하지만 막상 내신이나 수능시험문제를 보면 전류, 저항, 전압과 관련된 기본적인 법칙들을 알아야 풀 수 있는 문제들이 나옵니다. 이 법칙들은 바로 우리가 중학교 때 배운 것들이죠. 이런 경우 중학교 때 전기 단원을 대강하고 넘어간 학생들은 애를 먹기 마련입니다. 이럴 때도 역시 중학교 과학책을 구해서 전기와 관련된 단원을 모조리 다시 복습하는 것이 좋습니다. 중학교 책에는 전하에 대한 기본 설명과 더불어 옴의 법칙 등에 대한 자세한 설명까지 쓰여 있기 때문에, 중학교 전기 단원을 확실히 하면 고등학교 공통수학 전기 단원은 식은 죽 먹기가 됩니다. 또한 사회 탐구 영역을 준비하는 학생들을 보면 은근히 국사 과목 때문에 애를 먹는 경우가 많이 있습니다. 이런 경우는 중학교 국사책을 구해서 여러 번 통독해보는 것을 권하는 바입니다. 이렇게 하면 역사적 사건들을 시대의 흐름에 따라 볼 수 있는 통시적 안목이 생기게 되고, 이 위에 고등학교 국사 교과서에서 배운 지식을 덧붙이게 되면 국사 과목에 있어선 천하 무적이 될 것입니다. 이렇게 모르는 중학교 개념이 나올 때마다 그냥 넘어가지 말고 다시 공부해서 꾸준히 보충한다면 일 년 안에 모든 개념을 정확하게 파악할 수 있습니다. 그리고 이런 식으로 개념을 확실히 잡았다면 수능은 진짜 쉬워지게 됩니다.

물론 모든 과목에 이 방법을 적용할 수 있는 것은 아닙니다. 실제로 고등학교 땐 배우지만 중학교 때는 배우지 않는 과목도 있고, 거의 동일한 내용이 반복되는 단원도 있기 때문에 굳이 중학교 책으로 돌아가지 않아도 되는 과목도 있습니다. 하지만 공통수학, 공통과학, 국사 과목만은 꼭 중학교 책을 참조해서 공부해야 제대로 이해할 수 있습니다.

'백 투 더 퓨쳐~' 모르면 과거로 돌아갑시다!

좀더 자신감을 가지고 적극적으로 대입 레이스에 뛰어드세요. 성적이 오르지 않는다고 해서, 공부가 잘 안 된다고 해서 그냥 주저앉아버리는 것이 아니라, 자신의 잘못된 점을 찾고 새로운 방법을 계속 시도해보는 것이 중요합니다. 절대 피동적으로 공부하려 하거나, 지금의 상태에 만족하려고 해서는 안 됩니다. '내'가 원해서 '내'가 하고자 하기 때문에 공부한다면 '나'만의 성공 공부법을 찾을 수 있게 될 것이고, 원하는 것을 꼭 이루게 될 것입니다.

이은혜 mercy8217@hanmail.net
부천 중흥중학교—부천여자고등학교—이화여대 인문학부 입학 후 재수 • 1982년생 전갈자리 • B형 • 작은 것에 충실한 사람이 큰 것에도 충실하다.

교과서가 곧 진리

이수정 서울대 언어학과 01학번

고등학교 시절 내 별명은 '계획쟁이'였다. 친구들이 우스갯소리로 부르는 이 별명 속에는 수없이 계획을 세우고 또 세우는 내 일상의 모습이 녹아 있다. 개학, 중간고사, 기말고사, 모의고사 등의 결정적인 계기부터 시작해서 한 주의 시작, 봄의 시작, 혹은 갑작스런 심경의 변화 등의 사소한 계기까지, 내가 마음을 다잡고 계획을 세우도록 만드는 계기들은 정말이지 무궁무진했다. 하지만 계획은 실천이 동반될 때에 비로소 그 의미를 가지는 것. 세상일이 내 뜻대로 되지 않는 것처럼 그렇게 세운 계획을 하나하나 실천하는 것은 결코 쉬운 일이 아니었다. 흐지부지 보내고 마는 주말을 위해 세운 스페셜 주말용 계획은 텔레비전의 유혹이나 잠의 수렁에 빠져 빛이 바래기 일쑤였다. '30분만 일찍 일어나면 세상이 달라진다'는 거창한 모토 아래 세운 기상 프로젝트 역시 겨우 지각만 면하는 형태로 변질되었다. 하지만 이런 일상의 좌절 때문에 나 자신을 그냥 포기하고 말았다면 지금의 나는 존재할 수 없었을 것이다. '뭐, 그럴 수도 있지'

라는 넉넉한 마음과 여유가 없었더라면, 피나는 노력에도 불구하고 언제나 나를 배반했던 수학을 진작에 포기했을 것이며, 불가능할 것 같았던 '서울대학교 언어학과'라는 목표 자체를 세우지 않았을 것이다. 삼 년이라는 시간은 나에게, 끝까지 포기하지 않는 끈질김과 집념은 결국 꿈의 실현으로 드러난다는 단순명료한 삶의 진리를 가르쳐주었다. 포기하지 않는 자에게 반드시 복이 있을 것이다. 절대 좌절하지 말고 절대 포기하지 말라!

영역별 전략

언어영역

언어영역의 핵심은 빠르게 지문을 읽고 핵심내용을 파악하는 것이다. 언어영역은 절대 하루아침에 성과가 나타나는 과목이 아니라는 것은 모두들 경험으로 잘 알고 있을 것이다. 문제집 몇 권을 바짝 푼다고 해서 점수가 오르는 것이 아니기에 이 과목만큼 막막한 과목도 없을 것이다. 언어영역의 경우 문제집을 여러 권 푸는 것보다 평소에 신문이나 글을 많이 읽는 것이 훨씬 더 중요하다. 하지만 바쁜 고등학교 생활 가운데 소설이나 신문을 읽을 여유가 어디 있겠는가. 나의 경우 따로 언어영역 문제집을 풀지 않아도 될 만큼 항상 안정적인 점수를 확보할 수 있었는데 그 비법(?)은 벼룩시장이나 교차로 같은 생활정보지였다. 우리가 그냥 지나치는 생활정보지에는 의외로 읽을거리가 많다. 학교 가는 길이 심심해서 읽기 시작한 생활정보지는 어느새 나만의 습관이 되었고 항상 등교길이나 하교길에 길거리에 있는 생활

내가 언어영역에서 늘 안정적인 점수를 확보할 수 있었던 비법(?)은 벼룩시장이나 교차로 같은 생활정보지였다. 우리가 그냥 지나치는 생활정보지에는 의외로 읽을거리가 많다. 학교 가는 길이 심심해서 읽기 시작한 생활정보지는 어느새 나만의 습관이 되었고 항상 등교길이나 하교길에 길거리에 있는 생활정보지 한두 부를 뽑아 걸어가면서 즐겨 읽곤 했다.

정보지 한두 부를 뽑아 걸어가면서 즐겨 읽곤 했다. 이것은 두 가지 면에서 도움이 됐는데 매일 고정적으로 글을 읽는다는 점에서 지문을 빨리 읽을 수 있었고, 걸어가면서 읽는다는 점에서 집중력을 높이는 데 많은 도움이 되었다. 혹 언어영역 점수가 신통치 않아 고민하는 후배들이 있다면 꼭 생활정보지가 아니더라도 매일 조금씩 집중해서 글을 읽는 것이 최고의 방법이라는 것을 알려주고 싶다.

수리영역

고등학교 내내 나를 괴롭히던 과목이 바로 수학이었다. 노력하는 것에 비해 항상 수학 점수가 신통치 않았기 때문에 언제나 내 계획 중 상당 부분이 어떻게 하면 수학 점수를 올릴 수 있을지에 집중되어 있었다. 결과부터 말하면 그 모든 어려움에도 불구하고 수리영역에서 만점에 가까운 점수를 받았는데 가장 중요한 것은 끝까지 포기하지 않는 태도다. 수학 점수를 올리는데 도움이 되는 것이라면 뭐든지 했다. 수학과외에서부터 학습지, 선생님과의 상담, 그리고 끊임없이 쌓이는 문제집들. 그 과정 속에서 수학 점수는 아주 조금씩이지만 천천히 올랐고 결국 마지막에 나는 웃을 수 있었다. 수학이라는 과목에 지레 겁먹고 1학년 때부터 포기해버리는 친구들을 많이 봤다. 하나를 포기한다는 것은 결국 다른 것도 언젠가 포기할 수 있다는 것을 의미한다. 지금 혹시 수학을 포기하려고 마음먹은 후배들이 있다면 끝까지 한번 싸워볼 것을 권하고 싶다. 수학점수가 아무리 우리를 배신할지라도 매일 수학과 함께 동고동락하라. 매일 두 시간씩은 꼭 수학공부를 하라. 하늘은 스스로 돕는 자를 돕는다.

사회탐구와 과학탐구

사회탐구와 과학탐구의 경우 조바심을 낼 필요가 없다. 1, 2학년의 경우 사탐과 과탐 공부를 제대로 하지 않은 상태에서 모의고사를 보고 형편없는 점수에 놀라 바로 사탐, 과탐 공부를 시작하는 경우가 있는데 이는 잘못된 것이다. 1, 2학년 때는 다른 무엇보다 수학과 영어 점수를 안정시켜놓는 것이 급선무다. 수학과 영어와 같은 기본과목에 열과 성을 다하라. 사회탐구와 과학탐구의 경우 3학년 때 해도 충분하다. 오히려 짧은 기간에 집중해서 공부하는 것이 과목의 성격상 더 좋다. 단순히 총점을 올리겠다는 생각에서 섣불리 사탐과 과탐 과목에 손을 대지 말아야 할 것이다. 무엇보다 중요한 것은 총점이 아니라 수학과 영어점수가 안정된 상태에서 사탐과 과탐을 시작하는 것이다.

사회탐구의 경우 교과서 중심으로 공부하는 것이 중요하다. 해가 지날수록 국사, 윤리 등의 개별적인 문제가 아니라 국사영역과 윤리영역을 혼합한 종합사고형 문제의 출제빈도가 높아지고 있기 때문에 단순히 암기식의 공부를 해서는 좋은 점수를 받을 수가 없다. 교과서를 중심으로 흐름을 파악하는 것이 중요한데 매일 조금씩 교과서를 직접 읽는 것이 효과적이다. 국사와 윤리 등의 사회탐구 과목의 경우 '교과서가 곧 진리'라는 원칙을 세우고 교과서에 있는 도표와 그림 등을 중심으로 매일 반복해서 읽으면 된다. 딱히 읽으면서 외우려는 의도를 가지지 않아도 결국 중요한 부분은 외워지기 마련인데 좀 길게 여유를 가지고 '한 달 안에 국사 교과서를 다섯 번 읽어보겠다' 라는 식의 구체적인 목표를 세우면 훨씬 효과적이다.

과학탐구의 경우 교과서보다는 개념정리가 잘된 문제집을 한 권 골라서 여러 번 보는 것이 효과적이다. 틀린 문제를 그냥 넘기는 것이 아니라 해설지와 선생님을 이용하여 끝까지 해결하는 것이 중요하다. 그리고 일정 기간(일주일 정도가 적당하다)이 지난 후 다시 한번 그 문제를 풀어서 자기 것으로 완전히 만들어야 한다. 기본 문제집 한 권을 정독(꼼꼼하게 풀어넘기는 것)한 다음 이 기본 문제집을 교과서 삼아 다른 문제집을 한두 권 정도 더 풀어보면 과학탐구 영역의 대체적인 흐름이 눈에 보일 것이다.

외국어영역

어느 정도 상위권 대학 진학을 목표로 하는 학생이라면 외국어영역에서만큼은 만점을 받겠다는 목표를 세워야 한다. 그만큼 외국어영역은 수능에서 가장 기본이 되는 영역이다. 따라서 외국어영역에서 점수가 낮다는 것은 다른 영역에서 낮은 점수를 받는 것보다 훨씬 더 점수를 많이 깎아먹고 들어간다는 것을 명심해야 할 것이다. 수능 독해의 경우 단어실력을 바탕으로 문제의 흐름을 파악할 수 있는 능력이 중요하다. 이를 위해서는 기본적인 단어실력이 우선이기 때문에 매일 다섯 개든 열 개든 꾸준히 단어를 외워야 하고 무엇보다도 매일 독해문제를 풀어 그 흐름을 놓치지 않는 것이 중요하다. 외국어영역만큼 유형이 확실히 정해져 있는 영역도 드문데 문제를 많이 풀다보면 유형풀이에 대한 자신감이 생기고 이 자신감이 곧 점수로 연결된다.

영어 듣기의 경우 언어영역과 비슷한데 몇 번 들었다고 해서 갑자기 귀가 뚫리고 입이 열리는 것이 아니라는 사실은 누구나 알고 있을 것이다. 따라서 매일 일정한 시간에 영어를 직접 듣는 것이 중요하므로 잠자기 전 20분의 시간을 적극 권하는 바이다. 잠들기 전에 듣는 영어가 무의식에 남아 실력을 향상시키는 데 많은 도움이 된다는 이야기를 고등학교 선생님으로부터 듣고 지금도 이 방법을 실천하고 있는데 이제는 하루를 영어 듣기와 함께 마무리하는 것이 일상이 되었다. 영어 듣기에서 언제나 점수를 홀랑 깎아먹어 고민하는 후배가 있다면 지금부터라도 이 방법을 한번 실천해보는 것도 좋은 전환점이 될 것이다.

이수정 pander1104@hanmail.net
대구 관음여자중학교－영송여자고등학교 • 1982년생 사자자리 • B형 • No Problem!(문제란 없다!)

영역별로 감 잡기

박기용 서울대 경영학과 01학번

언어영역…… 도대체 어떻게 해야 점수가 오를까?

언어영역 때문에 좌절하는 학생들이 많을 것이다. 공부를 한다고 점수가 티가 나게 오르는 것도 아니고 애매하다.

왜일까? 언어…… 한글만 읽을 줄 안다고 문제가 풀어지지 않는다. 길고 긴 지문을 읽으려니 골치만 아프고 대충 그럴듯한 답만 골랐는데도 교묘하게 정답만 피해간다.-_- 문제집을 왕창 사다 풀어보자…… 더 헷갈리기만 한다.

언어영역. 도대체 어떻게 해야 점수가 오를까. 어떤 학생이든 자신이 가지고 있는 언어영역의 점수 벽이 있을 것이다. 희한한 것은 공부를 어떻게 하든 그 점수대를 유지한다는 것이다. 무진장 열심히 파고들어도 그 점수. 포기해도 그 점수. 그래서 욕심이 나서 더 공부해도 여전히 그 점수대. 어찌 답답한 노릇이 아니겠는가.

하지만 한탄만 하지 말고 방법을 찾아보자. 내 경우를 이야기해주겠다.

난 언어 점수가 크게 나쁜 편은 아니었다. 120점 만점에 못하면 106~108점, 보통은 112~114점을 받았으니 어떤 사람은 그걸 갖고 고민이냐고 할 수도 있다. 앞서도 말했듯이 누구나 자신의 벽이 있다. 나도 아무리 해도 114점에서 왔다갔다할 뿐 더이상의 고득점은 실현되지 않았다. 그렇다면 벽을 깨기 위한 연장들을 준비해보자.

언어는 '감각' 이 중요하다. 공부를 잘하고 못하고 간에 언어는 잘하는 사람이 있다. 그런 사람들은 소싯적에 동화책부터 시작해서 책을 많이 읽어본 사람들이다. 그런 사람들은 글의 흐름을 놓치지 않고 읽을 줄 아는 힘이 있는 것이다. 그러나 적어도 나나 여러분은 그런 힘이 부족할 것이다. 그렇다면 그런 힘을 길러야 하니 글을 읽는 방법에 대해서 알아보자.

먼저, 글을 읽을 때는 집중해야 한다. 노래를 흥얼거리며 다리를 떨면서 읽어서는 안 된다. 바른 자세로 마음을 비우고 글에만 집중하는 연습을 해보자.

다음은 글의 구조를 파악하는 방법이다. 어떤 글이든 문단이라는 것이 있다. 문단은 한 가지 생각의 덩어리이므로 각각이 독립적으로 구조물을 구성하는 부품이 된다. 그러므로 각 문단이 무슨 내용인지 확인하며 읽어야 한다. 그렇게 하는 방법으로 가장 흔한 것이 '밑줄 긋기' 이다. 이렇게 하여 글을 꼼꼼히 읽는 방법을 익히자. 처음에는 속도에 연연하지 말고 글을 완전히 이해하도록 해서 점점 빠르게 읽는 연습을 하면 된다. 이렇게 하면 부족한 감각을 커버할 수 있을 것이다.

여기서 잠깐! 언어영역 지문 분석법

언어영역 지문들은 보통 시험지의 한 바닥보다 적은 것들이 많다. 그 정도 분량의 글은 보통 하나의 소주제를 가진 글이 되는데 그런 주제를 잡아내는 것이 지문 독해의 기본적인 목표이다. 먼저 형식문단마다 중심문장을 찾아 밑줄을 긋는다. 중심문장이 어느 것인지 애매할 때는 앞뒤 문단과의 내용을 비교해서 논리적인 흐름에 맞는 문장을 찾을 수도 있으나, 가장 쉬운 방법은 가장 단정적이고 명확한 문장을 찾는 것이다. 이런 문장은 보통 형식문단의 맨 앞이나 맨 뒤에 있다.

중심문장을 찾고 나서는 각 문단별로 핵심이 되는 단어에 표시를 해준다. 그리고 그런 단어 외에도 문제를 통해 확인할 가능성이 있는 단어에 표시를 해준다.

사실 이 정도 이상으로 자세한 표시를 하면서 공부할 필요는 없다. 이런 연습이 충분히 됐을 때는 표시된 내용들만 이어서 읽어도 글의 흐름을 웬만큼 파악할 수 있다.

이런 과정은 말처럼 간단하지가 않다. 많은 훈련을 통해서 익숙해져야 비로소 효과를 발휘할 것이다.

언어영역 약점 보완

나의 경우 많이 틀리는 부분이 실용문에서의 내용추론 부분이었다. 이런 글일수록 위에 설명한 지문 분석을 통해 글을 정확히 파악하는 것이 중요하다. 나는 모의고사 기출문제를 많이 푸는 것으로 약점을 해결했다.

그 다음은 실전 연습이다. 내 경우에는 언어영역 문제집을 상당히 많이 풀었다. 그렇게 하다보니 글을 읽는 속도도 빨라지고 문제 유형을 거의 파악하게 되어 실력이 늘어가는 것이 느껴질 정도였다. 일단은 문제집을 하나 골라보자. 많은 문제집 중에 '언어 기본편' 이라는 제목의 책들이 있을 것이다. 그런 것을 골라서 설명을 잘 읽으면서 풀어보자. '에…… 그러니까…… 언어영역에는 이런 문제들이 나오는구나…… 아~ 좋다' 라고 하면서 즐겁게 시작하자. 그 문제집을 다 보는데도 시간이 꽤 걸릴 테니 지체하지 말도록 하자. 이런 책은 사실 1학년 때 봐두는 것이 좋다. 이미 늦어버린 사람에게는 미안하지만 필요하다고 느낀다면 얼른 다 보길 바란다. 그 다음에는 실전편, 혹은 모의고사 형식의 문제집을 고를 것을 권한다.

이제 문제집을 풀면서 여러 가지 트레이닝을 하자. 1단계는 천천히 그리고 확실히 풀기다. 시간이 얼마나 걸리든 꼼꼼하게 정확히 풀어보자. 다 풀면 채점을 하고 어떤 문제를 왜 틀렸나 체크한다. 처음에는 답지를 보면 왜 틀린 줄 안다. 정답을 확인하고 다음 부분을 풀자.

이것이 익숙해지면 다음 2단계로 넘어가서 속도를 높이자. 시간을 정해놓고 풀어보면서 그로 인해 놓치는 것이 없도록 단련하자. 내 경우에는 모의고사 한 회분을 다 풀고 채점 후 검토하는 데까지 40분이면 충분했었다. 이렇게 문제풀이에 익숙해지면 자신이 자주 틀리는 문제 유형과 부족한 점을 확실히 아는 때가 온다.

그러면 이제 3단계, 약점 보완에 들어가자. 참고서와 언어영역 잘하는 친구, 선생님…… 모든 방법을 동원해서 모르는 것은 알아내고 다시 틀리지 않도록 실력을 다듬어야 한다. 사자성어에 약하다면 사자성어 사전을 구해서 모르는 것을 다 찾아보고 문학이 약하다면 문학 지문을 많이 접하고 고전이 약하다면 몇몇 주요 작품들을 외우다시피 하는 노력이 필요하다. 혹시나 쉽게 점수를 올릴 생각이었다면 생각 고쳐먹고 열심히 하길 바란다. 그리고 언어는 며칠만 손을 놓아도 글 읽는 감이 어색해진다. 하루에 몇 문제씩이라도 꾸준히 풀도록 하자.

그럼 영어는 어떻게?

언어영역의 공부법을 보면 알 수 있듯이 어학관련 과목들은 반복 학습이 중요하다. 외국어영역, 즉 영어는 단어로 시작한다. 일단 단어를 알아야 갖다 붙여서라도 말을 만들 것이 아닌가. 사람에 따라서 단어도 단어지만 숙어가 중요하다는 경우도 있다. 하지만 아무튼 단어 없는 숙어가 있겠는가? 현재 영어라면 치를 떨면서 단어고 뭣이고 아무것도 모른다는 사람이 아니라면 웬만큼 단어도 알고 문장 해석도 될 것이라 믿는다. 일단 자신의 독해 능력이 얼마나 되는지 스스로 파악해보라. 그리고 자신의 수준보다 약간은 높아 보이는 독해책을 하나 고르자. 되든 안 되든 첫 장부터 펴놓고 문제를 풀어보자. 모르는 단어가 한 문제에서 일고여덟 개 정도 나온다면 적당한 수준으로 고른 것이다. 만일 여덟 개 정도 모르겠다면 그 중에 정말 필요한 단어 서너 개 정도만 사전을 찾아보고 모르는 것은 모르는 대로 소위 '문맥'에 맞추어 독해해보자. 처음에는 시간이 많이 걸릴 것이다. 한 문제 풀고 정답을 확인한다. 틀렸다면 왜 틀렸는지 파악하고 일단은 단어부터 주워 담자. 사전을 찾으면 내가 확인하고자 하는 뜻보다 많은 내용들이 나와 있어서 무엇만 골라서 정리할지 혼란스러울 것이다.

이럴 때는 답지의 단어 풀이나 문제집을 사면 주는 단어장만 활용해도 무방하겠다. 일단은 확인되는 뜻만 확실히 알면 된다. 그렇게 열 문제만 풀어도 두 시간은 휭~하니 지나갈 것이다. 수첩이나 공책을 이용하여 단어를 정리해두고 시간 날 때마다 외우고…… 알게 모르게 늘어가는 실력에 스스로 감탄하게 되길 빈다.

영어단어 암기법

어학은 반복이 중요하다. 조금이라도 기억이 분명하지 않은 단어는 나올 때마다 새로 외워주고 연습장에 몇 번씩 쓰면서 외우곤 했었다.

문장을 파악하고 문제를 풀어내는 능력은 솔직히 말해서…… 많이 풀면 는다. 그냥 하는 소리가 아니라 정말이다. 문제를 많이 푸는 반복학습이 중요하므로 게을리하지 말라.

그리고 한 가지! 어법에 관한 문제가 한 문제씩 꼭 나온다. 그 문제는 아예 처음부터 포기하고 찍는 학생도 있으나 그렇게 하지 말길 바란다. 어법 문제는 유형이 정말 몇 가지 안 된다.

예를 들면, 병렬구조, 완료시제, 전치사에 따라 의미가 달라지는 동사 등이 있다. 이런 것만 파악해두면 어법 문제는 웬만해선 틀리지 않는다.

수학아, 너 죽고 나 죽자!

수학은 많은 학생들에게 불공대천의 원수일 것이다. 그러나 수학이라는 과목은 논리적 사고력을 길러주고 다양한 학문의 기초적 소양을 제공한다. 뜬구름 잡는 소리 같지만…… 간단하게 생각하면…… 400점 중에 80점이나 차지하는 과목이 수학이다. 포기할 수 없다.

수학은 어떻게 공부해야 잘 할 수 있을까? 수학은 기초가 중요하다. 말은 누가 못하겠는가, 기초…… 그렇다면 과연 기초란 무엇인가? '공식을 외우는 것' 인가? 그렇지 않다. 그보다 먼저 그러한 공식이 나오게 되는 이유를 알아야 한다. 소위 '증명' 이라는 것처럼 말이다. 유형을 조금만 바꾸면 달라지는 문제들을 외워서 풀 수는 없다. 수학적인 공식이 어떤 과정을 거쳐 나오게 되는지를 이해하면 그 과정에서 생각해야 하는 내용들과 그때 이용되는 정보를 파악할 수 있다. 그러면 나중에 그와 관련된 문제들을 풀 때 주어진 자료 중 무엇을 어디에 이용할 것인지를 알 것이다.

글쎄…… 말처럼 쉬운 일은 아니다. 하지만 수학은 공부를 했다고 해서 금방금방 점수가 오르고 실력이 부쩍부쩍 느는 것이 아니다. 꾸준히 기초부터 다지자. 그리고 교과서 수준의 연습문제 정도는 큰 무리 없이 풀 정도가 되면 이제 슬슬 다양하게 공부해보자. 역시 문제집을 풀어보는 것이 내가 얼마나 아는지 확인하는 편한 방법일 것이다. 학습지든 문제집이든 풀어보자. 분명히 교과서의 간단한 문제들과 비슷한 것도 있을 것이고 무언가 낯선 문제도 있을 것이다. 기본문제로 간단한 문제를 풀어보고 나면, 응용형 문제를 풀어야 할 것이다. 여기서 '응용' 이라는 것은 수학적 지식을 어디에 적용시킬지를 알아내는 능력을 필요로 하는 문제를 말한다. 이때 기초 없이 문제를 풀 수 있겠는가? 기초를 바탕으로 이러한 문제들도 해결할 수 있다. 위에서 말했듯이 어디에 어떤 개념과 공식을 이용할 것인가 하는 점이 중요하다. 열심히만 하면 어떤 문제든 풀 수 있다.

그렇다면 이제 슬슬 점수도 오르고 고득점 작전으로 가야 하겠다. 수학도 많이 풀다보면 문제의 스타일이 보이지 않던가? 계산 문제 몇 개, 선택지 중에 골라내는 문제 몇 개, 함수 문제, 도형 문제, 몇몇 문제들은 모의고사 문제를 풀 때마다 반갑게도 비슷한 경향으로 나온다. 수많은 공식 중에도 인기 공식이 있는 것이다. 시간관리를 하면서 문제를 풀되, 한 문제 한 문제 신경써서 보도록 하자. 문제를 풀면서 점점 점수가 잡혀갈 것이다.

수학 공부방법

1. '더하기' '빼기' '곱하기' '나누기' 라는 개념을 익힌다.
2. 기본문제를 푼다.
   $1+1=?$, $5-3=?$, $4\times3=?$, $10\div2=?$
3. 응용문제를 본다.
4. 그 응용문제에 어떤 개념을 적용할지 생각한다.

   천원짜리 물건 여덟 개를 샀는데, ('곱하기' 개념 적용) 그 가격을 다섯 명이 똑같이 부담하려면 ('나누기' 개념 적용) 한 명이 얼마씩 내야 하나?

그러면서 틀리는 문제는 잘 정리해두었다가 답지를 보지 않고 다시 풀어보자. 분명 몰라서 틀리기보다는 계산을 틀리거나 사소한 실수로 틀린 문제들이 많을 것이다. 모른다거나 틀렸다고 쉽사리 답지를 펴서 풀이를 보는 것은 좋지 못한 방법이다. 하지만 그래도 모르겠다거나 아예 어떻게 풀어야 할지 모르겠다면? 내 경우에는 모르는 문제가 나오면 일단 나뒀다가 나중에 그 문제만 들고 다니면서 계속 생각을 해보곤 했다. 버스를 타고 가면서, 화장실에 앉아서, 계속 문제를 어떻게 해결할 것인가를 고민했다. 몇 시간 그러고 다니면 '대충 어떻게 해보자. 안 되면 이렇게 푸는 것은 아닐까' 하는 생각이 드는 문제가 있을 것이다. 이런 과정에서 여러 가지 방법을 궁리해보고 수학적 사고가 길러진다. 많은 문제들은 고민 끝에 해결할 수 있지만 정말로 모르겠다면 답지의 풀이 과정에서 첫 두세 줄만 흘끔 보도록 하라. 거기에 문제에 처음으

문제를 많이 풀어라. 그러면 이 문제에는 어떤 단원의 어떤 공식을 적용하면 풀리겠구나가 보인다. 많은 문제를 풀다보면 문제에 대한 접근방식이 눈에 보이게 된다.

로 접근하는 방법이 나오므로 그것만으로도 힌트가 된다. 이렇게 어떻게든 자기 손으로 문제를 풀도록 하는 것이 수학공부의 정석이다.

과학…… 넌 또 뭐니?

과학도 수학에 뒤지지 않는다. 생물, 화학, 지구과학 그런 것은 웬만큼 외워서라도 한다. 그런데 이놈의 물리-_-, 물리가 사람 잡는다. 물리를 비롯한 과학과목은 몸으로 느껴보면서 공부해보라.

그게 무슨 말인고 하니, 예를 들어 물리라면, 책상 위에다가 지우개라도 놓고 밀어보고 연필을 떨어뜨리면서 어떤 모습을 보이는지 보라는 말이다. 그러면 수레를 밀 때 어떤 식으로 움직일지, 추를 떨어뜨리면 어떤 일이 일어날지 어느 정도 상상이 가능해지고, 이러한 느낌은 내용을 이해하는 데 도움이 된다. 그렇다고 해서 화학에 나오는 모든 실험을 다 해볼 수 없다. 하지만 머릿속에서 실험실을 꾸며서 실험의 내용을 보다 더 깊게 이해해보자. 책에 나오는 내용을 바탕으로 어떤 일들이 일어나는지를 그리면서 이해하면 기억도 잘 날 것이고 이해도 빠를 것이다. 지구과학에서는 별의 일주 운동을 이해하기 위해서 천장에 야광별을 붙여놓고 회전의자에 앉아서 빙빙 돌면서 이해할 수도 있고 손을 달로 삼아서 눈앞에서 움직여가며 이해할 수도 있다. 이런 식으로 직접 몸으로 느끼며 하는 공부가 효과가 있다.

하지만 과학 중에도 외워서 해결을 봐야 하는 내용들도 많다. 화산

암의 종류에는 어떤 것들이 있는지, 소화기관의 각 기관에서는 어떤 작용을 하는지, 이런 내용들도 소홀히하지 말고 나름대로 이해하고 외울 것은 외우길…….

과학 문제집에는 여러 가지 종류가 있다. 물리면 물리, 화학이면 화학 한 가지씩 나누어 따로 나오는 문제집도 있고 네 개를 한 권의 책에 합쳐놓은 것도 있다. 이런 경우 보통 전자의 책이 더 자세하고 문제도 다양하다. 사람에 따라 많이 풀어보고 많이 공부해야 할 사람도 있고, 전체적인 흐름만 다시 확인하기 위해서 네 과목 합본형 책을 보는 것이 더 효율적인 사람도 있을 것이다. 어떤 쪽이든 과학은 교과서의 내용만 확인해서는 어떤 문제가 어떻게 나오는지 감을 잡을 수 없다. 그러므로 과학 공부를 할 때는 교과서에 의존하지 말고 자세한 내용을 다루고 있는 참고서 한 권과 공부한 내용을 점검할 수 있는 문제집 한 권 정도를 가지고 있어야 한다.

사회 공부는 사회적으로 할까?

이제는 사회다. 사회니까 사회적으로 공부해볼까? 사회 공부는 일단 교과서를 확실히 하기 바란다. 수업시간에 졸고 문제집만 풀어보겠다고 덤벼들면, 무언가 막막할 것이다. 내용을 뭘 알아야 풀지 않겠는가? 그러니까 사회적으로, 수업시간을 잘 활용해야 한다. 선생님마다 수업하는 방식이 다르겠지만 그 선생님의 수업하는 스타일도 파악하고 공부도 해야 한다. 교과서를 통해서 기본 지식을 습득하고 문제집을 풀면서 잘 몰랐던 내용들을 확인하고 정리하길 바란다. 그리고 많이 쓰는 방법이 '오답노트'다. 평소 자주 보아서 중요하다고 생각되는 내용이나 자주 틀리거나 헷갈리는 내용들을 정리해두고 같은 실수를 하지 않도록 주의하자.

사회를 공부하는 과정은 다음의 흐름을 따른다.

'교과서 → 문제집 → 오답노트.'

솔직히 사회 과목은 교과서만 봐도 충분한 과목이고 교과서가 잘 되어 있는 과목이다. 그리고 외울 것이 많다.-_-;; 수탐Ⅱ의 과목들은 공부해야 할 내용이 많고, 문제 수도 많아서 사소하게 실수하고 놓치면 점수도 많이 깎아 먹는다. 참 점수관리하기 어려운 부분이다. 하지만 이 부분의 내용들은 중요한 요점들, 핵심들만 확실히 잡아도 상당한 점수를 확보한다. 내용에 익숙해지면 많은 문제를 풀면서 유형을 익히기 바란다. 내용을 차근차근 곱씹으면서 이해하고, 외우고 나면 문제집을 풀자. 모르는 내용이 아니라면 문제 자체는 그다지 어렵지 않을 것이다. 공부를 하면 하는 만큼 점수를 보장받을 수 있는 과목이 사회이므로 놓치지 말자. 문제집을 풀고 나서 틀리는 문제, 자주 보이는 문제, 헷갈리는 문제, 이런 것들은 따로 모아보자. 오답노트라는 게 별 게 아니라 이런 문제들을 모아서 나름대로 풀이방법과 체크해야 할 것들을 정리해두는 것이다. 만약 지금 내가 고3의 중반을 넘어왔다면, 이런 것을 준비하기는 어렵다. 1, 2학년 때부터 준비를 해온 학생이라면 이미 오답노트는 자신만의 문제은행이 되어 있을 것이다. 급할 때는 오답노트까지 만들어가면서 공부할 시간이 없으니, 여유가 있을 때 저축하듯이 준비하도록 하자.

오답노트를 만드는 방법은 크게 두 단계로 볼 수 있다. 먼저 오답노트로 만들 다 푼 문제집을 골라서 자신이 자주 틀리는 유형의 문제들을 골라 오려낸다. 그 다음 단계는 오려낸 책을 노트에 붙이고 그 문제를 틀렸던 이유와 답지에 나와 있는 해설의 핵심 부분을 적어넣는 것이다. 이렇게 해서 오랫동안 만들게 되면 자신의 약점을 잡아줄 최고의 참고서를 갖게 될 것이다.

박기용 punklike@empal.com
울산 대현중학교—학성고등학교 • 1982년생 쌍둥이자리
• A형 • 자신에게 주어진 문제로부터 도망치지 말라.

모르는 것은 반드시 짚고 넘어가라

김은혜 서울대 소비자학과 01학번

'하면 된다.'

이것은 초등학교 때 삼은 나의 좌우명이다. 성적이 인생을 결정하는 것은 물론 아니지만 자신이 최선을 다한 결과를 투명하게 보여준다는 점에서 자신감과 성취감을 키우는 데 중요한 요건이 된다고 생각한다. 개인적인 생각으로는, 공부는 좋은 머리를 타고났다거나 무조건 노력만 해서 해결될 것은 아니다. 무조건 암기하거나 문제만 많이 푸는 것보다도 어떻게 효율적으로 이해하고 머릿속에 정리할 것이냐를 생각하는 것이 공부를 시작하는 첫걸음이다.

집중력을 높이는 장소를 찾아라

중학교 3학년 때 삼 개월간 독서실을 다니며 공부한 적이 있었지만, 나는 대부분을 집이나 학교에서 공부했다. 굳이 독서실을 따로 이용하지 않고 익숙한 장소에서 공부하는 것이 오히려 집중력을 높이고 편안함을 느낄 수 있었다. 개인적으로는 숨소리도 들리지 않을 만큼 조용한 공간보다는 어느 정도 술렁거리는 속에서 오히려 집중을 잘할 수 있었다.

> 1. 집중력을 높일 수 있는 장소를 찾아라. 반드시 너무 조용한 곳일 필요는 없다.
> 2. 음악을 들으며 공부하는 건 집중에 방해가 된다.
> 3. 공부하는 과목에 집중하기 힘들 때는 짧게 짧게 과목을 바꿔가면서 공부한다.

그렇다고 해서 음악을 들으며 공부하지는 않았다. 음악을 들으며 공부하는 것은 책에 집중하는 것을 방해한다. 특히 가요의 경우에는 노래가사를 따라 부르게 되는 경우가 많아서, 신경이 쓰이기 때문이다. 경우에 따라 조용한 클래식 음악을 들으면 마음이 차분해져서, 중간중간 쉬는 시간에 이용하기는 했지만, 공부하는 도중에는 가급적 음악을 듣는 것은 피했다.

가끔은 수학문제를 보다가 영어가 걱정이 되거나, 영어를 공부하다가 언어영역이 생각나서 집중되지 않는 경우가 있다. 그럴 때에는 우선 수학을 30분에서 한 시간 정도 보다가 다시 영어를 30분 정도 봄으로써, 오히려 한 가지 과목만 몇 시간을 계속 공부할 때보다 더 짧은 시간에 많은 기억을 할 수 있게 되고 집중도 잘 할 수 있었다.

각 과목별 공부방법

나는 주로 한 과목을 공부하는 데에 한 시간 정도를 잡았다. 특히 수학은 하루에 한 시간은 기본적으로 공부해야 한다고 보는데, 1학년 때는 영어가 재미있어서 수학을 소홀히 했었다. 그리고는 그 이후 수학 성적을 높이는 데 애를 먹었다. 따라서 한 과목이 재미있다고 해서, 다른 과목을 소홀히 하지 않도록 경고하고 싶다.

개인적으로는 이미 고등학교 1학년 때 고등학교 영어를 모두 완성했기 때문에 영어는 1학년 1학기 때 집중적으로 독해문제집을 푼 이후에는 그다지 많은 시간을 투자하지 않았다. 고등학교에 갓 들어와서, 영어 독해 문제집을 수준에 맞추어 세 권을 풀고 나니, 어느 정도 수능 영어의 감을 잡을 수 있었다. 능률영어사에서 나온 〈리딩튜터〉 문제집을 기본에서 마무리까지 푸는데 대략 사 개월이 걸렸다.

영어 독해 문제집을 푸는 방법은 이러했다. 먼저, 한 문제집을 한 달에 끝낸다는 생각으로 하루 일당량을 잡았다. 그리고 하루에 일당량을 해낸다는 생각으로 영어문제집을 풀고 나서, 다음 날 아침에 항상 전날 공부했던 영어 단어를 다시 한번 반복하며 읽어나갔다. 개인적으로는 영어공부를 매일 아침 첫 시작으로 했는데, 아침에 일어나 전날의 영어 단어를 상기해보는 것은 단어를 암기하는 데 매우 효과적이다.

언어영역은 문제만 많이 푼다고 실력이 갑자기 늘어나는 것은 아니다. 이에 앞서 작품을 충분히 숙지하는 것이 중요하다. 교과서에 실린 문학작품은 주제, 작가의 특성, 시대적 배경에 대한 사전지식을 쌓아두어야 하며, 언어의 특성이나 국어의 특질에 관한 글은 교과서 내용을 아예 암기해두어야 한다. 특히, 고등학교 문학 작품 중에서 어려웠던 것은 고전 시가인데, 매번 새로운 작품을 배울 때마다 문제집 귀퉁이에 메모하다보니 잘 정리되지 않는 것 같아서, 아예 서점에서 고전 시가가 수록된 책을 구입했다. 고전시가는 시 속에 등장하는 어휘들의 의미(주로 충성심이나 외로움, 애틋한 그리움과 관련된 것이 많다)를 파악하는 것이 중요하며, 무엇보다도 문제집이나 교과서를 통해 많은 시를 접함으로써 기초지식을 습득하는 것이 필요하다고 생각했기 때문이다. 구입한 책은 고교생과 일반인을 위한 시조책이었는데, 다양한 시조가 주제별로 정리되어 있어서 시조에 등장하는 어휘들의 의미를 자연스럽게 주제와 연결시켜 이해할 수 있었고, 덕분에 어렵지 않게 시조에 관한 문제는 어느 정도 마스터할 수 있었다.

이처럼 문학 작품은 무조건 문제집만 풀기보다는 아예 기본으로 돌아가서 문학작품 자체를 스스로 감상해보고 작품 전문을 직접 읽어보는 것이 더욱 깊이 있는 이해와 해석에 도움이 되었다. 또한 비문학 작품은 비교적 문제집을 많이 풀면서 다양한 배경지식을 익히고, 문제를 푸는 요령을 터득하는 것이 중요하다.

개인적으로는 디딤돌과 신사고 언어영역 문제집이 체계적으로 정리되어 있다고 생각한다. 비문학 지문을 읽는 데에 시간이 모자라다고 호소하는 학생들이 많은데, 평소에 문제집을 풀 때에도 시간을 재면서 읽는 연습을 하고, 또한 각 문단의 요지를 한 문장으로 정리해가며 읽는 연습을 꾸준히 하다보면 점점 장문의 내용도 비교적 짧은 시간 내에 파악할 수 있게 된다.

나는 수학공부에 가장 큰 어려움을 겪었다. 수학문제를 아무리 많이 풀어도 비슷한 유형의 문제를 또 틀리곤 해서 짜증도 났고, 다른 과목에 비해 더욱 소홀하기도 했다. 고등학교 첫 모의고사 때의 수학 점수가 고3 될 때까지 계속되었다. 매일 문제를 푸는데도 어떻게 해야 요령이 생기는 것인지 막막했다. 오히려 내 주위의 친구들은 고3이 되면서 껑충껑충 성적이 뛰어올랐다. 나는 항상 그 자리에 머물러 있다는 생각 때문에 한계를 느끼기 시작했고, 심지어는 문제집을 찢고 싶을 정도로 답답했다. 그러는 동안에도 매일 두 시간씩 야간자율학습 시간에는 수학문제집을 풀었다.

정석은 너무 설명이 많아서 보기 힘들었기 때문에, 1학년 때부터 나는 주로 EBS문제집을 보았다. EBS문제집은 방송을 보면서 풀어도 좋지만, 방송이 일방적인 설명으로 흘러가기 때문에 지루하고 졸렸다. 그래서 특히 수학문제집은 혼자서 문제를 풀고 해설을 참고하는 식으로 문제를 풀어나갔다. EBS문제집 만큼은 엄선된 문제가 많고 유형 자체가 참신하여 생각을 많이 하게 만들기 때문에 추천하고 싶다. 실제로 정석보다는 EBS문제집을 위주로 신유형 문제를 많이 보았기 때문에, 오히려 모의고사 성적보다도 수능시험 성적을 잘 받을 수 있었다고 생각한다.

고1, 2학년 때는 주로 정석과 EBS문제집을 바탕으로 수학의 개념을 익히는 데에 주력했다. 고3 때에는 실전문제집과 수능 기출문제, 그리고 공통수학과 수1이 통합된 문제를 중심으로 약간의 고난이도 문제에 집중했다. 어려운 문제일수록 오히려 기본적인 개념을 얼마나 잘 이해하고 있는지를 확인하는 문제가 많으므로 무턱대고 문제만 많이 풀지 않고, 한 문제를 해결하는 데에 필요한 기본 개념을 확실히 숙지해두는 것이 중요하다. 기초적인 개념을 익히는 데에는 정석만 한 것이 없다. '기본 정석' 을 통해 우선, 방정식이 무엇인지 로그가 무엇인지 정확하게 의미를 파악하고 난 뒤에, EBS나 디딤돌과 같은 실전 수능 유형 문제집을 통해 실전을 익히는 방식으로 공부했다.

수능에서 나는 정말 다행히도 수학 만점을 받았다. 한번도 수학의 만점을 기록하지 못했던 나로서는, 형언할 수 없는 감동(!)이었다. 2001년도 수능 문제가 비교적 쉽기도 했지만, 그래도 만점을 받을 수 있었던 것은 한계를 느끼면서도 포기하지 않고 꾸준히 수학이라는 산을 넘고자 했던 끈질긴 노력 때문이었다고 생각한다. 모르는 문제가 나오면 내가 알아낼 때까지 며칠 동안 답을 보지 않고 혼자 생각했던 적도 있었고, 수학 선생님이 내주신 한 문제를 가지고 야간자율학습 3시간을 고민하다가 결국 방법을 알아냈을 때의 그 기쁨은 말로 표현할 수 없었다.

수학문제라는 것이, 답안을 보면 다 아는 것 같고 별로 어렵지 않아 보여도, 막상 혼자 그 문제를 대했을 때 어떠한 방식으로 해법에 접근할 것이냐는 만만치 않은 과제이다. 어떻게 문제를 이해하고 해법을 찾아낼 것이냐는 무조건 문제를 많이 푸는 데에서 얻어지는 요령이기도 하지만, 풀리지 않는 문제를 며칠씩 고민하며 끝까지 스스로 해답을 찾으려고 하는 데에서 생기는 노하우라고 하겠다. 따라서 문제를 풀 때에 새로운 유형에 약한 학생이나, 이론적인 것은 알겠는데 실제 문제는 어떻게 풀어야 하는지 잘 모르겠다고 생각이 드는 학생이 있다면, 답안을 보거나 선생님의 설명을 듣기 전에 항상 스스로 문제를 풀어보고 해답을 찾으려는 노력을 해야 한다고 말해주고 싶다. 수학은 그렇게 노력하는 것이 전부인 것 같다.

내신관리

내신관리는 수능공부 못지않게 중요하다. 모든 공부가 그렇듯이, 내신공부의 지름길은 수업시간에 선생님의 설명을 귀담아듣는 것이다. 나의 경우에는 선생님이 수업시간에 하시는 설명들을 빠짐없이 잘 정리하여 교과서에 메모해두었다. 시험기간 동안 교과서에 써놓은 선생님의 설명 사항만 잘 이해하고 넘어간다면, 굳이 문제집이나 참고서를 보지 않더라도 암기과목의 경우에는 충분히 고득점을 기록할 수 있었다. 가끔 수업시간을 불필요하다고 보고 오히려 혼자 밤에 공부하는 것을 중요하게 여기는 친구들이 있었는데 이는 매우 비효율적인 방법이다. 선생님과 함께 한 시간 공부하는 것이 혼자 세 시간 공부한 양의 효과가 있다는 말도 있듯이, 수업시간에 배운 것을 최대한 활용하는 것이 알짜지식을 터득하는 지름길이다. 고1, 2학년의 경우에는 수업시간을 위한 예습과 복습만 충실히 하는 것으로도 좋은 성적을 거둘 수 있는 기반이 70퍼센트는 마련된다고 생각한다. 나머지 30퍼센트는 수업시간 이외의 부가적인 개인 학습량이 좌우할 것이다. 수업시간에 최대한 적극적으로 참여하여 선생님의 설명을 듣고, 그때 이해되지 않는 것은 쉬는 시간에 즉시 질문함으로써 의문을 바로 해결하는 것이 좋다. 또한 자율학습 시간에는 수업시간에 배운 것을 중심으로 직접 스스로 문제를 풀어보는 가운데 개념을 좀더 명확히 익히고, 활용하는 습관을 기르는 것이 필요하다.

고등학교 공부는 내신공부와 수능공부를 함께 병행해야 하는 것이 현실이지만, 내신과 수능은 동떨어진 것이 아니다. 오히려 수능을 준비하는 것을 원대한 목표로 삼고 꾸준히 공부하되, 중간, 기말고사 기간에는 2주 정도 내신을 준비하는 데에 최선을 다하는 것이 좋다.

철저한 '관리' 의식

수험생에게 있어서 가장 중요한 것은 '시간관리' 이다. 나는 고등학교 내내 전날 저녁에 다음날 하루 일과를 미리 계획해두곤 했다. 잠들기 전에 오늘의 일과를 정리하면서, 내일은 어떤 점을 보충해야 하는지 미리 다음날의 할당량을 정해둔 것이다. 예를 들어, 아침 6시 기상시간부터 저녁 12시 취침시간까지 30분에서 한 시간 간격으로 어떤 과목을 어떻게 공부할 것인가를 미리 계획을 세우고, 그것을 최대한 지키고자 했다.

또한 실제로 공부하는 데에는 '모르는 것' 을 잘 관리하는 것이 중요하다. 자신이 잘 이해하지 못하는 개념이나 자주 틀리는 문제 등을 따로 잘 정리해두는 것이 필요하다.

나는 고3 때에 이 주에서 한 달 사이에 문제집 한 권을 다 떼는 식으로 많은 문제집을 풀다보니, 무조건 문제만 풀기보다는 내가 취약한 문제만을 따로 정리해두어야겠다는 생각이 들었다. 그래서 본격적으로 오답노트를 만들어, 수능 전날까지 문제를 풀고 틀린 문제를 오답노트에 정리하는 것을 계속했다. 실제로 틀린 문제를 오답노트에 정리해나가다보면, 한 번 틀린 문제를 계속해서 틀리는 경우가 많다는 것을 발견하고 놀라게 될 것이다. 오답노트를 각 과목별로 만들어 정리해보면, 자신이 어떤 단원에서 취약한지 어떤 문제 유형을 잘 틀리는지 파악할 수 있어서 유용하다. 틀린 문제는 반드시 따로 정리해두자.

모두가 겪어야 할 관문이라면, 자신의 열정을 던져서 한계에 다다를 때까지 싸워보는 건 어떨까. 이 글을 읽는 많은 학생들이 자신의 능력에 대한 믿음을 가지고, 공부의 요령을 터득하여 좀더 자신감 있는 자신을 만들어갈 수 있기를 바란다.

김은혜 ajaassa@freechal.com
거제 신현중학교—진주여자고등학교 • 1983년생 염소자리 • O형 • 하면 된다.

문제집만 줄창 풀었다

정혜윤 서울대 수학과학교육계열 02학번

다들 자신만의 공부방법은 있겠죠? 자신만의 공부방법이 거창하게 따로 있는 건 아니랍니다. 문제집 푸는 걸로 자신의 실력을 기를 수 있다면 문제집 푸는 게 자신만의 공부방법이고 필기하는 게 머리에 잘 들어온다 싶으면 필기하는 게 자신만의 공부방법이죠.

저 같은 경우는 문제집을 풀면서 혼자 정리하는 게 저만의 공부방법이었죠. 디딤돌 문제집을 보면 전부 문제들로만 채워진 것이 아니라 그 단원의 이론이 요약돼서 나와 있거든요. 디딤돌 문제집의 요약정리를 보면서 먼저 정리를 하고 그 후에 문제를 풀면서 몰랐던 내용들을 보충해나갔더니 이해가 잘되고 성적도 올랐어요. 이렇게 저는 내용을 먼저 보고 그 다음에 문제를 푸는 식으로 공부를 했는데 여기서 저만의 노하우를 만들었답니다.

문제집에 아무리 내용 정리가 되어 있다고 해도 참고서를 보듯이 모든 내용이 다 들어 있을 순 없겠죠? 그래서 저는 우선 펜을 들고 문제집 내용정리 부분을 읽다가 혹시 중간에 빠진 내용이 있다면 제가 직접 칸을 만들어 그 사이에 내용을 끼워넣었어요. 그러면 문제집을 한 권 끝낼 때마다 그 문제집은 저만의 참고서로 둔갑해 있는 거죠. 수험생 여러분들도 문제집을 푼다면 단지 읽고 마는 게 아니라 자신이 아는 모든 것을 다 꺼내어 내용정리 면에 써보세요. 그 문제집을 다 풀 때쯤이면 자신만의 참고서가 되어 있을 거예요.

언어영역은 문학 부분과 비문학 부분으로 나뉘어 그 안에서도 다양한 장르가 있기 때문에 공부하기가 참 힘들었어요. 그래서 언어영역 내에서도 영역별로 다른 문제집을 사서 풀었어요. 문학에서는 시, 현대소설, 수필, 희곡, 고전산문 등 각 영역별로 정리되어진 문제집을 사서 풀었고, 어느 정도 그 영역에 대해 이해가 됐다고 생각되었을 때 모의고사 문제집을 사서 풀었죠. 고3 초 무작정 모의고사를 풀 땐 뭐가 뭔지 하나도 몰라 성적도 안 나왔었는데 영역별로 이론을 정리하고 작품에 대한 이해를 하고 다시 모의고사를 푸니 처음보다 점수가 많이 올랐답니다.

사탐이나 과탐 같은 경우 고3 학기초에는 넘기는 문제집을 풀면서 기본이론을 익혀서 기초를 튼튼히 다졌고, 여름방학이 시작되자 시중에 나와 있는 모의고사 문제집을 거의 다 풀었어요.

수리영역은 기본기가 튼튼해야 어떤 응용문제가 나와도 거부감을 일으키지 않고 다가갈 수 있기 때문에 정석으로 이론을 충분히 다졌어요. 역시 수탐Ⅱ와 마찬가지로 여름방학 때 시중에 나와 있는 모의고사 문제집을 다 풀었답니다.

외국어영역은 대부분이 듣기와 독해로 이루어진 만큼 문제집을 푸는 것밖엔 길이 없었고요.

> 문제집을 푼다면 단지 읽고 마는 게 아니라 자신이 아는 모든 것을 다 꺼내어 내용정리 면에 써보자. 그 문제집을 다 풀 때쯤이면 자신만의 참고서가 되어 있을 테니.

문제집을 풀면서 공부하는 게 다른 공부 방법에 비해 저에겐 재미있게 공부할 수 있는 방법이었고 또 성적도 많이 올랐기 때문에 후배들에게 많이 권하고 있답니다. 하지만 사람에 따라서는 문제집을 한 권 풀더라도 정확하게 풀고 넘어가는 게 더 좋을 수도 있으니 무작정 다른 사람들의 방법을 따라하진 말고 그동안 공부해왔던 경험을 살려 어떤 말에도 흔들리지 않는 자신만의 공부법을 찾길 바래요.

문제를 풀 때 가장 중요한 건 문제가 요구하는 답을 번호로 찾아내었더라도 나머지 보기의 문항들이 의미하는 것이 무엇인지도 알아야 한다는 거예요. 특히 사탐영역은 암기과목이기 때문에 각 단어들의 뜻을 정확히 알아야 하거든요. 짧은 시간 동안 그 많은 걸 외우려면 보기의 문항을 놓치지 않고 다 보는 것도 중요하답니다.

문제집을 풀 때 주의해야 할 점 또 하나. 풀다가 틀린 문제는 어느 영역이건 오답노트를 만들어놓고 반드시 다시 봐서 다음에 같은 유형의 문제가 나오면 틀리지 않도록 해야 해요. 같은 유형의 문제를 계속 틀리다보면 다음에 그 문제를 보았을 때 '난 저 문제를 매번 틀리는 걸 뭐' 하면서 대수롭지 않게 지나치는 경우가 생긴답니다. 아무리 배점이 작은 문제도 1점이고, 1점이면 대학 합격의 당락을 충분히 좌우할 수 있는 점수인데 말이죠.

이렇게 공부를 하다보면 어느새 고등학교 3학년의 봄이 가고, 여름이 다가오면서 방학을 하고, 말로만 듣던 수능 백 일 전이 되죠. 수능 백 일전부터는 더욱 본격적으로 공부에 박차를 가해야 합니다. 시간이 얼마 남지 않았다는 생각을 갖는다면 조급해질 수도 있지만, 반대로 이제 백 일 후면 내 실력을 테스트하고 그동안 공부하느라 고생했던 것에서 벗어날 수 있다는 생각을 갖는다면 오히려 맘이 더 편해지고 즐겁게 공부할 수 있어요.

수능 백일 전부턴 대부분의 학생이 모의고사 문제집으로 실제 수능을 대비해서 문제를 많이 푼답니다. 저 역시 그랬고요. 전 주로 모의고사 시리즈를 뽑아서 풀었는데 어느 문제집을 선택하느냐는 취향에 달린 것이니 여러분들이 잘 판단하셔서 각자 자신에게 맞는 문제집을 사서 풀기 바래요. 물론 난이도도 자신의 수준과 목표에 맞아야 하고요.

하지만 수능 50일 전부터는 새로운 문제집을 풀기보다는 그동안 풀었던 문제집을 정리하는 것이 더 좋습니다. 아무리 많은 문제집을 풀었다고 해도 그 많은 문제집들 속에 있는 지식을 다 가졌다곤 할 수 없거든요. 또 문제를 풀었다고 하더라도 시간이 지나면 다시 잊어버리기 일쑤고요.

전 여름방학 시작할 때부터 모의고사 문제집을 풀기 시작해서 9월까지 계속 풀었고 10월이 되었을 땐 그동안 푼 문제집들을 다시 봤어요. 문제집을 풀 땐 다 이해하고 넘어갔다고 생각했는데 시간이 지나서 다시 보니까 새롭더라고요. 그렇게 두 번을 보고 나니까 그제서야 그 부분이 확실히 이해가 됐습니다. 수능 50일 전이 되면 총정리를 한다, 문제집을 더 푼다 하면서 시간이 얼마 남지 않아 조급한 맘에 이것저것 손을 대게 되는데 그것보다는 그동안 풀었던 문제집을 다시 한번 보고 그동안 정리해둔 오답노트를 보는 게 남은 시간 동안 총정리를 하는 가장 안전하고 확실한 방법이랍니다.

인생에 있어서 자기 자신을 시험할 수 있는 첫번째 관문이 될 대학수학능력시험. 모든 일이 그렇듯이 수능과 수험생활 역시 자신이 생각하기에 따라서 훗날 좋은 추억이 될 수도 있을 테고 다시는 기억하기 싫은 악몽 같은 시간이 될 수도 있을 거예요. 하지만 저나 제 주위의 친구들의 경우 다들 그때가 힘들긴 했지만 재미있었던 학창시절의 추억의 꽃이라고 생각하고 있답니다. 지금 제 글을 읽고 있는 수험생 여러분들도 후회하지 않을 만큼 열심히 노력하길 바래요. 훗날 힘들지만 재밌었던 수험시절을 떠올리며 웃음지을 수 있도록…….

정혜윤 021242@hanmail.net
서울 월촌중학교—진명여자고등학교 • 1983년생 황소자리 • O형 • 우리가 헛되이 보낸 '오늘'은 어제 죽은 이들에겐 그토록 바라던 '내일'이었다.

구체적이고 자세한 계획을 세우다

박상웅 서울대 수의학과 03학번

여기서 말하는 계획은 구체적이고 자세한 계획이다.

먼저 한 달의 계획을 잡고, 그 다음에 그 달의 사 주에 대한 계획을 잡고, 다시 그 다음 각 주의 칠 일에 대한 자세한 계획을 세우는 것이다.

책상 구석에 넣어두었던 다이어리 속 내 고3 시간계획표를 잠시 옮겨보겠다.

1999년 6월
수학2 → 수학1 (문제집, 정석)
학원 교재 (수리II) 두 번 보기
생물 II → 완성

이것이 1999년 6월에 내가 설정한 목표였다. 일단 월초에 이렇게 계획을 세운 다음 각 주별로 다시 계획을 세웠다.

1주	2주	3주	4주
수학2 벡터 ~ 미분 과학탐구 네 권(EBS 청취 포함) 생물II 시 7개 정리	…	…	…

이렇게 한 달 동안의 목표를 사 주로 나누어 배분한 뒤 매주 초에 각 주에 공부할 양을 다시 하루하루로 나누었다.

	월	화	수	목	금	토	일
6:30 ~ 10:00 10:00 ~ 11:00 11:00 ~ 12:00 12:00 ~ 1:00	수학2 언어, 시 두 편 물리, 화학 (모의) 생물II (1강)	…	…	…	…	…	…

내가 볼 책이나 문제집에도 매 요일에 읽거나 문제를 풀어야 할 부분에 표시를 해두었다.

이렇게 계획을 자세하게 세우면 시간도 많이 걸리고 귀찮기도 하다. 그러나 나의 경우 이 계획표를 만드는 데 걸리는 시간이 계획표 없이 이것을 할까 저것을 할까 망설이는 시간보다 적게 걸렸기 때문에 가치 있는 일이었다.

또 귀찮기는 하지만 그 보상으로 내 공부가 얼마나 진행되고 있고 앞으로 얼마나 해야 하는지를 정확하게 알 수 있었다. 그리고 실제로 계획을 조금 세우다보면 금방 익숙해져서 귀찮은 것이 아니라 공부하기 싫을 때 심심풀이로 할 수 있는 재미(?)있는 일이 되기도 한다.

자신이 얼마나 공부를 했는지, 그리고 무엇을 얼마나 더 해야 하는지를 아는 것보다 대학입시에서 중요한 것은 없다고 생각한다. 그것을 모르는 상태에서 공부한다면 그저 불안한 상태에서 책만 들여다보는 꼴이 될 수도 있을 것이다. 그러므로 한 번쯤 계획표를 만들어보길 권한다. 지켜지지 않을 것이기에 세울 필요도 없다고 생각하지 말자. 지키지 못할지라도 자신이 얼마나 공부했는지 또 해야 하는지를 파악하는 도구로라도 이용할 수 있기 때문이다.

'수학' 하면 진절머리가 났다

많은 학생들이 그렇듯이 나 역시 '수학' 하면 진절머리가 나는 학생이었다. 고등학교 1학년 때는 수능 모의고사에서 수학 70점 만점에 37점이었다. 그리고 학교 정기고사 수학 시험은 100점 만점에 60점 아니면 70점이었다. 학교 다니면서 항상 수학점수가 내 성적에 발목을 잡았고 '나는 수학은 천상 못하는 녀석인가' 라고 생각하기도 많이 했다. 지금 다니고 있는 수의대에 가기 위해 자연계열을 선택했을 때 고등학교 친구들은 넌 왜 이과 갔냐고 할 정도였다. 그러나 고3 2학기부터 수학 성적이 오르더니 결국 수능에서는 80점 만점을 받게 되었다.

이 두 과정 즉 수학에서 어려움을 느끼던 때와 그렇지 않은 때를 통해서 수학공부법의 커다란 차이를 알게 되었다.

수학을 어려워할 때 나의 수학공부방법은 '무식' 했다

문제를 푼다. 풀다가 모르면 답 본다. 그리고 이해한다. 이해가 잘 된다. '오케이!' 하고 넘어간다. 그리고 다음에 똑같은 문제가 나오면 그 문제를 풀었던 적이 있는지 기억도 못한다. 또 틀린다. 이런 과정의 반복이었다. 가장 큰 문제는 이해가 된다는 것이었다. 남들은 이해가 되는 것이 왜 문제가 된다는 것인지 납득할 수 없겠지만 나에겐 큰 문제였다. 내 주변 사람들은 '수학은 이해하는 학문이야' 라고만 가르쳐주었다. 그리고 수학을 잘하는 내 친구들은 '이해만 하면 되는 거지 뭘 외워?" 라고 항상 이야기했기 때문에 나는 이해만 하면 되는 것으로 착각하고 있었다. 적어도 그것은 나에게만큼은 착각이었다. 그런 식으로 공부를 하다보니 방학 때 특별히 공부를 한답시고 공통수학을 몇 번을 반복해서 들여다보아도 반복할 때마다 봤던 문제들이 항상 새로웠다. 그리고 수학 성적은 항상 제자리였다. 그 때문에 '나는 수학은 해도 안 되나……' 라고도 생각했었다. 하지만 결코 '포기' 는 하지 않았다.

수학이 어렵지 않게 느껴지게 된 때 나의 수학공부방법은 '더 무식' 했다

방법을 바꾸게 되었다. 절친한 선배가 말했다.

"수학……모르는 건……외워라! 그래야 된다."

이제 곧 고3 2학기. 시간은 없고 수학성적은 오르지 않아 지푸라기라도 잡고 싶은 그때 그 선배의 말을 따르기로 했다. 에이플러스에서 나오는 솔리드 문제집 공통수학, 수학1, 수학2를 각각 한 달씩에 걸쳐 풀며 거기 나온 문제들을 기억하려고 노력했고 내용들을 암기해보았다.

신기했다. 그러자 성적이 오르기 시작한 것이다.

지금 생각해보면 수학을 어렵게 느끼면서도 수학을 포기하지 않고 열심히 공부했던 기반이 '더 무식한' 방법을 만나 빛을 보게 된 것 같다.

그럼 여기에서 '수학 외우기' 공부법을 좀더 자세히 들여다보자.

고1 때 수학 모의고사 점수가 아직도 기억이 난다. 최악의 점수 37점. 정말 다시 생각하기 싫은 점수이다. 그 점수를 딱 받고 느낀 건 '난 수학은 절대 못한다' 였다. 그래도 포기할 수는 없으니 열심히 공부했다. 하지만 그러면 뭘하나. 고2 때 성적…… 후훗- -;; 전혀 변화 없었다. 물론 37점 같은 점수는 나오지 않았지만 50점대의 점수는 더 이상 올라갈 곳을 찾지 못했다. 고3 1학기까지 계속 그 점수가 유지됐었다. 계속 50~60점대…….

고3 여름방학 때 미친 척하고 솔리드 3권을 풀기로 했다. 진짜 미친 짓이었다. 그리고 그 미친 짓은 나를 대학에 입학시켰다.

고3 2학기 모의고사에서 72점을 맞았다. 나로서는 상상할 수 없는 점수였다. 계속되는 모의고사(나 혼자 본 것까지 포함)에서 70점 이상을 맞았고, 결국 점수가 조금씩 계속 오르더니 수능 때는 80점을 맞았다.(물론 수능이 쉬웠던 탓도 있었겠지만……^^)

처음 문제집을 풀 때는 정말 어려웠다. 틀리고 또 틀리고 …… 내가 채점을 하고 나서 누구에게 보여주기 민망할 정도로 피바다였으니…….

특별히 못 풀었던 문제가 있었던 게 아니라, 단순한 계산을 제외한 대부분의 문제를 거의 못 풀었다. 정말 착잡했다. 그때 소원은 '제발 수학을 잘했으면……' 하는 것이었다. 계속 수학이 내 발목을 잡고 대학의 문턱에서 태클을 걸어댔다. 정말 수학 때문에 대학을 못 간다면 기분이 엄청나게 칙칙할 것 같았다.

수학은 문제를 푸는 방법이 많이 있다고 한다. 즉 하나의 답을 구하기 위한 길이 많다는 것이다. 맞는 말이다. 하지만 수능에서 한 문제를 풀기 위해 여러 방법을 생각하다보면 시간 다 간다. 적어도 하나의 문제(또는 유형)에는 그 문제를 풀 수 있는 많은 방법들 중 여러 수학 선생님들께서 찾아놓으신 '최적화된' 문제풀이 방법이 있다.

괜히 잘난 척하면서 '난 그거 외우지 않아도 수학 잘해' 라는 학생이라면 마음대로 하라. 나도 말리고 싶은 생각은 없다. 그런 학생들은 그냥 알아서 공부 잘한다. 하지만 나처럼 수학에 고민이 많았던 학생이라면 선생님들께서 찾아놓으신, 한 유형에 대한 '최적화된 방법' 을 외워라.

정말 중요한 것은 잘 외우는 것이다. 답을 외우는 것이 아니다. 문제 푸는 방법을 기억하는 것이다.

암기는 이해를 기본으로 한다. 해답에 적힌 문제풀이 방법을 찬찬히 살펴보고 그 문제에 어떤 풀이가 이용되었는지 머릿속으로 정리하자. 그리고 그 방법을 이해한 후 논리적 타당성을 각 단계에 부여하자. 그리고 기억하자. 그러면 그 기억이 무조건적인 암기가 아니라 이해를 통한 자연스러운 기억으로 머릿속에 남을 것이다.

흔히 선생님들께서 '문제를 많이 풀어봐야 수학을 잘한다' 고 하신

수학, 이제 이해만 하지 말고 외우자. 주어진 몇몇 유형들을 계속해서 풂고 답 맞추어 보는 것, 이것이 수학의 암기다. 그래서 자신이 암기하고 있다는 사실도 모르게 암기해버리는 것, 이것이 수학공부다.

다. 그리고 '암기하려면 반복해서 공부해라' 라는 말씀도 하신다. 문제를 많이 푸는 것은 반복하는 것이다. 다시 말하면 주어진 몇몇 유형들을 계속해서 풀고 답 맞추어보고 하는 것이다. 즉 암기다. 자신이 암기하고 있다는 사실도 모르게 암기해버리는 것. 그게 수학공부다.

근데 그게 자연스럽게 암기가 안 된다면 나처럼 인위적인 노력으로 기억을 하면 된다. 물론 그렇다고 내가 문제 푸는 방법을 종이에 써가면서 단어 외우듯이 외웠다는 말은 아니다. 의식적으로 '아…… 이 문제는 이렇게 이렇게 해서 이렇게 하는 거였지' 하는 식으로 기억하려 했다는 것이다.

영어는 내가 가장 좋아했고 또 가장 자신 있는 과목이었다. 시키지 않아도 찾아서 했으니 말이다. 그만큼 하고 싶은 말도 많다.

만약 이 글을 읽는 당신이 중학생 또는 초등학생이라면 영어 교과서를 붙잡고 있을 것이 아니라 당장 영어 회화학원으로 달려갈 것을 강력히 권하는 바이다. 영어 회화학원 수강비는 한 달에 7, 8만원이다. 그것이 여의치 않다면 당장 서점으로 가서 라디오 방송회화 교재 구입을 적극 추천하는 바이다. EBS교재는 엄청난 학습량을 자랑할 수 있을지는 모르겠지만 흥미를 자극하는 데는 별로 효과가 없는 듯하다. 좀 아침 일찍이기는 하지만 라디오에서 하는 방송회화 프로그램을 듣는 것이 나에게는 매우 효과적이었다. 나는 오성식 아저씨가 방송하실 때 〈굿모닝 팝스〉를 들었는데, 한 일 년을 들으니 학교 듣기

평가에서 나오는 외국인의 단어 하나하나가 다 들렸다. 어떤 사람들은 듣기평가 할 때 모두 들으려 하지 말고 중요한 단어만 콕콕 찍어 들으라고 하지만 나는 다르게 생각한다. 기왕 들을 거면 다 듣는 게 더 좋지 않나? 아침에 하는 라디오 회화 프로그램 하나만 골라서 일 년 동안 꾸준히 들어보길 권한다.

어떤 사람은 '이렇게 회화만 공부하는 것은 고등학교 영어공부에 별 도움이 안 돼! 듣기평가하는 데나 조금 도움이 되겠지' 라고 생각할지도 모르겠다.

그러나 내 생각은 다르다. 회화와 독해는 절대 다른 영역이 아니다. 회화는 말하는 것이고 독해는 그 말을 글로 옮긴 것이다. 말이 먼저 있고 글이 있었지 글이 있고 말이 있은 것이 아니기 때문에 말을 먼저 알게 되면 '영어' 라는 언어의 체계가 대강은 잡히게 된다. 그러고 나면 글을 읽는 것은 약간의 노력을 기울이면 아주 쉽게 할 수 있다. 그렇기 때문에 나는 적극 추천한다. 가능하다면 영어 독해를 배울 것이 아니라 회화학원을 다니거나 라디오 영어회화 프로그램들을 들어라. 정말 큰 도움이 될 것이다.

나는 그 방법을 통해서 나름대로 성공을 거두었다고 생각한다.

회화학원을 다니면서 생긴 기초 덕분에 나는 고등학교 내내 특별히 영어 '공부' 라고 부를 만한 작업을 하지 않았다.

하지만 매일 문제집 푸는 일은 게을리 하지 않았다. 매일 문제를 풀 때 단어들을 정리해서 내가 푼 문제집에 나온 단어를 외웠다. 절대 단어장을 공부하지 않았다. 단어장 백날 외워봐야 맨날 까먹는다.--;

그리고 가끔씩 신문에 나오는 짧은 영어 독해 지문으로 시사 영어도 많이 공부했었다.

영어공부할 때 문법을 해야 할까 말아야 할까 고민하는 친구들도 있는 것 같다. 영어 문법 필요하다. 절대!! 필요하다. 안 하면 안 된다. 그러나! 할 만큼만 해라. 오버하지 마라. 우리에게 필요한 것은 문장을 해석하는 것이지, 남들에게 자랑하기 위한 문법 지식이 아니다. 문장을 해석하는 데 그다지 많이 사용되지 않는 것이라면 과감하게 버려라. 그리고 그렇게 버렸던 문법 지식이 문장에서 나오면 그 문장을 통해 새롭게 공부하고 알면 되는 것이다.

만약 지금 이 글을 읽고 있는 당신이 고등학생이라면, 그리고 특히 '남들이 다 영어문제집을 푸는데 어떻게 나 혼자 회화학원 같은데 다니면서 영어공부를 해!' 라고 생각하는 학생이라면, 영어공부할 때 이것 한 가지는 기억해두길. 많은 사람들이 영어공부를 '암기' 라고 한다. 하지만 나는 영어에는 암기가 아닌 부분도 매우 많다고 생각한다.

'수학이 암기가 아니라 '이해' 인 이유는 공식을 알고 적용하면 되니까……그리고 영어가 이해가 아닌 '암기' 인 이유는 단어를 외우지 않으면 영어를 읽을 수 없으니까' 라고들 하는데, 맞는 말이긴 하지만 수학공식 외우는 것도 암기다. 수학공식은 외우는 게 아니라 증명하는 방법을 통해서 이해하는 것이라고 한다면, 그 사람은 증명하는 방법을 철저하게 외워서 자신이 그 방법을 외우고 있다는 사실까지 잊어버린 사람이다.

영어단어도 외우는 것이다. 맞다. 그러나 마치 수학공식을 하나 외우고 나면 여러 문제를 풀 수 있듯이 영어 단어를 하나 외우면 거기서 파생되는 수많은 단어들을 이해할 수 있게 된다. 단어 공부할 때만이 아니라 영어를 공부할 때 항상 '영어는 암기야' 라는 고정관념을 버렸으면 한다. 영어는 오히려 수학보다 더 융통성이 있을 수도 있다. 그렇게 생각하고 영어공부를 한다면 훨씬 쉽게 할 수 있을 것이다.

다시 한번 분명히 해두고 싶은 것은 이 방법들은 나에게 도움이 되었던 것이다. 그리고 '강력히 권한다'거나 '적극 추천'하는 것은 이 방법이 자신에게 맞다고 생각하는 사람들에게만이다.

이 글을 읽는 사람들이 모두 자신에게 맞는 공부방법을 찾았으면 좋겠다.

박상웅 darkur@hanmail.net
서울 봉림중학교—영락고등학교—타대학 입학 후 재수 • 1981년생 물고기자리 • A형 • 인생의 목표가 무엇인가를 확실히 알자.

60일만에 영어 10점 올리기

강기현 서울대 기계항공공학부 00학번

예전에 나오던 학습보조기 광고가 생각난다. 그 광고에서 한 녀석이 공부 잘하는 친구에게 어떻게 하면 공부를 잘할 수 있냐고 묻자 공부를 잘하는 친구는 "그냥 열심히 하는 거지, 뭐!"라고 대답해준다. 그런데 정말로 그냥 열심히만 하면 공부를 잘 하게 되는 것일까? 여기에 대하여 난 단호하게 No!라고 말할 수 있다. '그냥 열심히' 라니…… 이건 정말 헛소리다. 지금 당장 반에서 1등 하는 녀석을 잡아다가 물어봐라. 말이야 열심히 하면 된다지만 그 속내에는 '확실한 계획하에 공부해야 하는 거쥐~' 라는 생각이 들어 있을 것이다.

그렇다. 공부를 하는 데 있어서 왕도가 있다면 그것은 계획을 잘 세워서 공부하는 것이라 할 수 있다. 여기에서 잘 세워진 계획이라는 것은 자신이 잘 하는 과목과 못하는 과목에 대한 객관적인 평가, 합리적으로 가질 수 있는 공부시간, 자신의 집중력의 한계, 생활리듬까지, 생각할 수 있는 모든 항목을 고려해서 세운 계획을 뜻한다.

또한 이 계획은 단기, 중기, 장기적 항목을 모두 갖고 있어야 한다. 나의 예를 들자면 고등학교에 처음 들어갔을 때 치른 모의고사에서 수리탐구I영역을 55점 정도 맞았었다. 그 점수는 수학에 나름대로 자신감을 갖고 있던 나에게는 큰 충격으로 다가왔다. 나는 내 공부방법의 문제점을 찾기 시작했고, 그 결과 나의 문제점은 무계획성이라는 결론을 얻게 되었다.

그래서 먼저 정석을 12월까지 문제 하나 빠뜨리지 않고 풀어보겠다는 장기적인 목표를 세웠다. 그리고 그것을 위해 한 달에 정석의 진도를 4과씩 나가야겠다고 결심했으며, 일주일에 한 과를 꼭 보겠다고 다짐했다. 또한 보조수단으로 참고서형 문제집을 한 권 같이 공부했다. 그 다음에 일주일에 한 과를 나가며 보조수단인 문제집도 동시에 끌고 나가기 위해 하루에 필요한 시간을 측정해보았고 대충 한 시간 삼십 분 정도 매일 수학공부를 해야 한다는 것도 알게 되었다. 고등학교 1학년. 그 일 년 동안 나는 거의 매일 이 계획을 지켜나갔으며 이와 유사한 계획을 2학년 때도 3학년 때도 지켜나갔다. 그 결과는 정말로 대만족이었다. 계획이 있는 사람과 없는 사람은 천지차이다. 장기 목표를 위하여 단기, 중기 계획을 잘 세워두면 매일 매일 눈앞에 목표가 주어지게 되고 그 결과 자신이 흐트러지고 나태해지는 것을 막을 수 있다. 계획을 통하여 자신을 더욱 잘 통제할 수 있게 되며 해야 할 것을 명확히 하였기에 쓸데없이 시간을 낭비하거나 필요 없는 일에 시간을 쏟지 않을 수 있었다. 지금 연습장을 하나 꺼내들고 아래에 쓰인 글에 따라 자신만을 위해 맞춰진 계획을 세워보도록 하자.

사실 많은 사람들이 계획을 잘 세우지만 실천하지 못한다. 위에서 언급한 내용들을 잘 고려해 보지 않기 때문이다. 계획을 세울 때는 먼저 자신이 잘 하는 과목과 못하는 과목을 분류해둬야 한다. 사람에겐 엄연히 더 잘하는 과목이 존재하기 마련이다. 이때 잘하는 과목이란 적은 시간을 공부해도 결과가 잘 나오는 과목이라고 생각하면 된다. 어떤 학생은 수학에, 어떤 학생은 영어에, 또 어떤 학생은 사회 과목에 소질을 발휘할 것이다. 이때 잘하는 과목은 상대적으로 적은 시간을 배정하고 못하는 과목에 많은 시간을 할애해야 한다. 다음으로 자신이 하루에 꼭 지켜낼 수 있는 공부시간을 생각해보자. 이때 공부시간이라 함은 개인적인 자습시간을 말한다. 아마도 보통 하루 네 시간 정도를 할애할 수 있으리라 생각된다. 나도 하루에 네 시간 정도를 꼬박꼬박 공부하는 데 사용했다. 이 중 한 시간 삼십 분은 수학공부시간이었으며 한 시간은 영어공부시간이었다. 그 외 한 시간 삼십 분을 언어영역과 수탐Ⅱ영역 공부에 사용했다.

수학에 좀 자신이 없었기에 가장 많은 시간을 할애했으며 그 다음으로 영어에 투자했다. 언어영역과 수탐Ⅱ영역엔 자신이 있었으므로 두 영역을 합쳐서 한 시간 삼십 분을 공부했던 것이다. 지금 여러분은 속으로 웃을지도 모르겠다. 어떻게 하루 네 시간만 공부하고 서울대를 가느냐고 . 그러나 일단 나를 믿어보라. 곧 좀더 나은 설명을 해줄 테니까! 위에서 언급한 집중력의 한계는 영어공부 계획과 밀접한 관련을 맺고 생활리듬에 대한 이야기는 내신 벼락치기와 관련된다.

60일만에 영어 10점 올리기

한 가지 공언하건대 나는 문법이란 걸 아주 조금만 안다. 내가 아는 문법을 모두 이야기하자면 to부정사, 관계대명사, 현재완료, 수동태, 등위접속사, 이 다섯 가지밖에 없다. 이것들이나마 아는 것은 이 문법들은 모의고사에 많이 나오는 것들이기 때문이다. 고등학교를 졸업할 때까지 본 문법책이라고는 성문기본영어 64쪽 본 게 전부이다. 문법에 있어서는 정말로 '허접' 그 자체라고 하겠다. 그래도 나는 수학능력시험을 칠 때 외국어영역을 거의 다 맞추었다. 하루에 한 시간씩 영어 트레이닝을 쌓았기에 가능한 일이었다.

나의 영어 트레이닝은 단어 암기 30분, 독해 15분, 채점 5분, 확인 10분으로 이루어진다. 단어 암기는 고등학교에서 하는 모든 공부 중에 가장 무식한 일이라는 것을 나도 인정하기에 여기에는 별다른 설명을 하지 않겠다. 다만 하루 30분씩 단어 20개를 매일 꼬박꼬박 보면 60일이면 1,200개를 볼 수 있다. 중요한 것은 독해를 딱 15분만 한다는 사실이다. 수능시험을 칠 때 영어에 배정된 시간은 80분이다. 그리고 문제는 50문제 정도이다. 이 문제를 모두 풀기 위해서는 한 문제당 대략 90초 정도가 허락된다. 그런데 독해를 해보면 15분에 열 문제 풀기가 만만치 않다. 독해 실력이 부족해서일까? 아니다. 이것은 순전히 집중력 문제이다. 영어의 경우 수학문제와는 달리 집중을 하기가 상당히 어렵다. 나는 아무리 노력해도 처음엔 10분 이상 집중하여 문제를 풀지 못했고 15분에 여덟 문제 이상 풀지 못했다. 그러나 매일 15분을 집중해서 문제를 풀려고 노력했더니 두 달여 후엔 15분에 열

나의 영어 트레이닝은 단어 암기 30분, 독해 15분, 채점 5분, 확인 10분으로 이루어진다. 하루 30분씩 단어 20개를 매일 꼬박꼬박 보면 60일이면 1,200개를 볼 수 있다. 중요한 것은 독해를 딱 15분만 한다는 사실이다.

두 문제를 풀 정도로 집중력이 향상되었다. 그리고 모의고사를 치자 거짓말처럼 성적이 올랐다. 집중력의 강화로 인하여 독해 속도가 향상되었기에 시험문제 중 어려운 것은 다시 풀어볼 시간이 주어졌던 것이다. 그리고 시험의 긴장감 덕에 평소 트레이닝 시간인 15분의 네 배 정도 되는 시험시간을 집중하는 것은 어렵지 않았다. 하루에 15분만 독해하면 너무 적은 것 같지만 하루 15분씩 열 문제만 풀어도 한 달에 문제집 한 권씩 꼬박꼬박 할 수 있다. '시간이 없어서 공부 못해요' 라는 말은 가장 궁색한 변명이다.

수학 만점 맞기

수많은 고등학생들이 수학이 어렵다고 한다. 그 이유는 대략 이런 것 같다. 중학교 때까지는 책에 나오는 내용들이 그리 어렵지 않았고 충분한 반복학습 없이도 성적이 그런대로 나왔다. 그러나 고등학교에 진학하면서 수학이 갑자기 어려워지고 공부습관은 여전히 '한번 보면 됐지' 라는 생각에서 못 벗어났기 때문에 많은 학생들이 수학을 어렵게 느끼는 것이다. 고등학교 수학은 단언하건대 반복학습을 통하여 실력을 쌓아가는 것이라고밖에 말할 수 없다. 사람의 뇌라는 것은 반복학습에 의한 암기가 가능하도록 이루어져 있다. 물론 반복해서 해야 한다고 하면 언제 그걸 다 하냐고 말할 것이다. 그러나 잘 생각해 보면 그런 생각은 거의 투정에 가깝다. 하루에 한 시간 삼십 분씩 수학공부를 한다고 치자. 고등학교에 입학해서 수능을 치기까지의 시간은 대략 천 일 정도 된다. 그렇다면 수학공부를 천오백 시간 정도 하게 된다는 이야기다. 수학문제집 한 권을 푸는 데 오십 시간 정도 소요되므로 꾸준히 하는 학생의 경우 수학문제집을 서른 권 정도 풀어 볼 수 있다. 이과생의 경우에도 공통수학만 열 권 이상 볼 수 있다는 이야기이다. 시중에 나와 있는 수학문제집들에 출제되어 있는 문제들은 모두가 비슷비슷하기 때문에 문제집 열 권을 풀었다는 말은 바로 동일한 문제를 열 번 보았다는 이야기이다. 그리고 동일한 문제를 열 번씩이나 보는데도 잘하지 못하는 일은 거의 일어나지 않는다.

반복학습이야말로 수학의 왕도라 할 수 있다. 수학은 암기과목이다.

언어영역

나는 시간을 내서 무협지를 많이 읽었다. 그 결과 글 읽는 훈련이 많이 되었던 것 같다. 언어영역 시험은 어차피 우리말로 되어 있는 것. 글 읽는 훈련이 잘 되어 있는 사람은 훈련이 되지 않은 사람보다 글 읽는 속도가 월등히 빠르기 때문에 시험 칠 때 여유를 갖고 지문을 여러 번 읽으며 문제를 풀 수 있다. 어차피 우리말로 이루어진 것들이기에 시간과 여유를 갖고 찬찬히 읽으면 그 의미는 대략 짐작가능하다. 그리고 그 감을 믿고 답을 적으면 되는 것이 바로 언어영역이다. 중학생이나 고교 저학년은 정말로 책을 많이 읽길 바란다. 장르에 상관없이 글이면 다 좋다. 이 방법은 특히 언어영역이 어렵게 나올 때 빛을 발한다. 교과서에 나온 지문만 잘 아는 것은 반쪽짜리이다.

수리탐구Ⅱ 공략하기

사회탐구 과목 중 윤리와 국사, 일반사회는 먼저 교과서를 두 번 이상 정독하라. 이 과목들은 각종 회사에서 막 찍어낸 책이 아니라, 교육부에서 편찬한 딱 한 가지밖에 없는 국정교과서이다. 그러므로 수능에서 교과서를 벗어나는 내용이 문제로 나올 가능성은 전무하다. 그러므로 윤리, 국사, 일반사회는 교과서를 중심으로 공부하는 게 좋다. 반대로 한국지리는 교과서가 상당히 허접하게 만들어져 있다. 공통과학도 마찬가지다. 그러므로 이 두 과목을 공부할 때는 참고서가 꼭 필요하다. 무난한 참고서는 디딤돌에서 나오는 〈텍스트〉라는 참고서이다. 참고서를 기반으로 기초 지식을 쌓고 문제를 많이 풀도록 한다.

내신 벼락치기

내신 벼락치기 공부에는 중요한 요건이 있다. 바로 자신의 생활 리듬을 잘 파악하여 계획을 짜야 한다는 점이다. 밤잠이 없는 사람은 밤에 공부하고 낮잠을 좀 자는 것이 좋다. 밤잠이 많은 경우엔 내신기간이라고 밤을 새우거나 하지 말고 평소보다 수면 시간을 두 시간 정도 줄이고 낮 시간을 최대한 활용하여 공부해야 한다. 나의 경우 고2 1학기까진 내 몸의 리듬도 모른 채 밤에 깨서 공부하려 들다가 이도 저도 안 된 적이 많이 있었다. 그러나 밤잠이 많고 낮잠이 없는 나의 바이오리듬을 고려하여 밤에 좀 자두고 낮에 집중하여 공부하자 훨씬 더 나은 성적을 거둘 수 있었다.

무엇보다 필요한 것은 자신의 삶의 방향성을 설정하는 것이다. 인생의 목표가 정해져야만 거기에 맞는 공부도 해나갈 수 있다. 대학을 가는 것은 중요한 일이다. 그러나 나와 나의 친구들 중에는 자신의 진로 때문에 지금도 고민하고 있는 사람들이 많이 있다.

고민 많고 꿈도 많은 독자 여러분이 확실한 목표를 세우고 그것을 향해 매일 달려가게 되길 기대한다. 꿈★은 이루어진다!!

강기현 kangkyun@freechal.com
영주 대영고등학교 • 1982년생 물고기자리 • O형 • 즐겁게 살자.

수학공부, 나처럼 하라!

최영한 서울대 전기공학부 99학번

수학 과외도 많이 하고, 수학 참고서(쿨러닝)도 직접 집필하면서, 수학에 대한 공부법에 나름대로 조예가 깊어졌습니다. 즉 제일 잘 쓸 수 있을 것 같아서요……흐흐.

많은 학생들이 수학공부하기를 굉장히 어려워합니다.

그리고 난 기초가 부족해서…… 쉬운 건 풀겠는데 조금만 응용을 해도 안 풀리니……하는 고민을 많이 털어놓습니다.

공식을 바로 외워서 문제를 풀면 그 순간엔 알겠다가도 금방 잊어버린다든지, 그 문제는 풀 수 있더라도 조금만 문제를 응용하면 또 암담해진다든지 하는 것이 수학이지요. 이렇게 시작부터 힘들어하고 있거나 '내가 공부하는 방식이 왠지 잘못된 것 같아' 라고 생각하며 불안해하는 학생들에게 적어도 기본에 충실하라는 근본적인 얘기를 해주고 싶습니다.

그리고 대충 기본 유형의 문제들을 외워다가 풀어놓고서는 수학을 어느 정도 잘하는 척 얼렁뚱땅 다음 단원으로 넘어가려는 학생들에겐 그렇게 하는 수학공부엔 한계가 있다고 따끔하게 짚어주고 싶습니다.

공부를 하는 데에 있어 계획을 세운다는 것은 매우 중요합니다. 계획이라는 것은 내가 오늘 해야 할 일, 지금 당장 해야 할 일들을 정해주기 때문에 특히 공부를 하는 사람에겐 꼭 필요합니다. 초등학교 때부터 방학을 하면 예쁘게 생활계획표를 그려보았을 것입니다. 하지만 '작심삼일' 이란 말도 있듯이 번번이 계획대로 생활하는 데에 있어 많은 실패를 겪어보았을 것입니다.

실패한 계획표 중에 대표적인 것으로는 '계획만은 화려하게' 형이 있습니다. 계획을 너무 거창하게 세우게 되면 곧 포기하게 되어 결국은 지킬 수 없는 계획이 되고 말지요. 이렇게 잘못된 시간표를 세우게 되는 이유는 무엇보다 스스로 하루에 어느 정도 공부하는지, 얼마나 할 수 있는지를 파악하지 못하는 데에 있습니다. 계획을 세우는 순서가 잘못된 경우이지요. 계획을 세울 때는 한 시간, 하루를 먼저 보아서는 안 되고 시간을 길게 보고 먼저 체계적인 틀을 세워야 합니다. 나무만을 보기보다는 숲을 보아야 한다는 말이 이럴 때 어울릴 것 같네요. 중간고사를 대비한 계획이다 또는 수학능력시험을 대비한 계획이다라고 할 때 내가 그 시험을 잘 보기 위해 어떤 것을 어떻게 얼마만큼 공부해야 하는지를 먼저 파악하고 그때까지 공부할 내용들을 먼저 나열합니다. 그런 다음에는 한 달 단위, 일주일 단위, 하루 단위 그리고 시간 단위까지 그 내용들을 계획표 상에 채워나가는 것이지요.

실패한 계획표의 또 다른 유형으로는 '난 한 우물만 판다' 형이 있습니다. 하루의 공부할 내용을 잡을 때 책 한두 권 정도만 잡아서 많은 양을 공부하는 학생들이 있는데 물론 공부가 잘 될 때는 좋을 수도 있지만 다소 위험한 방법입니다. 한 과목만 보다보면 그 과목이 너무 보기 싫다거나 내일 수학 숙제가 있는데 오늘 계획엔 영어만 하게 되어 있다거나 할 경우, 계획을 지키려다가 시간만 허비하게 될 수도 있습니다. 그러므로 하루의 공부 내용은 여러 과목의, 여러 권의 책을 조금 조금씩 보는 것으로 정하면 좋습니다. 이 과목이 너무 보기 싫을 때는 다른 과목의 책을 펴게 되면 그 순간은 또 굉장히 공부가 잘되는 경우가 많이 있으니까요.

실패한 계획표의 마지막 유형은 '쓰기 귀찮으니 머릿속으로' 형입니다. 계획표를 세울 때 대충대충 과목만 적어 놓는다든지 아예 적지도 않고 머릿속으로만 계획을 세우는 경우는 실패만이 있을 뿐입니다. 계획을 잘 지키기 위해서는 내가 얼마나 지키고 있는지 스스로를 확인하며 반성할 수 있는 흔적이 있어야 하는 것입니다. 그러므로 계획은 구체적으로 문제집의 이름과 페이지까지 하나하나 적어놓고 그 계획을 실천했을 때는 옆에 표시를 하든지 그 계획이 적힌 곳을 찍찍 그어서 없애든지 해서 자신의 진행상황을 수시로 파악해야 하지요. 오늘 못한 것은 꼭 내일 많이 해서라도 채워나가야 하고요. 그리고 계획을 세우며 생활하는 초반에는 자신이 해낼 수 있는 양을 잘 모르기 때문에 이렇게 눈에 보이는

이런 계획, 반드시 실패한다

1. 계획만은 화려하게

지킬 수 없는 거창한 계획에 이내 포기하게 된다. → 긴 안목에서 목표를 정하고 그 목표에 따른 세부적이고 구체적인 계획을 세운다

2. 난 한 우물만 판다

하루에 한두 권의 책만 오랜 시간 공부하다보면 그때그때의 다양한 상황에 제대로 맞출 수 없다. → 하루에도 여러 과목의, 여러 권의 책을 조금씩 나누어 보는 것이 좋다.

3. 쓰기 귀찮으니 머릿속으로

계획을 대충 세우다보니 실천도 확인도 흐지부지되고 만다. → 계획은 구체적으로 문제집 이름과 페이지까지 적어넣고 이를 실천했을 때는 하나씩 지워나간다.

구체적인 계획표는 더욱 중요합니다.

'내가 친구보다 더 열심히 하는 것 같은데 점수는 왜 이렇게 안 나오지?' 라고 고민하고 있는 학생들은 특히 계획표를 꼭 만들어야 합니다. 계획표를 잘 짜는 것은 시간을 효율적으로 쓰는 중요한 지혜입니다.

수학은 문제를 많이 풀어야 한다는 말을 수도 없이 들었을 겁니다. 백 번 맞는 말입니다. 아무리 수업시간에 내용을 잘 이해하고 고개를 끄덕끄덕한다고 해도 그것으로 수학 실력이 향상되는 것은 아닙니다.

수학공부를 크게 둘로 나누면 역시 개념이해와 문제풀이라고 할 수 있습니다. 개념을 잘 이해하면 문제를 풀이하는 데에 큰 힘이 되고 문제를 많이 풀어보게 되면 그에 관련된 개념들이 다시 머릿속에 정리되면서 수학 과목에 대한 이해도가 전체적으로 올라갑니다. 즉 개념이해와 문제풀이는 서로 도움을 주며 보충해주는 관계라고 할 수 있습니다.

그럼 왜 개념이해와 문제풀이 중 문제풀이에 더 큰 비중을 두고 말하는 것일까요? 그 해답은 여러분들의 시험문제 속에 있습니다. 수학 시험지를 한번 떠올려보세요. 이 이론의 수학적 개념에 대해 아는 대로 쓰시오. 이런 문제가 있습니까? 모든 문제는 계산문제 풀이 형태로 이루어져 있기 때문에 다른 과목과는 달리 수학을 공부할 때는 개념 이해와 내용 정리 중심이 아닌 계산문제 풀이 중심으로 공부가 이루어져야 한다는 것입니다.

문제를 잘 풀어내는 능력과 개념을 이해하는 것이 동시에 고루 갖춰져야만 수학을 잘 할 수 있습니다. 요즘 학생들을 보면 시험 점수는 잘 나오지만 실제 실력은 그에 훨씬 못 미치는 학생들이 많이 있는 것 같습니다. 너무 문제의 유형에만 치우쳐서 공부하다보니 개념이해는 뒷전으로 가버린 경우이지요. 수도 없이 많은 문제를 풀어서 그 부분의 문제 유형들이 외워졌기 때문에 당시에는 잘 풀 수 있지만 그 중에는 확실히 이해를 못하고 문제만 풀어낼 수 있는 경우도 포함되어 있지요. 이렇게 공부할 경우 나중에 다시 이 부분을 공부하게 될 때에는 기본적인 문제도 풀이방법이 떠오르지 않아 풀어낼 수 없는 경우가 생기기도 합니다.

수학공부를 하는 데에 있어 조금 지겹더라도 꼼꼼히 내용을 읽으며 새로운 수학적 개념과 용어들의 정의를 확실히 이해하고 거기에 일부 공식이 많은 단원에서는 공식도 외우면서 내용정리를 먼저 자세히 해야 합니다. 그런 다음에 그에 해당되는 문제를 하나하나 풀어보면서 조금 전에 살펴봤던 내용들에 맞는 문제들을 대응시켜나가며 부족한 개념을 더욱 확실히 보기도 하고 외웠던 공식을 어떻게 이용할 수 있는지 등을 머릿속에 체계적으로 정리해야 합니다.

문제만 잘 풀어서 내신시험만 잘 보면 되지 왜 개념 하나하나까지 이해하고 있어야 하냐고요? 그 질문에 대해서는, 수능을 잘 치르려면 꼭 개념 하나하나까지 이해를 해야 한다고 답하고 싶네요. 문제만 잘 푸는 것은 그 단원을 배울 때의 일시적인 암기 현상이지 완벽한 이해가 아닙니다. 수능시험 때 우리가 준비해야 하는 수학의 단원은 너무나도 많기 때문에 문제를 외워서 푸는 형태가 된다면 우리들의 두뇌의 용량의 한계를 생각해볼 때 아무래도 불가능할 것입니다. 정말 쉽다고 생각한 단원도 다른 부분을 열심히 공부하다가 딱 펴보면 눈앞을 캄캄하게 만들기도 하거든요. 또 수능의 문제 유형이라는 것이 우리가 그 단원을 열심히 공부하며 유명 문제집들에서 외워놓은 문제의 유형을 그대로 따르리란 보장 또한 없기에 확실한 개념이해를 통해, '문제 잘 풀기' 보다는 '수학 잘 하기' 자체에 접근해야 합니다.

여기서 잠깐! 수학을 푸는데 자꾸 모르는 문제가 나온다고요? 그럴 땐 해답을 적극적으로 이용해보세요. 저는 정말 답을 많이 보면서 공부했습니다. 모르는 문제가 나오면 사실 그 문제를 어떻게든 풀기 위해 10분 정도 고민하면 풀리는 경우도 가끔 있지만 대부분의 경우 10분을 고민해도 20분을 고민해도 풀어내지 못하지요. 마땅한 풀이 방법이 떠오르지 않을 경우, 특히 그 단원의 문제를 얼마 안 풀어본 경우 해답의 도움을 많이 받으면서 공부하세요. 대신 해답을 보고 문제를 푼 경우에는 꼭 다시 풀어보는 것이 무엇보다 중요합니다. 여러분들에게 중요한 것은 그 문제의 답을 문제집의 칸에 적어놓는 것이 아니라 그 문제에서 알려주고자 하는 내용을 머릿속에 적어놓는 것이니까요.

최영한 012cyh@hanmail.net
서울 개원중학교－중동고등학교 • 1980년생 전갈자리 • A형 • 성실할 수 있다면 인생은 성공한다.

고3 막판 7주 필살의 비기 수첩

노형우 서울대 경영학과 01학번

D-49일 필살 공부방법!

이름하여 초특급 비기(비장의 기술) 수첩!

수능은 쳐야겠고…… 마음은 급한데 공부할 것은 많아 보이고, 막막하기만 하다고요? 이 시기의 수험생들에게는 공통적인 고민일 겁니다. 여기 그 고민을 덜어줄 마지막 49일간의 시간활용법과 체계적인 공부방법이 있답니다! 다 같이 한번 살펴볼까요?

많은 학생들이 수능이 다가올수록 압박감에 휩싸여 문제집만 계속 푸는 경향이 있는데요, 사실 이 시기의 수험생에게는 더 많은 문제를 푸는 것보다 이미 풀었던 문제들을 자기 것으로 소화해내는 것이 훨씬 도움이 됩니다. 지금까지 쌓아왔던 것을 확실히 자기 머릿속에 넣는 것이죠. 대다수의 학생들이 풀었던 문제지나 모의고사들을 그저 다 쓴 일회용품 마냥 책상 구석에 처박아두곤 합니다. 그러나 바로 그게 남은 49일간 여러분의 보물이 됩니다! 그것들을 지금 당장 모셔오세요!!!

지금부터 알려드릴 방법은 그동안 쌓인 문제지들과 모의고사 시험지를 최대한 활용하면서 각 영역별 최종 정리까지 겸할 수 있는 방법입니다. 초특급 비기 수첩-_-;;을 만드는 데는 7주 정도가 걸립니다. 주 별로 나눠서 여러분께 상세한 스케줄과 작성 요령을 알려드리죠.

1~3주차

수첩 작성을 위한 기본기를 다지는 과정이자 1차 약점노트를 만드는 시기. 자, 하나씩 잘 살펴볼까요?

문제지 크게 보기

문제지를 크게 본다는 것은 각 문제들의 영역을 구분한다는 것입니다. 약점 파악에 큰 도움이 되는 부분입니다. 각 영역의 문제들은 출제 의도와 관련하여 부분이 나뉘어 있습니다. 언어영역이나 외국어영역 문제지에서 통일성, 추론, 논리성 등으로 파트가 나뉘어 있는 것을 보신 적이 있을 겁니다. 이런 영역들을 잘 살펴보아야 자신이 무슨 문제에 약한지를 확실히 알 수 있습니다.

문제지 크게 보기의 실천 방법은 쉽습니다. 같은 영역의 문제지를 서너 권 가져다놓고 비슷한 문제를 찾아봅니다. 이때 문제지 중 한 권이 부문별로 나뉜 것이라면 큰 도움이 됩니다. 이를 반복하다보면 '이런 문제는 이런 의도로 묻는 것이다!' 라는 것이 보이게 됩니다. 1주차에는 하루에 약 한 시간 정도, 2~3주차에는 이틀에 한 번 한 시간 정도 해주면 문제를 보는 눈이 크게 달라집니다.

유의사항

-문제지를 크게 보는 시야를 갖자.

-문제를 풀 때와 정답 매길 때 체크하는 습관을 들이자.

-약점을 파악하자.

-계획표를 통해 리듬을 타며 공부하자.

체크하는 습관 들이기

체크는 체계적인 공부를 빠르게 할 수 있게 해주는 가장 중요한 요소입니다. 체크를 통해서 쓸데없는 문제를 보는 헛수고를 많이 줄일 수 있죠. 사설 없이 곧바로 체크의 노하우를 알려드립죠!

망설이지 말고 별표★ 문제 풀 때 술술 풀리지 않고 막히는 문제가 있다면 주저 없이 (정말 주저 없이) '별표★'를 합니다. 이것은 모르고 찍었거나 운으로 맞춘 문제를 지나치지 않게 해주고 약점 파악을 쉽게 해주는 체크입니다

매길 때는 자신에게 정직해라! 점수를 매길 때 틀린 문제 중에서 자신이 분명 맞출 수 있는 문제인데 실수로 틀렸다고 생각되면 '실수'라고 크게 적어둡니다. 아는 문제인데 예전에 틀렸다고 해서 또 다시 보는 헛수고를 덜어줍니다.

과감히 적어라! 약간의 힌트나 암기 내용만 알았더라면 맞출 수 있었던 문제라면 그 핵심 키포인트를 빨간 색연필로 사정없이 적어줍니다! 다시 볼 때 시간이 절약될 뿐만 아니라 약점노트 작성에도 큰 도움이 됩니다.

이런 체크를 습관화하면 문제지 다시 보기가 한결 수월할 뿐만 아니라 자신의 약점을 파악하여 효율적인 공부를 할 수 있습니다.

약점 파악

자, 위의 방법들을 병행하면서 이제 자신의 약점 파악에 들어가게 됩니다. 이름하여 '1차 약점노트!'

방법은 매우 간단합니다. 우선 자신이 풀었던 문제지 중에서 문제가 상당히 괜찮았던 문제지 순으로 영역별로 너덧 권을 준비합니다. 문제지의 경우는 모의고사 형식으로 된 (일명 '긴 문제지') 문제지가 좋습니다. 그리고 지금까지 쳤던 모의고사 시험지를 준비합니다.

또 준비해야 할 것은 노트입니다. 1차 약점노트의 경우는 문구점에서 파는 조금 비싸고 두꺼운 줄노트가 좋습니다. 얇은 노트나 스프링이 들어간 연습장은 피해주세요. 이런 노트를 영역별로 한 권씩 준비합니다.

오답노트가 있다면 꼭 함께 준비합니다. 수고를 훨씬 덜 수 있답니다

다음으로 할 일은 요일별로 영역을 정해서 문제지와 모의고사 시험지를 다시 보는 것입니다. 월요일은 언어영역, 화요일은 수리영역…… 이렇게 말이죠. 그냥 보냐고요? 당연히 아니죠!! 우선 틀린 문제를 살피면서 다시 봐도 잘 모르겠다 싶은 문제는 무조건 약점노트로 옮겨버립니다. 처음 옮기는 문제의 경우는 문제의 핵심 단어와 보기의 핵심을 옮깁니다. 옮기다보면 분명히 비슷한 문제가 나옵니다. 하지만 아직 1차 노트이므로 조금이라도 어렵다고 생각되는 문제는 무조건 옮깁니다.

1~3주간 약점노트 만들기는 꾸준하게 이루어져야 합니다. 단, 지나친 의욕은 금물입니다. 학기말에 '정리를 통해 체계적인 지식을 쌓아두겠어!' 라며 대대적인 정리에 들어갔다가 제풀에 지쳐 포기해버

리는 학생들을 많이 보게 됩니다. 약점노트 만들기에서 가장 중요한 것은 지속적이고 꾸준한 정리입니다.

계획표를 통해 리듬 타기

아직은 수업시간 내내 자율학습을 하기는 어려운 시기죠? 우선 정규 수업을 듣고 약 두 시간 정도 영역별 문제지를 풀어봅니다. 지금부터는 꼭 영역별로 문제를 매일 풀어주어야 합니다. 감각을 잃지 않기 위해서죠. 문제지 풀 때도 꼭 체크하는 습관! 아시죠?

문제지를 푼 이후에는 한 시간 정도 문제 크게 보기를 해줍니다. 마지막 남은 7주 중 첫번째 주에는 매일, 두번째 주부터는 이틀에 한 번 정도가 좋습니다.

그 이후에는 약점노트 정리를 합니다. 차근차근 꾸준히 하는 것이 중요하다는 것 아시죠?

월요일에서 금요일 사이에는 이런 식으로 공부를 하고, 토요일에는 수업이 일찍 끝나니까 문제지를 좀더 푼다든지, 약점노트 정리를 좀 더 해준다든지, 그동안 못한 보충공부를 하는 것이 좋습니다. 하지만 일요일엔 꼭 그주 동안 정리한 약점노트를 면밀히 분석합니다. 우선 자습서를 보듯이 틀린 문제들의 키포인트와 요점들을 공부하고 암기합니다. 그러면서 두 번 이상 보이는 문제는 체크합니다. 이는 2차 약점노트를 만들기 위한 중요한 과정입니다.

4~5주차

1~3주차 동안 분량을 잘 나누어 꾸준히 정리해왔다면 여러분의 손에는 회심의 '1차 약점노트'가 있을 겁니다. 자 그럼 이제 이것을 기반으로 막판 뒤집기를 노려보아야겠죠? 4~5주차 기간은 1차 약점노트를 기반으로 해서 '2차 약점노트'를 만드는 시기입니다.

2차 약점노트는 1차 노트를 기반으로 만들어집니다.

역시 앞서 말한 줄노트를 영역별로 준비하고, 1차 노트를 준비합니다. 그리고 1~3주차 기간 동안에 푼 문제지(당연히 체크가 잘 되어 있어야겠지요)를 준비합니다. 문제지의 경우 가장 최근의 문제지(3주차의 것)가 가장 좋습니다.

2차 노트에 기입되어야 할 사항은 오로지 키포인트와 문제를 연상시키는 짧은 문장(필요하다면)입니다. 후자가 필요한 경우는 '내용'에 약한 것이 아니라 '문제'에 약한 경우일 때입니다. 즉 문제의 내용을 몰라서 틀린 경우는 그 '내용'의 알짜만을 뽑아 쓰고, 문제의 '스타일'에 어려움을 겪을 경우는 그 문제 유형을 연상시키는 짧은 문장과 그때의 대처법을 적는 것이지요. 쓸 때에는 예쁘게 꾸미는 것은 금물입니다만, 나중에 보기 편하기 위해서 두세 가지 색으로 적는 것은 좋습니다. 그러나 아직 '2차 약점노트'이므로 꼭 그럴 필요는 없긴 합니다.

자, 그럼 2차 노트에 기입되어야 할 것들의 순위를 알아볼까요?

①1차 노트에 두 번 이상 기입된 문제(즉, 체크된 문제!)

②1~3주차간 문제지에서 틀린 문제 중 1차 노트에 기록되어 있는 문제

③ 개인적으로 아직 약하다고 생각되는 문제

가야할 길이 보이나요? 약점이 조금씩 보이기 시작할 겁니다.

4~5주차의 스케줄은 1~3주차와 거의 비슷합니다. 역시 일요일에는 꼭 약점노트를 공부해주는 것, 잊지 말아야 하고요. 한 가지 다른 점이 있다면 자투리 시간 틈틈이 약점노트를 습관적으로 보는 것입니다. 자신의 노트와 자신의 약점에 익숙해지기 위한 훈련이라고 생각하길…….

6주차

대망의 6주차입니다. 드디어 여러분만의 '초특급 비기 수첩'이 탄생하는 주이죠. ^^ '초특급 비기 수첩'은 사실은 2차 약점노트를 기반으로 한 '3차 약점수첩!'이라고 생각하면 됩니다. 그럼 비기 수첩 작성시의 요령을 가르쳐드리죠.

우선 손바닥 크기(그보다 약간 커도 됩니다)의 수첩을 하나 구합니다. 겉이 튼튼한 재질로 되어 있고, 너무 얇지 않은 것이 좋습니다. 그 외 준비해야 할 것은 세 가지 색 정도의 볼펜, 그리고 1, 2차 약점노트, 4~5주차의 문제지입니다.

역시 이제 남은 것은 추려나가기입니다. 이제는 '수첩'이기 때문에, 그것도 '비기' 수첩이므로 들어가는 내용은 오로지 키포인트입니다. 앞서 4~5주차에 틈틈이 약점노트를 봐달라고 부탁드렸는데요, 그 이유가 여기에 있습니다. 물론 꾸준히 공부를 하기는 하지만, 일주일에 한 번 정도 보는 것으로는 노트와 그 내용에 익숙해질 수 없습니다.

틈틈이 노트를 봐둔다면 '키포인트' 만으로도 연상작용을 통한 엄청난 축약암기가 가능해집니다. 비기 수첩에 적을 내용 순위는 다음과 같습니다.

①2차 수첩에서 두 번 이상 기재된 내용(즉 체크된 내용)

②4~5주차에서 풀었던 문제지에서 틀린 문제 중 1, 2차 수첩에 기재되었던 내용

③아직도 물어보면 불안한 내용

이제 만드는 수첩은 2주간 계속 가지고 다니면서 늘 보아야 할 수첩이므로 색깔 볼펜으로 눈에 잘 띄게 써놓는 게 좋겠죠?

드디어 여러분만의 약점 전문처리 참고서, '초특급 비기 수첩' 이 탄생합니다! 보기에는 단순한 일 같아 보이지만, 절대 쉬운 일이 아니며 그만큼 그 효과는 매우 탁월합니다.

약점노트 만들기는 그 과정이 중요합니다. 정리하고 공부하고 추려내는 과정에서 공부가 되는 것이지 단지 비기 수첩을 만들기만 해서는 도움이 되지 않습니다. 차근차근 꾸준히 정리와 복습, 추려내기를 반복하는 것이 왕도입니다.

자신에게 솔직해야 합니다. 자신의 약점을 솔직히 인정하지 않으면 절대 발전할 수 없습니다. 당연한 이치겠지요? 여러분이 잘 쳐야 하는 시험은 수능입니다! 체크는 마지막까지 생명!

7주차

드디어 대망의 7주차입니다. 공부의 리듬은 항상 수능과 맞춰주는

것이 좋습니다. 모의고사형 문제지로 수능처럼 문제를 풀고 저녁에는 채점과 확인 후에 비기 수첩을 업그레이드하고 보충공부를 하세요. 아마 약점이 많이 줄었다는 것을 상당히 느낄 수 있으실 겁니다. ^^

여기까지가 수능 막바지에 그간 공부한 문제지와 모의고사를 활용하면서 영역별 최종정리를 해볼 수 있는 약점수첩 만들기입니다. 앞으로 얼마 남지 않았지만 여기서 말씀드린 대로 꾸준히만 한다면 높은 점수 향상과 고득점 유지를 기대할 수 있습니다. 나를 알고 적을 알면 백전 백승이라고 했죠? 여러분의 약점을 파악하고 가는 것이 수능에 맞설 수험생 여러분의 최고의 전략이라고 믿어 의심치 않습니다. 수험생 여러분, 파이팅!!!

노형우 superkuma@freechal.com
창원 토월중학교—창원남고등학교 • 1983년생 물고기자리 • O형 • 하고 싶은 것은 하되 책임은 진다.

서울대생들에게 공부와 관련된 질문들을 했습니다. 공부의 시작은 뭐니뭐니해도 자신의 장단점 파악이겠죠? 취약과목 분석부터 강추 문제집까지…… 선배들의 조언을 놓치지 마세요!

1. 가장 자신 있던 과목은?

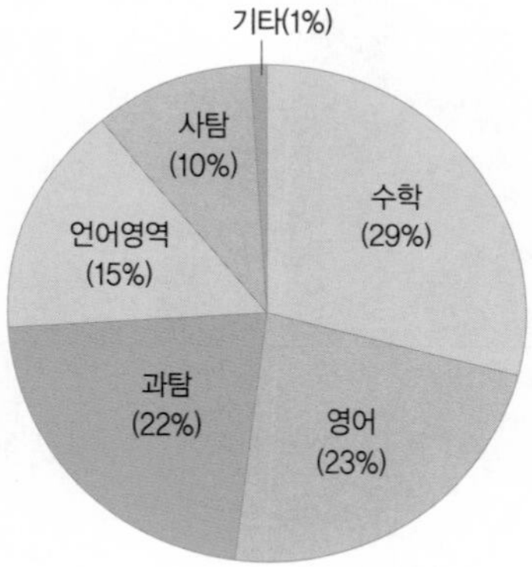

가장 취약했던 과목은?

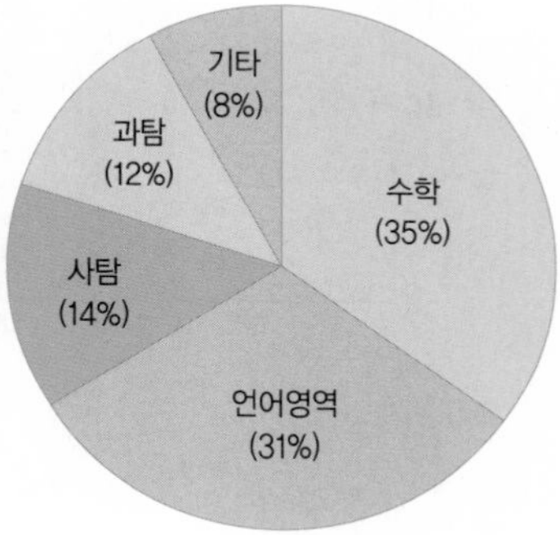

수학은 정말 야누스의 얼굴의 지니고 있군요. 가장 자신 있는 과목으로 가장 많은 학생들이 꼽은 것도 수학이고, 가장 취약했던 과목으로 가장 많은 학생들이 꼽은 것도 수학이니 말입니다. 상위권 학생들 사이에서도 수학은 잘하는 학생과 못하는 학생의 구분이 뚜렷하니 수학에서 좋은 점수를 받는다면 상대적으로 유리한 위치에 있다고 볼 수 있겠네요. 반면 영어는, 가장 자신 있는 과목이라고 꼽은 학생들은 많은 반면, 취약한 과목으로 영어를 꼽은 학생은 단 한 명뿐이라는 사실에 주목해야겠습니다. 학생들 대부분이 기본적으로 영어는 다들 잘 한다는 말이겠죠. 외국어영역에서 고득점은 기본 사항인 것 같으니 염두에 두세요. 사회탐구가 취약과목이라고 답한 학생들 중에서는 그 중 국사가 취약하다는 답변이 많았고요, 과학탐구의 경우 물리가 취약하다고 한 학생들이 많군요.

2. 학교 수업시간을 제외하고 하루에 몇 시간 정도 공부했나요?

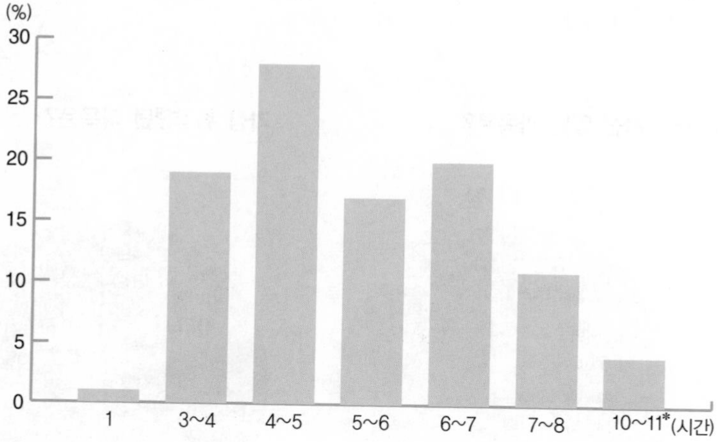

* 학교 수업시간에 개인적인 공부를 한 경우임.

공부 시간이 제각기 다르네요. 물론 대부분이 학생들이 고3이 되면서 학습량과 시간이 훨씬 더 늘어난 건 당연하고요. 자신의 스타일에 맞게, 단 집중해서, 각자 학습시간을 정해서 계획표를 짜보도록 하세요.

3. 공부에 집중이 되지 않을 때 어떻게 했나요?

이 질문에는 다양한 답변이 나왔습니다. 그러나 정리하자면 대략 두 가지 방법이군요.

잠시 휴식을 취하면서 머리를 쉬게 하는 게 한 가지 방법. 음악 듣기, 잠시 찬 바람 쐬기, 하늘 바라보기, 스트레칭, 기지개 펴면서 기합 넣기, 산책 등을 예로 들 수 있습니다.

다른 하나는 여러 가지 상황을 떠올리거나 스스로에게 긍정적인 말을 건네거나 자신의 목표를 생각하거나 다양한 방법을 써서 마음을 다잡는 마인드 컨트롤 방법.

화장실에서 손을 씻으면서, 어쩔 수 없다면 이 시간을 즐기자라며 마음을 다잡았다, 멋진 대학교 교정을 거니는 미래의 모습을 상상하거나 수능 끝나고 나서 하고 싶은 일들을 떠올리며 힘을 냈다는 응답도 있었습니다. 난 할 수 있다는 긍정적인 생각을 하면서 스스로 격려하기도 하고요, 이 공부 빨리 끝내고 나서 쉬자고 생각하면서 스스로를 달래기도 했네요.

그 외에 눈에 띄는 의견으로는, 일기를 쓴다, 댄스음악을 틀고 혼자서 신나게 춤을 추고 난 후 샤워를 한다, 경쟁상대가 공부하는 모습을 보고와서 전의를 불태운다, 공부를 하지 않아서 생기는 최악의 상황을 떠올린다, 새로운 공부계획을 짠다 등이 있었습니다.

4. 졸음을 쫓는 나만의 방법이 있다면?

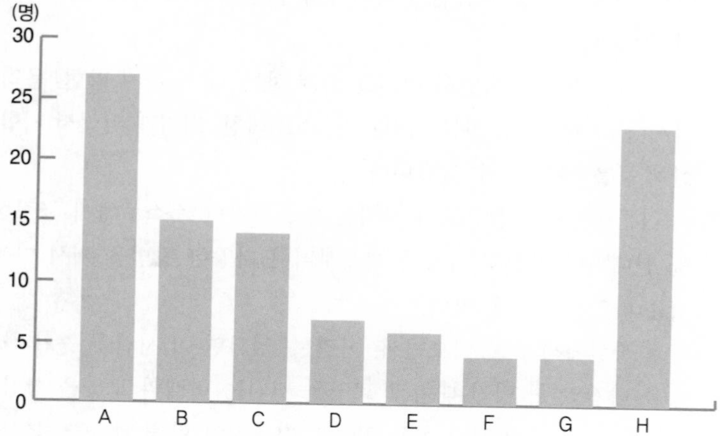

A 10분 정도 잠깐 잤다
B 그냥 자버렸다
C 세수를 했다
D 체조나 스트레칭을 했다
E 산책을 했다
F 30분에서 1시간 정도 잤다
G 커피를 마셨다
H 기타

그냥 자버렸다는 답변도 의외로 많았지만(—!), 그래도 잠을 깨기 위해 다양한 방법을 사용했군요. 그 노력이 참 가상합니다.10분에서 1시간 정도 자고 나서 세수하고 다시 공부했다는 답변은 고전적인 방법이고요. 기타 의견으로는 음악 듣기, 친구랑 수다떨기, 박카스 마시기, 서서 공부하기, 커피사탕 먹기, 꼬집기, 짝이랑 깨워주기로 약속해놓기, 양치질, 지압하기 등이 있었습니다. 잠깐 음악을 들으면서 기분전환을 하든, 평소 좋아하던 책을 잠깐 보든, 체조나 스트레칭을 하면서 다시 활력을 되찾든, 여러 가지 방법을 사용해서 졸음을 멀리 멀리 쫓아보세요.^^

강추! 바로 이 문제집!

공부하는 데 도움이 많이 되었던 문제집은 무엇이며 그 문제집의 장점은 무엇인지, 좋은 문제집 추천해주세요!!

●과목에 상관없이 추천하고픈 문제집

EBS 문제집(EBS 수능 퍼스트, EBS 수능 파이널 등) 유형이 참신하면서도 엄선된 문제들. 잘 모르는 내용은 방송을 통해 보충할 수 있다.

디딤돌 시리즈 문제가 참신하고 요약 정리가 잘 되어 있다.

블랙박스 편집이 깔끔하게 되어 있어서 공부하기 좋다.

솔리드 해설과 문제의 적절한 조화.

모의고사 기출 문제 모음집 수능 자체의 문제 유형과 변화 양상을 직접적으로 익힐 수 있고, 문제 수준도 최고다. 다양하고 질 좋은 문제들이 많아 수능문제의 유형을 파악하는 데 도움이 많이 된다.

어느 출판사 문제집이든 상관없이 문제집을 많이 푸는 것이 좋다.

●언어영역

디딤돌 시리즈, EBS 시리즈 엄선된 신유형의 문제가 많으며, EBS의 경우 굳이 방송을 보지 않아도 스스로 풀 수 있게 되어 있다.

EBS 수능 파이널 다른 모의고사 문제집들보다 고난도의 문제들이고 지문의 내용도 다양하다.

모의고사 기출 문제 모음집 실전감각을 유지하는 데 도움이 된다.

문원각 글동산 국어 시리즈 방대한 양의 문학작품들이 장르별로 깔끔하게 잘 정리되어 있다.

●수학

정석 체계적으로 정리가 잘 되어 있고 문제풀이 과정이 상세해서 꾸준히 반복해서 풀다보면 유형별 접근법을 익힐 수 있다.

디딤돌 개념원리 좋은 문제가 많이 들어 있고, 문제 유형도 참신하다.

신사고 다양한 문제를 접할 수 있다.

블랙박스 문제 난이도가 다른 문제집이나 학습지에 비해 높다. 다소 난이도 높은 문제들을 계속 풀어서 실력을 다지고자 하는 학생들에게 좋다.

자바 공통수학 수능 스타일에 가장 접근한 문제집. 머리를 써서 생각해볼 수 있는 창의적인 문제들이 많다. 그렇다고 해서 그다지 복잡하지도 않다. 개념만 확실히 알면 풀 수 있다. 이 책을 꼼꼼히 마스터하면 수학 개념도 확실히 잡히고 응용력도 는다.

●사회탐구

EBS 교재 다양하고 시사적인 문제들이 많이 나와서 개념을 문제에 적용하는 응용력을 키워준다.

디딤돌 TEXT 요점정리가 깔끔하게 잘 되어 있다. 특히 국사는 교과서에 자세히 나오지 않은 보충자료와 사진, 도표 등이 잘 정리되어 있다.

블랙박스 편집이 깔끔하여 공부하기에 좋으며, 요약 정리가 잘 되어 있다.

대성 제넥스 교과서 내용이 일목요연하게 정리되어 있으며 중요한 시사, 문헌자료 등 다양한 자료들이 실려 있다.

●과학탐구

두산동아 하이탑 과학과목에 있어서 타의 추종을 불허하는 내용과 문제를 자랑하며, 설명이 자세하다.

디딤돌 TEXT 공통과학 쉬운 듯하지만 여러 번 볼수록, 몰랐던 원리를 알 수 있게 해준다.

수능net 공통과학 시리즈 문제집인데도 이론 정리가 잘 되어 있어서 따로 자습서를 보지 않아도 된다. 문제의 난이도도 적당하다.

에이플러스 수능경향을 잘 파악하고 있는 문제들. 그래프와 화보가 풍부하다.

블랙박스 설명이 쉽게 되어 있고 문제가 쉬운 듯하면서도 사고력을 요하는 문제들이다.

●외국어영역

리딩튜터 시리즈 단계별로 공부할 수 있으며, 출제 빈도가 높은 단어가 많이 나오고 단원별로 구분이 잘 되어 있어 시간과 할당량을 정해서 풀기에 좋다.

신사고 다양한 문제를 접할 수 있다.

EBS 문제집 적당한 난이도의 문제와 방송을 통한 피드백이 있어서 듣기와 독해 모두에 도움이 되었다.

맨투맨 영어, 성문 영어 영문법 공부하는 데 도움이 된다.

3

시간 '제대로' 활용이 된다

지경아 **일 년 동안 이과생 되기의 어려움**

방민영 **학교공부만으로도 충분하다**

최 광 **학습계획표 만드는 법**

고아라 **내신공부 준비 비법**

김선미 **일일 계획수첩 만들기**

김지효 **틈새시간 공부법**

김경애 **번데기 득도하기**

남경보 **시험 볼 땐 진지하게**

일 년 동안 이과생 되기의 어려움

지경아 서울대 치의예과 02학번

"경아야! 합격이야!"

들떠 있는 엄마의 목소리가 거실에서 들려왔습니다. 의외로 그리 흥분되거나 기쁘다는 느낌은 들지 않았습니다. 단지 '힘들었다' 는 단어만이 머릿속을 맴돌았습니다.

원래 고등학교 삼 년 내내 문과였던 저는 대학 졸업 후 다시 치르는 수능에서 이과로 급선회를 하게 되었습니다. 초등학생 때부터 희망사항에다 '의사' 라고 써넣을 만큼 의대를 가고 싶었지만, 외국어고등학교에 입학하면서, 이과로 가면 내신이 불리해지는 등 여러 가지 어려움이 있었기 때문에 이과를 선택하는 것이 쉽지 않았습니다. 게다가 수학에 자신이 없었기 때문에 이과를 택하는 것은 더욱 어려운 선택이었습니다. 하지만 결국 일 년을 더 투자하더라도 원하는 것을 꼭 이루겠다는 생각에 과감히 결단을 내렸습니다.

3월

혼자서 공부를 시작하려니 막막했습니다. 게다가 시간이 별로 남지 않았다는 조급한 마음에 뭘 먼저 해야 할지 망설였습니다. 우선 이과에서 어떤 과목들을 세부적으로 해야 하는지 선배들과 선생님들에게 조언을 구했습니다. 들은 내용을 정리하기도 하고 노트에 필기도 하는 등 나름대로 부산을 떨었지만, 이것저것 뒤적이며 별반 소득 없이 보낸 한 달이었습니다. '급할수록 돌아가라.' 마음이 급했던 제게 고등학교 때 담임선생님께서 해주신 말씀이었습니다.

4월

이제 슬슬 마음을 다잡아가고 있었습니다. 일단 문과였기 때문에 부족한 수학을 보충해야 했습니다. 정석2를 샀습니다. 여기서 이과 수학이라고 말하는 것은, 지금 교과과정에 비추어본다면 '교과서에 있는 모든 수학' 을 의미한다고 하겠습니다. 일단 다른 건 다 미뤄두고 하루에 여덟 시간 이상, 거의 모든 시간을 수학에 투자했습니다. 일단 문과수학은 제쳐두고, 수학2를 하루에 한 단원씩 풀어나갔습니다. 4월 한 달여만에 정석 한 권을 거의 끝냈습니다. 결코 쉬운 일은 아니었습니다.

하루에 여덟 시간씩 머리를 열심히 굴리며(!) 수학을 해댄다는 것은 힘든 일이었죠. 두 시간 공부하면 한 시간은 책상머리에 앉아 졸기 일쑤였으니까요. 그 졸음을 쫓기 위해 공들인 시간이 아마도 공부하기 위해 노력한 시간보다 더 많을 겁니다.

5월

수학을 대충이라도 한번 훑어보자 마음이 조금 편안해졌습니다. 자기 위로라고나 할까요. 이제 다른 과목으로 눈을 돌려야 할 때였습니다. 역시 문과여서 소홀했던 과학을 뒤적여보기로 했습니다. 다른 과목은 거의 혼자서 공부했지만, 과학은, 특히 화학2 같은 과목은 처음 접해보는 내용이라서 학원강좌를 수강했습니다. 운이 좋았던지 훌륭한 선생님을 만나 과학에 빠르게 적응할 수 있었습니다. 과학 교과서를 두 번 통독했습니다.

저는 원래 과학을 너무 싫어했기 때문에 고등학생 때 문과를 선택했습니다. 하지만 본의 아니게 이과로 전역(!)하게 되면서부터 고통이 시작됐죠. 5월부터는 본격적으로 과학 교과서를 읽으면서 학원수강을 했는데, 처음에는 도통 무슨 말인지 이해가 가지 않다가 자꾸 들여다보니 조금씩 이해가 갔습니다. '티끌 모아 태산' 이라고나 할까요. 아니 '서당개 삼 년이면 풍월을 읊는다' 는 표현이 더 적절할 듯하군요. 아무리 이해가 안 가는 과목이라도 근처에서라도 계속 서성대면 조금씩 이해가 갈 겁니다.

6월

벌써 수능이 오 개월밖에 남지 않았다는 생각을 하니, 기분이 조금은 아찔해졌습니다. 날씨도 슬슬 봄을 넘어 무더운 여름으로 넘어가고 있었습니다. 수학과 과학을 한 번씩 봤기 때문에, 이제는 언어와 사회탐구에 신경을 써야 했습니다. 우선 언어는 매일 두 시간씩 문제집 지문을 풀기로 했습니다. 사회탐구는 교과서부터 다시 읽어나갔습니다. 수학은 하루에 네 시간씩, 과학은 한 시간 정도 투자했습니다.

5, 6월은 솔직히 제일 놀기 좋은 달이죠. 날씨도 좋고, 아직 여름도 아니기 때문에 무덥지도 않고요. 혼자서 공부하는 재수생의 마음을 흔들어놓기에 부족함이 없죠. 6월에는 한 시간을 앉아 있는 것조차 버거울 정도로 마음이 심란해 어떨 땐 공부하는 것을 아예 포기하고 반나절을 온종일 운동만 하면서 보내거나 잠을 자버리는 때도 있었어요. 아무리 노력해도 공부가 되지 않는다면 그날은 과감히 포기하고 재충전의 시간을 갖는 것이 오히려 더 효율적인 공부방법일지도 모릅니다. 어차피 우리의 공부는 장기 경주니까요.

7월

이제 슬슬 어느 정도 윤곽이 잡혀나가는 듯했습니다. 수학은 전체 범위를 세 번 정도 통독할 수 있었고, 과학은 학원 수강을 끝내고 혼자서 교과서를 공부했습니다. 사회탐구도 교과서를 중심으로 문제집을 풀어나갔습니다. 언어영역은 계속 하루에 두 시간씩 문제집을 푸는 것으로 대신했습니다.

저는 혼자 공부했기 때문에 이것저것 제가 공부하고 싶은 부분을 충분히 할 수 있었습니다. 만약 기숙학원이나 단과학원을 다닌다면 제가 했던 대로는 아마 하기 힘들 겁니다. 하지만 중요한 것은 자신이 개인적으로 공부하는 시간을 확보하는 거예요. 별 거 아닌 것 같지만 가장 중요한 것, '내 공부는 내가 한다!' 입니다. 누가 내 입 속으로 음식을 떠먹여주기를 기다리지 마세요. 공부는 적극적으로 자신이 찾아다니면서 해야 합니다. 그리고 이렇게 공부하는 습관은 나중에 대학에 들어가서 굉장히 유용하게 사용됩니다.

8월

> 아무리 노력해도 공부가 되지 않는다면 그 날은 과감히 포기하고 재충전의 시간을 갖는 것이 오히려 더 효율적이다. 어차피 우리의 공부는 장기 경주니까.

고3들의 방학이 시작됐습니다. 도서관은 학생들로 북적거렸고, 약간의 입시 열기가 느껴지기도 했습니다. 모든 학원은 학생들로 북새통이었으나, 저는 필요한 몇 과목 외에는 학원 수강을 하지 않았습니다. 제가 수강한 과목은 화학2와 일반과학이었습니다. 역시 문과체질이었던지 이과 과목이 쉽게는 느껴지지 않았습니다.

8월은 수험생들에게 있어 최악의 달이죠. 날씨는 덥고, 땀은 줄줄 흐르고, 졸음은 쏟아지고, 모기들은 귀에서 윙윙거리고 정신이 없습니다. 전 원래 더위를 별로 안 타는 체질임에도 불구하고 여름에 많이 고생을 했습니다. 엉덩이에 땀띠가 나는 것은 말할 필요도 없고, 저녁에 공부할 때면 모기약을 듬뿍 뿌려놓았는데도 어떻게 귀신같이 알고 내 방으로 들어왔는지 꼭 모기 한 마리와 사투를 벌이느라 정신이 없었어요. 집에 에어컨이 있다면 제일 좋지만, 만약 없다면 더울 때마다 차가운 물로 샤워를 하고 선풍기 바람을 쐬면서 공부하는 것도 꽤 괜찮은 방법이에요. 목이 마르면 얼음을 넣은 냉수를 마시거나 약간의 꿀을 타서 먹으면 갈증 해소에 도움이 됩니다.

9월

날씨가 제법 쌀쌀해지고 정말 시험이 다가오는 게 피부로 느껴졌습니다. 이제 바짝 고삐를 죄어서 공부해야 할 시간이었습니다. 수능 십년간 기출문제집을 과목별로 샀습니다. 물론 너무 오래 전 기출문제는 최신 경향과 다른 면도 없지 않으나, 여전히 다시 나올 수 있는 유형이라는 생각에 모든 문제를 빠짐없이 풀려고 노력했습니다.

이번 달부터는 최종 마무리에 들어가야 할 시간이었습니다. 우선 그동안 이과 과목들에 치중했던 공부시간을 다시 재배치해서 언어와 외국어영역 등에 골고루 분배했습니다. 예를 들면, 언어 두 시간, 외국어 한 시간, 수학 네 시간, 과학탐구 두 시간, 사회탐구 두 시간 정도로 말이죠. 2+1+4+2+2=11시간? 공부시간이 너무 많다고요? 코앞에 급한 일이 닥치게 되면 누구든지 정신없이 하기 마련이죠. 사람들에게는 자신도 모르는 놀라운 잠재력이 있다고 합니다. 그리고 그 잠재력을 꺼내서 발휘하는 것은 자신의 의지와 노력이라고 해요. 하루에 열몇 시간씩, 줄기차게 앉아서 공부할 수 있는 것은 모든 사람이 다 가능한 일입니다. 공부 잘하는 몇몇 학생들만 할 수 있는 일이 아니라는 것이죠.

10월

역시 기출문제집을 풀어나갔습니다. 풀다가 모르거나 부족한 부분이 있으면 교과서를 다시 뒤적여서 반드시 확인했으며, 더 자세한 내용은 참고서와 문제집을 참고했습니다. 그리고 마무리를 위해 인터넷 강의를 수강했습니다. 어차피 학원을 다닐 시간조차 부족한 터라 집에서 듣는 인터넷 강의는 시간적 측면에서 상당히 유용했습니다. 언어영역 세 강좌를 수강했는데, 많은 도움이 됐던 것 같습니다.

인터넷 강의는 솔직히 매우 지루해요. 생각해보세요. 졸리다고 책상에 엎드려도 뭐라고 혼내는 선생님도 없고, 수업시간에 딴 생각을 해도 주위에 방해하는 것들도 없잖아요. 인터넷 강의가 시간도 절약되고 먼 거리에 있는 강사의 강의를 들을 수도 있다는 여러 가지 장점이 있지만, 이러한 단점도 생각해서 수강하는 것이 좋겠죠.

11월 수능시험

하루 종일 아무런 생각도 나지 않았습니다. 단지 언어영역이 너무 어려워 문제를 모두 풀지도 못하고 찍어서(!) 낸 것과, 수탐I도 꽤 까다로워서 시간이 촉박했던 게 맘에 걸렸습니다. 집에 와서 아무것도 못하고 쓰러져서 잠만 잤습니다.

지난 2001년 한 해 동안 제가 해왔던 공부 내용들을 개괄적으로 나열해봤습니다.

우리나라의 교육 풍토에서는 '무슨 전공을 선택했느냐' 보다 주로 '어떤 대학에 합격했느냐' 를 지나치게 중시합니다. 마치 '대학' 이름이 입시에서의 성패를 가르는 기준인 것처럼 학생들에게 강조합니다. 하지만 실제로 대학을 들어간 선배들의 이야기를 들어보면 그렇지 않습니다. 어떤 대학을 들어가느냐도 중요하지만, 그보다는 어떤 전공을 선택하느냐가 중요합니다. 그 전공을 통해 자신의 평생직업이 결정될 수도 있기 때문입니다.

어느 분야가 자신의 적성에 맞는지 찾아내는 일은 앞으로 여러분들에게 주어진 숙제입니다. 자신의 적성을 계발하기 위해서는 많이 읽고, 많이 듣고, 많이 생각하세요. 고전(古典)과 훌륭한 글들을 많이 읽는 것은 사고의 폭을 넓혀줍니다. 신문도 적극 활용하세요. 신문의 칼럼이나 사설도 적극적으로 읽어보고, 세상에 어떤 일들이 일어나고 있는지 관심 있게 바라보는 것이 좋습니다. 주위의 선배나 동료들의 이야기를 경청하는 것도 매우 유용합니다. 수동적으로 남이 자신에게 무엇을 해줄지 기대하지 말고, 자신이 직접 일을 찾아 나서는 적극성이 필요합니다.

가장 중요한 것은 공부를 하든, 어떤 일을 하든 간에 반드시 확실한 목표를 세우는 것입니다. 목표가 없이 하는 행동은 공허하고 무의미하기 쉽습니다. 자신이 평생을 통해 무슨 일을 하고 싶은지, 어떤 길을 가고 싶은지 확실한 목표를 세우세요. 그리고 그 목표를 향해 꾸준히 나아가시길 바랍니다. '나는 무엇을 하고 싶다', '내가 진정 원하는 것은 이것이다' 라는 확실한 목표가 있어야만 그것을 향해 나아갈 수 있는 강한 힘이 생길 수 있습니다. 목표를 아직 잘 모르겠다고요? 마음을 조급하게 먹지 말고 조금 더 여유롭게 세상을 한번 바라보세요. 세상에는 여러분들이 할 수 있는 것들이 무궁무진하게 많답니다!

여러분, 건투를 빕니다!

지경아 appleppo@hanmail.net
서울 정신여자중학교–한영외국어고등학교–서울대 경제학부 졸업 • 1977년생 전갈자리 • O형 • 외유내강.

학교공부만으로도 충분하다

방민영 서울대 경영학과 00학번

"집에서 책가방 한 번 안 풀어보는데도 넌 어떻게…… 신기하다, 얘……."

고등학생 시절 다른 누구도 아닌 엄마에게 항상 들었던 말입니다. 물론 그럴 만한 이유가 있었죠. 우선 열시까지 이어지는 매일의 야간 자율학습, 마치고 집에 돌아오면 거의 끝나가긴 하지만 여전히 재미있는 텔레비전 드라마, 잠 등등. 주말이면 쌓인 스트레스를 친구들이랑 풀어야지, 학교 노래동아리 활동도 해야지, 주일엔 하루 종일 교회에 있어야지…… 집에서 공부할 틈이 어디 있었어야 말이죠.

결국 학교에서 공부하는 것이 제가 하는 공부의 전부였습니다. 그런데 가만히 생각해보면 아침 여덟시에 등교해서 밤 열시까지 시간을 따져보면 열네 시간, 점심, 저녁 시간 그리고 쉬는 시간, 청소시간 합해서 대충 빼면 총 공부시간은 열한 시간 정도가 될 겁니다. 이 정도면 하루 공부시간으로 부족한 시간이 절대 아니지요. 그래서 전 그냥 그렇게 학교에서 공부하는 것만으로 만족했던 것입니다. 대신 내게

학교에서 공부하는 것이 내가 하는 공부의 전부였다. 열한 시간 정도, 이 정도면 하루 공부시간으로 부족한 시간이 절대 아니니다. 그 대신 이것만은 확실히 했다. '야간자율 학습 시간은 절대로 빼먹지 않는다.'

주어진 이 시간을 어떻게 사용하는지가 문제겠지요. 한 가지 확실히 해두고 싶은 것은, 아주 부득이한 경우, 예를 들면 몸을 가누지 못할 정도로 아픈 상황을 제외하고는 반드시 그 시간에 할 일을 했다는 겁니다.

쉽게 말하자면 야자 빼먹지 않기를 원칙으로 삼았다는 거죠. 물론 쉬운 일은 아니었지만 공부하기로 작정한 그 시간에 학교 아닌 다른 곳에 있어서는 공부가 절대 되지 않을 것을 알았기 때문에 그렇게 해야만 했습니다.

아마 각자 나름대로 가장 공부가 잘 되는 환경이 있을 겁니다. 학교 마치고 집에서 하든 독서실에서 하든, 공부가 되는 곳이 있고 안 되는 곳이 있을 텐데 어디서 하는 것이 자신에게 가장 좋은 방법인지 확실히 해서 조금 힘들더라도 있어야 할 곳에서 있어야 할 때는 꼭 지키라는, 즉 자기만의 공부 원칙을 굳게 세워두라는 말입니다. 저의 공부 원칙은 아침 여덟시부터 밤 열시까지 학교에 있는 것이었지요. 그리고 주말에는 정말 신나게 놀았습니다. 엄마 말대로 책가방 한번 풀어보지 않고 말이지요.

그렇게 원칙을 세우고 고등학교 생활을 시작했습니다. 처음엔 주춤하던 성적도 그런 식으로 한 학기를 계속하다 2학기를 맞으니 갑자기 눈에 띄게 오르기 시작하더라고요. 그런 저에게도 치명적인 약점이 있었는데 그건 바로 수학이었습니다. 같은 성적대의 아이들에 비해 수학이 너무 모자라서 전체적으로 뒤떨어지게 된다는 선생님의 잔소리를 시험 때마다 귀에 못이 박히도록 들어야 했지요. 하지만 안 풀리던 수학문제가 선생님 잔소리를 많이 듣는다고 갑자기 풀리는 것도 아니고, 저라고 노력 안 하는 것도 아닌데 늘 제자리니 답답할 수밖에요. 그러던 어느 날 문득 수학 수업을 듣다가 선생님이 뭐라고 설명하시는데도 이해하지 못하는 제 자신을 발견했습니다. 수업시간에 듣고 이해한 뒤에 나중에 까마득히 잊어버리는 일은 있어도 수업시간에 이해 못하는 일은 한 번도 없었는데 말이죠. 그때부터 정석으로 예습하기 시작했죠. 교과서는 어차피 수업시간에도 할 테니 선생님께서 하루에 대충 얼마나 진도를 나가시는지를 감으로 파악해서 그만큼을 정석으로 예습하기 시작했습니다. 해설이 너무 잘 되어 있어서 그냥 읽기만 해도 개념이 대충 머리에 들어오더라구요. 그렇게 기초적인 원리를 알고 수업을 들으니 선생님 [illegible] 머리에 쏙쏙 들어오기 시작했습니다.

하지만 그게 전부가 아니죠. 원리 자체를 물어보는 시험문제는 없으니까요. 원리를 이해했으면 바로 이어져야 할 단계가 바로 적용입니다. 그건 결국 문제를 많이 풀어보는 것밖에는 방법이 없어요. 적어도 제게 있어서는 정석, 교과서, 그리고 학습지면 충분했습니다. 문제를 많이 풀어본다는 것은 무작정 많이 풀어본다는 것을 의미하는 것이 아니라 여러 유형을 확실히 파악하고 기본 개념을 이리저리 활용할 수 있어야 한다는 것을 의미합니다. 정석이나 교과서만으로도 충분히 많은 유형의 문제를 접할 수 있어요. 풀고 또 풀고, 반복해서 여러 번 풀어나가면서 각 유형을 완전히 내 것으로 체득시키는 것이 필요합니다. 이렇게 체득된 유형들을 여러 형태로 변형시킨 문제들을 학습지를 통해서 접해보는거죠. 정석 한 권을 다 보고 나니 수학문제를 보면 자동으로 '이건 이렇게 풀어야지' 라는 해결의 실마리가 바로 보이더라고요. 이 방법을 깨닫게 된 때가 고등학교 2학년 때였습니다. 조금만 더 일찍 알았더라면 3학년 때 1학년 수학 때문에 고생하지 않을 수 있었겠죠.

지금까지 한 이야기는 제가 1, 2학년 이 년 동안 공부하면서 시행착오를 거쳐 차근차근 체득한 일종의 굵은 원칙들입니다. 어느 날 갑자기 짠, 하고 나타난 것이 아니라 이것저것 해보다가 내 것으로 완전히 소화해낸 원칙들이지요. 그러니까 몇 번 해보고 마는 것이 아니라 이렇게 공부하는 것이 자연스러워질 때까지 꾸준히 하는 것이 가장 중요해요. 그렇게 이 년을 보내고 어느덧 저도 고3 수험생이 되었습니다. 긴장이 없었다면 거짓말이죠. 정말 많이 긴장하고 비장한 각오로 고3 생활을 시작했습니다. 지금까지 조금은 느슨하게 공부해왔다면 이제는 정말 빡빡하게 쉴 틈을 주지 말아야겠다는 생각을 했지요. 솔직히 말하면 지금 제가 생각해도 믿을 수 없을 정도로 정말 열심히 공부했습니다. 위에서 말한 두 가지 원칙을 토대로 어떻게 구체적으로 공부해나갔는지를 지금부터 자세히 가르쳐드릴게요.

고3을 눈앞에 둔 고2 겨울방학부터 저의 고3 수험생 생활은 시작되었습니다. 제가 그러고 싶어서 그런 것이 아니라 학교에서 그렇게 만들었죠. 여하튼 고2 겨울방학을 맞으면서 앞으로 수험생으로서의 1년간의 공부 계획에 대해 대충 생각해보았습니다. 우선 가장 취약한 것이 수학인데 2학년 수학이야 그나마 다행이긴 하지만 1학년 수학을 생각하니 앞이 캄캄했습니다. 정말 아는 것이 없었으니까요. 그래서 여름방학 전까지 조금은 긴 기간을 잡고 한 학기 동안 어떻게든 1, 2학년 수학을 모두 끝내기로 결심했습니다. 물론 공부방법은 앞에서 말한 방법이고요. 대신 문제를 더 많이 풀어봐야겠다는 생각으로 문제집을 한 권 개인적으로 사서 보았습니다. 하루 공부시간의 절반 정도를 수학에 투자해서라도 한 학기 동안 수학을 끝낸다는 생각이었습니다. 결국 그렇게 해서 한 학기를 마치고 여름방학이 되니 정석 두 권을 두 번씩이나 다 본 상태더라고요.

> 나의 치명적인 약점 수학. 수학 수업시간에 선생님의 설명을 이해하지 못하고 있는 나 자신을 발견했다. 그때부터 정석으로 예습을 하기 시작했다. 그리고 문제를 반복적으로 많이 풀었다. 그러자 해결의 실마리가 보였다.

사탐과 과탐은 아무래도 다른 과목에 비해 상대적으로 외울 것이 많은 부분이라 미리 열심히 외워둬봤자 나중에 다 잊어버릴 것 같아 여름방학에 집중적으로 공부하기로 계획을 세웠습니다. 그리고 언어영역 같은 경우는 특별한 왕도가 없는 것 같아요. 문제를 꾸준히 많이 풀어보면서 감을 키우는 것이 중요합니다. 언어영역은 어느 한 때에 집중해서 공부를 한다기보다 일 년 동안 하루에 한 시간씩 꾸준히 문제를 계속 풀어나가는 방법을 택했습니다. 영어의 경우는 가장 자신 있는 과목이라 솔직히 말하면 그다지 공부할 필요가 없었기 때문에 하루에 다섯 문제 정도 쉬는 시간 틈틈이 풀어주는 것으로 족했습니다.

이렇게 일 년간 공부계획의 큰 틀을 짜고 나니 세부적인 공부 계획을 짜는 것도 매우 수월해졌습니다. 지금까지 이야기한 것을 잠시 간단히 정리해보면 다음과 같습니다.

1월~여름방학 전	수학 총정리 수학(50)+언어영역(30)+과학(20)
여름방학	사회, 과학 개념 총정리 사회(30)+과학(30)+수학(20)+언어영역(20)
9월	사회, 과학 문제풀이
10월	전 과목 정리

이렇게 일 년의 계획을 정했으면 이제 하루하루 어떻게 한정된 시간을 사용할지를 계획해야 합니다.

우선 수학을 중심으로 한 여름방학 전까지는, 야자시간의 반을 수학 몫으로 떼어놓는 겁니다. 그 시간에 무슨 책으로 얼마나 할지는 반드시 정해두어야 하고요. 저 같은 경우 하루에 정석 소단원 두 개, 보충수업 문제지 및 학습지 문제풀이를 반씩 나누어 했습니다. 그래도 시간이 부족하긴 마찬가지죠.

이제 고3이기에 가능한 자투리 시간의 활용을 이야기해야겠습니다. 정석 유제나 기본문제의 경우 쉽고 간단한 문제라 푸는 데 시간이 얼마 걸리지 않지만 한꺼번에 모아두면 꽤 걸리는 골치 아픈 공부거리죠. 그래서 정석 기본문제나 유제를 쉬는 시간에 풀기로 했습니다. 하루에 쉬는 시간은 7교시를 기준으로 했을 때 10분씩 적어도 다섯 번 정도이니 모이면 50분이 되는 겁니다. 10분간 풀 수 있는 문제는 두세 문제 정도이니 모으면 꽤 많이 풀 수 있게 되는 것이죠. 남은 시간은 언어영역 한 시간, 그 외 사회, 과학 등으로 적당히 분배하면 간단히 끝나게 되죠.

이렇게 하니 여름방학이 시작되자 수학에 대한 두려움은 많이 사라졌습니다. 어느 정도 자신감도 생겼고요. 그리고 처음 고3 시작할 때

등교~자율학습 전	수업 듣기 쉬는 시간에 정석 문제 풀기 점심, 저녁 식사 후 남는 시간 30분 정도 사회와 과학 공부	
야간자율학습	7시 반~9시 반	수학공부 (문제지, 학습지 풀이)
	9시 반~10시 반	언어영역
	10시 반~11시	사회와 과학을 격일로 공부

생각했던 대로 여름방학은 사회와 과학에 투자하기로 하고 다시 계획을 짜기 시작했습니다. 사회와 과학은 조금 더 치밀한 계획이 필요합니다. 내용이 방대하고 외울 것도 너무 많기 때문이죠. 다행히 방학의 경우 자율학습 시간이 수업시간보다 훨씬 많기 때문에 시간을 자유롭게 사용할 수 있었습니다.

우선 사회의 경우 외울 것이 상대적으로 많은 국사와 윤리에 중점을 두었습니다. 각 과목의 전체 분량을 여름방학 기간으로 적당히 분배해서 하루에 끝내야 할 분량을 정했습니다. 그리고 문제를 풀기보다는 교과서와 학습지를 중심으로 요약노트를 만들어가기 시작했지요. 과학도 마찬가지 방법으로 공부했고요. 이렇게 하면 사회와 과학 과목을 공부하는 데 아마 하루 공부의 절반 이상이 걸리게 됩니다. 그래도 사탐과 과탐을 방학 때 끝내놓는다고 생각하면 그다지 많은 시간을 투자하는 건 아니죠. 이때 만든 요약노트는 마지막 총정리 때 굉장히 유용했답니다. 시중에 만들어져 나온 요약노트도 많지만, 내가 직접 쓰는 과정에서 공부가 되는 것은 물론이고, 나중에 요약노트를 반복해서 봄으로써 그 효과가 극대화된답니다. 요약노트는 철저히 교과서를 중심으로 핵심 개념을 자신이 알아볼 수 있게 정리하되, 국사나 지리같이 지도나 도표가 많이 필요한 부분은 문제집이나 학습지를 뒤져서라도 꼭 붙여놓도록 합니다. 이런 식으로 방학 동안 개념만 쭉 정리를 하니 여름방학이 금방 끝나더군요. 물론 이때도 수학문제, 언어영역 문제 한 시간씩 풀기는 같이 병행해야 하고요, 특히 언어영역의 경우 자신 없는 고전들을 해석해보는 시간을 갖는 것도 굉장히 유용하답니다.

7월 30일의 계획의 예를 들자면요.

사회	윤리	소단원 2개(맹자, 공자의 사상)
	국사	소단원 2개(영, 정조 시대)
	지리	소단원 2개(삼각주지대)
	일반사회	소단원 2개
과학	물리	(힘의 법칙)
	생물	(심장의 구조)
	화학	(전해질과 비전해질)
	지구과학	(단층구조)
수학	문제집 23~30(페이지)	
언어영역	황조가 해석 및 정리, 문제집 15~30(페이지)	

사회와 과학의 경우 이때는 개념정리가 중심이니까 반드시 교과서가 중심이고요, 교과서와 함께 내용을 보충하면서 기본적인 문제들을 풀어나갈 수 있을 정도의 학습지면 충분하답니다. 하루 분량을 꼭 그날 끝내야하기 때문에 이 책 저 책 많이 볼 수도 없어요. 이런 하루하

루의 계획을 방학 시작 전에 시간이 좀 걸리더라도 구체적으로 다 짜두세요. 분량을 알맞게 배분하는 것이 가장 중요하답니다.

방학을 마치고 나니, 시간이 얼마 남지 않았더군요. 그때부터는 실전 모의고사 문제집을 무조건 마구 사서 풀어보기 시작했습니다. 하루에 한 번씩 시험 본다는 생각으로 각 과목당 한 회씩 풀어가기 시작했죠. 그렇다고 문제만 마구 풀면 안 되고요, 틀린 문제를 정리하는 일이 가장 중요합니다. 문제를 풀고 채점한 후에 틀린 문제는 요약노트를 통해 반드시 확인했죠. 이렇게 확인한 내용을 정리해 오답노트를 만드는 겁니다. 틀린 문제를 오려 붙이고 거기에 관련된 모든 이론은, 심지어는 보기에만 나오고 지문과는 관련 없는 부분까지도 하나하나 정리해두는 겁니다. 이렇게 두 달을 계속 하고 나니 시험 직전에는 내 손으로 직접 만들어 머릿속에 쏙쏙 들어오는 나만의 오답노트가 생기게 되었죠. 시험보기 일주일 전부터는 긴장되고 설레서 공부도 잘 안 되는데 이것들을 슬슬 넘겨보면서 마지막 정리를 했답니다.

이렇게 공부해서 가장 약하던 수학은 만점을 받았고요, 과학은 한 개, 사회는 세 개, 언어영역은 두 개, 외국어는 실수로 한 개 틀려서 389.4점으로 지금의 서울대 경영학과에 특차로 합격할 수 있었습니다.

참! 참고로 한 가지 권하자면요, 수능의 유형이 변하면서 고전문제 출제 지문도 다양해지는 것 같아요. 제가 수능시험을 볼 때 언어영역이 참 어려웠었는데 그 이유가 고전 지문이 한 번도 접해본 적이 없었던 것이었기 때문입니다. 전 그 문제를 보자마자 한문 시간에 배웠던 지문이라는 게 생각이 나더라고요. 그냥 수업 열심히 듣고 읽고 해석할 수 있을 정도만 해뒀었는데 그게 그렇게 유용하게 쓰일 줄이야…… 한문은 언어영역 고전 부분에 있어서 매우 유용하답니다. 그러니까 따로 공부는 안 하더라도 수업시간에만 잘 따라가두세요. 같은 지문은 아니더라도 고전 해석하는 데 큰 도움이 될 거에요.

모두에게 제가 했던 방법이 적합하리라곤 생각하지 않지만요, 제가 했던 방법을 보고 자기만의 방법을 찾아가는 데 조금이나마 도움이 되었으면 해요. 자기가 약한 부분이 어디인지를 알고 제가 그랬던 것처럼 비중을 둬서 열심히 체계적으로 공부하다보면 분명히 좋은 결과 있을 거예요. 모두 힘내세요!!

방민영 bmysb@hotmail.com
전주여자고등학교 • 1982년생 물고기자리 • A형 • 없다.

학습계획표 만드는 법

최광 서울대 경영학과 01학번

지금부터 설명할 공부방법은 어디까지나 나의 지극히 개인적인 경험하에서 다듬어져간 것인 만큼, 여러분들이 적용해서 성공할지는 미지수이다. 그러나 내가 과외교습을 했던 수명의 학생들에게 이 학습법을 권하여 사용하게 해본 결과, 반수 이상이 성적이 향상되고 학습시간이 늘어났다. 무조건적으로 답습할 것이 아니라 자신에게 유익할 것인지 숙고하고 적용하기를 바란다.

학습계획표 사용하기

많은 학생들이 평소 공부를 하려 할 때, 무엇을 어떻게 해야 할지 몰라서 모처럼 공부하려던 의욕마저 상실하는 것을 많이 보았다. 다시 말해서 자신이 오늘 '이 시간'에 '무슨 과목'을 '얼마나' 공부해야 할지 정해놓지 못했다는 것이다. 그래서 더러는 계획표를 작성하여 실천하려 해보지만 뿌듯한 것은 계획표를 만드는 그때뿐, 얼마 가지 못해 흐지부지되는 경우가 많다. 이는 계획표를 작성하는 요령이 부족하여 자칫 무리한 계획을 세우거나 지극히 추상적인 목표를 설정하기 때문이다. 이에 여기 학습계획표를 작성하여 사용하는 방식을 소개하려 한다.

<table>
<tr><td>① 월</td><td>화</td><td>수</td><td>목</td><td>금</td><td>토</td><td>일</td><td rowspan="5">②</td></tr>
<tr><td></td><td></td><td></td><td></td><td></td><td></td><td></td></tr>
<tr><td></td><td></td><td></td><td></td><td></td><td></td><td></td></tr>
<tr><td></td><td></td><td></td><td></td><td></td><td></td><td></td></tr>
<tr><td></td><td></td><td></td><td></td><td></td><td></td><td></td></tr>
<tr><td colspan="8">③</td></tr>
</table>

먼저 그림과 같은 양식의 표를 준비한다. ①의 칸은 '일' 단위를 나타내는 것이며 좌로부터 우의 순서로 '월요일—일요일'의 요일을 적용한다. ②의 칸은 각 '주'의 상황을 체크하는 용도로 사용한다. ③의 칸은 '월' 단위를 나타내는 것으로 그 달의 목표를 기입한다.

위 계획표를 이용하기 위해서는 먼저 대단위의 '목표'를 세운다. 이를테면 현재 시점에서부터 수개월 앞으로의 기간 동안 각 영역 또는 과목을 무슨 교재로 얼마나 공부할 것인지, 되도록 구체적으로 정하는 것이다.

예컨대 현재가 3월 1일이고 6월말까지를 기간으로 잡은 후에 언어영역은 A, B 두 권의 문제집을, 수학은 C교재를 풀기로 정했다고 하

자. A, B 두 교재는 총 600페이지의 분량이고 C교재는 450페이지의 분량이라면 대략 한 달에 언어는 150페이지, 수학은 113페이지 정도를 해결해야 한다.(이것을 월별 계획표 하단 ③에 적어서 그 달의 목표로 삼는다.) 이를 다시 하루 분량으로 나누면 언어는 하루에 5페이지 이상, 수학은 4페이지 이상 풀어야 한다. 이 계획에 맞추어 계획표의 각 일 칸에 'A교재 123~127페이지', 'C교재 230~235페이지' 식으로 분량을 적어 실행한다. 분량이 정해져 있으므로 모든 일정을 미리 적어놓을 필요는 없으며 오늘의 계획을 실행한 이후 저녁에 내일의 일정을 적는 식으로 적용한다. 매일 저녁, 자신이 공부한 것과 계획표상의 일정을 비교하여 실행된 것은 붉은 줄로, 계획과 어긋난 것은 검은 줄로 그어나가는 식으로 체크하면 성과 정도를 한눈에 대충 짐작할 수도 있다.

물론 계획대로 모든 것이 진행된다면 바랄 나위가 없겠지만, 계획대로 진행되지 않을 수 있는 것이 또 사람의 일이다. 이를 조절하기 위해 마련된 것이 ②의 주 단위 칸이다. 만일 금주 수요일의 계획이 어그러져 언어영역을 미처 풀지 못했다면 뒤처진 진도를 따라잡기 위해 미뤄진 분량을 이후 일정에 분배한다. 이런 조절사항 등을 주 단위의 칸에 기입하여 자신이 계획을 얼마나 잘 지키는지, 자주 어기지는 않는지를 체크한다. 이렇게 조절하여 유연성을 유지하되 큰 목표를 저해하지 않도록 자기 스스로 계획을 잘 지켜야 함은 물론이다.

사용한 계획표는 버리지 않고 보관한다. 이는 계획표가 시간이 지난 후에도 자신이 무슨 과목을 어느 분량만큼 공부해왔는지, 얼마나 성실하게 하고 있는지 기록하여 알려주는 역할도 수행하기 때문이다. 6월에 즈음하여 3, 4월의 계획표를 보면서 자기의 학습 패턴을 되짚어볼 수 있을 것이며 아울러 스스로를 채찍질하는 수단으로 사용할 수도 있을 것이다.

위에서 설명한 것이 계획표를 사용하는 방식의 기본이며, 이에 익숙해지면 자신만의 독특한 방식을 덧붙여 적용할 수도 있을 것이다. 계획표는 학습의 목표를 구체적으로 제시할 수 있으며, 분량을 명확하게 표시하여 진도를 알려준다. 모쪼록 이 학습계획표를 잘 사용하여 학습에 큰 효과를 거두었으면 하는 바람이다.

학습 환경 조성하기

본인의 의지 못지 않게 학습에 지대한 영향을 미치는 것이 학습 환경이다. 여기서 '환경'이라고 하는 것은 이미 조성되어 있는 것이 대부분이지만 만일 그것이 학습에 적합하지 못하다면 스스로가 적극적으로 조정하여야 한다. 보통 학교나 독서실 등의 장소는 외부의 통제력이 작용하여 학습에 적합한 환경으로 조성되어 있는 경우가 대부분이므로 여기서는 자신의 방을 위주로 이야기하겠다.

독서실 등을 따로 이용하지 않는 학생이라면 보통 집에 돌아와 자신의 방에서 공부하게 될 것이다. 그렇다면 자신의 방이 공부에 적합한 환경인지 점검해보자. 책상 위에 책이며 물건들이 어지럽게 널려 있지는 않은가? 조명은 책을 오래볼 수 있도록 밝고 선명한가? 컴퓨터, 텔레비전, 전화 등 자신의 관심을 끌 만한 물건은 없는가? 시선을 끄는 요란한 그림이나 사진이 근처에 있는가?

차분히 공부하기를 원한다면 정리정돈은 기본이다. 책은 책꽂이에 가지런히 정리하되 자주 보는 순으로 가까이 둔다. 다른 물건들도 서랍에 정리하며 특히 무심코 가지고 놀 만한 것들은 보이지도 않고 꺼내기도 어려운 곳에 두는 것이 좋다. 또 컴퓨터나 텔레비전, 전화가 자신의 방에 놓여 있다면 밖으로 내가는 것이 바람직하다. 게임이나 인터넷, 텔레비전 시청이나 친구와의 장시간 통화를 마음껏 즐기면서 공부도 잘하겠다는 것은 어불성설이다. 자기가 얼마든지 절제할 수 있다는 생각은 애초에 말고 차라리 자신의 방 밖으로 그것들을 내보내라.

사용한 계획표는 버리지 않고 보관한다. 이는 계획표가 시간이 지난 후에도 자신이 무슨 과목을 어느 분량만큼 공부해왔는지, 얼마나 성실하게 하고 있는지 기록하여 알려주는 역할도 수행하기 때문이다.

그리고 조명이 매우 중요하다. 책을 볼 때에는 평소 생활할 때보다 더 밝은 조명이 필요하다. 방에 설치된 전등이나 형광등 이외에 스탠드를 사용하여 밝고 선명한 조명을 확보하자. 특히 스탠드의 조명이 자신이 공부하는 공간을 집중적으로 비추게 한다. 시각적으로도 학습 공간에 몰두하게 하려는 조치이다. 조명을 제대로 갖추지 못하면 눈이 쉬이 피로해지고 책을 오래 볼 수 없으므로 조명을 반드시 염두에 둔다. 자신의 시선을 끌 만한 요란한 그림이나 사진도 시선 밖에 두는 것이 좋다. 예컨대 화려한 차림의 연예인 사진이나 애니메이션 주인공의 그림, 요란한 영화 포스터 등이 그러하다. 무심코 이런 것에 시선을 주다가 무한한 상상의 날개를 펼치게 될지도 모를 일이다. 작은 액자에 가족사진이나 자신이 원하는 대학의 사진 등을 넣어 근처에 두는 정도가 적당한 자극이 된다.

마지막으로 자기 자신을 체크한다. 학습의 주체인 자신도 분명 환경의 일부이다. 음식을 지나치게 많이 섭취하여 포만감에 젖어 있다거나 편한 잠옷차림으로 완전히 방심하고 있다면 집중하여 공부할 수 없다. 정신은 맑게, 음식은 시장기를 면할 정도로 적당히 섭취하고 옷차림도 적당히 갖추는 것이 학습에 필요한 정도의 긴장감을 유지하는 데 도움이 된다. 자기 자신의 상태도 학습에 적합하게 갖추어 책상 앞에 앉아라.

최광 IcarusC@freechal.com
평택중학교—평택고등학교—C대학교 입학 후 자퇴 •
1980년생 양자리 • A형 • 준비하는 자만이 기회를 얻는다.

내신공부 준비 비법

고아라 서울대 법학과 01학번

현재 이 글을 읽는 고1 혹은 고2 수험생들은 아직 수능 준비를 차근차근히 체계적으로 할 수 있는 충분한 시간이 있다고 생각한다. 그러므로 벌써부터 마음을 너무 조급하게 가질 필요는 없다. 지금부터 할 얘기는 주로 수능공부에 대한 이야기이지만 그 전에 잠시 내신공부에 대해서 언급하자면 수능공부 때문에 내신준비를 소홀히 하는 일은 없어야 한다는 것이다. 물론 그러기 위해서는 두 가지를 모두 병행할 수 있을 정도의 공부시간을 투자해야 한다.

나의 경우를 말하자면 중간, 기말고사를 보기 이 주 전부터 시험을 준비했었다. 시험을 보기 전 주까지는 대부분의 과목을 미리 다 공부해놓는 것이 좋다. 시험을 보는 주간에 공부를 하겠다고 생각하는 학생들도 있지만 주요과목은 미리 다 공부를 한 후에 시험이 있는 주에는 정리를 하는 것이 더 완벽하다.

주요 과목이 아닌 경우(가정이나 체육 등)에도 따로 시간을 내서 공부하지는 않더라도 틈틈이 시간이 날 때 미리 봐놓는 것이 필요하다.

10분, 20분 짬을 내서 집중적으로 암기과목을 보는 것도 기억에 많이 남는다.

예를 들어서 4월 21일부터 25일까지 중간고사 기간이라고 하자.

그러면 4월7일부터 조금씩 시험대비에 들어갔다. 우선 국어, 영어, 수학 등의 주요 과목들을 시간을 안배해서 열흘 정도로 나누어 계획을 짰다. 이때 오늘은 국어, 내일은 영어, 모레는 수학 이런 식이 아니라 조금씩이라도 여러 과목을 매일 볼 수 있도록 시간표를 구성하여 한두 과목에 시간이 집중되지 않도록 했다.

또한 교과서 단원별 복습과 문제집 풀이를 병행하여 추상적이고 일반적인 교과서 내용을 문제집을 통해서 구체화하여 기억할 수 있도록 하였다.

특히 국어나 문학 등의 과목은 교과서를 통해 기본 개념을 이해하고 외운 다음 자습서의 문제를 통해서 복습했다.

그리고 수학은 교과서에 나오는 기본 문제들을 꼼꼼히 풀어서 이해한 뒤 시중의 다른 문제집을 통해 어려운 문제에 접근했다.

영어의 경우에는 모의고사의 외국어영역과는 다른 방법이 요구된다. 모의고사처럼 전체적인 문맥의 흐름을 묻는 문제보다는 빈칸 문제 등을 통해 전치사나 적절한 해석을 묻는 문제가 주로 나왔기 때문에 교과서의 본문을 단락별로 나누어서 연습장에 쓰면서 거의 외우다시피 했다. 그리고 중요한 문장이나 단어들을 가지고 스스로 문제를 만들어보기도 했다. 또한 해석도 직접 연습장에 쓰면서 정확히 기억하려고 노력했고 다시 자습서의 해석을 보면서 틀린 부분을 확인했다. 나머지 암기 과목들도 가능하면 하루에 한 과(양이 많은 과는 두 부분 정도로 나누거나 양이 적은 과는 두 과를 묶어서 공부했다) 정도 꼭 공부할 수 있도록 계획표를 짰다.

구체적인 계획표를 예를 들어보면 다음과 같다.

4월 7일	국어 1과 교과서 복습+자습서 문제풀기 영어 1과의 반 교과서 복습+관련 문제 수학 3~10페이지까지 교과서 문제풀기
4월 8일	국어 2과 복습+자습서 관련 문제풀기 영어 1과 나머지 복습+관련 문제풀기 수학 1과 11~27페이지까지 풀기
4월 9일	국사 1, 2장 교과서 읽고 문제집풀기 영어 2과의 반+문제풀기 수학 28~39페이지까지풀기 한문 1과 외우기
4월 10일	문학 1과 복습 영어 2과 나머지+문제풀기 수학 40~52페이지까지 풀기 한문 2과 외우기
4월 11일	국사 3장 교과서 복습+문제집 세계사 1과 복습 쉬는 시간 틈틈이 가정 외우기
4월 12일	(주말반 학원을 다녔기 때문에 저녁 6시 이후부터 내신공부) 수학 53~60페이지까지 한문 3과 외우기 세계사 2과 교과서 복습
4월 13일	(오전 10시부터 공부를 시작해서 학원 가기 전인 5시까지 공부) 영어 3과+문제풀이 국어 3과 복습+자습서 문제풀이 수학문제집 10페이지 정도 풀기

4월 14일	문학 2과 복습 지구과학 3~20페이지까지 풀기 세계사 3과 복습 수학 문제집 20페이지 풀기
4월 15일	지구과학 21~45페이지까지 풀기 한문 4과 외우기 문학 3과 복습 쉬는 시간 틈틈이 가정 외우기
4월 16일	생물교과서 5~15페이지까지 복습 지구과학 범위관련 문제집풀기 국사 4장 교과서 복습+문제집
4월 17일	지구과학 범위까지 남은 부분 복습+문제 생물 끝까지 문학 관련문제 풀기 수학 문제집 풀기 쉬는 시간 틈틈이 틀린 문제들 검토
4월 18일	수학 문제집 시험범위까지 남은 부분 다 풀기 쉬는 시간에 영어 중요문장 외우기 국어와 문학 범위 관련문제 검토
4월 19일	학원 다녀온 후 저녁부터 월요일 시험과목을 철저히 외우고 복습하는 식으로 공부
4월 20일	일요일 오전에는 아직 다 끝내지 못한 과목을 두 시간 정도 공부하고 점심 먹은 다음부터는 월요일 시험과목 공부

위와 같은 내신공부방법을 따르는 경우, 시험 보는 한 주와 시험 준비 기간 이 주, 그러니까 총 삼 주를 제외한 나머지 시간을 모두 수능공부에 투자해야 한다. 시간이 매우 많은 것 같지만 내 경험에 의하면 그리 많은 시간은 아니다. 아직 고3이 되기 전의 수험생이라면 조급함

을 느낄 때는 아니지만 미리 수능 감각을 익혀놓고 고2 여름이나 겨울 방학 때 본격적으로, 좀 빡빡하게 공부를 하는 것도 좋을 것 같다.

거듭 말하지만 제일 중요한 것은 기본에 충실해야 한다는 것이다. 기본에 충실한다는 말이 매우 진부하게 들릴지 모르지만(나도 한때 기본 어쩌고 하는 선배들의 조언을 진부하게 또는 추상적이고 어렵게 받아들인 적이 있었으므로) 경험해보면 여러분도 느낄 수 있을 것이다. 그러므로 충분한 시간이 있다고 생각하고 너무 조급하게 마음먹지 말고 그 시간을 최대한 활용할 수 있는 방향으로 장기간의 계획을 세워서 공부해 나갔으면 하는 것이 선배로서의 나의 바람이다.

고아라 westside0827@hanmail.net
서울 동일여자중학교－동일여자고등학교 • 1982년생 처녀자리 • O형 • 나 스스로를 굳게 믿는다면 그 누구도 내 결과를 의심할 수 없다.

일일 계획수첩 만들기

김선미 서울대 법학과 01학번

옛말에 '시작이 반'이라고, 계획만 잘 세워도 50퍼센트는 성공한 것입니다. 공부계획은 각자의 공부방식에 맞게 세우는 것이지만, 제가 과외지도를 해본 결과 계획을 어떻게 세워야 할지를 잘 모르는 학생들도 상당수 있는 것 같아서 제가 공부계획을 세웠던 방식을 소개하고자 합니다. 여러분이 계획을 세우는 데에 참고가 되었으면 합니다.

우선 일 년을 큰 단위로 잡아 달 별로 묶어서 큰 흐름을 잡습니다. 예를 들면, 고3 시작할 때부터 수능시험일까지를 크게 세 개로 나눕니다.

3~6월	교과서 및 기본개념 정리기간
7~8월	문제집 집중 풀이기간
9~10월	총정리 위주 정리기간

이때 교과서 및 기본개념 정리기간이란, 해당 교과서를 다 읽고 그 부분에 관한 내용정리와 기본문제들이 나와 있는 문제집을 한 권 정도 풀어보는 기간을 말하고, 문제집 집중 풀이와 총정리 위주 정리기간은 요점정리가 간략하게 되어 있고 응용 문제들이 많은 문제집과 총정리를 풀면서 모르는 부분을 다듬어가는 기간을 말합니다.

그 다음 공부해야 할 과목들을 각 시기에 배분합니다. 예를 들면, 언어영역(교과서, 문학, 비문학, 쓰기, 듣기), 수리영역I(공통수학[수학10-가, 수학10-나], 수학 1), 사회탐구(일반사회, 한국지리, 국사, 윤리, 선택과목), 과학탐구(지구과학, 생물, 물리, 화학), 외국어영역을 각 달에 배분하는 것입니다.

3월에는 국어 교과서 상권과 문제집, 공통수학 집합에서 도형, 일반사회(2주), 한국지리(2주), 외국어영역, 그리고 4월에는 국어 교과서 하권과 문제집, 공통수학 함수에서 삼각함수, 지구과학(2주), 생물(2주), 외국어영역을 배분하는 식으로 말입니다. 만약 이 기간 동안 정해진 분량만큼을 다 끝낼 수 없다고 생각한다면, 기본개념 정리기간을 7~8월까지로 연장하고 9~10월을 문제집 풀이와 총정리 풀이를 겸하는 기간으로 정해도 괜찮습니다.

이 작업이 끝나면, 각 과목마다 정해진 분량을 정해둔 기간 동안 끝내려면 하루에 얼마큼씩 공부해야 하는지 따져봅니다. 예를 들어, 국사를 이 주만에 끝내려면, 하루에 대략 작은 소단원 한 개씩을 끝내면 된다는 결론이 나옵니다. 이때 문제집과 병행한다면, 교과서 두 단원과 문제집 두 단원을 번갈아가면서 하면 됩니다. 즉 오늘 두단원의 교과서를 읽고, 내일 그 단원에 해당하는 문제집을 푸는 식으로 하면 된다는 것입니다.

그 다음 해야 할 것이 일일 계획을 세우는 일입니다. 하루 동안 공부해야 할 과목은 언어, 수리I, 사탐이나 과탐, 외국어와 같이 너덧 과목으로 정해져 있고, 하루 공부할 수 있는 시간은 수업시간을 제외하면 예닐곱 시간 정도가 됩니다. 그러면 하루 한 과목당 한 시간 반 정도의 시간이 배분됩니다. 과목별로 공부하는 순서는 자기 마음에 맞게 정하면 됩니다. 아침에 언어를 공부하든 수학을 공부하든 상관은 없습니다.

이 과정을 거치게 되면, 하루에 무슨 과목을 몇 시간 동안, 얼마만큼의 분량을 공부해야 하는지가 나오게 됩니다. 뒤에서도 설명하겠지만, 이것을 수첩에 적어두고 매일매일 체크하면 계획을 더 잘 실천할 수 있을 것입니다.

그리고 고3 때 국, 영 ,수를 과목당 하루 한 시간 이상씩 공부하면서 사탐과 과탐을 정리하기 위해서는 1, 2학년 때 그 기초를 단단히 해둘 필요가 있습니다. 기초를 단단히 한다는 것은 수업을 열심히 따라가는 것입니다.

1, 2학년 때 수업 내용에 따라 국어 교과서를 열심히 읽고, 문제집도 한 권 이상씩 열심히 풀어둔다면 나중에 정리할 때 훨씬 수월할 것입니다.

그리고 영어는 아직 문법 교재를 한 번도 보지 않은 학생이 있다면, 3학년이 되기 전에 문법교재 기초편을 한두 번 이상 꼭 봐둘 것을 당부합니다. 영어가 어렵게 느껴지는 학생이라면 맨투맨 기초영어 교재를 권장합니다. 글씨도 크고 기본적인 내용이 잘 정리되어 있어서 지루함을 덜어줄 수 있을 것입니다. 이때 예문들을 쓰면서 암기한다면 수능 영어 정복이 어렵지 않을 것입니다.

수학은 다른 과목들보다 예습이 매우 중요한 과목입니다. 학교 수업 진도는 해야 할 공부량에 비해 빠른 편이라 학기중에 개념도 익히고 응용문제까지 소화해가면서 수학을 복습하는 것은 매우 어렵기 때문입니다. 그래서 방학중에 수학만은 꼭 예습해둘 것을 권하고 싶습니다. 중3 겨울방학 때 공통수학을, 고1 겨울방학 때 수학1을(이과생의 경우, 고2 겨울방학 때 수학2를) 미리 공부해둔다면, 수학에 대한 자신감도 생길 뿐 아니라, 학기중에 다른 과목 공부에도 시간을 쏟을 수 있습니다. 이때 교재로는 정석을 권장할 만하지만, 요즘 신경향의 새로운 기본서들이 많이 나오는 추세로 볼 때 자신에게 맞는 기본 교재면 상관없을 듯합니다. 디딤돌 개념원리 시리즈도 추천할 만합니다. 이때 무엇보다 중요한 것은 각 단원 마지막에 연습문제 내지 실전문제편이 있는데, 이 문제들이 어렵더라도 반드시 답을 내보겠다는 자세로 임하는 것입니다. 시간이 좀 오래 걸리더라도 조급해하며 해답지를 보는 것보다 끝까지 고민해보는 것이 나중을 위해 도움이 됩니다. 수학은 암기 과목이 아니고, 설령 암기한다고 할지라도 몇 달 안가 잊어버리게 되므로 해답지를 보고 풀이과정과 답을 암기하다시피 하는 것은 실력향상에 도움이 되지 않습니다.

일일 계획을 세웠다면, 그 계획의 내용을 공부 시작 전에 조그마한 수첩에 적어두고 공부하면서 수시로 그것을 볼 수 있게 해두는 것이 좋습니다.

할 수 있는 만큼만 최선을 다하자!

8시~9시	언어문제집(EBS, 지문 2개)
9시~4시	수업+쉬는 시간에 전 시간 것 복습하기
4시~6시	사탐(국사, Ⅱ-3, 4 교과서 읽기)
7시~8시 반	과탐(EBS, 태양에너지)
8시 반~10시	수학(삼각함수 연습문제)
10시~11시	외국어(45~47페이지)

이런 식으로 적어두는 것입니다. 그리고 나서 하나씩 끝낼 때마다 굵은 싸인펜으로 주욱 지우면 됩니다. 이 방법의 장점은 매일 아침 하루 동안 공부해야 할 양이 얼마나 많은지를 ^^; 깨닫게 되어, 해이해지는 것을 예방할 수 있고, 계획을 하나씩 끝낼 때마다 죽 지워나가는 성취감도 맛볼 수 있다는 점입니다. 또한 수첩의 마지막 부분에 오늘 마음에 새겨야 할 명언을 적어두는 것도 좋습니다. 예를 들면, '하늘은 스스로 돕는 자를 돕는다' 또는 간단히 '오늘도, 파이팅!!' 이라고 적어두면 계획표를 보면서 다시금 맘을 다잡을 수 있기도 합니다. 지각을 자주 하는 학생이라면, 오늘은 학교에 아침 몇 시에 등교했고, 몇 시까지 공부하고 집에 갔는지를 매일 체크해보면, 자신이 해이해지는지를 체크해볼 수 있습니다.

마음이 단단하지 못하면 그 위에 쌓는 사상누각처럼 불안하기 짝이 없습니다. 공부량의 기복도 심하고 성적은 제자리걸음을 할 뿐입니다. 무엇보다 공부는 누가 시켜서 하는 공부가 되어서는 안 되고, 자신이 공부하는 이유를 스스로 깨닫고 하는 공부가 되어야 합니다. 만약 왜 지금 공부하는지 모르고 있다면, 그것부터 다시 생각해보시기 바랍니다.

조그마한 수첩에 일일 계획을 적어두어 수시로 볼 수 있게 한다. 그리고 하나씩 끝낼 때마다 굵은 사인펜으로 지워나간다. 이러면 긴장감도 생기고 성취감도 맛볼 수 있다.

그리고 아무리 뛰어난 실력을 가지고 있더라도 마음이 제대로 준비가 되어 있지 않으면, 그 실력이 빛을 발할 수 없습니다. 실력은 뛰어났지만 마음을 잘 다스리지 못해서 큰 시험에서 좋은 성적을 거두지 못한 친구들을 종종 보아왔습니다. 시험에 대해 좀더 의연하고 여유로운 마음을 가지는 여러분이 되셨으면 합니다. 시험은 결과만을 가지고 평가하는 아주 냉정한 수단인 것처럼 보여서, 시험에 실패하면 그동안의 노력도 물거품이 되어 한순간에 사라져버린다고 생각하기 쉽습니다. 하지만 우리의 인생은 그렇지 않다고 생각합니다. 비록 시험에서 좋지 못한 결과를 얻더라도 그 시험을 준비하기 위해 최선을 다해 노력했던, 고민하고 참아내며 정성을 기울였던 자신의 모습은 그대로 남아 있습니다. 최선을 다해 준비했기에 후회가 남지 않을 것입니다. 저는 수험생활 동안 '진인사대천명'이란 말을 항상 가슴에 새겨두려 했는데, 현재 최선을 다해야 결과가 어떻게 나오더라도 후회 없이 받아들일 수 있다고 생각했기 때문이었습니다.

이 글을 읽고 있는 여러분도 열심히 해보고자 하는 마음이 있다면, 지금도 결코 늦지 않았습니다. 늦었다고 생각되는 바로 이 순간이 가장 빠른 때라는 것을 거듭 강조하고 싶습니다. 희망을 잃는 바로 그 순간, 운명의 여신은 당신의 길을 실패 쪽으로 돌려놓으려 할 것입니다. 그저 묵묵히 열심히 하던 친구들이 결국엔 성공하더라는 고등학교 시절 선배의 말이 기억이 나네요. 여러분께 모쪼록 행운이 함께 하기를 바랍니다.

김선미 aerene@freechal.com
부천여자중학교—부천여자고등학교—재수 • 1982년생 물고기자리 • A형 • 스스로에게 부끄럽지 않게 살자.

틈새시간 공부법

김지효 서울대 법학과 00학번

저는 고등학교 시절의 일과를 기준으로 시간순으로, 하루 중 그 시간대에 주의할 점과 시간마다 공부하는 방법 등을 이야기해보고자 합니다. 즉 어떻게 하루를 보내야 하는지에 대해 이야기하고자 하는 것입니다.

이 글을 읽는 분들은 제 글을 참고하여 자신에게 가장 잘 맞는 일과를 만들어갔으면 합니다. 그리고 그러한 생활은 매일매일 똑같이 반복되는 것이 보통이므로, 자신에게 맞는 하루 생활 사이클을 찾으면 그것이 계속 꾸준히 이어져야 한다는 것을 먼저 말해주고 싶습니다. 즉 수험생의 일상은 들쭉날쭉한 것이 아니라, 비슷한 일과가 계속 반복되어 그것이 자신의 몸에 체화되어 익숙할 정도가 되어야 한다는 것입니다. 이것은 매우 중요한 일입니다. 규칙적인 생활이 곧 건강으로 이어지고, 그것은 긴 고등학교 시절에 상당히 중요한 요소로 작용하기 때문입니다.

오전 시간

아침 식사는 꼭 챙겨 먹어라

제가 고등학생이었을 때만 해도 아침 등교시간이 일곱시반이었습니다. 집이 가까워서 제 등교길은 그래도 좀 여유가 있었지만, 집 가까운 사람들이 지각을 더 많이 한다고, 항상 아침잠은 저를 괴롭혔고 저는 매일 겨우겨우 시간에 맞춰서 학교에 도착했습니다. 그럼에도 제가 매일 빼먹지 않은 것이 아침 식사였습니다. 아침을 챙겨 먹는 것은 성장이나 건강에 중요하다는 이유말고도 중요한 의미를 가지고 있습니다. 바로 아침 식사가 집중력과 시간 관리와 직결된다는 것입니다.

아침을 안 먹으면 오전 내내 배가 고프고 또 그러다보면 오전 시간 중 한 번은 매점을 가기 마련입니다. 아침 시간을 낭비하게 되는 것이죠. 아무래도 잠이 부족한 우리는 밤에 자는 것 이외에도 실제적으로 잠을 보충하는 시간이 필요하고, 그 시간이 바로 오전의 쉬는 시간이라고 생각합니다. 하지만 그 시간 매점에 갔다오는 것은 개인적으로도 힘든 일일 뿐 아니라, 피곤한 몸을 더 피곤하게 만드는 것입니다. 그래서 오전 내내 집중력도 떨어지고요. 집중력이나 시간관리 차원에서라도 아침을 먹는 것은 중요합니다.

학교일과

수업은 잘 듣자

어렸을 적에 공부 잘하는 사람들이 텔레비전에 나와서 학교 수업만 열심히 들었다고 하면 안 믿었습니다. 말이 안 된다고 생각했거든요. 하지만 지금 생각하면 제가 그런 입장이 되더라도 그런 말을 할 것 같습니다. 학교 수업이 제일 중요하다고요.

확실히 수업은 중요합니다. 솔직히 말해서 수업만 집중해서 들을 수 있으면 학원이나 과외 등 다른 것은 전혀 필요하지 않다고 생각합니다. 어차피 수능시험에서 물어보는 것들의 가장 기본은 학교에서 배운 내용에 기초한 것입니다. 학교 과정을 정상적으로 따라가면서 복습만 확실하게 하면 삼 년 내에 배우지 못하는 수능시험범위는 없습니다. 학원 같은 곳에서 주로 가르치는 것들은 학교 진도를 좀더 빨리 배우는 것인데 그런 것은 전혀 중요하지 않다고 생각합니다. 빨리 배운다고 해서 제대로 이해하는 것도 아니고요. 일 년 동안 배워야 할 것을 학원에서는 육 개월만에 배우는데, 그것이 잘 이해될 리는 없겠죠. 초점을 학교 진도에 맞추고 그것을 열심히 듣는 것이 중요합니다.

제일 중요한 것은 배운 것을 그 이후에 스스로 생각해보는 것, 바로 복습입니다. 예습도 중요하다고들 하지만, 학교 수업 받은 것을 그 이후에 다시 한번 복습해보는 것은 수업의 효과를 극대화시켜주는 것이라 생각합니다. 그리고 그것만으로도 배우는 것은 충분하다고 생각합니다. 남은 것은 그렇게 배운 것을 우리가 얼마나 잊어버리지 않느냐는 것이고요. 그러기 위해서는 계속되는 복습이 중요하겠죠.

쉬는 시간을 잘 활용하자

수업시간 사이사이에는 항상 10분씩 쉬는 시간이 있습니다. 이 쉬는 시간을 어떻게 보내느냐가 그 학생의 공부효율을 많이 좌우합니다.

물론 공부할 수 있는 많은 시간들이 있습니다. 그에 비하면 쉬는 시간 10분은 짧고 보잘것없다고 생각될지도 모릅니다. 하지만 쉬는 시간 10분은 몇 가지 중요한 것을 할 수 있는 시간입니다.

첫째, 앞에서 이야기했듯이 토막잠을 조금씩 자둬서 체력을 보충할 수 있습니다. 10분의 잠은 얼핏 보면 하찮은 것으로 생각될 수도 있지만, 그 10분을 잘 자두면 두 시간 정도는 집중하며 보낼 수 있습니다. 그 정도의 집중을 위해 10분 정도 자두는 것은 아주 좋은 일이라 생각합니다. 특히 오전 시간 중 한두 번이나, 점심 먹고 나서 남는 시간에 자는 잠깐의 잠은 나머지 시간을 소중히 보내는 데에 꼭 필요합니다.

둘째, 쉬는 시간은 유일하게 떠들면서 공부할 수 있는 시간입니다. 떠들면서 공부한다는 것이 아주 중요할 때가 있습니다. 바로 어떤 사실을 외워야 할 때입니다. 공식이나 단어, 또는 탐구영역의 문제들은 절대 머릿속으로만 외워서는 잘 외워지지 않습니다. 효율적으로 외우는 방법은 머리로는 생각하고, 눈으로는 보며, 입으로는 중얼거리고, 손으로는 줄을 긋거나 중요한 사실을 강조하는 등 몸의 모든 감각을 이용해서 외우는 것입니다.(물론 손을 휘저으면서 멍하니 뭔가를 중얼거리고 있으면 친구들이 이상하게 쳐다볼 수도 있습니다만 그게 가장 좋은 외우기 방법입니다. ^^;) 그런 것을 마음놓고 할 수 있는 시간이 바로 쉬는 시간인 것입니다.

쉬는 시간은 유일하게 떠들면서 공부할 수 있는 시간이다. 효율적으로 외우는 방법은 머리로는 생각하고, 눈으로는 보며, 입으로는 중얼거리고, 손으로는 줄을 긋거나 중요한 사실을 강조하는 등 몸의 모든 감각을 이용해서 외워보자.

물론 쉬는 시간에 친구와 친목을 쌓는 것도 중요하지만, 이런 식으로 쉬는 시간을 보내는 것도 아주 좋은 틈새시간 보내기라고 생각합니다.

저녁 시간

하루 한 시간이라도 항상 꾸준히 공부하자

제가 고등학생이었을 때에 저녁 시간에는 1학년 때부터 매일 야간 자율학습이 있었습니다. 그때에는 그걸 하기가 그렇게 싫을 수가 없었습니다. 자율이라는 이름으로 나의 저녁 시간을 송두리째 빼앗아갔으니까요. 하지만 지금 생각해보면, 물론 그렇게 절 잡아두었던 것에 대해서는 아직도 달갑지는 않지만, 그래도 자율학습으로 인해 하루 몇 시간씩 꾸준히 공부할 수 있었던 것은 고마운 일입니다.

수험생에게 한 시간씩이라도 매일 공부한다는 것은 반드시 필요한 것입니다. 특히 언어계열이나 수학에서요. 하루 영어 독해 10개, 언어영역 문제 5지문, 수학문제 20개, 이런 식으로 목표를 잡고 매일 매일 꾸준히 한다면, 주말 하루씩은 쉰다고 쳐도 일 년에 영어 독해 3천 개, 언어영역 문제 천오백 지문, 수학문제 6천 개입니다. 하루하루 하는 양은 많지 않지만, 그것이 일 년이 모이면 어마어마한 양인 것입니다.

또한 평소 때 공부하는 습관을 들이는 것은 개인의 생활 리듬 확립에도 도움이 됩니다. 학년이 올라갈수록 공부해야 하는 양은 많아지는데, 한꺼번에 공부량을 늘리는 것보다는 차근차근 늘리는 것이 적응하는 데 훨씬 용이하거든요.

나만의 휴식법을 만들자

사람들에게 마음을 돌리고 여유를 찾을 수 있는 뭔가가 있다는 사실은 아주 중요한 것 같습니다. 무엇인가를 똑같이 계속하다보면 금방 몸과 마음이 지치게 마련이고, 그러한 것을 풀어주는 것이 반드시 필요합니다. 특히 같은 일상을 반복해서 꾸준하게 유지하는 것이 무엇보다도 중요한 고등학생에게는 적절한 휴식이 더욱 중요합니다.

이런 이유에서 주말을 확실하게 보내야 하고요. 적어도 토요일 저녁 하루 정도는 공부를 잊고 하고 싶은 것을 마음껏 하는 것이 필요합니다. 영화를 본다든지, 게임을 한다든지(물론 게임은 그 중독성 때문에 그렇게 추천하고 싶지 않습니다), 또는 노래방을 가든지, 운동을 하든지…… 그러한 것들을 즐기면서 쌓였던 스트레스를 확 풀어버려야 합니다. 그리고 이런 것들 중 간단한 것은 좀 자주 하면서 아예 스트레스가 쌓이지 않게 하는 것이 좋습니다. 이런 휴식이 없으면 얼마 가지 않아 지치게 마련이고, 그러면 수험생활의 흐름이 엉킬 가능성이 높습니다.

다만 너무 빠져버려서 그것이 일상에 방해가 될 정도가 되면 안 됩니다. 제 경우에는 컴퓨터 게임을 스트레스 푸는 수단으로 즐기고 있었는데요, 고2 때 나온 스타크래프트에 지나치게 몰입한 나머지 그것이 일상에까지 침투해버렸죠. 하루가 멀다하고 게임방엘 갔으니까요. 집에는 늦게까지 공부한다고 그러고 새벽까지 게임방에 있곤 했습니다. 그 단계가 되면 평소에 집중이 안 되기 마련입니다. 눈앞에 게임하는 것밖에 그려지지 않거든요. 그런 이유로 스트레스를 푸는 수단은 중독성이 강하지 않은 것을 추천합니다. 어딘가에 중독이 되면 생활리듬이 깨져버리니까요.

학년마다의 공부방법

대학 입시의 결과는 결국 고등학교 때의 노력에 의해 결정됩니다. 그러기 위해서는 1학년 때부터 스스로 시간을 나누어서 공부해야 하며 전체 삼 년을 나누어 공부하되 학년별로 공부법을 바꾸어가는 게 좋습니다.

고등학교 삼 년을 보내기 위해 저학년 때 기본을 닦아놓아야 할 과목이 있는데요, 그것이 바로 수학입니다. 국어나 영어는 초등학교나 중학교 때부터 쌓아온 기본 실력이 일단은 중요합니다. 단기간에 집중하는 것보다는 꾸준히 해나가는 것이 중요하고요. 그리고 사탐이나 과탐은 암기과목이기 때문에 단기간에 성적을 올릴 수 있습니다.

하지만 수학은 1, 2학년 때 그 기초를 다져놓아야 3학년 때 다시 보면서 이해가 가능합니다. 안 그러면 다시 공식을 외우다가 시간이 다 가죠. 1학년 때 공통수학을, 2학년 때는 수학1이나 2를 반드시 한 번 정도는 끝까지 보아야 합니다. 그냥 책 한 권을 잡고 그것을 끝까지 푸는 것이죠. 제일 중요한 것은 반드시 '혼자서' 한 번쯤 풀어봐야 한다는 것입니다. 학교나 학원에서 본 것은 진정한 자기 실력이 안 되거든요. 책 한 권을 혼자서 한 번만 풀어도 기본적인 개념이나 실력은 쌓입니다. 그리고 나서 남는 시간은 자신이 스스로 정한 분량의 공부를 하는 것이죠. 예를 들면 하루 언어영역 지문 5개, 영어 독해 10개, 사탐 과탐 30분씩 정도로…… 수학과 다른 과목의 비중이 일대 일 정도가 되도록요. 수학의 비중이 많다고 생각되겠지만, 그래야 고3 때 모든 과목에 신경을 쓰면서 공부할 수 있습니다.

그리고는 3학년이 되죠. 3학년 1학기 초반은 주로 사탐과 과탐에 신경을 썼습니다. 6월 이전에 사탐 과탐을 정리해두는 것이죠. 하지만 그러는 동안에도 다른 과목은 꾸준히 문제를 풀어나가야 합니다. 수학도 1학기 전까지는 다시 한번 반복해서 보아야 하고요. 3학년 때는 주로 문제를 계속 풀어봐야 하니까 그런 것들은 전반전에 미리 해둬야죠.

여름방학 이후의 후반전에는 실전 감각을 익혀야 하므로 끊임없이 문제를 풀어봐야 합니다. 자기가 어느 부분에 약한지는 문제를 풀어봐야 알 수 있으니, 반복해서 문제를 풀어보면서 자신에게 취약한 부분이 어딘지를 알고 그 부분 위주로 계속 반복하는 거죠. 저는 외국어영역 중 문법 문제에 많이 약해서 여름방학 때 여러 문제집에서 문법 부분의 문제들만 골라 복사해서 반복해서 풀었습니다. 그런 후 그 문제에 몇 가지 출제 포인트가 있다는 걸 알게 되었고, 실제 수능에서는 그 문제를 맞힐 수 있었습니다.

가장 중요한 것은 스스로 하는 것

제가 과외를 하면서 가장 놀란 것은 애들이 과외나 학원에 치여서 쉴 수 있는 시간이나 스스로 공부할 수 있는 시간을 거의 갖지 못한다는 것이었습니다. 그렇게 되면 겉으로 보기에 공부하는 시간은 많아 보일지 몰라도, 절대 자기 것이 되지는 않죠. 스스로 머릿속에 정리해 보는 시간이 반드시 필요합니다.

그러기 위해서는 반드시 스스로 공부해야죠. 그것이 무엇보다 중요합니다. 백 번 듣는 것보다는 혼자 한번 차분하게 머릿속에 그려보고 정리해보는 게 훨씬 낫습니다.

지금까지 고등학교 시절을 돌아보면서 하루 생활에서 필요한 것들을 적어보았습니다. 수험생에게 중요한 것은 꾸준한 끈기입니다. 똑똑한 머리보다는 노력이 훨씬 중요하고 값진 것이죠. 그런 생각으로 하루하루를 보낸다면 끝에 가서 웃을 수 있을 겁니다.

김지효 tistime@hotmail.com
진주 대아중학교—대아고등학교 • 1981년생 전갈자리 • B형 • 외유내강(外柔內剛).

번데기 득도하기

김경애 서울대 국어국문학과 00학번

고3이 되었을 때, 내 수능 성적은 Y=-X 그래프를 그리면서 하강하기만 했다. 결국 재수를 하고 말았는데, 이는 크게 두 가지 원인이 작용했다.

첫째, 자신감이 결핍되었다.

둘째, 공부방법을 정확히 읽어내지 못했다.

수능시험이 무엇을 요구하는가에 대한 정확한 인식 없이 무작정 공부를 열심히 한다는 생각은 크게 잘못된 것이다.

한 친구가 말했다.

"수능은 득도를 해야 돼, 득도를."

도를 깨닫기 위해서는 오랜 시간의 수행을 필요로 한다. 이는 자신이 스스로 깨쳐야만 비로소 자신의 것이 되는 것이다. 그러므로 한꺼번에 많은 것을 그저 습득하려고만 하는 수동적인 자세에서 벗어나야 한다.

정답을 정확히 파악해낼 수 있는 능력은 단시간에 길러지지 않는다. 무엇보다, 강조되는 각 과목의 원리를 정확히 그리고 논리적으로 스스로 해명해낼 수 있어야 한다. 그렇게 되어야만 어떤 응용문제가 나와도 원리를 정확하게 적용해서 해결해낼 수 있는 것이다. 따라서 공부의 첫걸음은 기초지식을 이해함과 동시에 원리를 차곡차곡 쌓아가는 반복의 과정이다. 이 과정을 제대로 하지 않고 문제집만 많이 풀어본 사람은 십중팔구 시험에 실패한다. 왜냐하면 문제집에 나오는 문제 유형은 결코 수능시험에서 반복되지 않기 때문이다. 일반 출판사에서 나오는 문제는 특별한 유형이 없다. 그런 문제들은 반복된 시험에서 파생된 유사문제이기 때문에 크게 실력을 향상시키는 밑거름이 될 수 없는 것이다.

고3 수험생들은 1학기 동안 반드시 전 과목의 원리를 반복해 읽어나가면서 기초를 다져나가는 작업을 수행해야만 한다. 이때 중요한 것은 자세하게 풀어진 참고서나 자습서 한 권을 여러 번 반복해서 읽는 것이다. 만약에 그 책에서 부족한 부분이 있다면 다른 책을 통해서 반드시 보충해놓아야 한다.

다음으로 자신의 약점을 빨리 파악해내어야 한다. 자신의 약점을 극복하지 못하면 점수가 절대로 올라가지 않는다. 만약에 과학탐구영역에서 특정 부분의 문제를 계속 틀린다면, 그 부분에 대한 밑단계 공부가 미약했다는 뜻이다. 따라서 그 부분의 원리를 정확히 소화해내고 유사한 문제를 여러 문제집을 통해서 풀어보는 것이 필요하다. 약점을 조금씩 줄여나가는 것이 점수향상의 지름길이라는 사실을 명심해야 한다.

무조건 공부를 열심히 한다, 많이 해야 한다는 생각은 버려야만 한다. 문제집은 여러 친구들의 것을 조금씩 빌려와서 자신에게 필요한

무조건 공부를 열심히 한다, 많이 해야 한다는 생각은 버려야만 한다. 문제집은 여러 친구들의 것을 조금씩 빌려와서 자신에게 필요한 부분만 집중적으로 풀어보는 것도 상당히 좋은 방법이다.

부분만 집중적으로 풀어보는 것도 상당히 좋은 방법이다. 모의고사를 친 후에 오답노트를 정리하는 경우가 그 때문인데, 오답노트의 핵심은 자신의 약점을 체크하고 그 약점을 최소화하는 과정이다. 대부분, 틀린 문제는 또 틀리게 되어 있다. 같은 수학문제집을 두세 번 반복해서 풀어보라. 필시 똑같은 문제는 다음에도 틀릴 확률이 높다. 틀린 문제가 줄어갈 때, 이미 점수는 고지에 올라와 있을 것이다.

시간 잡아먹기

우선 인간의 수면시간은 천편일률적으로 정해질 수 없으니 자신의 체력이 버틸 수 있는 최소한의 시간을 잠으로 충당시키는 것으로 하자.

아침의 시작은 영양이 듬뿍 담긴 아침식사로 시작한다. 결국 집을 나서는 그 순간부터 수험생들은 시간과의 전투가 시작된다. 버스 안에서 잠을 보충하는 경우가 60퍼센트, 영어단어집을 눈으로 열심히 외우는 경우가 40퍼센트인 듯싶다. 물론 릴렉스한 시간을 갖기 위해 이어폰을 귀에 꽂고 다니는 학생도 상당수이긴 하지만. 어떤 식으로 아침을 시작하든 오늘이라는 주어진 시간을 '사고' 해볼 수 있어야 하지 않을까. 라디오로 뉴스를 들으면서 어떤 현상의 인과관계를 따져보고 자신의 생각을 나름대로 정립해보는 것도 고3 수험생식 아침의 시작일 수 있겠다.

드디어 학교 교정을 밟는 순간, 독서실로 달려가서 다시 잠을 쫓으며, 개념원리 수학을 뒤집는 학생들의 모습이 눈에 띈다. 아침 시간은 가장 의욕이 왕성한 시간이니만큼, 자신이 가장 취약하다고 생각되는 과목을 선택해서 규칙적으로 진도를 나가는 것이 좋다. 나는 개인적으로 언어영역이 약했지만, 이 시간만큼은 맑은 새벽공기를 이용해서 수학 응용문제를 즐겁게 풀었다. 그렇게 일 년이 쌓이면, 웬만한 응용문제를 봐도 지레 겁먹는 사태는 발생하지 않는다.

보충수업과 더불어 줄기차게 밀려오는 정규수업의 일정에 학생들이 점차 초죽음이 되어간다. 물론 맥빠지는 수업 따위는 듣지 않고 다른 과목을 펼쳐놓고 선생님의 눈치를 피해 열심히 공부하기도 한다. 그러나 재수생이 아닌 이상, 그런 식으로 공부하는 건 내신관리에 허점을 보일 수 있다는 점을 간과해서는 안 된다.

내신성적, 그것은 수업의 집중도에 따라 결정된다. 내신성적은 말 그대로 학교수업에 대한 집중, 그것으로 끝내야 한다. 그래도 잘 모르는 부분에 관해서는 수능문제집과 참고서를 꼼꼼히 살펴 그 내용을 이해해둔다. 즉 학교수업의 내용은 전체적인 설계도의 밑바닥에 해당하고, 그 아우트라인을 기반으로 세부적인 컨텐츠를 부실공사 없이 튼튼하게 쌓아가는 과정이 수능에 다가가는 한 가지 길이라고 생각하길.

점심 식사 후 20여분 가량의 달콤한 낮잠을 결코 소홀히 여기지 말고 자두길! 모든 수업시간을 완전히 이해하면서 포괄할 수 없으므로 과감히 포기해야 할 과목은 그날의 컨디션에 따라서 건너뛰는 지혜가 필요하다.

오후 수업은 가장 능률이 떨어지는 시간이다. 점심 시간의 여파로 졸음과 싸워야 한다. 졸리면 어떻게 하냐고? 눈치보면서 졸지 말고 과감히 엎드려 자라고 강력히 주장하는 바이다. 10여분 자고 나머지 시간 반짝이는 눈빛으로 수업을 다시 들으면 된다!

여러분들이 또 한 가지 간과하기 쉬운 것은, 별것 아닌 듯이 느껴지던 수업시간의 세부 내용들이 실제 수험장에 갔을 때 이상스럽게도 새록새록 떠오른다는 점이다. 특히 사회탐구 과목이 그러하다. 사회탐구나 과학탐구는 교과서에 나오지 않는 무수한 내용들을 혼자서 마스터하기에는 역부족인 과목이다. 수업시간에 선생님이 언급한 자질구레한 말 한마디에서 수능시험의 애매한 부분을 해결할 수 있는 부분이 많다. 따라서 시간 배당이 적은 사회탐구와 과학탐구 시간만큼은 집중하길 권한다.

저녁 자율학습엔 수학문제 풀다가 세 시간 보내는 학생도 있다. 한 과목에 얽매이다보면 결국 하루 동안 배운 양을 제대로 소화하지 못하고 끝나버리는 셈이 된다. 몰랐던 부분, 찜찜했던 부분만을 집중적으로 짚고 넘어가는 식으로 하루의 공부를 정리해보길. 더불어 EBS 듣기 방송에 잠시 귀 기울이는 것도 좋은 방법이다.

더욱 중요한 것은 오늘 배웠던, 혹은 의심났던 부분에 대해서 반드시 짚고 넘어가는 것이다. 오늘의 의문은 오늘 정리해두는 습관이 배어야 한다. 한꺼번에 많은 것을 하려 들지 말고, 주어진 것을 정확하게 알고, 짚고, 진단하고 넘어가는 식의 정리가 저녁 시간에 이루어져야 한다. 욕심을 부려서 이런저런 문제집을 많이 풀기만 하는 식의 정리는 일체 도움이 되지 않는다.

이제 밤을 맞은 학생들이여! 새벽까지 괴로워하며 공부하지 말고,

정 공부하고 싶다면 암기과목 교과서를 정독하다가 자기도 모르게 소록소록 잠이 들지어다. 아마도 많은 학생들은 꿈속에서마저 수학문제를 풀고 있을지도 모른다. 나 역시 꿈속에서도 공부를 하는 악몽에 시달려야 했다.

그렇다면 고3 일 년 계획은 어떠해야 할까?

먼저 1학기 초반은 전 과목을 정리해나가는 수업이 진행될 것이다. 이 기간이 가장 중요한 시기인데 많은 학생들은 이때 열심히 문제집을 푸는 '오버'를 시도한다. 이 시기에는 진도과정과 맞추어 내용을 충분히, 빠짐없이, 확실히 정리해나가는 작업을 시행해야만 하는데 말이다. 분명히 수업시간중에 나오는 내용들 중 미심쩍은 부분이 간간이 튀어나올 것이다. 이것을 1학기 초반에 잘 잡아나가는 사람이 최후의 승자가 되어 있을 것이다.

각 과목마다 한 가지의 참고서나 문제집을 기본서로 잡고 내용들을 알차게 정리해나가는 과정이 지나면, 여름방학과 더불어 본격적으로 문제집을 풀기 시작하는 단계로 접어들게 된다. 그런데 1학기 초반을 문제집과 열심히 씨름하던 학생들은 여름방학과 더불어 그다지 충분한 성과를 맛볼 수 없게 될 것이다. 그때부터는 기초가 미약한 상태에서 반복적으로 문제를 풀기만 할 뿐이기 때문이다. 문제집은 속도감과 감각을 잃지 않는 선에서 풀면 충분하다.

여름방학이 되면 새로 각오를 다지면서 공부를 해나가게 되는데, 모의고사 성적이 제대로 나오지 않아 고민하는 사례가 빈번하다. 하지만 모의고사는 성적을 확인하기 위해 치르는 시험이 아니다. 모의고사는 전국 석차를 판가름하고 원하는 대학의 지망요건에 맞는지를 겨루어보는 객관적인 잣대가 결코 될 수 없다. 모의고사를 치르는 것은 자신이 부족한 부분을 확인하면서 이를 수정, 개선, 보완해나가기 위한 과정에 지나지 않는다. 그러므로 성적이 하향곡선을 그릴지라도 결코 실망하거나 희망을 잃지 말도록! 승자는 최후에 웃는다.

본격적으로 문제집을 풀게 되는 이 시기에는 다양한 문제집을 접해 볼 필요가 있다. 하지만 일선 출판사의 문제집들은 유형이 반복되는 경향이 있어, 다가올 수능 유형에서 오히려 빗나갈 위험도 있다. 따라서 참신한 문제를 접하고 싶다면 꼭 학습지를 받아볼 것을 권한다. 특히 언어영역처럼 변수가 많은 과목은 학습지의 이상야릇한 문제들이 위기에 닥쳐 낯설어할지도 모를 학생들에게 두려움을 없애줄 수 있는 보완제가 될 수 있다. 그리고 권위 없는 출판사 문제집을 풀다가 너무 많은 문제를 틀렸다고 절망치 말고 과감히 그 문제집을 내다버려라! 오히려 좋은 문제집을 서너 번 반복해서 풀어보는 것이 훨씬 효과적이라는 사실!

연필로 연하게 답을 체크하면서 풀다가 다시 깨끗하게 지우고 풀어본다. 틀린 문제는 또 틀리게 되어 있다. 그 부분이 자신의 약점이며, 그 약점을 보완하고 최소화하기 위해 틀린 부분과 관련된 원리를 깨우쳐나가는 작업이 이 단계의 핵심이다.

이 시기에는 1학기 때 닦아왔던 기초지식들을 다시 한번 음미하면서 평소의 페이스대로 문제를 풀어나가본다. 그러나 다져놓은 지식 없이 문제만을 풀었던 학생은 허둥지둥 어떻게 끝마무리를 해나가야 할지 암담한 상황에 놓이게 된다. 그렇게 많은 양의 문제집과 참고서를 다 보면서 정리할 수는 없지 않은가? 이래서 원리가 가장 중요하다는 것이다.

또한 모의고사를 통해서 오답률이 컸던 문제들을 다시 한번 점검하고 재고해나간다. 오답률을 최소화해나간다면 2학기 모의고사 성적이 껑충 뛰어 있을 것이고, 똑같은 페이스대로 열심히만 공부했던 학생들은 성적의 변화가 그다지 크지 못할 것이다. 무작정 열심히만 하는 그런 방식의 공부는 절대 안 된다.

수능시험을 몇 주 앞둔 시점에서는 수능 감각을 유지하는 것과 각 영역의 기본 내용과 원리를 점검하는 것, 이 두 가지의 균형이 필요하다. 많은 것을 단시간에 이루려고 하는 욕심을 버리고, 이제껏 해왔던 것을 다지는 시기가 바로 이때인 것이다. 그러나 마지막에 쾌거를 올리고 싶다면, 암기과목의 국정교과서를 열심히 정독하도록! 그리고 약 10일 정도 언어영역 문제를 한 회씩 끈질기게 풀어보도록! 수학공식의 원리 그 자체보다 원리를 파생케한 조건들을 간략하게 정리해서 수험 고사장에서 보는 것도 상당한 도움이 될 수 있다. 다만 몇 회분의 모의고사 문제집의 성적에 크게 낙담하지 말도록…… 중요한 것은 자신이 정리해온 내용들을 고사장에서 정확히 적용할 수 있는 응용력이다.

수능날이 가까워지면서 수면시간을 조절하는 학생들이 증가하는데, 수면시간의 조절은 단기간에 해결될 수 없다. 내일 시험 보니깐 오늘 일찍 자야지……? 오히려 그러다가 잠이 안 와서 설치다가 시험 망치는 사례가 종종 발생한다. 수면시간의 조절은 적어도 이 주 전부터 실시한다.

마지막으로 자신에 대한 굳건한 신뢰를 저버리지 않기를 당부한다. 자신감을 상실하는 건 이미 수능에 실패한 것과 다름없다. 스스로를 믿지 않는다면 신도 그대의 노력에 응답하지 않으리라.

공부를 하는 것은, 혹은 시험을 준비하는 것은 고생스러운 인고의 과정이 아니다. 자신이 이루고자 하는 꿈을 위해서 정진해나가는 과정은 자신의 전 인생에 있어서 하나의 커다란 배움을 얻어가는 과정과 같기 때문이다. 무엇이든 진정 하고자 하는 마음에서 출발하지 않는 것은 그 과정의 절박함을 감당해내기 어렵다. 솔직히 공부하는 것을 진심 어린 마음에서 좋아하는 사람이 몇이나 되겠는가? 하지만 정말 즐겁고 재미나서 배우는 것 자체를 즐기는 사람도 분명히 존재한다.

일 년은 결단코 긴 시간이 아니다. 자신의 젊음을 용기와 인내를 가지고 투자해볼 수 있는 것은 바로 젊기에 가능하다. 여러분은 공부를 해나가면서 자신과 싸우는 방법을 스스로 터득해나가게 될 것이다. 수능시험을 성공적으로 치러내었다는 것이 단지 명문대로의 직행, 사회적 출세의 지름길을 밟는다는 것에 그치지 않는다는 것이다. 우리는 하나의 과정을 통해서 더 소중한 많은 가치들을 배울 수 있게 되며, 그 과정을 통해 얻은 소득은 앞으로 닥칠 수많은 어려움 앞에서 자신이 어떤 선택을 하게 될지를 판가름하게 되는 귀중한 밑거름이 될 수 있다.

진정 대학생으로서, 아니 더 나아가 지성인으로서의 해방감과 자유를 만끽하기 위해서 여러분은 인고의 과정을 탐색과 흥미의 과정으로 전환시켜야 한다. 배우는 것을 게을리 하지 말라는 말은 배움을 통해 알게 되는 과정을 축복으로 여기라는 말과 같다. 수험생활 역시 딱딱한 의자와 짓물러진 중지 손가락으로만 남는 것은 아니다. 똑같은 환경을 어떤 시각에서 바라보고, 어떤 관점에서 만들어가느냐에 따라 그곳이 지옥이 될 수도 있고, 천국이 될 수도 있다. 타인과의 비교를 통해서가 아니라 자신의 처지를 냉정히 직시하고 최선의 환경을 구축해나가는 씩씩한 전사들이 되길 빈다.

김경애 mbmbnn@freechal.com
창원 양곡중학교—마산여자고등학교—재수 • 1979년 염소자리 • A형 • 좋아한다면 주저 없이!

시험 볼 땐 진지하게

남경보 서울대 재료공학과 01학번

먼저 성적 이야기부터 시작해보려 합니다. 중학교 때의 성적은 상당 부분 고등학교에서도 유지되는 것 같습니다. 공부 방법이나 습관이 형성되는 것도, 고등학교에서 배우는 학문의 기본 바탕을 습득하는 것도 모두 중학교에서 이루어지기 때문입니다.

역시 아무래도 성적이라면 시험이 가장 중요할 텐데, 제 경우는 보통 시험 치르기 늦어도 이 주 전부터 시험 공부를 시작했었습니다. 그때면 시험범위도 대부분 나오고, 슬슬 학교에서도 시험 분위기가 제법 잡히기 때문이었죠.

첫째 주에는 책을 한 번씩 읽으면서 내용을 파악했습니다. 시험 진도가 이미 다 나간 과목이나 맘 편하게 읽을 수 있는 과목을 먼저 택해서 책을 읽는 집중력을 서서히 높여갔습니다.

둘째 주에는 문제집을 위주로 문제를 풀었습니다. 문제를 풀면서 자연스럽게 몰랐던 내용을 다시 공부하고 알던 내용을 다시 점검할 수 있었죠. 그리고 나서 시험기간이 오면 매일 다음날 시험을 준비하는 방식으로 내신 공부를 했습니다. 과목에 따라서 마지막으로 책을 한 번 더 본다거나, 몰라서 체크해둔 곳들을 본다던가 하는 식이었습니다.

비교적 단기적인 계획을 요하는 것이 시험 공부라면, 즐겁고도 험난한 방학은 장기적인 계획을 요한다고 할 수 있겠죠. 특히 고2에서 고3으로 올라가는 겨울방학은 공부의 측면에서 개인적으로 가장 중요합니다. 이때는 사실상 수능에 필요한 대부분의 과목을 다 배운 시기이고, 이를 전반적으로 돌아볼 수 있는 시간적 여유가 생깁니다. 3학년 때는 모두들 열심히 해서 크게 성적의 변동이 없기 때문에, 2학년 때까지 조금 부진했던 학생이라면 2학년 겨울방학을 어떻게 활용하느냐가 중요합니다. 그리고 나서 고3 여름방학에는 부족한 부분을 보충하고, 그 이후엔 집중하고 싶은 곳에 집중할 수 있겠죠. 제 경우는 고2 겨울방학 동안 지금 생각해보면 약간은 과하다 싶을 정도로 학원에 다녔는데, 그래도 덕분에 여러 과목의 정리가 잘 될 수 있었습니다. 학원을 가든, 혼자 공부를 하든 간에 뚜렷한 목표의식을 가지고 방학의 긴 시간을 잘 이용하려는 의지와 노력이 중요합니다.

그리고 시간관리도 중요하겠죠. 저도 본래 계획을 세워서 공부하는 스타일은 아니었는데, 고3이 되고 공부하는 시간이 늘어나다보니 계획을 세워서 공부하는 편이 시간을 관리하는 데 많은 도움이 되었습니다. 그리고 느슨한 계획보다는 약간 빡빡한 계획이 스스로를 가다듬는 데 좋았던 것 같습니다. 제 경우는 일단 중요 시험 스케줄이 잡히면 그 시험을 기준으로 해서 공부 계획을 세웠는데, 때로는 학교 시험이 오히려 페이스에 방해가 되는 경우도 있어서, 이때는 과감하게

항상 모든 시험에 진지하게 임하자! 학교 시험과 수능은 물론, 각종 모의고사나 혼자서 푸는 문제집에 딸린 간이 시험까지도. 시험에 진지하게 임한다는 것은 곧 좋은 결과로 이어질 기회가 많이 생긴다는 말도 된다.

별다른 학교 시험 준비 없이 그냥 계획대로의 수능시험 준비를 통해서 학교 시험을 치렀습니다. 고3 때 보는 학교 시험 대부분이 이미 배운 내용에 관한 것이기 때문에 큰 부담도 없던 편이었죠. 그리고 가급적 하루에 공부하는 과목은 그 수를 적게 잡아서 한 과목에 오랫동안 집중할 수 있게 했는데 산만하지 않고 좋았습니다. 또한 학교 수업 중 자습시간이나 쉬는 시간에 틈틈이 문제집을 풀면, 생각보다 풀 수 있는 양이 많아서 많은 도움이 됩니다. 사소한 듯하지만, 학원 시간이나 위치를 조정해서 불필요한 시간 소요를 줄인다던가, 필요한 일들을 한꺼번에 처리해서 가급적 한 번에 공부할 시간을 늘이는 등의 요령도 시간 관리에 있어서는 매우 중요합니다. 한정된 시간을 얼마나 잘 사용하느냐에 따라서 많은 차이가 있으니까요.

시간 관리와는 별도로 간단하면서도 어려운 두 가지 공부방법 또한 전하고 싶네요. 그 첫번째는 항상 모든 시험에 진지하게 임하라는 것입니다. 학교 시험과 수능은 물론, 각종 모의고사나 혼자서 푸는 문제집에 딸린 간이 시험까지도 말입니다. 시험에 진지하게 임한다는 것은 곧 좋은 결과로 이어질 기회가 많이 생긴다는 말도 됩니다. 또한 그러한 경험이 실제 중요한 시험에서 많은 도움이 됩니다. 고3이 되기 전까지는 성적도 최상위권은 아니었고 대학 욕심도 그다지 없었던 저에게 가장 큰 전환점을 제공했던 것은 고3 첫 모의고사였습니다. 고3 첫 모의고사의 성적이 기대 이상으로 굉장히 좋았고, 그 시험을 계기로 많은 자신감을 가질 수 있었습니다. 전 그 모든 것을 항상 시험에 진지한 자세로 임했기 때문에 가능했던 일이라고 믿고 있습니다.

두번째는 어떤 시험이라도 일단 시험을 보면 바로 오답을 확인해보라는 것이죠. 틀린 문제의 경우는 몰라서 고민하다가 틀린 경우가 많기에, 문제의 정답을 확인하고 가볍게나마 그 주변 지식까지 알아둔다면 상대적으로 머릿속에 오래 남게 될 겁니다. 아직 공부를 잘 하지 못하는 학생이라면 틀린 문제가 많아서 다시 확인하는 데 긴 시간이 걸릴지도 모르지만, 시간이 지나면서 점점 다시 봐야 할 틀린 문제가 줄어가는 자신의 시험지를 바라보며 뿌듯한 기분이 들 수 있을 겁니다. 굳이 오답노트까지 만드느라 시간을 쓰지 않아도, 가볍게 한두 번 정도 답안을 훑어보거나 책을 찾아보는 정도로 오답 확인은 충분하다고 봅니다.

이 글이 여러분에게 도움이 되었으면 좋겠습니다. 끈기 있고 성실하게 수험생활 보내길 바랍니다.

남경보 necready@hanmail.net
서울 중앙대학교 사범대학 부속고등학교 • 1983년생 물병자리 • B형 • 하지 않아도 저절로 되는 일은 없다.

주말이 되면 몸도 마음도 다소 느슨해져서 한없이 퍼지게 되는 것이 사실인데요, 주말을 어떻게 보냈는지 알아볼까요?

1. 주말 시간관리는 어떻게 했나요?

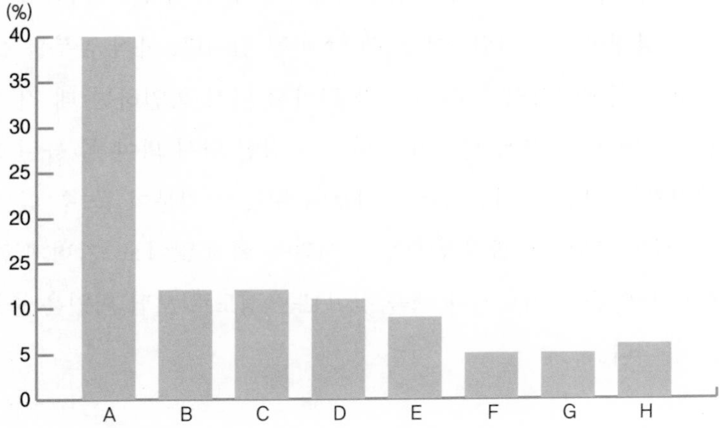

A 평일보다 조금 여유롭게 하기는 했으나 전반적으로 평일과 비슷한 패턴으로 공부했다
B 공부도 하긴 했지만 되도록 여유롭게 휴식을 취했다
C 종교 생활
D 휴식을 취했다
E 공부를 더 보충했다.(학원/도서관/혼자서 모의고사 보기 등)
F 모자란 잠을 보충했다
G 많이 놀았다
H 기타

음—;; 고등학생 때는 주말이라고 해도 별다른 계획을 세울 여유나 시간이 부족한 것 같아요. 평일보다 조금 여유롭게 휴식을 취하기도 하고, 밀린 잠을 보충하기도 하지만, 주말에도 대부분은 여전히 계속 공부를 했군요. 주말에 휴식시간과 공부시간을 적절히 조절할 수 있는 절제력을 기르는 것도 고등학생만의 특권이라고 생각하자고요!^^

2. 시험 끝나고는 주로 무엇을 했나요?

시험 끝나고 나서 나름대로 그 동안의 긴장과 스트레스도 풀고 재충전하는 방법은 다들 비슷하네요. 맛있는 거 먹고, 잠도 푹 자고, 영화를 보거나 음악을 들으면서 문화생활도 해보고, 좋아하는 운동을 하면서 땀을 빼기도 하고요.^^

시험 끝나고 채점하고 틀린 문제를 확인하거나 취약한 부분을 정리했다는 답변도 꽤 눈에 띄는군요. 시험 뒤처리(?)는 바로바로 해버리는 것도 나름대로 효율적일 것 같네요.^^;;;

기타 의견으로는 쇼핑을 했다, 친구들에게 이메일 보냈다, 놀이동산에 갔다, 이성친구와 놀았다, 교외로 가족과 놀러갔다, 서점에 가서 문제집도 사고 책구경도 했다 등의 의견이 있었습니다.

시험이 시험에서 끝나는 게 아니므로, 휴식을 취하든 보충 공부를 하든, 암튼 시험 후의 시간도 아주 중요하답니다.^^

4

나만의 공부 스타일을 찾게 된다

이정훈 **공부를 재미있고 흥미롭게 한다고?**

박세욱 **공부는 내 체질이 아니라고? 체질도 바꿀 수 있다!**

이용준 **한 과목씩 끝내기**

신용남 **어렵게 공부하자**

김종훈 **마인드맵을 그려라**

양윤걸 **문제는 집중력이다**

염지연 **나는 노력파**

양재욱 **안 되면 되게 하라: 당근과 돈키호테**

최고운 **언어영역, 취약과목에서 만점과목으로**

김지현 **나는 올빼미족**

공부를 재미있고 흥미롭게 한다고?

이정훈 서울대 전기공학부 01학번

나는 다른 사람들과는 약간 다른 방식으로 공부를 해왔다. 이것이 다른 사람들에게도 잘 맞을지 모르겠지만 그래도 어느 정도 참고는 되지 않을까 하는 마음에 적어본다.

나의 초등학교, 중학교 때 성적은 크게 뛰어난 편은 아니었다. 초등학교 땐 반에서 2~5등 정도 한 것 같고, 중학교 때는 반에서 4, 5등을 쭉 유지했었다. 중학교 때 본 모의고사에서 전교 10등 안에 든 적도 있다.

초등학교 때의 생활은 서예, 태권도, 바이올린, 컴퓨터 학원을 다녔던 것이랑 동화책을 많이 읽었다는 것을 제외하면 이야기할 것도 없다. 나서기 좋아하는 보통의 어린이였다. 책은 제법 좋아했던 것 같다. 책이든 짧은 낙서든 과자 뒤에 붙어 있는 광고나 성분표 등 무언가 적혀 있는 것을 읽는 게 좋았다. 그렇다고 공부하는 것을 좋아하는 것은 아니었다. 시험이 다음날이라도 공부를 하진 않았다.

중학교에 와서도 그런 태도는 별로 변하지 않았다. 단지 시험 전날은 교과서를 한 번 읽는 정도로 발전했다고 할까. 중학교 때 내가 탐닉했던 것은 로빈 쿡의 의학스릴러와 무협지, 그리고 비디오 게임이었다. 한번은 중간고사 첫째날 집에 오자마자 가방을 내팽개치고 게임을 4~5시간 계속하다가 집에서 쫓겨날 뻔한 적도 있으니 말이다. 소설이나 무협지도 한번 대여점에서 3~5권을 빌리면 하룻밤만에 다 읽곤 했다.

나에게는 형이 없었다. 친척 형이나 누나들도 나와 나이 차이가 많이 나서 공부법에 대한 조언을 듣지 못했다. 게다가 나는 학원도 다니지 않았다. 학원을 다니라고 이야기해주는 형이나 누나도 없었을 뿐더러 학원이란 곳의 필요성을 느끼지 못했다. 다만 영어학원만은 어머니의 성화에 못 이겨 초등학교 6학년 때부터 중학교 3학년 때까지 다녔었다. (사실 이것이 나의 영어 실력에 상당한 영향을 미치게 된다.) 비슷한 또래의 형, 누나들이 없었기에 흔히들 많이 공부하는 정석, 성문영어, 맨투맨 영어 같은 것이 있다는 것도 중학교 3학년 때가 되어서야 알게 되었다.

그 당시 특설반 선발 시험을 쳤었는데 내가 배우지도 않은 어려운 수학, 과학 문제들이 나왔다. 바로 이 시험이 나의 삶에 중요한 전환점이 되었다. 그때까지 전혀 모르고 있었던 고등학교의 교과과정에 대해서 조금씩 알아가게 됐던 것이다. 그리고 그런 것들을 벌써 배우고 알고 있는 아이들이 대단하게 보였고 나도 그렇게 하고 싶었다. 그때 나는 작은 계획을 세웠다. 하루에 영어문제 세 개씩 풀기(리딩튜터, 리더스뱅크 같은 문제집들), 정석 혼자서 두 시간 공부하기였다. 중학교 3학년이 되어서야 제대로 공부를 해야 되겠다는 생각을 한 것이다. 그러나 3학년 1학기는 그 계획에 따라 실천했지만(독해문제집 3권, 정석

15과 정도 봤다) 2학기에는 다시 나태해져서 지키지 못했다.

그렇게 인문계 고등학교에 진학하게 된 나는 제2의 전환점을 맞게 된다. 전진반이라는 곳에 편성이 된 것이다. 전진반은 수업이 끝나는 5시부터 밤 12시까지 남아서 야간자율학습을 하는 특설반이었다. 중학교 3학년 때 공부를 해야 된다는 생각을 한 나는 당연히 고등학생이면 그렇게 해야 된다고 생각해 삼 년 동안 열심히 공부했었다.

나는 내신성적이 그다지 좋은 편은 아니어서 반에서 3~5등을 꾸준히 유지한 정도였다. 그러나 나는 모의고사에서 특별히 성적이 좋았다.

나의 언어영역, 외국어영역의 학습요령은 지문에 구애를 받지 않는 것이다. 많은 선생님들과 선배들이 언어영역 지문을 읽을 때의 요령을 이것저것 든다. 빈칸문제는 바로 풀라든지 문제를 먼저 훑어보고 지문을 읽으라든지, 중요한 부분은 밑줄을 그으라든지 하는 것들 말이다. 그러나 문제를 먼저 보고 지문을 보더라도 문제를 생각하다보면 지문이 머릿속에 들어오지 않는다. 밑줄을 그으려고 하다보면 어느 게 중요한 부분인지 생각을 해야 되므로 내용이 머릿속에 남지 않는다.

나는 언어영역 지문을 읽을 때 그냥 신문의 가십 기사 읽듯이 읽었다. 흔히들 잡학이라고 이야기하는 것을 쌓아 다른 사람들과 이야기할 때 화제로 삼을 수 있도록 하기 위한 것처럼 말이다. 그렇게 지문을 문제라고 인식하지 않고 읽으면 그 내용이 머릿속에 잘 남았다. 특히 언어영역의 지문은 상당히 많은 상식과 지식을 담고 있는 경우가 대부분이다. 그런 것들을 잘 기억해두면 나중에 또 다른 문제를 풀 때에도 많은 도움이 된다. 자기가 아는 내용의 글이 나오게 되면 더욱 이해하기 쉽고 기억하기 쉽기 때문이다. 예를 들자면, 예전에 빅뱅에 관한 과학만화를 읽은 적이 있는데 거기서 본 내용과 관련된 글이 언어영역 과학지문에 제법 많이 나왔었다. '허블' 이라든지 '적색이동' 이라든지 하는 것들이 나왔을 때 그 개념에 대해 이미 대강 알고 있다면 훨씬 문제를 쉽게 풀 수 있는 것은 자명한 일이다.

외국어영역의 지문도 재미있는 이야기나 다양한 지식을 주제로 다루고 있는 지문들이 많다. 이 또한 지식을 쌓는다는 마음으로 글을 대하고 읽으면 그것이 다시 언어영역으로 피드백, 언어영역은 다시 외국어영역으로 피드백된다. 특히 해석이 잘 안 되더라도 내용을 알고 있다면 쉽게 그 내용을 유추하여 답을 끌어낼 수 있다. 중요한 것은 자신의 호기심을 증폭시켜야 된다는 것과 그 호기심을 끊임없이 채워나가야 된다는 것이다. 언어영역과 외국어영역은 배경지식이 얼마나 많은가에 따라 성적이 판가름난다. 물론 말도 안 된다고 생각하는 사람들도 있을지 모른다.

내 경우 언어영역에서 문제가 있었던 적은 한 번도 없었다. 항상 꾸준한 점수를 유지했었고 혹시 점수가 떨어졌다 하더라도 그럴 때는 문제가 전반적으로 어려워 다른 학생들의 점수도 같이 떨어졌을 때였다.

수학은 나에게 있어서 골칫덩어리였다. 고등학교 때도 학원을 다니거나 과외를 받아본 일이 전혀 없어 혼자서 공부할 수밖에 없었다. 아마 고등학교 자율학습시간의 70퍼센트 이상은 수학공부를 했을 것이다. 중학교 때 혼자서 함수까지 공부를 하고 올라온 나는 그 다음부터 쭉 혼자 공부해나가기 시작했다. 모르는 문제가 있으면 곰곰이 생각하다가 그래도 안 되면 해답을 봤다. 풀이를 보고 문제 푸는 법을 익혔다. 풀이도 이해가 안 되면 잘하는 아이들에게 물어보고 그래도 안 되면 학교 선생님들께 질문을 했다. 그렇게 혼자 공부하는 법을 익혀나갔다.

지금 생각해보니 초등학교 시절 읽었던 동화책과 중학교 때 읽었던 소설과 무협지가 내 독해 능력에 상당히 많은 영향을 미친 것 같다. 특히 무협지는 한자 실력 향상에도 도움이 되었는데, 한자 실력은 언어영역과 수탐Ⅱ에서 매우 유용하다.

고등학교 1학년 때엔 어느 정도 느긋하게 공부했다. 그러나 그것이 큰 문제였다. 고등학교 과정상 보통 2학년 때 수학1, 2를 같이 배운다. 따라서 자율학습시간은 완전히 수학만으로 채워졌다. 학교 진도보다 약 한 달 정도 빠르게 정석을 독학하는 것으로 어느 정도는 학교에 맞추어가는 것이 가능했다. 문제집은 학교에서 지정해준 교재용 문제집 이외에는 정석을 제외한 다른 문제집을 푼 적은 없었다. 사실 그럴 자신이 없었다.

정석을 혼자 공부하는 것은 확실한 방법이긴 하나 시간이 많이 걸린다. 내가 정석을 공부했을 때, 기본 자세는 해답을 보지 않는 것이었다. 그래서 시간이 많이 걸렸다. 사실 모르는 문제에 부딪혔을 때 해답을 보는 것만큼 쉬운 방법은 없다. 하지만 그렇게 해서는 문제풀이 능력은 전혀 향상되지 않는다. 아무 생각 없이 학교나 학원에서 선생님들의 문제풀이를 듣고 그때는 이해가 되었지만 다시 그 문제를 풀어보려고 하면 못 푸는 것이 바로 그 증거이다.

문제를 풀 때에는 우선은 가능한 오래 생각해봐야 된다. 앞의 예제나 유제도 살펴보고 어떻게 하면 문제를 풀 수 있을까 고민해봐야 한다. 많은 학생들이 "생각해봐도 모르겠는데요"라고 말하는데 그런 학생들은 대부분 '이 문제를 어떻게 풀지? 어떻게 풀지?' 라는 생각만 되풀이하는 경우가 많다. 문제를 어떻게 풀지 생각해본다는 말은 그 문제를 계속 쳐다본다는 말이 아니다. 앞의 내용을 살펴보고 식을 바꾸어 적어보면서 이런저런 공식에 대입을 시켜보는 일을 말한다. 아무리 해도 모르겠을 경우 최후의 수단으로 해답을 살펴보되 한 번에 다 보는 것이 아니고 차례대로 조금씩 본다. 문제를 푸는 방법의 키포인트는 어디인가를 확인한 다음 과정을 알 것 같으면 그 후로는 해답을 보지 않고 풀어본 후 해답과 맞추어보는 식으로 해야 한다. 해답을 볼 때에도 생각을 하면서 보지 않으면 안 된다는 말이다. 그런 식으로 해답을 보고 풀었던 문제에는 표시를 해둔다. 나중에 다시 복습을 할 경우 요약된 내용을 한번 훑어보고 표시를 해둔 문제를 해답 없이 풀 수 있다면 못 풀었다는 표시 옆에 한 번 풀었다는 표시를 하고, 두번째도 못 풀었다면 다시 못 풀었다는 표시를 해둔다. 그런 식으로 해서 풀었다는 표시가 못 풀었다는 표시보다 많아졌다면 그 문제는 다시 풀지 않아도 된다.

사회와 과학은 3학년이 될 때까지 특별히 공부하지 않았다. 어차피 그때까지 모든 내용을 다 배우지 못하기 때문에 안달할 필요 없이 느긋하게 언어(사실 언어 공부를 내가 하는 식으로 한다면 이미 사회나 과학 공부도 같이 되는 것이다), 수학, 영어 공부를 하다가 3학년이 되어서 배운 내용을 다시 재확인하고 빠진 내용을 보충하는 식으로 공부하면 된다.

고등학교에서 공부를 하면서 몇 가지 지켰던 것이 있었다.

첫째, 12시가 넘으면 절대 책을 보지 않았다. 사람의 몸에는 바이오리듬이 있어 사람에 따라 다르기는 하지만 대부분 자정이 넘어가면 집중력이 급격히 떨어진다. 그러한 상태에서 공부는 무의미하다. 대학에 와서 몇 번 밤샘 공부를 해보고 나서 그것을 절감했다. 12시 이후의 공부는 공부가 아니라는 것을 말이다.

둘째, 하루에 정한 양만큼은 어떤 일이 있어도 꼭 끝내고 아무리 컨디션이 좋은 날이라고 해도 일정한 양 이상은 공부하지 않았다. 고등학교에서의 공부는 하루만에 끝내는 것이 아니다. 다음날도 있고 그 다음날도 있다. 하루 공부가 하기 싫다고 그냥 하지 않는다거나 잘 된다고 무리해서 공부를 하게 되면 반드시 다음날 컨디션에 영향을 미치게 된다. 공부는 질리지 않게 무리하지 않도록 꾸준히 해야 할 필요가 있다.

셋째, 휴식이다. 평일엔 12시까지 학교에서 공부했지만 주말은 철저하게 놀았다. 그 당시 주말은 집에서 동생과 비디오 관람, 비디오 게임하기(이때까지 정말 열심히 했었다)로 시간을 보냈다. 물론 이것도 3학년이 되어 주말에도 자율학습을 하게 되면서 못하게 되었지만, 그래도 공부와 휴식은 병행되어야 한다. 사람은 기계가 아니다. 계속 공부만 할 수는 없는 노릇이다. 극단적인 예로 난 고3 5월에 PS2를 사서 주말 밤마다 동생과 철권대전을 하면서 스트레스를 풀었다. 주말에 너무 놀다보면 주중에도 공부하고 싶은 생각이 안 들지 않을까 하는 걱정이 생길 수도 있겠지만, 평일에 정말 열심히 목표한 만큼 공부하고 나서 맞는 주말 휴식은 경험해보지 않은 사람에게는 정말 이해할 수 없는 기분이다. 놀고 나서도 찝찝한 느낌(해야 할 일을 미루어두고 놀고 난 뒤 엄습해오는 불안감)도 없고 다시 공부를 할 의욕도 재충전되기 때문이다. 물론 건강을 해치지 않을 만큼 놀고 충분한 수면도 취해주어야 하는 것은 당연한 일이다.

넷째, 잡생각을 떨쳐버려라. 수업시간이든 자습시간이든 한 가지만을 해야 한다. 수업시간에 주말에 봤던 영화장면이 떠오른다든지, 자습시간에 주말에 했던 게임 생각을 하는 것은 절대 금물이다. 그렇다면 이미 그 순간은 공부하는 시간이 아니다. 그렇다고 노는 시간도 아니다. 그냥 버리는 시간이 되는 것이다. 그럴 때는 마음을 가다듬고 다시 공부에 임해보든지 그것도 안 되면 잠시 휴식을 취하기 위해 눈을 붙이는 것이 좋다. 나 역시 대학교에 입학해서 하고 싶은 일들을 떠올리며 공상과 잡생각에 빠지기도 했었다. 그럴 때 시간은 정말 정신없이 흘러가버린다. 방법은 하나, 가능한 한 지금 현재만을 생각하며 전념하는 수밖에 없다.

마지막으로 목표를 확실히 정해야 된다. 나는 중학교 때 비디오 게임을 하면서 일본어를 배워야겠다는 확실한 목표를 세웠고, 그 목표에 따라 일본어를 혼자서 익히고, 고등학교 때 제2외국어로 일본어를 선택해 지금 상당한 수준의 일본어를 구사할 수 있게 되었다. 서울대학교에 입학한 것도 이와 같았다. 1학년말 문과를 지망하려던 생각을 고치고 이과로 지망한 순간 난 주저 없이 서울대학교 전기공학부를 목표로 삼았다. (사실 중학교 때에는 의학소설의 영향으로 의대에 진학하려 했으나 병원 응급실에 한번 가본 이후 흥미를 잃었다.) 우선 전기라는 에너지에 대해 궁금한 점이 상당히 많았고, 많은 가전제품의 부품이 되는 반도체가 어떤 원리로 움직이는 것인지 궁금했다. 또, 앞으로 아무리 세월이 흐르고 지나도 전기는 계속 쓰일 것이라는 생각에 이것을 공부하면 나중에도 충분히 활용 가능한 지식이 되겠구나(쉽게 이야기해서 직업을 구하기 쉽겠다) 하는 생각도 했었다. 그후 열심히 매진한 결과 서울대학교 전기공학부에 입학하게 되었다. 목표가 있었기 때문에 가능한 일이었다. 중고등학교 때 가장 중요한 목표는 자신이 원하는 대학에 진학하는 것이다. 지금은 그것만을 생각하며 꾸준히 공부하는 것만이 원하는 바를 이룰 수 있는 방법이다.

이정훈 dejavu-lee@hanmail.net
대구 능인중학교－오성고등학교 • 1982년생 쌍둥이자리
• AB형 • 순간순간을 즐겁게…….

공부는 내 체질이 아니라고? 체질도 바꿀 수 있다!

박세욱 서울대 천문학과 00학번

나는 머리가 좋지도 나쁘지도 않은 지극히 평범한 학생이다. 평소에 공부하겠다고 시간표 짜고 계획 세우고 마음 굳게 먹고 그러다가 또 삼일도 안 돼서 때려치우던 일에 지겨워하던, 시험 기간에 '반짝' 공부하던 지극히 평범한 학생이었다. 학원수업도 과외도 받지 않았다. 그런데 어쩌다가 좋은 성적을 얻을 수 있었을까?

고1 겨울방학 즈음, 처음으로 친구따라 사설 독서실에 등록했다. 그리고 바로 이 사건(?)이 대학교를 합격하게 만든 가장 큰 원인이었다. 독서실에 나의 전용책상이 있고 서랍장이 있었으며 조용히 공부하는 분위기가 형성되어 있었다. 나는 공부할 책들을 그곳에 놓고 매일 나가기 시작했다. 그렇다고 나가서 공부만 한 것은 아니었다. 친구들과 함께 만화책도 보고 장기도 두었지만 방과 후 집에서 빈둥거리던 시간에 독서실에 가 있었다는 것이 공부하는 습관을 들이는 시작이었다. 집에서 공부를 하기로 마음먹었다가 실패를 여러번 한 학생이라면 독서실에 등록하여 매일 나가라고 권유하고 싶다.

가서 만화책을 보든, 추리소설을 읽든 매일 가서 책상에 앉아 있어라! 그것이 공부의 첫걸음이다.

1단계—습관 들이기

이제 어떻게 공부하는 습관을 들였는지 짧게 소개하려 한다. 대단한 것은 없다. 우선은 공부를 시도한다.

나는 집중력이 부족해서인지 한 과목만 계속 보면 쉽게 싫증이 났다. 그래서 처음엔 사회책 한 단원을 읽고 그 다음에 영어 독해 세 개를 하고 그리고 나서 수학 15문제 가량을 풀고 그 다음 윤리책 한 단원을 읽고 잠깐 쉬고…… 이런 식으로 공부했다. 이 방법은 아래에 소개할 '백지상태에서 독학하기'와 모순이 될 수 있다. 그러나 처음 공부하는 습관을 들일 때 이런 식으로 공부한다면 쉽게 싫증이 나지 않고 오랜 시간 앉아서 공부할 수 있다.

독서실을 처음 끊었을 때는 '수능성적을 올려야지!', '죽어라 공부해야지'라는 생각이 전혀 없었기 때문에 고2 내내 부담 없이 독서실에 갔고 공부하다가 잘 안 되면 만화책을 보거나 장기를 두었다. 그렇지만 집에는 잘 가지 않았다. 보통 독서실에 한번 오면 지겨워도 친구들과 독서실 안에서 놀면서 시간을 때웠다. 그래서 독서실에 가는 것이 몸에 배어 습관적으로 가게 되었다.

2단계—백지상태에서 독학하기

습관이 들었다고 해도 공부를 한다는 것이 쉬운 일만은 아니다. 특히 잘 모르는 과목을 공부할 때는 더욱 그렇다. 부끄럽게도 나의 고1 첫 수학시험 성적은 40점 그리고 고1 일 년간 수능 모의고사 수학 점수는 80점 만점에 30점대였다. 그만큼 나는 수학을 못했다. 이런 상황에서 공부를 혼자 시작하기란 쉬운 일이 아니었다. 어제 풀었던 문제를 오늘 못 풀겠고 두 페이지를 이해하는 데 네 시간이 걸리기도 하고, 기본문제는 다 풀겠는데 약간이라도 응용한 문제는 손도 못 대겠고…… 그때의 스트레스란…… 정말이지 '혼자 열심히 공부하면 다 된다' 라는 말이 통하지 않는 때가 바로 그런 때다.

나는 이 기간을 질문으로 해결했다. 친구와 선생님께 무자비하게 질문을 했다. 너무 모를 때에는 선생님께서 설명해주시는 내용을 잘 알아듣지 못한다. 그래도 '네, 네' 하면서 넘어가게 된다. 그래서 이때는 선생님보다는 친구에게 많이 물어봤다. 이 기간에 같은 독서실에 다니던 수학을 잘하는 친구의 도움을 많이 받았다. 이때는 한번 설명을 듣고 '아하' 이해했다가도 며칠 뒤 다시 풀려면 막히는 경우도 많았다. 경험해본 사람은 알리라. 그 순간 얼마나 공부하기 싫어지는지. 또 모르는 문제 이해하려고 끙끙대다가 너무 짜증나 '에라 모르겠다' 하고 남은 하루를 놀아버린 적도 많았다. 이렇듯 백지상태에서 독학으로 공부를 시작할 때가 정말 힘들다. 하지만 그렇게 힘든 고비를 넘기기만 하면 그 다음부터는 점차 쉬워지는 걸 느낄 것이다.

그때 나는 수학뿐 아니라 지리, 국사, 공통과학 등 백지상태에서 시작하는 과목이 여럿 있었는데 모두 교과서를 읽고 (즉 개념에 대해 공부하고) 문제를 푸는 형식이었다. 비록 첫 문제집은 대개 열 문제를 풀면 여덟 문제를 틀리는 암담한 경험을 했지만 이 과정을 계속 반복하고 질문하여 이해해나가면서 극복했다.

각개 격파!

잘 모르는 과목을 공부할 때는 한두 과목만 붙잡고 매달려라. 매일 수학 한 시간, 영어 한 시간, 과학 한 시간, 이런 식의 공부 계획을 세우지 말란 의미이다.

가능하면 두세 과목이 좋다. 성격이 다른 과목들, 그러니까 수학과 과학보다는 수학과 영어, 이런 식으로 성격이 다른 두세 과목을 묶어서 두세 시간 동안 한 과목을 공부하고 지겹고 지치거나 공부가 너무 막힐 때에 다른 과목으로 바꾸는 것이 좋다. 잘 모르는 과목을 공부할 때는 분명히 이해가 잘 안 되고 막힌다. 그러면 질문하라! 대답할 사람이 옆에서 대기하는 것이 아니기 때문에 질문할 것을 전부 체크해서 몰아서 질문해야 한다.

다음으로 이때는 모든 문제를 풀면서 넘어가기보다는 빠르게 진도를 나가야 한다. 정석을 예로 들면, 모든 문제를 풀면서 넘어갈 것이 아니라 처음 볼 때는 유제만, 두번째 볼 때는 틀렸던 유제와 확인문제만, 이런 식으로 공부한다.

3단계—틀린 문제 다시 보기

많은 학생들은, 학교수업에만 충실했건 학원을 다니면서 배웠건 대부분의 과목을 이미 한 번 이상 공부했을 것이다. 대부분의 과목을 대충 알고 있다면 여러 과목을 조금씩 같이 공부해나가는 것이 바람직하다. 이렇게 하는 데에는 학습지가 도움이 된다. 나는 고2 때는 한 가지, 고3 때는 두 가지의 학습지를 보았다. 학원을 다니느니 차라리 학습지를 보라.

당시 내가 본 학습지는 〈총력테스트〉와 〈케이스〉였다. 〈총력테스트〉는 기본 유형의 모범생적인 문제가, 〈케이스〉는 약간 튀는 듯한 문제가 많아서 두 학습지의 조합이 잘 맞았다고 생각한다.

잘 모르는 과목을 공부할 때는 한두 과목만 붙잡고 매달려라. 가능하면 두세 과목이 좋다. 수학과 과학보다는 수학과 영어, 이런 식으로 성격이 다른 두세 과목을 묶어서 두세 시간 동안 한 과목을 공부하고, 지겹고 지치거나 공부가 너무 막힐 때에 다른 과목으로 바꾸는 것이 좋다.

학습지는 한 번 밀리면 끝이라는 것을 대부분 알 것이다. 하지만 밀리지만 않으면 정말 체계적으로 공부할 수 있도록 도와주는 것이 바로 학습지이다. 매일 적당한 양을 공부할 수 있고 잊어버릴 만하면 복습도 알아서 시켜준다. 기본적으로 나오는 주교재 외에 핵심정리, 모의고사, 시사문제와 교과서를 엮어 만든 특별 문제집 등등 학습지는 마치 우리 몸에 필요한 영양소를 고루 공급하기 위해 잘 짜여진 급식식단과 같은 것이다.

3단계 시기에는 뭔지 알고 있는데 막상 문제를 풀면 자주 틀리는 부분이나, 봤던 것은 기억이 나는데 정확히 뭐였는지 기억나지 않는 부분을 공부하다 발견할 수 있다. 그러면 그 부분만 며칠간 집중적으로 보라. 그런 부분을 계속적으로 발견하게 될 것이다. 천재가 아닌 이상 '잊어버리고 다시 보고' 하는 과정을 반복하지 않으면 안 되니까.

이건 2단계에서도 해당이 되는 내용이지만 이때 '틀린 거 다시 보기' 가 매우 중요하다. 나는 한 문제집을 세 번 봤다. 문제를 다 푼 뒤 틀린 거만 다시 본다. 틀린 거만 다시 보기는 금방이다. 이틀에서 일주일이면 다 본다. 그리고 세번째는 두세 달이 지난 후, 틀린 문제들만 다시 보는 것이다. 별 거 아닌 거 같지만……정말 효과적인 방법이다.

나의 수면시간은?

특히 고3들은 몇 시간을 자야 되는가에 너무 신경쓰는 것 같다. 다섯 시간? 여섯 시간? 나는 어떻게든지 일고여덟 시간을 채워잤다. 몸이 그만큼을 요구해서 어쩔 수가 없었다. 고3 때는 지각하기 직전까지 잤다. 당시 나는 밤 10~11시까지 자율학습을 했다. 처음엔 그 이후에도 독서실에 갔지만 독서실에서 선 채로 잠이 들거나 가자마자 잠이 들어 독서실 문 닫을 때 아저씨나 친구들이 깨워서 집에 오기를 반복하여 고3 때는 아예 독서실을 그만두고 학교 끝나면 집에 가서 씻고 바로 잤다. 그래서 11~12시 사이에 잠들었다. 그래도 잠이 부족해서 저녁 자율학습 시작하기 전에 선생님의 눈을 피해 잤다.

요점은 대여섯 시간 자야 된다는 주위의 말들에 신경쓰지 말라는 것이다. 몸이 필요한 만큼 자라. 누워서 편히 30분 자면 풀릴 피로를 3시간 동안 졸려서 비몽사몽 상태로 고생하지 말라. 남이 몇 시간 자건 신경쓰지 말고 자기 몸에 맞게, 맑은 정신으로 공부할 수 있게 잠과 식사, 운동을 알아서 잘 조절하라!

방학을 어떻게 보낼까?

방학은 기회다. 매우 큰 기회다. 하지만 잘못 보내면 그동안 공들인 공부 습관이 철저히 망가진다.

나는 고2 겨울방학과 고3 여름방학을 성공적으로 보냈다. 그래서 각 방학이 끝난 직후의 모의고사에서 비약적인 성적향상을 거두었다. 고2 겨울방학 때는 도시락을 싸서 아침 9~10시까지 독서실에 가서 공부를 했고, 고3 여름방학 때는 아침 8~9시까지 학교 강당에서 혼자 공부했다. 힘들었지만 끈질기게 공부하며 방학을 보냈기 때문에 단번에 수 점씩 성적이 올랐다. 따라서 방학을 '잘' 보내기 위해 약간은 독한 마음을 갖기를 당부한다.

공부, 알고보면 재미있다?

공부가 재미있다는 사람을 보면 이해가 전혀 되지 않는다. 나도 학교공부를 재미있다고 생각하지는 않았지만 공부하면서 모르는 것을 알아가는 즐거움과 성취감을 맛본 경험은 있다. 백지상태의 과목을, 마치 자나깨나 재미있게 하는 게임처럼 여기며 단기간에 몇 권의 교재와 과목을 정복할 때 정복감을 맛본다. 내가 계획한 것을 지켜서 목표를 달성하면 성취감을 맛본다. 한번 성취감을 맛보면 자신이 정한 분량 이상을 공부하면서 지속적으로 성취감을 맛볼 수 있을 것이다. 지금까지 수많은 생활계획과 공부계획을 세우고 지속적으로 제대로 지킨 적이 있는가? 지키면서 얻는 즐거움에 덤으로 딸려오는 것은 높아지는 성적이다.

그리고 공부를 할 때 여러 명이 함께 하는 것을 추천한다. 물론 같이 있으면 놀아버리기 쉽다. 실제로 그런 경우를 피할 수 없다. 나도 친구와 함께 독서실에서 만화책을 몇 권이나 읽었는지 헤아리기 힘들다. 그렇더라도 함께 공부할 친구가 있으면 공부를 지속적으로 할 수 있다. 고등학교 3년 아니 고3 일 년만 하더라도 긴 기간이다. 혼자 달리기 힘들다는 사실을 인정해야 한다.

고3 때 학교 도서관에서 함께 공부하는 친구들이 있었다. 공휴일에 나와서 팀을 짜서 함께 시간을 재면서 모의고사 한두 과목을 보고 점심내기를 하기도 했고, 함께 미니 축구를 하며 시간을 보내기도 했다. 명절 때 학교에 나와야 하는 날이면 함께 불꽃놀이도 했다. 쉬는 날 혼자 집에 있었다면 나는 무엇을 했을까?

요점은, 공부에서 즐거움을 얻을 방법을 찾으라는 것, 그리고 친구들과 함께 공부하라는 것!

나는 공부를 원래 잘했거나 공부를 좋아하다 서울대에 합격한 사람이 아니다. 고1 때는 전교 100등이 넘었으며 모의고사 수학 50점을 넘는데 거의 이 년이 걸렸다. 고3이 되기 전까지 나를 포함한 어느 누구도 내가 서울대에 원서를 쓸 수 있을 것이라고는 생각하지 않았다. 다시 한번 말하지만 공부는 습관이다. 하겠다는 의지와 더불어 공부하는 습관을 한번 들이게 되면 그 습관은 수험생활 동안 자신과의 싸움에서 든든한 아군이 된다.

박세욱 baksewook@orgio.net
서울 하계중학교－대진고등학교 • 1981년생 처녀자리 • O형 • Hesitation gives me nothing.(주저하면 아무것도 얻지 못한다.)

한 과목씩 끝내기

이용준 서울대 경제학과 00학번

공부의 시작—중학교 2학년 겨울방학

동기 유발

공부를 하면서 가장 중요하다고 생각하는 것은 노력이지만, 이 노력은 스스로 공부를 해야겠다는 동기가 있어야만 생긴다. 나는 중학교 2학년까지 그다지 공부에 열정이 없었다. 보통 서울대생들이 초등학교 때부터 전교에서 수위를 다투던 실력이었던 것에 반해 나는 중학교 시절 반에서 10위권 안팎으로 그럭저럭 공부를 하던 수준이었다. 학생시절에는 공부를 가장 중요한 것으로 생각하신 부모님의 강권으로 학원까지 다녔지만 그때까지도 축구를 하고 애들과 어울려 노는 게 좋았지, 공부를 할 의지나 열정은 전혀 없었다. 중학교 2학년이 끝나가던 1994년 겨울 어느날, 아버지께서 말씀하셨다.

"공부를 열심히 할 생각이 없다면 실업계로 진학해서 기술을 익히거라."

내가 살던 울산은 그 당시 비평준화 지역이어서 가고 싶은 고등학교는 시험을 봐야 들어갈 수 있었고 그때 내 실력이면 울산에서 소위 좋다는 고등학교는 불가능하고 인문계 고등학교도 아슬아슬하게 합격할 수 있는 점수였다. 하지만 아버지는 공부에 별 의욕이 없는 아들에게 계속 공부를 시키는 것보다 일찍 기술을 배우게 하는 것이 좋을 거라 생각하셨던 듯하다. 하지만 역설적이게도 그때 아버지의 말씀은 내가 공부를 시작하게 한 동기가 되었다. 평소 공부를 매우 중요하게 생각하시던 아버지가 나에게 인문계 진학을 포기하라고 하셨다는 것은 그만큼 공부에 관심 없는 나에게 실망하셨기 때문이라고 생각했기 때문이다. 아버지의 기대에 미치지 못한다는 것은 그 당시 나 자신에게 큰 충격이었고, 나 또한 과연 실업계로 가야 할 것인가를 심각하게 생각해보게 되었다. 그리고 나는 중학교 3학년 진학이 다가온 시점에서 제대로 공부해보기로 마음먹었다.

기초의 중요성

중2 겨울방학을 맞아 학교 근처의 학원에 다니기로 마음을 먹고 등록을 했다. 중학교 2학년생을 대상으로 중3 과정을 미리 공부하는 수업이었지만 막상 공부를 제대로 해보려고 하니 내 기초가 너무 부족하다는 것을 알게 됐다. 중학교 1, 2학년 때 제대로 공부하지 않았으니 예전 책들을 다시 봐야만 했다. 보통 학년이 높아지면 저학년 때 배웠던 것들은 다시 보지 않게 되지만 기초가 없이 고학년 과정의 공부를 따라가긴 힘들다. 내 경우 중학교 3학년 과정의 수학을 풀려고 하니, 수학에서 자주 쓰이는 함수 그래프의 수직선과 수평선이 무얼 의미하고 이런 그래프를 왜 그리는 것인지조차 알 수가 없었다. 아마

중1 때 이미 배운 내용이었을 텐데 수업을 제대로 듣지 않았으니 알 턱이 없었다. 그때 느낀 심정은 정말 참담함 그 자체였다.

우선 이미 이 년이나 지나면서 놓쳐버린 학교 진도의 양이 너무 많았 다. 그 당시엔 도대체 이 많은 양을 어떻게 다시 시작해야 될지 막막해 아예 공부를 포기해버릴까 하는 생각도 많이 들었다. 게다가 가지고 있던 교재들이라곤 중1, 2학년의 교과서가 전부였으니 어떤 교재를 선택해서 봐야 할지도 난감했다. 책상 앞에 앉아서 막막한 마음에 책장에 꽂혀 있던 책들을 멍하니 바라만보고 있었던 기억이 난다. 그러다 문득 내가 이렇게 걱정만 하고 있어봤자 아무것도 변하지 않을 거라는 생각이 들었다. 양이 많고 막막하다고 아무것도 시작하지 않는다면 결국 지금 상태에서 무엇 하나 나아질 것이 없지 않은가. 해봤자 성적이 오르지 않을지도 몰랐지만 그래도 지금보다는 조금 나아지지 않을까 하는 막연한 기대로 드디어 중1 과정의 문제집 첫 장을 펼쳐 공부하기 시작했다.

그 당시 나보다 두 살 위인 누나가 예전에 보던 문제집이 있었다. 중학교 전 학년 전 과목을 집약적으로 정리해놓은 문제집이었는데 양이 적어 보여서 그걸 보며 공부하기 시작했다. 국어, 수학, 과학을 위주로 1학년 과정부터 보면서, 모르는 용어나 개념은 무조건 외웠고 이해가 되지 않는 부분은 연습장에 적어서 항상 주머니에 넣고 다니며 수시로 꺼내보곤 했다. 이때 학교와 학원 선생님이 큰 도움이 되었다. 모르는 부분은 연습장에 적거나 문제집에 표시해놓는 등 모아놨다가 자습시간이면 교무실로 가서 한꺼번에 선생님께 여쭤보곤 했던 것이다. 모르는 것이 많을 때는 한 시간이 넘게 선생님을 붙잡고 물어봤던 기억이 난다. 그렇게 시작해서 차츰 공부하는 시간이 쌓이고, 하나하나 모르는 내용을 알아가게 되자 어느 순간부턴가 슬슬 신이 났다. 처음 시작할 때의 불안한 마음 대신 이거 열심히만 하면 될 거 같다란 생각이 들었다. 그렇게 공부에 재미를 붙이게 되었고 새벽 한두 시가 될 때까지 정신없이 책을 보며 앉아 있곤 했다. 그렇게 두 달에 가까운 중2 겨울방학이 끝나고, 중 3이 된 후 첫 시험에서 전교 7등을 했다. 막상 해보니 처음 생각처럼 양이 많지 않았고 중학교 공부가 암기 위주이다 보니 짧은 시간만에 좋은 결과를 얻을 수 있었던 거 같다.

백 미터 달리기를 할 때도 출발하기 직전이 가장 떨리는 법이다. 혹시 이 글을 읽고 있는 후배 수험생 중에 지금까지 너무 공부를 안 해서 무엇부터 시작해야 할지 걱정하는 사람이 있다면, 일단 한 걸음을 내딛는 용기를 내보길 바란다. 걸음을 내딛기 시작하면 출발선에서의 불안감은 사라지고 상쾌한 마음으로 달릴 수 있을 거라 믿는다.

공부의 방법—고등학교 입학과 본격적인 수험생활

고등학교 공부도 기본적으로 중학교 공부의 연장이다. 하지만 절대적으로 양이 많고, 수능시험은 높은 사고력을 요구하기에 단순히 무조건 외우고 공부시간만을 늘리는 중학교 시절의 공부방법으론 어떤 수준 이상 성적이 오르지 않았다. 하지만 이런 차이를 알게 된 것은 고등학교 1학년이 끝날 무렵이었다. 특히 수학은 암기만으로는 한계가 있었기에 무척 고생하게 되었다. 그렇게 일 년간 고생을 하면서 서서히 중학교와 고등학교 공부의 차이를 깨닫고 나름대로의 공부방법이 가닥을 잡기 시작했고 재수 시절이 되어서 드디어 나만의 공부방법이 갖춰지게 되었다. 고등학교 공부는 영역별로 개성이 있기 때문에, 이제 내가 공부한 방식을 각 영역별로 나누어 이야기해보려 한다.

언어영역

언어영역은 흔히 '언어적 감'이 중요하다고 말한다. 이 '감'이라는 것은 어려서부터 다양한 종류의 책을 많이 읽으며 자연스레 길러진 문장 이해력 등의 언어적 센스를 일컫는다. 그러나 이런 감은 짧은 시간에 길러지는 것이 아니기 때문에 아무리 공부해도 언어 성적이 오르지 않는다는 말을 많이 한다. 그렇다 해도 언어영역 중 시와 소설, 문법 이 세 가지 부분은 예외라고 생각한다. 수능 문제의 상당 부분은 교과서나 문제집에서 자주 접할 수 있는 지문에서 나온다. 따라서 시나 소설은 주제와 작가, 작품의 시대적 상황, 형식과 단어의 내재적, 외재적 의미 등 많이 출제되는 개념을 잘 정리해두고, 문법도 수업시간에 배우는 어문과 시험에 잘 나오는 문법들을 정리하며 공부하면 어느 정도까지는 사회탐구 같은 암기 과목처럼 외워서 풀어낼 수가 있다. 물론 장기적으로는 많은 지문을 접하면서 스스로 중요한 개념들을 이해할 수 있는 능력을 길러야 할 것이다.

수리탐구 I

내가 고등학교 시절 가장 고생했던 과목이 바로 수학이었다. 고등학교 수학은 입학 전에 반드시 미리 공부해두길 권한다. 어려운 것은 둘째치고 양이 많아 미리 공부하지 않는다면 수업 진도를 따라가기가 힘들다. 나의 경우, 수학 공부의 양이 너무 많고 문제가 어렵다보니 한동안 수학성적이 향상되지 않았다. 한번은 저녁 6시부터 10시까지 하는 야간자율학습 시간 내내 한 문제를 붙잡고 씨름하다 절망감을 느끼기도 했다. 그러나 문제만 열심히 풀려고 했던 것이 바로 실수였다.

수학에서 가장 중요한 것은 개념이다. 개념 정의를 기본 바탕으로 사고의 연산(풀이 방법에 대한 생각)을 통하여 답을 내야 하기 때문이다. 그래서 문제만 많이 풀려고 덤비던 생각을 버리고 기본개념을 정리하는 것이 우선이라고 생각했다. 그래서 평소 보던 정석의 모든 개념을 수첩에 정리하기 시작했다. 방정식, 함수 등 용어의 정의부터 공식에 이르기까지 한번에 정리하며 외웠다. 양이 많을 것이라 생각하겠지만 실제로 한 장의 개념과 공식을 정리하는 데 아무리 오래 걸려도 한두 시간이면 충분했다. 여유를 가지고 하루 다섯 시간씩만 공부해도 일주일 정도면 공통수학 한 권의 개념과 공식을 정리할 수 있었다. 이렇게 개념을 한번 확실히 정리하고 나면 문제를 많이 풀어 직접 풀이 방법을 익히는 연습이 필요하다. 잘 갖추어진 기본개념을 바탕으로 많은 문제를 푼다면 수학에 대한 자신감을 얻을 수 있을 것이다.

수리탐구Ⅱ

고등학교 공부 중 가장 많은 양의 공부를 해야 하는 게 수리탐구Ⅱ 영역이다. 국사(상, 하), 한국지리, 일반사회, 윤리, 세계사(선택)까지 여섯 권의 교과서를 봐야 하는 사회탐구는 암기공부가 대부분이었다. 우선 교과서를 꾸준히 읽었다. 소설책 읽듯이 편한 기분으로 교과서를 읽으면 네 시간 정도면 한 권을 볼 수 있었다. 평소에 교과서를 충실히 읽으며 수업시간에 배우는 것 중 꼭 필요한 것은 책에다 바로 적어놓았다. 그리고 문제를 풀면서 틀린 부분이 있으면 바로 교과서를 펼쳐 어느 부분의 내용을 몰랐는지 확인한 후 다시 외우곤 했다. 사회탐구의 문제들은 교과서에 나오는 내용을 이리저리 꼬아서 출제한다. 때문에 기본적으로 교과서에 나오는 내용들을 많이 읽어 충분히 알고 있어야 하며, 그후 문제를 많이 풀어 교과서의 내용이 어떤 식으로 문제화되는지 익혀야 한다.

과학탐구 영역도 1학년 때 무척 고생한 과목이었다. 물리, 생물, 화학, 지구과학이 공통과학이란 한 권의 교과서로 나왔는데 교과서는 내용도 빈약하고 설명도 부족해 별 도움이 되지 않았다. 네 파트가 모두 개성이 뚜렷한 다른 과목인 만큼, 반드시 물리, 생물, 화학, 지구과학 네 권으로 나누어진 교재로 공부하는 것이 좋다. 물리는 수학과 비슷하게 개념 정리가 무척 중요했다. 속도, 가속도, 힘 등 용어들의 뜻이 일반적으로 우리가 쓰는 개념과 같을 거라고 생각했는데 이런 용어들의 물리학적 의미가 좀 다르므로 확실히 알아두어야 한다. 생물, 화학, 지구과학은 거의 암기하며 공부했다. 과학은 우리 생활의 여러 현상들의 원리를 파헤쳐나가는 것이기 때문에, 과학적 현상이 일어나는 인과관계의 과정을 잘 이해하면 암기하기가 보다 수월할 것이다.

외국어영역

외국어는 중학교 때 공부하던 방식으로 밀고 나갔다. 성문 기본을 보면서 문법을 외우고 단어장을 만들어서 모르는 단어가 나올 때마다 단어장에 적으며 외웠다. 그리고 외국어영역도 언어영역처럼 손을 한동안 놓으면 감이 없어지기에 적어도 하루 30분 정도의 짧은 시간 동안 독해 문제를 풀어주었다. 듣기평가는 단어와 그 단어의 정확한 발음만 안다면 귀에 들어오기에 단어를 외울 때 정확한 발음에 신경쓰면서 영어 듣기평가를 준비했다.

슬럼프—공부에 대한 회의

고등학교 2학년 어느날인가, 하루종일 공부와 씨름하다 문득 '내가 왜 공부를 하고 있지?' 하는 생각이 들었다. 그저 한국 사회가, 부모님이, 공부를 가장 중요한 것으로 생각하기에 별다른 고민 없이 공부해 왔었다. 하지만 언제부턴지 어린 시절 내가 가졌던 모든 꿈들은 다 없어지고 오직 좋은 대학, 좋은 학과에 가겠다는 생각만을 하고 있다는 걸 깨닫자 회의가 들기 시작했다. 지금 영어 단어 하나 더 외우고, 수학 한 문제 더 푸는 게 도대체 나에게 무슨 의미가 있는지 알 수가 없었다. 조용한 야간 자습시간, 밝은 교실 끄트머리에 앉아서 다들 고개를 숙이고 열심히 공부를 하고 있는 모습을 바라보며 그저 멍하니 아무것도 하지 않고 앉아 있는 시간이 점점 늘어갔다. 공부하는 친구들이 아무 의미 없는 짓을 하는 것처럼 보였다.

이런 회의 속에서 도저히 공부를 할 수가 없었다. 한때 전교에서 5등 안에 들던 성적이 점차 떨어지게 되자 부모님과 학교 선생님들의 걱정과 질책이 이어졌다. 하지만 나를 걱정해주는 그런 모습들조차 그저 짜증스럽게 느껴질 뿐이었다. 수능 성적은 공부

언제부턴지 어린 시절 내가 가졌던 모든 꿈들은 다 없어지고 오직 좋은 대학, 좋은 학과에 가겠다는 생각만을 하고 있다는 걸 깨닫자 회의가 들기 시작했다. 지금 영어 단어 하나 더 외우고, 수학 한 문제 더 푸는 게 도대체 나에게 무슨 의미가 있는지 알 수가 없었다. 조용한 야간 자습시간, 밝은 교실 끄트머리에 앉아서 다들 고개를 숙이고 열심히 공부를 하고 있는 모습을 바라보며 그저 멍하니 아무것도 하지 않고 앉아 있는 시간이 점점 늘어갔다.

를 하지 않아도 그다지 많이 떨어지지 않았지만, 짧은 시간 동안 집중적으로 공부해야 하는 내신 성적은 급속히 떨어지게 되었다. 그나마 내신 성적과도 상관없는 고교생 학력평가 시험은 아예 제대로 풀지도 않아서 49명인 반에서 48등을 하는 일까지 생겼다. 공부에 회의가 들수록 부모님과 선생님들의 걱정은 질책으로 바뀌어갔고, 결국 고3 초반에 아버지께 자퇴를 하겠다고 말씀드렸다. 아무 의미가 없는 학교에 나가지 않겠다는 내 고집을 부모님은 끝내 허락해주시지 않았다.

그런 상황에서 학교는 그저 강요에 의해서 다니는 것이 되어 결국 수험 생활에서 가장 중요하다는 고3 시절을 의미없이 보냈고, 그래도 그동안 공부했던 게 남아 있었는지 1999년 수능에서 348점을 받을 수 있었지만 반에서 10등도 채 못 되는 성적이었던 걸로 기억한다. 그렇게 고등학교를 졸업한 후 힘들어하는 내 모습에 부모님도 나에게 하고 싶은 일을 하라고 하셨지만 막상 다른 걸 하려고보니 내가 할 수 있는 일이 없다는 생각과 부모님께 죄송한 마음이 들었다. 그래서 공부할 의욕이 나지 않는 마음을 추스리며 재수를 하기로 결정했다.

넓고 크게 보자—재수생활 일 년

1999년도 2월 즈음, 같이 공부하던 친구들이 대학교 입학 준비로 바쁠 때, 난 간단한 짐만 챙겨 부산에 있는 재수학원으로 내려갔다. 공부에 대한 회의는 여전했지만 지금까지 해왔던 공부가 아깝고, 대학생이 될 친구들이 부럽기도 해서 회의가 들더라도 열심히 해보기로 결심했다. 그리고 이 시절, 나만의 공부방법이 틀이 잡혔다. 고등학생 때 이미 한번 했던 공부이기에 좀 여유를 가지고 크게 생각할 수 있었다.

우선 일 년간 내가 봐야 할 분량을 정리해봤는데 의외로 양이 적었다. 이미 고등학교 과정을 한번 다 본 이후라 그렇겠지만, 그보다도 수능 준비를 하는데 기본적으로 필요한 분량이 적다는, 생각의 변화가 있었던 것이다. 각 영역별로 기본 교과서가 한 권씩이었고 언어와 외국어영역은 교과서보다 기본 정리가 잘된 문제집 한 권으로 시험대비를 했다. 그렇게 따져보면 사회탐구 교과서 여섯 권(국사 두 권 포함), 과학탐구 문제집 네 권, 수학은 정석 두 권, 언어영역과 외국어영역 각각 한 권씩, 재수 때 공부해야 할 분량은 총 열네 권밖에 되지 않았다. 사실 고등학교 삼 년을 수험기간으로 생각할 때 열네 권이면 결코 많은 양이 아니었다. 게다가 기본적으로 한 번씩 다 본 내용들이어서 그 공부 분량은 굉장히 적게 느껴졌다. 이렇게 분량을 정해놓자 재수하는 일 년의 기간 동안 내가 해야 할 일이 구체적으로 보였다.

재수시절 같이 공부하던 다른 친구들은, 공부를 할 때 하루 중 각 과목별로 시간을 할당해 여러 과목을 나눠서보곤 했다. 하지만 나는 며칠이 걸리든 한 과목을 잡고 다 볼 때까지 그 과목만을 보는 방법을 택했다. 공부할수록 느끼는 것이지만 모든 과목은 처음부터 끝까지 내용이 일관되게 흘러가기 때문에 앞부분만을 보고 나중에 그 다음 부분을 보게 되면 머릿속에 그 과목의 흐름이 명확하게 잡히지가 않았다. 그래서 무슨 과목이든지 며칠이 걸리든 한꺼번에 전부 봤고 그렇게 한 과목을 다 보고 나면 그 과목의 흐름이 거의 명확하게 머릿속에서 정리가 되었다. 중학교 시절 처음 제대로 공부를 시작할 때는 거의 하루종일 몇 달이고 꾸준히 공부했었는데, 점점 시간이 지날수록 나는 며칠이 걸리든 한 과목을 잡고 다 볼 때까지 그 과목만을 보는 방법을 택했다. 공부를 할수록 느끼는 것이지만 모든 과목은 처음부터 끝까지 내용이 일관되게 흘러가기 때문에 앞부분만을 보고 나중에 그 다음 부분을 보게 되면 머릿속에 그 과목의 흐름이 명확하게 잡히지가 않았다. 그래서 무슨 과목이든지 며칠이 걸리든 한꺼번에 전부 봤고 그렇게 한 과목을 다 보고 나면 그 과목의 흐름이 거의 명확하게 머릿속에서 정리가 되었다.

체력도 떨어지고 재수시절은 한창 공부에 회의가 들 때라 집중력이 오래 가질 않아서 이렇게 단기간 동안 집중적으로 공부하고 푹 쉬고 다시 며칠 집중하는, 이런 스타일로 공부 방식이 굳어지게 되었다. 문제집은 풀지 않고 그냥 한 과목의 기본개념과 내용 정리에만 보통 3~7일 정도 걸렸기에 한 번 한 과목을 다 볼 때까지 집중적으로 공부하고 그 과목을 끝내면 며칠을 푹 쉬곤 했다. 일반적으로 꾸준히 공부하는 스타일이 장기간의 수험 생활에 좋다고 하지만 나와는 맞지 않다고 생각했기에 이런 방식으로 끝까지 밀고 나갔다.

이런 식의 공부방법을 택하면서 한 과목만 잡고 있자니 다른 과목에 대한 불안감이 밀려왔다. 한 달만에 전 과목을 모두 볼 수 없었기에 매달 한 번씩 치르는 모의고사에서 열심히 한 과목만 성적이 올라가고 나머지 과목은 점수가 떨어져서 항상 총점이 엇비슷하게 유지되는 것이었다. 재수할 당시엔 별다른 대책도 세우지 않고 그냥 어찌 되겠지 하는 생각으로 그대로 밀고 나갔는데, 지금 생각해보면 의도하진 않았지만 나만의 그 공부법이 정말 운 좋게도 가장 좋은 마무리 대책이 되었다고 할 수 있다.

9월말부터는 재수학원을 나와서 집에서 혼자 공부하기 시작했다. 수능을 50일 정도 남겨놓고 교과서로 삼던 교재들을 전부 덮어버리고, 실전대비용으로 수능 형식과 똑같이 나온 위로 넘기는 문제집을 각 과목당 서너 권씩, 서른 권 정도 사다놓고 집에서 풀기 시작했다. 넘기는 문제집은 양이 적은데다 하루종일 집에서 혼자 공부했기에 시간도 많이 확보되어서 국사나 물리 같은 수리탐구II 영역의 경우 하루에 서너 권까지 풀 수 있었다. 이렇게 집중적으로 전 과목의 문제집을 한꺼번에 풀기 시작하자 그동안 한 과목씩만 정해놓고 집중적으로 공부하면서 들쑥날쑥했던 성적이 전 과목에 걸쳐 동시에 조금씩 오르기 시작했다. 비록 예전엔 한번 전부 본 후 다른 과목들을 다 볼 때까지 그 과목은 다시 보지 않아서 그 과목의 점수가 떨어지긴 했지만, 어쨌든 그 과목을 보는 동안에는 모의고사에서 거의 최고 점수를 받을 정도로 확실히 이해를 해놨기 때문에 많은 문제를 푸는 것만으로도 다시 금방 성적이 오를 수 있었던 것이다.

결국 수능을 앞두고 집중적으로 전 과목의 문제집을 풀었던 것이 그동안 기복이 있었던 점수 분포를 전 과목 고르게 전반적으로 향상시킬 수 있었던 듯하다. 그 당시엔 잘 몰랐지만 대학에 들어온 후 재수시절을 다시 돌아보니 막바지에 한꺼번에 많은 문제집을 풀었던 것이 내 공부 스타일의 단점을 잘 보완해주었다는 것을 알 수 있었다. 의도하지 않게 좋은 마무리를 했고, 평소 자신 있던 언어영역이 비교적 어렵게 출제되는 행운이 겹쳐, 결국 2000년도 수능에서 390점이란 분에 넘치는 성적을 얻을 수 있었다.

재수하면서도 끊임없이 공부에 대한 회의는 날 괴롭혔다. 이때 이 회의를 극복할 수 있었던 힘은 기본적으론 나에 대한 부모님의 절대적인 믿음이었고, 재수 시절 경험한 첫사랑 때문이었다고 생각한다. 그 시절 학원에서 같이 공부하던 여학생을 혼자 좋아하게 됐는데 그 친구가 무척 공부를 잘했었다. 4월말경 용기를 내어 고백했지만 가뿐

하게 차이고(-_-;) 친구로 지내게 되었는데, 아무래도 좋아하는 사람보다 내가 성적이 못하다는 생각에 한동안 무척 힘들어하며 마음을 잡지 못했다. 그러나 학원을 나온 후 상한 자존심을 그 친구에게 뭔가 보여주겠다는 투지로 바꾸고 열심히 공부할 수 있었다. 공부를 열심히 하게 된 계기로 생각해볼 때 어찌보면 참 유치할 수도 있겠지만 요즘도 종종, 그 애 생각으로 밤을 새워 공부하던 그때의 내 모습을 회상하며 정말 뜨거운 열정을 가지고 있었던 때였다고 혼자 웃곤 한다. 그리고 내게서 공부에 대한 회의를 느끼지 못할 정도로 좋아하게 해준 그 애에게 지금도 고맙게 생각하고 있다.

하지만 이 글을 읽을 지금의 수험생 여러분들 중 예전의 나처럼 공부에 대한 회의를 느끼고 있는 사람이 있다면 자신만의 극복 방법을 나름대로 찾길 바란다. 내가 의도하지 않게 선택한 이 방식은 아무래도 위험부담이 너무 크지 않을까? (^^;)

이용준 jiu-mir@hanmail.net
울산 일산중학교－현대고등학교－재수 • 1980년생 사자자리 • AB형 • 난 멈추지 않는다.

어렵게 공부하자

신용남 서울대 국어국문학과 97학번

수학능력시험문제가 점점 쉬워지고 대학에서도 성적만이 아닌 다양한 재능을 지닌 학생들을 선발하고 있습니다. 교육 당국도 각 분야에 재능을 지닌 학생들이 학교 성적 때문에 대학에 진학하지 못하는 일이 없도록 여러 가지 정책을 시행하고 있습니다. 이것이 계기가 되어 어느 사이에 사람들 사이에서 '굳이 공부를 하지 않아도 대학에 쉽게 들어갈 수 있다'라는 의식이 생기게 되었습니다. 그 결과 학생들도 이전에 비해 공부를 적게 하고 학교에서도 교과과정에 대해 단순 지식만을 묻는 평가를 하고 있습니다. 학생들의 학력이 계속 떨어지는 이유가 여기에 있습니다. 너무나 쉽게 쉽게 하다보니 학생들이 어떤 문제에 대해 그 해결법을 고민하지 않아도 문제를 풀 수 있게 된 것이죠. 이런 평가방식에 익숙해진 학생들은 수학능력시험의 문제를 보면 당황할 수밖에 없습니다. 수능시험은 기본적으로 학생들의 사고력(문제해결능력)을 측정하는 시험입니다. 주어진 지문이나 자료를 바탕으로 출제자가 의도한 결과를 이끌어낼 수 있는 사고력을 지니고 있는가를 판단하는 시험이죠. 그렇다면 여러분은 어떤 식으로 공부를 해야 할까요? 그렇습니다. 당연히 사고력을 향상시킬 수 있는 공부를 해야 되겠죠. 그것은 바로 현재 자신의 수준에 비해 약간 어려운 문제들을 많이 풀어보는 것입니다.

저는 그렇게 공부했습니다. 제가 고등학생이었을 땐 대학별 본고사가 있었습니다. 물론 저도 본고사를 대비해서 공부를 했죠. 저의 성적은 문과에서 5등 정도였고 수능 성적은 160점 내외였습니다.(당시 수능시험은 200점 만점이었습니다.) 소위 명문 대학은 모두 본고사를 치렀기 때문에 명문대를 목표로 하는 학생들에게 본고사 준비는 필수였고 당연히 어려운 문제들을 풀어야 했습니다. 일본 동경대학교 본고사 문제집이나 종로학원 모의고사 등으로 시험 준비를 했죠. 비록 입시의 결과는 좋지 않았습니다. 그렇지만 저는 제 방법에 확신을 지니고 있었습니다. 그래서 재수할 때도 그대로 공부를 했습니다. 종로학원에서 사용했던 교재 자체가 꽤 어려웠고, 매달 학원에서 보는 모의고사의 수준도 매우 높았습니다. 학원 모의고사에서 260~270점 정도 맞아도 다른 입시기관에서 나온 모의고사를 보면 모두들 340점은 거뜬하게 넘을 정도였죠. 지금은 수능 점수 340점이면 높은 점수가 아니지만 당시에 340점은 정말 높은 점수였습니다. 실제로 1997학년도 수능시험에서 340점 이상 득점한 학생이 전국적으로 문과에서 270명에 불과했죠. 계속 그렇게 공부해서(때론 버겁게 느껴질 때도 있었지만) 실제로 수능시험을 칠 때는 그렇게 어렵다는 느낌을 받지 못했습니다. 시험장을 나서면서 생각했던 만큼의 점수를 받았고요. 그렇게 해서 저는 제가 원하는 대학에 입학할 수 있었습니다.

거스 히딩크 감독이 한 외국 언론과의 인터뷰에서 말했죠.

"내가 원하는 것은 낮은 전력의 팀들을 격파하면서 얻는 값싼 승리가 아니다. 만약 내가 그러한 길을 택했다면 그 과정에서 나오는 승리로 인해 한국 국민들은 열광하겠지만 그것은 결국 우리 스스로를 기만하는 것이다. 우리는 세계 일류의 팀이 되기 위해 더욱 강력한 팀과 싸워나가야 한다. 질 때 지더라도 우리는 두려움을 떨쳐내고 배우고자 하는 자세로 그들과 일대 일로 부딪쳐야 한다."

그는 자신의 지도 철학으로 선수들을 조련했고, 그 결과는 여러분들이 아시는 대로입니다.

공부하는 것도 마찬가지입니다. 문제를 읽었을 때 바로 그 해답을 알 수 있는 문제는 사고력 향상에 도움이 되지 않습니다. 결국 자신의 실력을 기만하는 것이죠. 해결법을 찾아서 문제를 이리저리 돌려보고 잘라보고 부셔보고 그렇게 여러 가지로 그 문제의 해결법을 생각해보는 겁니다. 한 번 풀어보고 나서 풀리지 않는다고 해서 포기하면 안 됩니다. 문제를 해결하는 방법은 여러 가지가 있기 때문에 다양한 시도를 하는 것이 좋습니다. 어떻게 하면 풀 수 있을까 고민하다보면 사고력은 저절로 길러지게 되는 것이죠. '어렵게 공부하자' 라는 말을 달리 말하면 이렇게 되겠군요.

생각하는 공부를 하자!

짧더라도 굵게 하자

평소에 빈둥빈둥 놀기만 하고 공부도 제대로 하는 법이 없는데 시험만 보면 성적이 좋은 친구, 반대로 하루 종일 책상에 앉아 책과 씨

문제를 읽었을 때 바로 그 해답을 알 수 있는 문제는 사고력 향상에 도움이 되지 않는다. 어려운 문제를 어떻게 하면 풀 수 있을까 고민하는 과정에서 사고력이 길러지게 된다.

름을 해도 시험만 보면 성적이 좋지 않은 친구. 여러분 주변에 이런 친구들 꼭 있을 겁니다.

이 두 학생의 차이는 무엇일까요? 바로 집중력의 차이입니다. 집중해서 공부하는 30분이 책상에 앉아 빈둥거리며 보내는 서너 시간보다 훨씬 효율적이고 효과적인 시간활용입니다. 이것이야말로 현명한 공부방법이죠. 집중해서 공부하는 학생의 모습을 본 적이 있나요? 없다면 한번 찬찬히 살펴보세요. 그 친구는 공부할 때는 주변에서 아무리 시끄럽게 해도 전혀 개의치 않을 겁니다. 그만큼 한 가지에 몰두하고 있는 것이지요. 저는 오랜 시간 동안 공부하지는 못했습니다. 저는 이 단점을 이렇게 이용했죠. 공부할 때는 최대한 집중해서 공부하고 나머지 시간은 제가 좋아하는 것(농구, 만화책 보기 등)을 했습니다. 되도록 수업시간에 집중해서 그날 배운 것은 그 시간에 모두 이해할 수 있도록 노력했고요, 쉬는 시간엔 확실히 휴식을 취했죠. 그러면 다음 수업시간에 또 집중할 수 있는 힘이 생겼습니다.

자율학습 시간에는, 가령 자율학습 시간이 두 시간이라고 한다면, 삼십 분은 공부를 하고 나머지 시간은 조용히 앉아서 명상과 같은 것으로 하루 동안 쌓인 피로를 풀었습니다. 대신 집중하는 삼십 분 동안은 절대 주변을 의식하지 않고 공부에만 매달렸습니다.

휴일엔 말 그대로 푹 쉬었습니다. 친구들과 농구도 하고, 만화책도 보면서요. 재수할 때는 학원 종합반에서 학교에 다닐 때와 똑같이 했습니다. 그렇게 하는 것이 제겐 훨씬 효과적이었으니까요. 요는 이것입니다. 공부할 땐 최대한 집중해서 하라. '짧더라도 굵게 하자' 라는 말, 다름 아닌 집중력에 관한 이야기였습니다. 알기 쉬우시죠?

기본개념은 확실하게 외우자

이건 제가 아르바이트와 사촌 동생들을 통해서 알게 된 것입니다. 학생들은 수업시간에 집중하지 않더라도 선생님이 체크해주는 것만 외우고 있으면 시험에서 좋은 성적을 받을 수 있다는 것입니다. 시험이라는 것은 배운 것을 얼마만큼 잘 이해하고 그것을 제대로 상황에 맞게 적용할 수 있는가를 알아보는 것입니다. 문제를 알려주고 보는 시험은 이미 시험이라고 할 수 없습니다. 시험이 이렇게 치러지다보니 당연히 학생들은 기본개념 외우는 것을 소홀히 하게 됩니다. 개념을 몰라도 선생님이 찍어주는 문제만 외우면 좋은 성적을 받을 수 있으니까요. 제가 제 사촌 동생들을 가르쳐보니 확실히 알겠더군요. 요즘 학생들이 개념을 제대로 외우지 않는다는 것을 말이에요. 같은 개념을 묻는 문제인데도 어떤 것은 풀고 어떤 것은 풀지 못한다는 것은 바로 문제에서 요구하는 개념을 제대로 알지 못한다는 것과 마찬가지죠.

'기본개념' 은 말 그대로 공부를 하는 데 가장 바탕이 되는 것들입니다. 집짓기와 비교해보면 기본개념은 터를 닦는 것이라고 할 수 있습니다. 그런데 지금 학생들은 기본적인 개념조차 제대로 익히고 있지 않습니다. 그런 상황에서 사고력을 측정하는 수능 시험에 제대로 대처할 수 있을까요? 절대 그럴 수 없습니다. 용어나 개념, 원리를 제대로 모르는 상태에서 어떻게 문제를 풀 수 있겠습니까.

집터를 제대로 다져야 주춧돌을 튼튼하게 세울 수 있습니다. 주춧돌이 튼튼하게 서야 기둥을 바로 세울 수 있겠죠? 결론은 이것입니다. 기본개념을 확실하게 외웁시다!

수업에 충실하자

요즘 학생들이 그러더군요. 학교는 친구들 만나러 가는 곳이고 공부는 학원에서 한다고. 여기에는 여러 가지 문제가 복잡하게 얽혀 있어서 자세히 언급하지는 않겠습니다. 제가 지적하고자 하는 것은 학생들이 수업시간에 수업을 듣지 않는 것에 대해서입니다.

수업시간에 다른 과목의 책을 펴놓고 혼자 공부하는 학생들이 있습니다. 물론 그렇게 하는 학생의 입장에서는 나름대로 이유가 있겠지만 이는 바람직한 것이 아닙니다. 다른 여러 과목을 모두 합해서 생각하면, 학생이 특정 과목을 가르치는 선생님보다 나을 수 있겠지만 적어도 그 과목에서만은 선생님이 학생보다는 훨씬 더 많이 알고 있습니다. 이것이 수업을 들어야 하는 한 가지 이유입니다. 다른 하나는 수업시간을 소홀히 하고 나서 나중에 그것을 다시 혼자서 공부하려면 수업을 들었을 때보다 최소한 서너 배 정도 시간이 더 걸립니다. 이건 정말 비효율적인 공부이죠. 저 역시 고2 때 수업시간에 혼자서 공부를 한 적이 있습니다. 그러다가 한계를 느끼고 다시 수업시간에 집중하게 되었습니다. 이미 앞서간 사람의 잘못을 여러분이 다시 반복한다는 것은 참으로 어리석은 일이 아닐까요?

여러분, 수업에 충실하세요. 그 결과는 여러분이 성실하게 집중한 만큼 되돌아올 겁니다.

지금까지 제가 공부하면서 중요하다고 느꼈던 점들을 간략하게 말씀드렸습니다. 예? 너무나 평범하다고요? 당연하죠. 저 역시 평범한 중고등학교 생활을 거쳤으니까요. 보통 사람들이 생각하는 것은 거의 비슷하답니다. 또, 진리는 사람들이 사소하다고 생각하는 것, 평범한 것들에 모두 들어 있는 것이지요.

제가 이야기한 것이 여러분에게 얼마나 도움이 될지는 모르지만 가장 중요한 것은 여러분의 하고자 하는 '의지'와 그 의지를 '실천'하는 것입니다. 실천하지 않는 계획이나 의지는 모두 공염불에 불과할 뿐입니다. 제 글이 여러분 자신만의 독특한 공부방법을 찾아내는 데 조금이나마 도움이 되기를 바랍니다.

신용남 4dongii@hanmail.net
부안 삼남중학교-전주 전일고등학교-종로학원에서 재수 • 1978년생 물고기자리 • A형 • 배워서 남 주자.

마인드맵을 그려라

김종훈 서울대 법학과 02학번

"재가 서울대 법대생이라고?"

두껍고 무거운 책들을 잔뜩 책상 위에 쌓아놓고 이 책 저 책 뒤적이는 굵은 테 안경을 쓴 더벅머리 학생. 사람들은 흔히 이런 모습의 서울대 법대생을 연상한다. 매일 친구들과 술 마시기만 좋아하고 농구공만 들고 다니는 나에게서는 아마도 그러한 모습을 찾기가 어려웠는지, 내가 서울대에 다닌다는 소리를 처음 듣는 사람이면 누구든지 이처럼 놀라지 않은 사람이 없다. 대학교를 들어갔으니 한숨 돌려서 그런 것 아니냐고? 천만의 말씀이다. 초등학교 때는 담임선생님들마다 부모님께 문제아라고 호소하셨고, 중학교 때는 매일 축구, 농구만 하느라 성적엔 별 관심이 없었고, 고등학교 때도 여자친구 사귀느라, 친구들하고 어울려서 운동하고 술 마시고 노느라, 겉보기에는 대학교 입학후인 지금보다도 훨씬 놀기 좋아하는 애였다. 심지어 고등학교 때 몇몇 선생님들은 정말로 내가 서울대 체육교육과를 지원하는 줄 알고 계실 정도였다. 물론 내가 '범생'을 싫어하는 소위 '공부 좀 한다는 학생들' 중 하나였기 때문인지도 모르지만, 워낙에 친구들, 나아가서는 사람 자체를 좋아하는 성격인지라 공부에만 몰두하는 그런 생활을 꺼린 것도 있다. 내가 왜 이런 소리를 하냐고? 내 말대로라면 놀기만 해도 서울대에 들어갈 수 있냐고?

물론 아니다. 상당 시간 동안 공부를 해야만 하고, 생활이 규칙적이어야 하고, 대학입시를 준비하는 과정에서 괴롭고 힘든 시간도 많이 가져봐야 한다. 하지만 무엇보다 공부방법은 효율적이어야 한다. 단지 놀기만 해도 서울대에 진학할 수 있다는 것이 아니라 맹목적으로 책상에만 앉아 있는다고 서울대에 가는 것은 아니라는 걸 말해주고 싶다.

그래서 나는 대학입시를 앞두고 있는 여러 '후배님들'에게 나의 공부방법에 대해 설명하고자 한다.

성실한 자가 승리한다

서울대 법대 입학을 가능케 한 나의 능력은 오직 '성실함' 뿐이다. 두뇌 명석한 몇몇 친구들에 비추어 중고등학교를 다니는 동안 줄곧 나는 내 머리에 열등감을 느껴왔다. 단적인 예를 들어 수학 학원에서 친구들이 어려운 수학문제를 금방금방 척척 풀어내고 나서 오락을 하거나 서로 농담을 하는 동안, 나는 한 문제를 두세 시간씩 붙잡고 되든 안 되든 이리저리 풀어보고 또 풀어야만 했다. 그런데 그렇게 성실히 하다보면 대부분 모든 문제가 풀렸으며 그래도 못 푼 문제는 급기야 최후에는 머릿속에 저절로 외워져버려 해결되곤 했다. 이렇듯 성실한 태도는 머리가 좋지 않은 나의 약점을 보완하는 최대의 무기였다. 누구는 그림을 잘 그린다든지, 컴퓨터를 잘 다룬다든지, 말을 잘한다든지, 글 솜씨가 좋다든지 하는 자신만의 장점이 있듯이, 나의 장점은 '무식' 해 보이는 성실함이었는지도 모른다.

그러고 보니 정말로 나에겐 딱히 특기랄 것이 없다. 굳이 찾아보자면 운동을 잘한다는 것 정도. 초등학교 때는 야구와 축구를 하러 학교에 다녔고, 중학교 때는 800미터 계주에서 우승하기도 했고, 고등학교 때는 교내 농구대회에서 우승했다. 또 서울대학교 입학 후에는 총장배 새내기 테니스대회에서 준우승을 차지했다. 규칙적으로 운동하는 습관은 내 체력을 단련시켜주었고 그것이 공부하는 데에 커다란 도움이 되었다.

무엇보다도 내 성실성이 발휘된 것은 고등학교 재학 당시 수업 태도였다. 적어도 1학년 때에는 모든 수업시간, 심지어는 기술, 가정, 교련 수업까지 정말 열심히 들었다. 웬만한 학교 시험 공부는 수업시간에 거의 마무리하였다. 그리고 복잡하다 싶은 수업내용은 꼭 그 수업시간 이후 쉬는 시간 10분 동안 간단한 메모를 통해 정리하여 되새김질하고 넘어갔다. 고등학교 선생님들은 대체로 강의 준비를 무척 열심히 하시거나 그렇지 않으면 베테랑이신 경우가 많기 때문에 선생님의 수업을 열심히 들으면 거의 모든 과정이 이해가 가기 마련이다. 그래서 수업을 놓치지 않고 듣는다면 내신은 걱정을 안 해도 된다. 물론 모든 수업을 어떻게 놓치지 않고 들을 수 있겠는가 하는 의문이 있을 수 있다. 물론 나도 사람인 이상 졸음이 와서 못 들은 부분도 있고, 머리가 나빠서 이해가 가지 않는 부분도 있었다. 하지만 그러한 부분에 대해서는 필기 잘하는 친구의 공책을 빌려보든지, 수업 직후 선생님께 질문해서 해결하였다. 그러나 그럴 필요가 없을 정도로 수업을 열심히 들었다고 생각하면 그 수업 직후 쉬는 시간에는 여지없이 앞서서 농구공을 들고 농구장으로 뛰어나갔음은 물론이다.

> **나는 모든 수업시간을 정말 열심히 들었다. 웬만한 학교 시험 공부는 수업시간에 거의 마무리할 정도로. 다소 복잡하다 싶은 수업 내용은 쉬는 시간에 정리하여 반드시 되새김질하고 넘어갔다.**

또한 쓸데없어 보이는 부분까지 꼼꼼하게 짚고 넘어가는 습관을 들여 내신 걱정을 줄이려고 노력하였다. 특히 내가 성실하다고 자부할 수 있는 것은 시험 준비기간이 남들보다 상당히 길었던 데 있다. 내 친구들은 주로 시험기간 이 주 전 시험범위가 발표되면 그때부터 부랴부랴 잃어버렸던 프린트를 복사하랴, 친구들 책을 빌려다가 밑줄 그으랴, 노트 필기를 베끼랴 정신이 없었다. 그에 비해 나는 내신시험 한 달 전부터 시험계획을 대충 세우곤 했다. 이는 어떻게 보면 대부분 과목의 시험범위가 채 반절도 나가지 못했을 때부터 시험공부를 한다고 설친 격이 된다. 그런 이유로 암기과목은 공부할 수 없었으므로 주로 국어, 영어, 수학 등 주요과목을 미리 공부해놓는 식으로 시험직전의 부담을 덜었다. 그리고 하루에 한 과목만 공부하려면 자칫 지루해지기가 쉽다고 생각해서 하루에 적어도 두 과목 이상을 조금씩 나눠보는 계획을 세웠다. 반드시 그런 것은 아니었지만 한 과목은 암기과목으로, 그리고 다른 한 과목은 주요과목으로 하는 것이 보통이었다. 그러면 지루할 때 과목을 바꿔가며 공부할 수 있으므로 보다 집중을 잘 할 수 있었다.

위와 같은 성실함이 내 생활에 고스란히 나타날 수 있었던 것은 뚱딴지같은 소리일지 모르지만 '글씨를 남자놈치고는 꽤 잘 썼기 때문'이었다. 자신이 글씨를 잘 쓴다고 생각하면 자꾸자꾸 글씨를 쓰고 싶게 마련이다. 특히 나 같은 경우는 별로 잘 쓰지도 못하는 글씨에 만족감을 느끼고 노트필기를 하거나 연습장에 글씨를 쓰고 도표를 그리고 나름대로 정리하는 것에 즐거움을 느꼈다. 나는 이 색 저 색 볼펜, 사인펜, 색연필을 잔뜩 들고서 책을 '예쁘게 꾸미는' 공부를 하였다. 이를테면 사회책을 읽는 경우 첫 단락은 주황색 사인펜으로 줄을 치며 읽은 후, 단락 끝 여백에 주황색 볼펜으로 요지를 정리하였고, 중요부분은 색연필로 색칠하는 것이다. 둘째 단락도 같은 방식으로 다만 이번엔 하늘색 펜으로 하는 것이다. 공부를 마치면 몇 번이고 내가 만든 '작품'을 이리저리 뒤적이며 왠지 모를 만족감에 젖어 스스로 기분 좋아하곤 했다. 비록 시간은 오래 걸렸지만 이러한 공부 방식은 나로 하여금 공부에 흥미를 가지게 해주었다. 그리고 정리하는 요령이 생기자 시간도 차차 줄어들었고, 특히 이 방법은 학교 내신시험을 볼 때 답을 체크하면서 '아하, 이것은 주황색 펜으로 칠했던 부분이구나' 라고 생각할 정도로 기억력에 큰 도움을 주었다.

중학교 때는 '마인드맵'을 공부하여 책의 내용을 내 나름대로 커다란 백지 한 장에 정리해보는 '놀이' 같은 공부를 하기도 했다. 마인드맵(Mind Map)은 머릿속의 생각을 마치 거미줄처럼 지도를 그리듯이 핵심어를 이미지화하여 펼쳐나가는 기법으로서, 자신의 머릿속에 있는 사고를 보다 체계적으로 정리하기 위한 기법으로 창안된 것이다.

아래는 '대학 입시 준비' 라는 주제어를 가지고 마인드맵을 그려본 것이다. 마인드맵은 기억력을 증진시키는 것이므로 색깔이나 위치 모양, 도움이 되는 삽화가 중요한 역할을 한다.

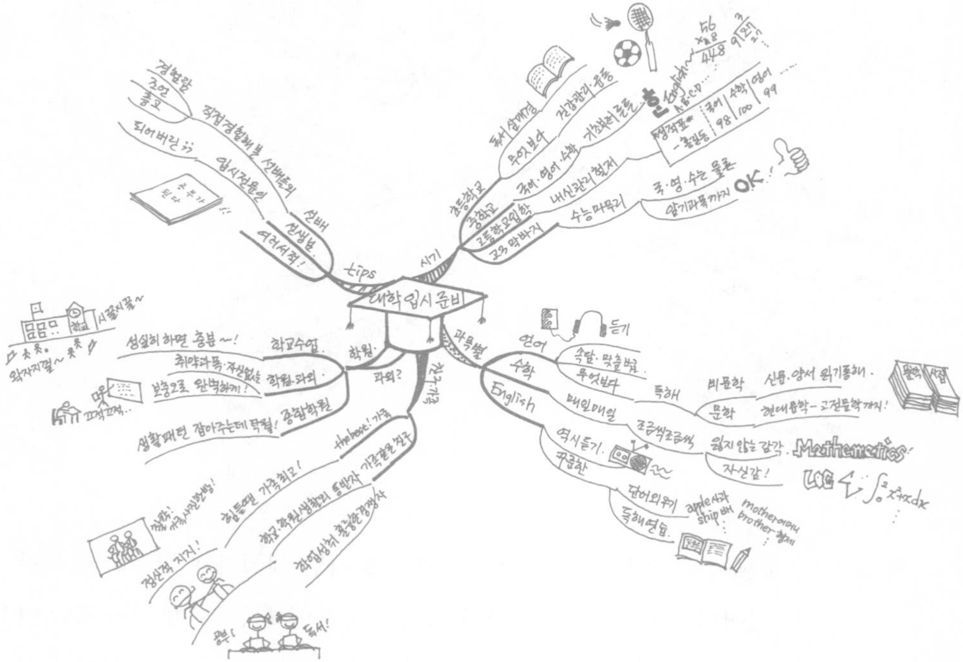

하지만 고등학교 입시에 시달리다보면 그림을 그리거나 펜 색깔에 신경 쓰거나 하는 것이 힘들어지기 쉽다. 다음의 맵은 영어의 8품사에 대해서 간략히 그려본 것이다. 그림이 없거나 여러 가지 펜 사용을 하지 않더라도 하나의 문서로 되어 있는 글보다는 훨씬 외우기도 쉽고 부분을 찾아서 읽기도 쉽다.

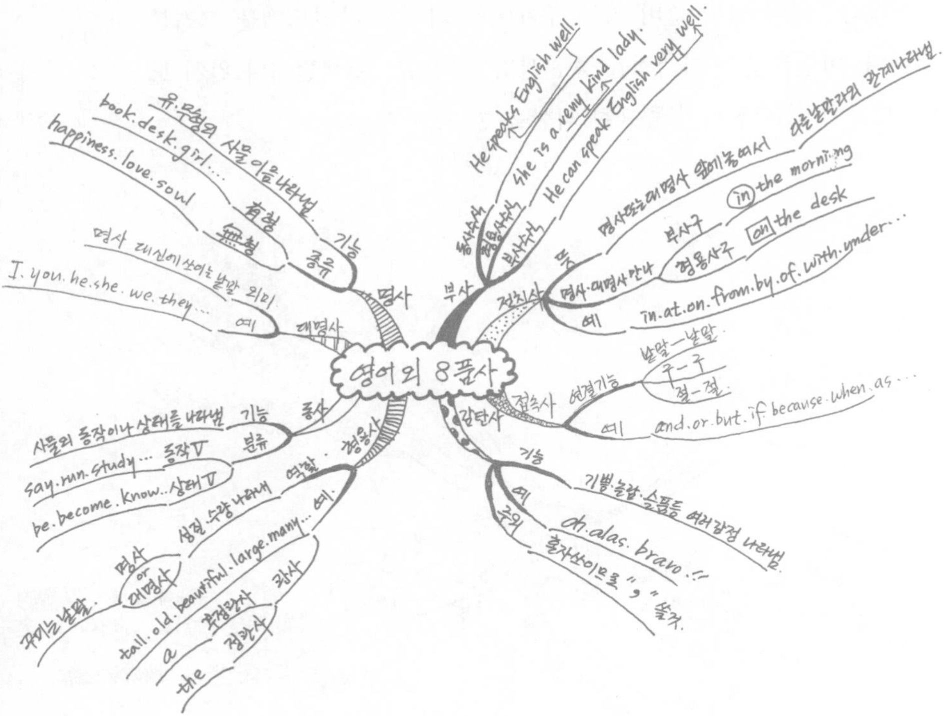

물론 점차 공부할 양이 많아지기 시작하면 세심하게 필기하는 시간은 없어지기 마련이다. 이는 수업시간 틈틈이 하는 것이 가장 좋으며 학교 방과 후에는 그 필기 내용을 복습하는 차원에서 보는 것이 시간 절약차원에서 좋다.

내신성적 관리

내신이 좋으면 소신지원을 하기가 수월해진다. 서울대를 지원하는 학생들은 물론이고, 기타 내신이 적용되는 대학교를 지원하는 경우라면 모두 내신이 좋아야만 한다. 흔히들 원서접수 철이 되면 수능점수는 괜찮은데 내신 성적이 좋지 않아서 서울대나 내신 점수 반영비율이 높은 대학교에 지원을 하지 못하는 경우가 많다. 나의 경우, 내신 성적이 괜찮았기 때문에 자신 있게 서울대를 소신지원할 수 있었다. 내신 성적은 평소의 성실함에서 비롯된다. 수업시간에 선생님 말씀을 잘 듣고 그때그때 정리를 잘 해두면 걱정 없을 것이다.

시험 준비기간은 삼사 주 전부터 시작하라. 그때는 대부분의 학생들이 시험에 대해 무감하기 때문에 좀처럼 준비를 하지 않기 마련이다. 그럴 때일수록 남들보다 국어, 영어, 수학, 과학, 사회를 중심으로 미리미리 착실하게 준비를 해놓으면 시험에 임박해서는 기술, 가정과 같은 기타과목까지 확실히 정리할 시간이 남게 된다. 또한 친구들과 함께 공부하면 서로가 서로에게 질문하고 답하고 생각하는 과정에서 혼자 공부할 때보다 많은 것을 효과적으로 기억할 수 있다. 혼자서 책만 보는 공부도 좋지만 대화를 통해 친구들과 서로 설명해보는 공부가 기억하기에 훨씬 효과적이라는 점을 명심하자.

영역별 공부법

언어영역

전체적으로 성적 향상의 과정이 계단식 성장을 이루기 때문에 단계별로 공부방법을 달리하는 것이 중요하다. 모의고사 80점 미만의 경우에는 넘기는 문제집보다는 이론부터 착실히 짚어가는 원론적인 기본 문제집을 선택해서 그 문제집을 두세 번 읽는 것이 좋다. 80~100점인 경우에는 기본 문제집을 바탕으로 하면서 위로 넘기는 문제집을 풀기 시작한다. 틀린 문제는 답안지의 해설을 잘 읽어보고 이해하면서 문제유형을 익히는 것이 중요하다. 100~110점인 경우에는 위로 넘기는 문제집을 풀다가 틀렸던 문제를 가지고 오답노트를 만들어보는 것도 좋다. 이 점수대에서 110점 이상으로 올라가는 과정이 가장 오래 걸리고 힘들다. 이때에는 집중적으로 언어영역 공부시간을 늘려가며 공부하는 것이 효과적이다.

특히 이 시점에서는 문학부분을 시, 소설, 고전 부분으로 나누어 분석해보는 공부가 필수적이다. 110점 이상의 학생은 누구나 120점 만점을 받을 가능성이 있다. 이때에는 많은 지문을 읽어본 학생이 유리하므로 되도록 많은 문제집을 접해볼 필요가 있다.

수리영역

기본원리를 충실히 하는 것이 필수적이다. 수능문제가 신유형으로 나오는 경우가 많기 때문에 기본원리를 충실히 하지 않으면 비교적 쉬운 문제인데도 당황하여 틀리는 경우가 생길 수 있다. 수리영역I의 경우에는 하루에 20~30문제 정도 풀어봄으로써 항상 감을 잃지 않는 것이 중요하다. 수리영역II의 경우에는 너무 많은 문제집에 욕심을 내기보다는 교과서를 중심으로 하여 한두 개의 문제집과 참고서로 정리하고, 기출문제와 모의고사 문제를 많이 접해보는 것이 좋다.

외국어영역

중학생 때부터 열심히 했으면 좋았겠지만, 그렇지 못한 학생이라면 학교수업부터 충실히 들으면서, 단어 위주로 공부하는 것이 좋다. 단어를 많이 알면 수능 지문은 파악하기가 쉬우므로 단어집을 사서 규칙적으로 반복해서 오륙 회 읽는 것이 바람직하다.

지금 생각해보면 고등학생 때 신문이나 잡지를 별로 읽지 않아서 시사부분에 관심을 가지지 못했던 것이 아쉬움으로 남는다. 부디 여러분은 지나가는 자투리 시간에 시사정보도 잘 익혀두고 일반상식도 많이 쌓아 수험생활에 찌들지 않은 정말 '지혜로운' 사람이 되길 당부한다.

삼 년 남짓한, 비록 힘든 시기일지라도 이때를 현명하게 대처하여 즐겁고 행복한 대학생활을 하길 간절히 바란다. 수험생 여러분 파이팅!

김종훈 sela_oasis@hanmail.net
서울 신천중학교—잠신고등학교—서강대학교 입학 후 재수 • 1983년생 물병자리 • O형 • 진인사대천명(盡人事待天命).

문제는 집중력이다

양윤걸 서울대 역사교육과 99학번

공부 습관이라는 것은 지극히 개인적인 것입니다. 그럼에도 불구하고 공부법에도 몇 가지 원칙은 존재하며 좋은 습관과 그렇지 않은 습관은 분명 있습니다.

누구나 강조하는 것이지만 가장 중요한 것은 집중력입니다. 집중력을 위해 강조되는 것이 바로 평소의 공부습관과 공부 환경입니다. 집중도를 높이기 위한 습관은 다양합니다. 읽으면서 쓰는 사람, 입으로 웅얼웅얼 외우는 사람, 쓰지 않고 눈으로만 읽는 사람 등등…… 제 경험으로는 주어진 정보를 입체화하기 위해서는 감각기관을 최대한 활용하는 것이 중요합니다. 예컨대 눈으로 글을 읽으며 머릿속에 그 정보를 이미지로 재구성하거나 구조화해서 정리해보고 손으로는 짧은 문장으로 내용을 정리해보는 것입니다. 처음에는 무척 번거롭고 시간이 많이 걸리겠지만 습관이 되면 속도도 빨라질 뿐더러 공부한 내용을 기억하는 데 도움이 됩니다. 단 영어나 시와 같은 단순 암기를 제외하고, 입으로 외우며 공부하는 것은 집중력을 흐트러뜨리는 경우가 많습니다.

공부 환경에 대해서도 다양한 이야기들이 오고갑니다. 책상이 깨끗하게 정리가 되어 있어야만 한다는 사람이 있고, 반대로 이야기하는 사람들이 있습니다. 저의 경우에는 방에는 신경쓰지 않아도 책상만큼은 깨끗이 정리하는 편이지만 일반화하기는 어렵습니다. 그럼에도 불구하고 지금 공부하는 데 필요한 책은 가지런히 정리해둘 필요가 있습니다. 정돈되지 못한 환경은 집중력에 그다지 도움이 되지 않습니다.

공부의 효과는 시간의 절대량에 비례하는 것이 아닙니다. 같은 효과를 얻기 위해 시간을 최대한으로 절약하는 방법은 다름 아닌 공부의 효율을 높이는 것이고, 그 효율은 곧 집중력입니다.

항상 물음을 갖자

이제까지 강조한 집중력이 공부의 외적 측면에서 이야기한 것이라면, 이제는 내적 측면에서 이야기할 차례입니다. 제 생각으로는 가장 중요한 것은 '왜?' 라는 물음을 놓치지 않는 것입니다. 정보가 여러분의 머릿속에 전달되는 과정에서 여러분은 기존에 알고 있는 개념을 가지고 그 정보를 해석합니다. 즉 '이해' 의 과정을 밟게 되는 것이죠. 그러나 이해가 되지 않을 때 어려움에 부딪히게 됩니다. 이해가 되지 않으면 학생들은 대개의 경우 무턱대고 외우곤 합니다. 그러나 무작정 암기한 기억은 오래 가지도 못할뿐더러 입체화된 정보가 아니기 때문에 제대로 된 '활용' 이 불가능합니다.

모르는 것이 있으면 반드시 선생님께 여쭤보기 바랍니다. 모르고 넘어가는 것이 쌓이면 쌓일수록 그것은 스트레스가 되어 여러분을 짓누를 것입니다. 모르는 것을 물고 늘어져 하나하나 제거해나가면 처음에 발전 속도는 더딜지 몰라도 공부의 길을 가면 갈수록 여러분의 등이 가벼워질 것입니다.

'왜?' 라는 질문을 가짐으로써 우리는 그 정보가 다른 개념들과 맺고 있는 관계, 혹은 전체적인 구조 속에서 맺고 있는 관계까지 인식의 폭을 넓힐 수 있게 됩니다. 너무 어려운 애기인가요? 무엇이든지 동떨어진 지식은 없습니다. 1950년에 6 · 25 전쟁이 일어난 것은 누구나 알고 있지만, 여기서 그쳐서는 발전이 없습니다. '왜?' 라는 물음을 가질 때 그 물음이 꼬리에 꼬리를 물고 퍼져나가 식민지배와 분단과 이념대립이라는 다양한 원인이 모습을 드러내게 되는 것입니다.

너무 어려운 애기였나요? ^^;; 너무 어렵게 생각하실 것 없습니다. 항상 '이게 왜 이럴까?' 라는 물음만 놓치지 않으면 됩니다.

시험을 좌우하는 것은 자신감이다

흔히 우리나라의 입시환경을 '지옥' 이라고 표현합니다. 그럼에도 불구하고 이러한 환경이 게으름에 대한 변명일 수는 없습니다.- -;; 여러분은 공부 대신 사회에 기여할 수 있는, 그리고 자신의 인생을 떠받칠 수 있는 여러분의 능력을 계발해야 하는 것입니다.

우선은 흔들리지 말고 시험을 잘 치러내는 것이 중요하겠죠. 자신감. 이것이야말로 시험을 좌우합니다. 흔히 하는 말로 덤벙대지 않기 위해서는 적정한 수준의 긴장이 물론 필요합니다. 그러나 지나친 긴장은 오히려 시험을 더 쉽게 망치게 만듭니다. 항상 고3 모의고사를 보는 기분으로 '차분하게' 시험에 임해야 합니다. 물론 말처럼 쉽게 되는 일은 아니겠죠. 그럼에도 시험을 보게 될 여러분은 '이번이 끝이다' 혹은 '이번에 못 보면 끝장이다' 라는 식의 극단적인 생각은 절대 가져서는 안 됩니다. 적어도 시험을 보는 시간만큼은 철저히 그런 생각을 몰아내고 시험문제를 차분히 '즐겨야' 합니다. 또한 절대로 앞 시간의 결과에 대해 생각해서는 안 됩니다. 집에 돌아가 방송을 보며 답안을 확인할 때까지 정답은 그 누구도 모르는 것이며, 답안지를 내는 순간 떠오른 여러분의 실수도 여러분뿐만 아니라 모두가 저지르는 것이기 때문입니다. 시험 결과를 좌우하는 것은 반은 배짱과 자신감입니다.

이해가 되지 않으면 학생들은 대개 무턱대고 외우곤 한다. 그러나 무작정 암기한 기억은 오래 가지도 못할뿐더러 입체화된 정보가 아니기 때문에 제대로 된 '활용' 이 불가능하다. 모르는 것이 있으면 반드시 선생님께 여쭤보자.

길게는 십이 년, 짧게는 삼 년간의 혹독한 레이스를 거치고 이제 대학마저 졸업을 앞둔 이 시점에서 느끼는 것은 세상에 마법과 같은 획기적인 공부기술은 존재하지 않는다는 것입니다. 상투적이고 진부하게 느껴지겠지만, 성실 이상의 가치는 없습니다.

열여덟 혹은 열아홉에 치르는 대학입학시험이 여러분의 모든 것을 좌우하는 것은 아닙니다. 중요한 것은 끊임없이 노력하는 것, 어이없을 정도로 간단하고 진부하지만 그것만은 변하지 않는 것 같습니다. 하고 싶은 것을 조금씩 참고 땀을 흘리는 것, 효율과 기술은 그 다음의 문제이기 때문입니다.

양윤걸 scippio@orgio.net
서울 충암고등학교—재수 • 1979년생 사자자리 • A형 • 성실.

나는 노력파

염지연 서울대 소비자학과 00학번

난 아직도 입학 당시의 행복했던 순간과 대학생활에 대한 설레었던 기대들을 잊을 수가 없다. 그것은 아마도 힘겹고, 또 조금은 치열하게 보냈던 고등학교 시절 나 자신과의 싸움에서 얻어낸 값진 결과였기 때문일 것이다. 그리고 지금 이렇게 그 시절을 흐뭇하게 되돌아볼 수 있는 것도 정말 후회 없이 고등학교 시절을 보냈다고 자부할 수 있기 때문이다. 많이 힘들었고 좌절도 많이 했던 그 시절…… 하지만 그런 난관들 하나하나가 지금의 나를 있게 한 것이라고 자신 있게 말할 수 있다.

언어영역은 내가 가장 어려워했던 과목이었다. 점수 변동이 심해서 매번 모의고사 때마다 걱정을 가장 많이 했기 때문이다. 일반적으로 많은 학생들이 언어영역은 공부를 많이 하지 않아도 어느 정도 점수를 잘 받을 수 있을 것이라고 생각하지만 결코 그렇지 않다. 설사 공부를 많이 하지 않았는데 점수가 잘 나온다고 하더라도 결코 안심해서는 안 된다. 그렇게 해서 받은 점수는 정확한 자신의 점수가 아니기 때문이다. 대충 느낌만으로 풀었던 사람은 문제가 조금만 복잡하게 나와도 틀릴 수 있다. 물론 이것은 다른 과목에서도 예외가 아니겠지만 특히 언어영역에 대해서는 자만하고 있는 학생들이 많기에 더욱 강조해야 할 부분이다.

국어교과서에 나오는 작품들은 하나도 빠뜨리지 않고 꼼꼼하게 공부해야 하는 것은 물론이거니와 문학교과서와 기타 문제집에 자주 나오는 작품들도 정확하게 공부해야 한다. 그리고 언어영역 문제를 풀다보면 항상 자신이 자주 틀리는 유형이 있음을 발견하게 될 것이다. 이런 유형은 꼼꼼하게 체크하여 같은 유형의 문제를 반복적으로 풀다보면 똑같은 실수를 되풀이하는 일이 줄어들 것이라 확신한다. 그리고 비문학 부분에서 긴 지문을 읽고 푸는 문제의 경우에는 문제를 먼저 읽은 후 문제에서 묻고 있는 부분에 초점을 두고 꼼꼼하고 빠르게 지문을 읽어 내려가는 것이 시간을 절약하고 정확하게 문제를 풀 수 있는 키포인트라고 할 수 있다.

수탐I의 경우에는 우선 많은 문제를 다루어보는 것이 최상의 공부방법이라고 생각한다. 하지만 여기서 간과해서는 안 될 것이 있다. 그것은 바로, 기본 원리와 공식은 완전히 이해한 후에 많은 문제를 다루어야 한다는 것이다. 만약 이렇게 하지 않은 상태에서 무턱대고 문제만 많이 푼다면 끊임없이 틀리기만 할 것이다. 예컨대, 문제를 풀다가 자신이 자꾸만 함수 부분에서 실수를 하고 있다는 것을 발견했다고 하자. 그렇다면 즉시 정석과 같은 개념 설명 위주의 책을 펼쳐서 그 부분을 완전히 이해할 때까지 공부한 후 다시 문제풀기에 돌입해야 한다. 수학을 공부할 때에는 문제를 하나하나 풀어가면서 자신이 부족하다고 느끼는 부분은 계속적으로 개념을 확실하게 잡아나가는 것이 중요하다. 이렇게 꾸준히 해나간다면 어떠한 문제를 받아들더라도 기본개념에 입각하여 문제를 쉽게 풀어나갈 수 있게 된다. 수능에 나오는 수학문제들은 우리가 풀 수 없을 정도로 어렵게 나오지는 않는다. 그냥 문제만 봤을 때는 도저히 풀 수 없게 생긴 것들도 사실 알고 보면 그 원리는 단순한 것들이 많다. 그 원리를 잡아낼 수 있게 되는 순간 수탐I 성적은 계속 올라가게 될 것이다. 성급한 마음을 버리고 꼼꼼하게 문제를 풀어나가다보면 이것이 그렇게 어려운 것만은 아니다.

사회탐구영역은 단시간에 점수를 가장 빨리 올릴 수 있는 과목이라고 다들 말하고 또한 실제로 그렇기도 하다. 하지만 쉽게 쌓은 탑은 언제든지 무너져버릴 수 있다는 것을 알아야 한다. 우선 사탐은 문제집을 풀기 전에 각 과목마다 교과서를 최소한 세 번 이상씩 읽으라고 꼭 말해주고 싶다. 모든 과목이 다 그렇겠지만 사탐의 경우에는 특히 교과서를 통한 반복학습이 무척 중요하다. 사탐영역 문제에 자주 등장하는 지도나 자료 등의 대부분이 교과서에 나오는 것들이다. 시간 나는 틈틈이 교과서를 조금씩 읽어나간다면 크게 부담 가지지 않고서도 충분히 완독할 수 있을 것이다. 다만 교과서를 읽을 때에는 사소하게 보이는 지도나 표 하나도 빠뜨리지 않고 꼼꼼하게 눈에 익혀두어야 한다. 또 한가지 중요한 것은, 수능에는 통합형 문제가 많이 출제되므로(예컨대 '일반사회+윤리', '지리+국사' 와 같은 형태) 학습지나 문제집을 통해서 다양한 형태의 통합형 문제를 많이 풀어보아야 실제 수능에서 덜 당황하게 된다.

과학탐구영역의 점수를 올리기 위해서는 무엇보다도 다양한 문제를 접해보는 것이 중요하다. 다만 기본적으로 외워야 할 것들은 확실하게 이해하고 암기한 후 문제를 풀어야 한다. 과학에서는 원리가 중요하다고들 하지만 기본적인 암기가 바탕이 되어 있지 않은 것은 소용이 없다. 이해를 통한 암기가 선행된 이후에는 본격적으로 다양한 문제를 풀어가면서 내용을 확실하게 다져나가야 한다. 물론 과탐의 경우에도 한 문제에 두 과목 이상의 내용이 복합적으로 담겨 있는 통합형 문제가 많이 출제되므로 미리 많은 문제를 풀어보는 연습을 해야 한다.

마지막으로 외국어영역. 무엇보다 외국어영역은 만점을 목표로 세우고 도전하라고 말해주고 싶다. 이것은 전혀 불가능한 일이 아니다. 한 지문 속에 있는 모든 단어를 알아야만 문제를 풀 수 있는 것은 아니다. 물론 어휘력이 상당하여 지문을 완벽하게 해석하고 풀 수 있다면 그보다 더 좋은 것이 어디 있겠는가만은 사실상 그런 학생이 거의 없을 뿐더러 한두 단어쯤 모른다고 해서 문제 풀기를 포기한다거나 당황할 필요는 전혀 없다. 앞뒤 문장과 연결하여 문맥에 맞추어 해석하다보면 자연스럽게 해석이 가능한 경우가 대부분이기 때문이다.

그리고 외국어영역 지문을 읽을 때 가장 중요한 것은 바로 그 글의 주제를 찾는 것이다. 그 글이 궁극적으로 말하고자 하는 바가 무엇인지를 확실하게 잡아낸다면 70퍼센트 이상은 이미 맞춘 것이라 보아도 무방할 것이다. 글의 주제는 대부분 단락의 첫 부분 아니면 끝에 있기 때문에 그 부분을 더욱 신경써서 읽어야 한다. 하지만 정확하게 해석하고 주제를 확실히 잡아내었다고 하더라도 문제를 시간 내에 다 풀지 못한다면 아무 소용이 없을 것이다. 실제로 그런 학생들을 많이 보았다. 이런 문제를 해결할 방법은 딱 한 가지밖에 없다. 많은 지문들을 반복해서 읽는 연습을 꾸준히 하는 수밖에 없는 것이다. 한 번 풀었던 문제집이라도 상관없다. 그 지문이 눈에 완전히 들어올 때까지 계속 반복해서 읽는다. 이렇게 하다보면 어느새 속도가 붙어 새로운 지문을 보았을 때 훨씬 빨리 그리고 요령껏 필요한 부분만을 골라서 읽을 수 있는 능력이 생기게 마련이다. 하지만 결코 성급하게 생각하면 안 된다. 이러한 능력이 단 며칠만에 생길 것이라는 환상은 버려야 한다. 무슨 공부든지 꾸준히 그리고 꼼꼼하게만 해나간다면 그 어떤 문제에도 흔들리지 않는 탄탄한 실력이 쌓일 것이라 확신한다.

> 자율학습은 나에게 있어 가장 좋은 공부시간이었다. 주로 처음엔 내가 하기 싫어하는 과목, 예컨대 과학이나 수학을 넣었고, 그 후에 내가 좋아하는 과목을 시작하였다. 왜냐하면 좋아하는 과목을 먼저 끝내고 싫어하는 과목을 공부하려고 하면 갑자기 의욕이 생기지 않는 경우가 많았고, 조금이라도 정신이 맑을 때 취약과목을 공부하는 것이 더 도움이 되었다.

나는 결코 머리가 뛰어난 천재가 아니다. 하지만 고등학교 때까지 내가 남들과 조금 달랐던 점이 있다면 그건 바로 '노력'이었다고 자신 있게 말할 수 있다. 남들보다 조금 더 부지런하게 생활하였고, 그 당시의 노력이 언젠가는 큰 결실을 맺을 것이라는 믿음을 가지고 있었기 때문에 지금의 내가 있게 되었다고 생각한다.

내가 다녔던 고등학교는 주말을 제외한 평일은 매일 밤 11시까지 의무적으로 야간자율학습을 실시하였다. 난 원래 학원을 다니거나 과외를 받는 것보다는 혼자 끈질기게 연구하는 편이었다. 그래서 수업이 끝나고 시작되는 자율학습은 나에게 있어 가장 좋은 공부시간이었다. 하루종일 배웠던 것을 혼자서 정리하고 복습할 수 있는 시간이었기 때문이다. 자율학습 시간에는 항상 계획을 짜서 공부하였다. 주로 처음엔 내가 하기 싫어하는 과목, 예컨대 과학이나 수학을 넣는 편이었고, 그 후에 내가 좋아하는 과목을 시작하였다. 왜냐하면 좋아하는 과목을 먼저 끝내고 싫어하는 과목을 공부하려고 하면 갑자기 의욕이 생기지 않는 경우가 많았기 때문이다. 그리고 조금이라도 정신이 맑을 때 자신이 취약한 과목을 공부하는 것이 더 도움이 된다. 내가 자율학습 시간에 공부할 과목을 짤 때 매일 하루도 빠뜨리지 않았던 것은 국어, 영어, 수학이다. 국어와 영어는 자칫하면 소홀해지기 쉬운 과목이다. 하지만 매일 조금씩이라도 꾸준히 공부해야만 성적이 느는 것이 바로 이 과목들이기 때문에 정말 시간이 부족하면 하루 30분씩만이라도 꼭꼭 문제를 풀었다. 모르는 것들은 쉽게 포기해버리지 말고 끝까지 잡고 늘어져라. 비록 시간이 많이 걸리긴 하지만 그 시간이 결코 헛된 시간이 아님을 명심해야 한다.

고등학교 시절 성적을 좌우하는 것의 반 이상은 시간관리이다. 잠을 억지로 참아가면서 미련하게 밤을 새워 공부하는 것보다는 학교에 있을 때 틈틈이 자투리 시간을 활용하는 것이 관건이다. 예컨대 쉬는 시간 10분 동안 친구들과 수다를 떠는 대신 잠깐 잠을 청한다든지 맑은 공기를 쐬고 오는 것도 공부를 훨씬 능률적으로 할 수 있는 요령이 될 것이다.

마지막으로 교육방송(EBS)을 적극 활용하라고 권하고 싶다. 매일 시청할 수 없다면 주말에 하는 재방송이라도 꼭 보고 공부하는 것이 좋다. 물론 시간이 짧아서 많은 설명을 들을 수는 없지만 권위 있는 선생님들의 강의를 그런 기회가 아니면 거의 접할 수가 없기 때문이다. 시간이 짧은 대신 핵심만을 짚어주는 교육방송은 적극 활용할 만한 가치가 있다고 생각한다.

피할 수 없으면 즐겨라! 이왕 시작한 공부인 만큼 기분 좋게 열심히 한다면 세월이 지나 지금의 나 자신을 되돌아보았을 때 후회가 남지 않을 것이다.

염지연 yeomji00@hanmail.net
부산 구포여자중학교—부산외국어고등학교 1982년생
물고기자리 • B형 • 인생은 우리가 노력한 만큼 가치가 있다.

안 되면 되게 하라 : 당근과 돈키호테

양재욱 서울대 재료공학과 98학번

내겐 부모님이 살아 계신 동안에는 어떤 일이 있더라도 지키고자 마음먹은 신조가 하나 있다. '일생을 통틀어 단 두 가지를 제외하고는 절대 부모님께 걱정을 끼쳐드리지 말자.' 하나는 일생 동안 내가 하고자 하는 일을 선택하는 것이고, 다른 하나는 서로 사랑하며 살아가야 할 내 반쪽을 정하는 일이다. 공부 때문에 부모님께 걱정을 끼쳐드리는 일은 없어야 한다. 여기서 한 가지 주의할 점은, 공부를 잘해서 좋은 성적을 얻어야 부모님 속을 상하게 하지 않는다는 좁은 사고방식은 버려야 한다는 거다. 부모님이 원하시는 것은 좋은 성적이 아니다. 내 아들이, 내 딸이 얼마나 열심히 하는 모습을 보이는지, 부모님이 원하시는 건 바로 그것이다. 설혹 열심히 했음에도 불구하고 좋은 성적이 나오지 않아서 부모님의 인상이 찡그려졌다 해도 그건 단순한 안타까움일 뿐이지 자식에 대한 실망은 절대 아니다.

이게 내가 중학교 삼 년, 고등학교 삼 년 동안 열심히 공부를 할 수 있게 만든 원동력 중의 하나다.

성적이 나오지 않았을 때 대다수의 학생들에게 가장 먼저 떠오르는 것은 바로 잔뜩 실망하신 부모님의 얼굴이다. 그리고 그런 감정은 상당한 스트레스로 다가와 가슴이 답답해지고 자신에 대한 비관적인 불신감마저 들어 심지어 공부라는 녀석이 괴물로 느껴지는 막연한 두려움까지 갖게 된다.

그러나 두려운 것을 잘하는 사람은 거의 없다. 이런 사고방식이 공부하는 데 가장 큰 적이 된다. 하지만 성적이 안 나왔다 하더라도 열심히 하는 모습을 부모님께 보여드렸고, 그렇기에 부모님을 신뢰하고 자신을 믿는 긍정적인 사고방식을 갖고 있다면 그건 스트레스가 아니다. 오히려 다음 기회의 도전을 약속하는 더 큰 자극제가 되는 거다. 이런 마음가짐으로 공부를 조금은 편하게 생각하자. 그렇지 않으면 공부에 쫓기는 신세에서 벗어날 수 없다.

내가 공부 때문에 부모님께 걱정을 끼쳐서는 안 되겠다고 마음에 새기게 된 결정적인 계기가 있었다.

사실 '공부를 열심히 해야 한다'는 명제는 처음 내게 있어서는 참이 아닌 것처럼 느껴졌다. 공부보다는 친구들과 어울리는 것이 더 좋았고 초등학생 때는 학교 시험에서도 그리 열심히 공부하지 않고도 어렵지 않게 좋은 점수를 받아왔기 때문이었다.

하지만 내가 중학교로 진학하던 때에 유복하진 않았지만 행복했던 가정 환경이 급박하게 변하고 말았다. 경상북도 시골에서 이곳 경기도로 올라온 지 삼 년만에 부모님께서 눈물겹게 마련했던 작은 집도 잃어버릴 만큼 집안 사정이 어려워져 다섯 식구가 살기엔 너무도 비좁은, 친구들에게조차 보여주기 싫을 만큼 초라하고 지저분한 곳으로 이사를 하게 된 것이다. 어머니께서도 직장에 나가셔서 늦게까지 일하셔야 했다. 중학교 1학년이었던 내가 방과후 집에 가도 반겨주는 건 초등학생인 어린 여동생뿐, 어둡고 침울한 집안 환경 속에서 부모님의 얼굴엔 늘 그늘이 드리워져 있었고, 그나마 가끔 두 분의 얼굴에 밝은 웃음을 볼 수 있었던 때는 내 1등 성적표를 보여드릴 때뿐이었다. 키도 아직 다 자라지 못한 어린 내게 그것은 우리 가정을 위해 할 수 있는 최고의 일이었고, 부모님의 밝은 모습을 더욱 보고 싶었던 욕심이 열심히 공부하는 길로 나를 안내했던 것이다.

고등학생이 되어서야 부모님의 웃음의 의미가 '희망'이었다는 것을 깨달았고, 이제는 그 '희망'을 내가 스스로 안고서 살아가기 위해 '공부를 열심히 해야 한다'는 명제가 참이란 걸 시인하게 되었다.

좋아하는 일 만들기

아주 가끔씩은 공부하는 것이 재미있어서 즐길 때가 있다. 하지만 이런 날은 그리 많지 않고 대부분의 날들은 인고의 결정체라고 할 수 있다. 장시간 집중해서 무엇인가를 알아내야 하고 암기하고 심지어는 무지막지한 필기와 수학문제풀이로 연습장을 깜지로 만드는 중노동까지 서슴지 않아야 한다. 이런 공부하는 과정 자체만으로도 힘들진데 그 과정에 들어가기 전단계는 이것과는 비교도 되지 않을 만큼 힘들다. 책상 앞에 앉는다는 것. 바로 이게 정말 힘든 과정 중의 하나인데 이것만 잘 극복하면 반은 성공한 거라 할 수 있다.

내 경우에는 공부하기로 마음먹고 책상에 앉기까지의 과정이 참담할 정도로 힘들었다. 오늘은 해야 할 일이 있으니까 나중에 하자, 오늘은 이상하게 눈이 침침하네, 아니 손에 물집이? 오늘은 기분이 안 좋아 등 엄청난 장애물들이 날마다 책상까지 가는 길을 가로막아 섰고 그것들을 다 통과할 수 있을 만큼 공부를 향한 내 집념은 강하지 못했다.

대부분의 학생들이 그럴 것이다. 공부를 좋아하는 극히 일부분의 학생들도 책상머리까지 가기는 쉽지 않다. 이런 증상을 극복하는 좋은 방법이 하나 있는데 바로 좋아하는 일을 하나씩 만들어놓는 거다. 그것도 책상에 말이다. 공부하는 기간이 길었던 만큼 난 여러 가지를 만들었었는데 그 중 하나는 재미있는 소설책을 읽는 일이었다. 무조건 책상에서 공부만 해야 한다는 생각이 자꾸만 공부에서 멀어지게 했고 그래서 아예 그러한 생각을 배제하려고 한 것이다. 우선 책상에 앉아서 하루에 조금씩만 소설책을 읽고는 다음 부분이 궁금하게 해놓은 뒤에 소설책을 덮었다.

처음에는 이 방법을 강도가 높은 무협지로 시작했다. 효과는 즉각 나타났다. 나와 약속한 것은 단 두 가지. 조금만 읽는다, 책상에서 공부하기 전에만 읽는다. 이 두 가지를 지키는 것은 생각보다 많은 노력을 필요로 했다. 어떤 날은 너무나 궁금한 나머지 다음 부분을 참지 못하고 하루 종일 무협지만 읽은 적이 있었다. 이런 경우를 예상 못한 바 아니었지만, 책만 읽은 다음날은 정말 침울한 기분이었다. 아무리 해결 방안을 모색해도 이걸 극복하는 방법은 다른 게 없었다. 그저 내 마음을 가다듬는 것뿐. 그 후엔 차근차근 나와의 약속을 곱씹으며 읽기로 한 부분의 끝글자를 읽자마자 가차없이 책을 덮어버렸다. 이 무협지를 읽는 이유는 나를 공부로 유도하기 위한 것이란 걸 마음속으로 일깨우며 주객이 전도되는 걸 용납하지 않으리란 각오를 다지고 또 다졌다. 고등학교 2학년말에는 너무 무협지만 읽어선 안 될 듯해서 한국 단편소설로 바꿨는데, 이렇게 읽은 많은 소설들은 언어영역을 정복하는 데 많은 도움을 주었다.

고등학교 3학년 때에는 수능시험 시간에 컨디션을 맞추느라 새벽 5시에 일어나서 공부를 하기로 마음먹었는데, 이때도 좋아하는 것을 공부하기 전에 끼워넣는 방법을 썼다. 이때는 한창 차에 맛을 들이던 터라 녹차, 자스민, 홍차, 감잎차 등 여러 가지 차를 종류대로 모아놓고 책상 앞에서 한 잔씩 마시고 공부를 하기로 했다. 새벽에 일어나는 일은 죽기보다 괴로운 일이었음에도 불구하고 차를 마시고 싶다는 생각에 부스스 일어나는 내가 정말로 신기하게 느껴질 때도 있었다.

때론 무식하게

고등학교 1학년은 내게 있어 정말 괴로운 나날들이었다. 과학고라는 특수학교에 입학한 것도 충격이었는데 전원 기숙사 생활을 하느라 맞지도 않는 음식과 기상시간 등 기본적인 생활부터 뜯어고쳐야 할 판이라 마음을 둘 곳을 찾지 못했다. 처음 맞는 중간 고사 전까지 친구들 사귀랴 생활에 적응하랴 나름대로 바쁘게 보냈다고 자부했지만 성적은 그게 아니었다. 공부를 제대로 하지 못하고 본 첫 시험에서 나와 같이 놀았던 친구들의 엄청나게 잘 나온 성적에 학교 잘못 왔다는 비참함과 자괴감에 빠져버린 것이다. 과학고에 입학한 친구들은 거의 다 괴물로 여겨졌고 이런 곳에서 나 같은 바보는 어떻게 살아가야 할지 정말 막막했다. 시험이 끝나고 나와 한 방을 쓰는 친구들에게서 들은 얘기로는 공통수학은 물론 고등학교 1학년 과학 과정도 대부분은 과학고에 입학하기 전에 마치고 들어왔다고 했다. 내겐 충격이 아닐 수 없었다. 과학고 시험 끝나고 내가 한 일이라고는 농구밖에 없었으니까 말이다. 부랴부랴 따라가보려고 안간힘을 썼지만 1학기 기말고사까지는 거의 바닥을 헤매었다.

여름방학 동안에는 기숙사를 떠나 집에 다녀올 기회가 생긴다. 주말에도 마찬가지이다. 그런 경우에는 예외적으로 귀가조치가 내려지는데 내겐 집에 가고픈 맘이 전혀 없었다. 어떻게든 이 난관을 극복해야 여기서 살아갈 수 있으리란 생각만 맴돌고 있었던 것이다.

고3 때에는 수능 시험시간에 컨디션을 맞추느라 새벽 5시에 일어나서 공부하기로 마음먹었는데, 이때도 좋아하는 것을 공부하기 전에 끼워넣는 방법을 썼다. 한창 차에 맛을 들이던 터라 녹차, 자스민, 홍차, 감잎차 등 여러 가지 차를 종류대로 모아놓고 책상 앞에서 한 잔씩 마시고 공부를 하기로 했다. 새벽에 일어나는 일은 죽기보다 괴로운 일이었음에도 불구하고 차를 마시고 싶다는 생각에 부스스 일어나는 내가 정말로 신기하게 느껴질 때도 있었다.

내겐 길게 느껴졌던 고등학교 1학년 여름방학은 그렇게 시작되었다. 일단 가장 자신이 없었던 공통 수학을 끝낼 계획을 세웠다. 기한은 단 일주일. 그동안 정말 무식하다고 표현할 수밖에 없을 정도로 열심히 했다. 정석을 놓고 예제는 물론 연습문제까지 남기지 않고 다 풀어버린 것이다. 모르는 건 풀릴 때까지 풀었다. 한 문제로 반나절을 잡아먹는 일은 예사였다. 풀이집을 보지 않고 내 힘으로 해결해야 한다는 생각이었기에 단 한 문제로 반나절을 보내는 것이 전혀 아깝지 않았다. 풀이집을 보게 되면 너무 쉽게 해결되어 내 것이 되지 않고 금새 기억에서 사라지기 때문이다. 그렇게 전력을 다해도 안 되겠다

싫으면 답만 보고 넘겼지만, 반드시 표시를 해서 그 문제에 다시 도전할 수 있게 해놓았다.

잠은 그냥 졸릴 때에 자서 낮과 밤의 경계를 없애버렸다. 그럴 수밖에 없었던 것이, 수학은 그 한 문제가 언제 풀릴지 예측을 할 수 없었기 때문이다. 해결을 하지 못하면 아예 잠도 잘 오지 않았다. 그래서 어느 정도 일단락이 지워지면 그제서야 잠을 청할 수밖에 없었다. 그렇게 한번 고생을 하고 나니까 수학만큼 쉬운 게 없다는 자신감이 들었다. 정말 시중에 나온 아무 문제집이나 들고 풀어보아도 신기하게 다 풀렸다.

공통 과학도 이런 식으로 극복했다. 특히 물리가 문제였는데, 역학 부분은 정말 골칫덩어리였다. 하지만 참고서 하나를 놓고 그 부분에 대한 문제들만 모아서 다 풀어보고 머릿속으로 질리도록 이치를 하나하나 잘 따져보며 지냈더니 어느 순간에는 거기 있는 것들 모두가 하나로 통합되어 이해가 되는 느낌이 들었다. 물리는 한번 이해가 되면 그 이후로는 틀릴 수가 없는 과목이다. 이렇듯 무식한 방법으로 어려웠던 과목을 끝낸 덕분으로 수능시험 볼 때까지 수학과 물리는 내게 제일 자신 있는 과목이 되고야 말았다.

고3 공부법

고3 때의 그 불안했던 감정들과의 지치도록 지리하고 긴장되었던 전쟁이 눈앞에 잡힐 듯이 선명하게 떠오른다.

고3 여름방학이 끝나기 전까지는 일단 모든 과목을 한번 보면서 마지막 정리기간에 볼 것들을 추려내고 표시를 해두는 게 가장 중요했다. 아무래도 가을부터는 그동안 봤던 문제집과 교과서, 참고서들을 다시 보는 것만으로도 벅찰 것 같았기 때문이다. (문제집 같은 경우는 틀린 것만 집중해서 보면 된다. 틀렸던 것은 이상하게 또 틀리는 게 만고불변의 법칙처럼 들어맞고 있다는 사실을 기억하자.) 그리고 개인적으로 불완전했던 영어 듣기에 시간을 집중 투자했다. 시중의 보통 듣기 교재로는 아무래도 내 엉성한 듣기 능력을 교정될 것 같지 않아서 토플 교재의 듣기를 선택해서 받아쓰기를 연습했다. 처음에는 너무 어려워서 전혀 들리지가 않았다. 하지만 조급함을 버리고 아예 그 문장들을 다 외워서 반복해서 듣고 받아쓰기를 했더니 어휘력과 듣기능력이라는 두 마리 토끼가 한번에 내 손에 들어오게 되었다. (애초에 이렇게 어렵게 듣기 연습을 했더니 나중에 수능 수준의 듣기는 졸면서도 다 알아들을 정도가 되었다.)

9월부터는 본격적인 정리가 시작되었다. 국어와 영어와 수학은 감각을 잃지 않기 위해서 매일 조금씩이라도 시간을 투자했고 수탐Ⅱ는 그 어마어마한 양을 전에 정리해놓은 책으로 차근차근 보아나가기 시작했다. 특히 사탐 부분은 암기 과목이라 가장 집중이 잘되는 새벽 5~7시까지의 시간을 활용해서 암기하고 정리했다. 이때 일어나는 연습은 후에 수능시험 볼 때 일찍 일어나야 하는 부담감을 많이 줄여주었다. (새벽에 일어나기 위해 내가 좋아하는 '차 마시기'를 공부하기 전에 끼워넣었다.)

학습지는 따로 보지 않았고 모의고사만 주말에 한 회씩 풀었다. 일요일에 실제 수능시험 시간에 맞춰서 하루 종일 전 과목을 풀기란 생각보다 쉽지 않았다. 일요일은 9월 전까지는 유일하게 늦잠을 잘 수 있는 날이어서 더욱 그랬다. 대신 혼자하기보단 친구들과 함께 하는 게 정말 많은 도움이 되었다. 아침에 일찍 일어나기 위해 일요일은 '조금 더 특별히 좋아하는 일'을 끼워넣었다. 모의고사를 같이 풀 친구들과 새벽에 목욕을 다녀오는 걸로 정했다. 아침도 근처 가게에서 맛있는 샌드위치와 우유 등 좋아하는 음식을 함께 먹었다. 그러나 처음 언어영역을 풀 때는 거의 실신 상태였다. 수탐I을 풀 때 겨우 정신이 들었지만, 이미 그 전 시간의 언어영역은 반 정도 졸아서 못 푼 것이다. 하지만 그래도 일요일마다 제 시간에 맞춰서 모의고사 풀기를 강행했다. 그리고 이렇게 시간 감각을 유지하는 게 실제 시험 볼 때 굉장한 도움이 되었다. 수탐II를 풀 때도 언어영역 시간과 마찬가지로 졸다가 못 푸는 경우가 많았다. 못 푼 문제들은 월요일에 다시 풀어서 같이 채점을 하는 식으로 한 회 한 회 풀어나갔다. 주중엔 비교적 가볍게 계획을 세워서 반드시 실행하고 잠자리에 들기로 했다. 다이어리에 계획을 세워놓고 하루하루 자기 전에 지워나가는 재미도 쏠쏠했다.

중고등학생 여러분들도 그렇지만 나도 아직 공부가 끝나지 않았다. 솔직히 애기하자면, 고등학생 시절까진 나를 위한 공부란 게 어떤 건지 정확히 알 수가 없었다. 막연한 판단과 믿음으로 한 계단 한 계단 밟고 올라왔을 뿐. 하지만 지금 확실히 말할 수 있는 건 아무짝에도 쓸모가 없을 것 같던 상투적인 중고등학교 교과과정을 공부하는 일이 적어도 지금 내게 크나큰 힘이 되어주고 있다는 사실이다. 무엇보다 생각하는 힘을 길러주고 인내하는 법을 가르쳐주었기 때문이다. 거기에 기본적인 소양까지.

대학은 진정 내가 원하는 공부를 할 수 있는 곳이다. 그만큼 선택의 자유가 있는 곳이고 노력의 결과 또한 보장되는 곳이다. 고등학교 다닐 동안 배웠던 많은 것들이 대학에서 내가 무슨 공부를 하고 싶은지 선택하는 데 제1의 길잡이가 되어준다는 걸 안다면 지금 수험생활이 가치 있는 시간이라는 마음을 갖게 될 것이다.

양재욱 eldeld@empal.com
부천 부일중학교—경기도 과학고등학교 • 1979년생 게자리 • AB형 • 세월은 날 강인하게 하고 세상은 그만큼 견딜 만한 시련을 내게 더 얹어준다.

언어영역, 취약과목에서 만점과목으로

최고운 서울대 경영학과 01학번

눈을 감았다.

마음을 진정시켜야 했다.

'괜찮아…… 괜찮아…… 잘 할 수 있어…….'

다시 눈을 떴다. 여전히 눈앞에 보이는 건 희뿌연 시험지뿐. 글자도 문제도 보이지 않았다.

그렇게 나의 고3 수학능력시험의 첫 시간은 지나갔다.

모의고사 때에도 언어영역은 가장 불안한 과목이었다. 총점이 거의 언어영역에 의해서만 좌우될 정도로 언어영역은 취약과목이었고 점수의 변동폭도 컸다. 언어영역을 잘 봐야 한다는 부담감은 나의 마음을 무겁게 했다.

평소 시험에 대한 부담감이나 긴장감이 별로 없던 나였지만 수능 당일날에는 달랐다. 신경도 예민해지고 알게 모르게 긴장하고 있었다. 시험장으로 가는 택시에서는 라디오 뉴스가 흘러나오고 있었지만 내 귀에 들어오는 건 온통 수능 얘기뿐이었다. 자꾸 긴장되는 바람에 기사아저씨한테 라디오를 꺼달라고 부탁했다. 워크맨을 꺼내 평소 즐겨 듣던 음악을 틀고 눈을 감았다. 하지만 시험이 시작되고 시험지가 배부되어도 가슴은 쿵닥쿵닥 진정되지 않았다. 결국 언어영역 내내, 눈앞은 새하얄 뿐 아무것도 보이지 않았다. 그렇게 마친 나의 첫 수능. 결국 나의 고등학교 시절은 일 년 더 연장되어 나는 4학년이 되었다.

모의고사 때에도 언어영역은 가장 불안한 과목이었다. 총점이 거의 언어영역에 의해서만 좌우될 정도로 언어영역은 취약과목이었고 점수의 변동폭도 컸다. 언어영역을 잘 봐야 한다는 부담감은 나의 마음을 무겁게 했다.

학원은 일부러 아는 사람이 하나도 없는 작은 학원을 택했다. 혼자 열심히 하겠다는 각오였다. 학원이 시작되기 전까지는 모든 걸 다 잊어버리고 놀았다. 듣고 싶었던 CD도 한꺼번에 사고, 놀러가고 싶었던 데도 가고, 친구들이랑 맛있는 것도 먹으러 다니고…… 그렇게 원 없이 신나게 놀고 나서, 학원 시작과 함께 나의 재수생활도 시작되었다.

공부를 다시 시작하는 나의 마음은 여느 재수생들처럼 열심히 하겠다는 다짐으로 가득 차 있었다. 아무리 긴장해도 흔들리지 않을 수 있는 실력을 키워야 했다. 수업 첫날 자습시간에, 나는 예쁜 종이 한 장을 꺼내 나의 다짐들을 적어 내려갔다.

나와의 약속

이 약속은 나와의 약속일 뿐만 아니라 나를 믿고 있는 모든 사람들과의 약속이다. 나를 믿어주는 사람들을 실망시켜서는 안 된다.
실패는 한 번으로 충분하다.
이제는 실패를 이겨내어 한 걸음 나아가야 한다.

1. 처음 재수를 시작할 때의 마음가짐을 잊지 말자.
   지금 하지 않으면 내일은 없다.
2. 결국 나와의 싸움이다. 어느 누구도 탓할 수 없다.
3. 주말에도 열심히 하자.
   고3 때보다 덜 하면 더 좋게 나올 수 없다.
4. 자습시간은 절대 빠지지 말자.
5. 후회할 일은 하지 말자.
   순간순간에 최선을 다하면 후회는 없다.
6. 늘 웃으며 긍정적으로 살자. 인사는 밝게^^

어떻게 보면 살벌해(!) 보이기까지 하는 말들을 서슴없이 적어가며 다짐을 했다. 물론 매일 이 말들을 가슴에 담아두고 공부에만 열중했던 건 아니었다.^-^; 아직 대학생은 아니었지만, 재수하면서 고등학생 때는 누려보지 못했던 작은 자유를 만끽하며 지내기도 했던 게 사실이다. 그래도 가끔, 처음의 그 다짐들을 읽어보면서 마음을 다잡곤 했다.

그래서인지 흔히 생각하는 힘든 재수생활은 아니었다. 오히려 재수할 때의 기억은, 고등학생도 대학생도 아닌 특수한(?) 상황이면서도 재미있었던 날들로 기억에 남아 있다.^-^ 우선 공부하는 것 자체도, 고3 때보다 좀더 여유를 가지고 제대로 공부한다는 점이 좋았다. 또한 점심식사 후에 먹는 아이스크림 하나, 새로 사귄 친구들과의 짧지만은 않은 이야기들, 그리고 대학에 다니는 친구들과의 가끔 있는 만남도 힘들 수도 있는 나의 재수생활에 재미를 더해주곤 했다.

이전의 공부방법 vs. 새로운 공부방법

공부를 시작하기 전에, 왜 수능을 못봤는지, 왜 평소에 하던 것보다 훨씬 낮은 점수를 받았는지 원인을 알아야 했다. 결국 고등학교 1학년 때부터 항상 취약과목이었던 언어영역 때문에 수능을 망친 것이었다. 조금만 더 자신이 있었다면 그렇게까지 긴장하진 않았을 텐데…… 너무 긴장하는 바람에 가뜩이나 평년보다 어려웠던 언어영역 시간에 평소 실력조차 발휘하지 못했던 것이다. 겨우 정신을 차리고 본 2, 3, 4교시는 모두 만점이었기 때문에 언어영역에 대한 아쉬움은 더욱 클 수밖에 없었다.

왜 그토록 언어영역에 약한 걸까? 일단은 지문을 읽는 속도가 느린 편이었다. 장문의 지문을 여러 개 소화하고 구체적인 부분까지 숙지해가면서 읽어야 되는데, 그러기엔 내 독해 속도가 너무 느렸다. 그렇다고 해서 자문을 완전히 이해해가면서 읽느냐 하면 그것도 아니었다. 부끄럽게도, 문장이 복잡하거나 생소한 단어가 나오면 잘 이해하지 못했고, 문제를 풀기 위해서는 거듭 읽어봐야 했다. 어려운 과학 이론이나 전문용어가 나오는 지문은 우리말을 외국어 보듯 하면서 읽기도 했다.

결국 문제는 평소에 독서량이 절대적으로 부족했기 때문이라는 결론을 내렸다. 사실 어렸을 때는 취미가 독서라고 할 정도로 책을 많이 읽는 편이었다. 하지만 고등학교에 간 이후로는 교과서와 문제집 이외의 책은 전혀 읽지 않았다. 입시 준비에 치여서인지 책이라면 지겹기도 했고, 학과 공부 이외에 따로 책을 읽을 수 있는 마음의 여유가 없었다.

게다가 문제를 푸는 요령이 없기도 했다. 수학이나 과학 같은 과목은 이론적인 면을 충분히 이해하면 어떤 문제가 나와도 기본 이론의 응용을 통해 정확한 정답을 찾을 수가 있다. 하지만 언어영역은 질문 자체를 이해하는 것도 문제가 된다. 지문을 아무리 숙지하고 있다고 해도, 문제를 이해하지 못하거나 문제가 요구하는 게 무엇인지를 파악하지 못하면 정답을 맞추기가 힘들다. 특히 지문의 특정 단어나 한자성어와 비슷한 뜻을 가진 어휘를 보기에서 찾는 문제는, 보기의 단어나 한자성어의 의미를 모르면 전혀 풀 수가 없다.

나의 취약부분을 나름대로 파악했으니, 이제 다른 과목 공부량을 좀 줄이더라도 언어영역에 투자해야겠다고 생각했다. 그렇다고 독서량을 늘리기 위해 자습시간에 인문과학 서적을 붙잡고 있거나 어려운 이론서를 독파하고 있을 순 없었다. 독서량 자체를 늘림으로써 전반적 실력 향상을 기대할 만큼 마음과 시간의 여유가 있진 않았기 때문이다. 또한 문제 푸는 요령은 독서량보다는 얼마나 다양한 문제를 많이 접해보는가에 달린 거였다. 사실 고등학교 때는 주요 작품에 대한 이론을 배우는 데에 중점을 두었기 때문에 문제를 많이 풀어보지는 않았었다. 그래서 문제의 포인트가 무엇인지에 대한 이해뿐만 아니라 문제를 효율적으로 푸는 데 필요한 지문 독해 요령도 부족했다.

그래서 언어영역 모의고사 문제집을 사서 이틀에 한 회씩 풀었다. 모의고사 한 회에는 수능에 출제되는 다양한 유형의 문제들이 난이도별로 골고루 나와서, 여러 가지 문제를 접하는 데 좋다. 또한 그것만으로도 상당한 분량의 지문을 읽어야 하기 때문에 독서량이 부족했던 점도 보완할 수 있었다. 그래서 재수를 시작하고서는 수업 시작하기 전 아침자습시간엔 꼭 언어영역을 공부했다. 실제 시험을 보듯이, 듣기평가부터 시작해서 모든 문제를 꼼꼼히 풀었다. 이때 문제 푸는 속도를 높이기 위해, 시간을 정해서 시간 내에 풀려고 노력했다.

언어영역 지문 제대로 읽기^-^/

우선 지문을 읽기 전에는 지문에 딸린 문제부터 읽었다. 언어영역 지문은 시험지 한 면 전체에 걸쳐 있을 정도로 길다. 그런데 이것을 그저 주제가 무엇인지 파악하는 정도로만 읽다보면 문제를 풀 때 부분부분을 다시 읽어야 한다. 반면 문제에서 어느 부분에 주목하고 있는지, 어떤 정보에 중점을 두고 읽어 내려가야 하는지를 미리 파악하고 지문을 읽기 시작하면 이후에 문제를 풀 때 답을 찾느라 지문을 다시 읽어야 하는 시간을 줄일 수 있다.

그리고 지문을 읽을 때 밑줄을 긋는 습관도 길렀다. 이전에는 그렇게 긴 글을 읽으면서도 손 하나 까딱하지 않고 눈으로만 읽었었다. 그래서 다 읽고 나서도 어떤 내용이 어디에 있었는지, 각 부분은 무슨 내용을 담고 있는지를 자세히 기억하기 힘들었다. 언어영역 지문은 어디까지나 문제를 풀기 위해 읽는 것이기 때문에 정확히 이해하면서 읽는 것이 중요하다. 따라서 각 문단을 읽을 때마다 중심문장에는 밑줄을 긋고, 핵심 단어에는 동그라미를 쳤다.

그런데 사실 각 문단의 중심문장을 찾는 것이 쉽지는 않다. 중요하다 싶은 문장에 다 밑줄을 긋다가는 지문이 전부 밑줄투성이가 되기 십상이다. 그나마 비문학 분야의 논리적인 글, 즉 설명문이나 논설문 같은 경우에는 문단의 첫 문장이나 마지막 문장이 주제문인 경우가 많아서 중심문장을 찾기가 쉬운 편이다. 하지만 주제문이 문단 중간에 있을 때도 있고, 혹은 행간에 숨어 있어서 한 문장으로 찾기가 어렵거나 아예 없는 경우도 있게 마련이다. 특히 문학적인 글은 각 문단마다 주제문을 찾고 그 주제문간의 논리적 연관성을 끌어내기가 여간 어려운 게 아니다.

이럴 땐 굳이 모든 문단에서 중심문장을 찾아야 된다는 부담감을 느끼지 않고 시작하는 것이 좋다. 어떤 문단은 앞 문단의 예시 문단이거나 보충 문단인 경우도 있고, 혹은 주제와 별 상관이 없는 삽입 문단일 때도 있다. 이런 문단들은 글의 전체적인 주제를 파악하는 데 꼭 필요하지는 않기 때문에 가볍게 읽고 넘겨도 무방하다.

그렇다면 어떤 문단이 글의 전체적인 흐름에 꼭 필요한 걸까? 일단은 그 문단의 첫머리가 어떤 접속어로 시작하는지 살펴보자.

<table>
<tr><td>따라서, 그러므로, 즉, 이와 같이</td><td>그동안 논의한 것의 결론을 말한다</td><td rowspan="3">글의 흐름에서 핵심적인 역할을 하는 문단이므로 주의해서 읽고 중심문장을 골라낼 필요가 있다</td></tr>
<tr><td>그러나, 반면에</td><td>앞의 내용을 반박한다</td></tr>
<tr><td>한편, 그런데</td><td>그동안의 논의를 유보하고 새로운 논의를 시작한다</td></tr>
<tr><td>예를 들어, 일례로</td><td>앞 문단에서 말한 내용에 대한 예시를 보여준다</td><td>앞 문단에 대한 보충적인 문단이므로 내용만 파악하고 넘어가도 괜찮다</td></tr>
</table>

하지만 이렇게 접속어가 '나 어떤 문단이에요~' 하고 말하고 있지 않은, 정말 아무리 봐도 중심문장이 없어 보이는 경우는 어떻게 할까? 주로 소설이나 수필 같은 문학작품들이 그렇다. 이런 경우, 앞에서 말한 것처럼 굳이 모든 문단에서 주제문을 찾아야 한다는 생각을 버리자. 각 문단의 주제문을 중심으로 전체 글의 주제를 찾아내는 것은 비문학 장르에서 더욱 효과가 큰 방법이다. 문학작품은 오히려 전체적인 분위기를 파악하고, 사건의 중심이 되는 인물이나 사물, 대화 등을 찾아내며, 어떤 계기로 국면이 전환되는지 등을 파악하는 것이 더 주효하다. 이러한 내용을 파악해서 중요한 단어에 동그라미를 치거나 중요한 어구에 밑줄을 그어두자.

그렇다면 문학 작품도 아니고, 논리적 주장이나 설명이 담긴 글이며, 보충적인 문단도 아닌 것 같은데 아무리 살펴봐도 중심문장이 보이지 않는다면? 이것은 행간에 주제문이 숨어 있는 경우이다. 즉 어떤 하나의 문장으로 주제문이 드러나 있지 않은 것이다. 이럴 땐 중심문장을 자신의 언어로 짧게 만들어 문단 옆에 적어두는 것도 좋다. 혹은 단지 핵심이 되는 단어에 동그라미를 치는 것만으로도 충분할 때도 있다. 모든 글이 '중심문장+보조문장'의 형식으로 구성되어 있다면 얼마나 지루하고 재미없겠는가. 중심문장이 있으면 표시를 하고, 없으면 자기가 만들거나 핵심 단어만 표시를 해두고 넘어가도 전체적인 주제와 구성을 파악하는 데 큰 도움이 된다. 이렇게 문단을 하나하나 제대로 파악하며 읽는 연습을 하다 보면, 나중에는 별 고민 없이도 지문을 읽어내려가면서 '아~ 이 문단은 그냥 넘어가도 되겠구나', '이 문단을 제대로 이해하면 전체적인 내용을 파악할 수 있겠군' 하는 감이 생기게 될 것이다.

이렇게 꼼꼼히 파악하면서 지문을 다 읽은 후에는, 문제를 풀기 전에 다시 한번 표시해둔 중심문장과 핵심 단어들을 주욱 훑어보았다. 이를 통해 지문 전체에서 전달하고자 하는 중심생각이 무엇인지를 파악하려고 노력했다. 전체적인 주제를 정확히 알면, 세부적인 부분을 제대로 이해하지 못해도 문제를 맞추기 쉬워진다.

예를 들어, 특정 구문에 밑줄을 긋고 '밑줄 친 부분이 의미하는 바는 무엇인가?'와 같은 질문이 나왔다고 하자. 이러한 문제는 너무 애매해서 어떤 답을 기대하는 것인지 알기 어려울 때가 많다. 그럴 때, 밑줄 그은 부분에만 집착하지 말고 전체적인 주제를 다시 살펴보는 것이 좋다. 대부분 주제와 밀접한 관련이 있는 핵심적인 부분을 문제로 내기 때문이다. 그래서 문단의 중심문장에 밑줄을 그으며 읽다가 문제를 풀 때 보면, 그 문장에서 문제가 출제되어 있는 경우가 매우 많다. 이런 것을 항상 기억하고 문제를 풀면 문제의 의도를 몰라 헤매는 일은 줄일 수 있다.

국어사전이랑 친해지기~★

글의 전체적인 틀을 파악하는 것도 중요하지만, 세부적인 내용 또한 놓쳐서는 안 된다. 주제와 상관없이, 생소한 단어나 어려운 한자성어에 밑줄을 긋고 그 뜻을 묻거나 그와 비슷한 뜻을 가진 다른 단어나 한자성어를 묻기도 하기 때문이다. 이런 문제를 잘 푸는 것은 지문을 얼마나 잘 읽는가와는 상관이 없다. 오히려 평소에 얼마나 많은 한자성어를 알고 있는가, 단어의 정확한 뜻을 얼마나 잘 아는가가 중요하다.

그래서 나는 지문을 읽다가 뜻을 잘 모르는 단어가 나오면 꼭 표시를 해두었다. 그리고 문제를 다 풀고 나서 표시해놓은 단어의 뜻을 사전에서 찾아 지문에 적어두었다. 영어만 모르는 단어를 외워야 되는 게 아니라, 우리말도 모르는 단어는 사전을 찾는 습관을 들이면 좋다. 이때 한자로 이루어진 단어는, 한자의 뜻을 잘 파악하면서 단어를 살펴보면 의미를 기억하기가 수월하다. 시험장에서는 사전을 쓸 수가 없기 때문에, 모르는 단어가 나오면 한자를 통해 단어의 뜻을 유추해내는 것이 매우 유용하다.

한자성어도 마찬가지이다. 모르는 한자성어가 나오면 그때그때 사전에서 뜻을 찾아 적어두면 굳이 한자성어집을 따로 시간 내어 암기하지 않아도 된다. 한자성어의 경우 그 뜻을 아는 것도 중요하지만, 비슷한 혹은 반대의 뜻을 지닌 한자성어들을 묶어서 정리해두는 것도 도움이 된다.

그리고 채점 후에는 모든 문제의 해설을 읽었다. 전에는 틀린 문제나 답에 확신이 없는 문제만 풀이를 보곤 했었다. 하지만 무작정 문제만 푸는 것보다 풀이를 읽는 것이 실력 향상에 더 많이 도움이 되었다. 그냥 평범해 보이는 문제도 그 풀이를 읽다보면 지문 자체에 대한 이해를 더욱 높일 수 있었다. 뿐만 아니라, 왜 그런 문제를 내는지, 어떤 함정이 있는지, 앞으로 유사한 유형의 문제를 접했을 때 어떻게 푸는 것이 효율적인지 등의 요령도 익힐 수 있었다.

새롭게 시작한 공부방법이 효력이 있었는지, 언어영역 점수가 점차 안정되어가기 시작했다. 이제는 아무리 전문용어가 많이 나오는 지문을 읽어도, 답을 찾기 위해 두세 번 씩 다시 읽거나 문제가 의도하는 답을 몰라서 헤매는 일은 거의 없었다.

그렇게 공부하다가, 마침내 9월의 어느 날, 언어영역 모의고사에서 만점을 받았다, 드디어! ^-^v

혼자서도 잘해요~^-^

이렇게 공부해서 합격하기까지의 재수생활을 돌이켜보면 무엇보다도 자기관리가 중요했었다는 생각이 든다. 무슨 일이든 그렇겠지만, 믿음을 잃지 않고 꾸준히 노력하다보면 나중에 좋은 결과를 얻을 수 있다는 자신감도 생겼다. 나에 대한 믿음, 그리고 내가 가는 길에 대한 믿음을 가져서 장기간의 힘든 수험생활도 즐겁게 보낼 수 있었다.

또한 공부할 때는 나에게 맞는 공부방법을 찾아내는 것이 매우 중요하다. 모든 사람의 입맛이 다른 것처럼 학생들마다 자기에게 맞는 공부방법은 다르게 마련이다. 자신에게 맞는 공부방법이 어떤 것인지 잘 모르겠다면 다른 사람의 공부방법을 참고하는 것도 좋다. 그대로 따라하지는 않더라도 나에게 알맞게 적용해가다보면, 어느새 나에게 꼭 맞는 공부방법을 찾아내어 공부하고 있을지도 모른다.

나의 경우 혼자 공부하는 체질인지라 나만의 공부방법을 일찍부터 갖고 있어서 우왕좌왕하지 않고 공부할 수 있었다. 혼자 공부한다고 해서 조용한 독서실에 박혀 공부했다는 것은 아니다. 오히려 나는 친구들이 많이 모여 있는 교실에서 같이 자습할 때 공부가 제일 잘 되었다. 때론 무거운 침묵을 깨고 키득거리는 아이들도 있고 가끔 소란스럽기도 하지만, 그 역시 답답한 자습시간의 작은 활력소가 아니겠는가.^-^ 쉬는 시간에 왁자지껄 웃고 떠들기도 하고 같이 아이스크림 사먹으러 가기도 하고…… 이렇게 쉬는 시간에 열심히 쉬어주면 스트레스도 적고 다시 책을 잡을 때 집중도 잘 되었다. 물론 내가 교실에서 공부할 때 더 잘 되는지 독서실이나 집이 편한지를 미리 알았다는 것도 내 공부 스타일을 이미 파악하고 있었다는 말이기도 하다.

이렇게 교실에서 다같이 공부하는 것을 좋아해서 주말에도 학교에 가서 공부하고, 재수학원에 다닐 때도 학교 다닐 때처럼 수업 받고 저녁에 교실에서 자습하고 집에 왔다. 하지만 내가 혼자 공부하는 스타일이라고 스스로 생각하는 이유는, 모여서 하느냐 독방에서 하느냐에 관한 게 아니다. 공부 계획을 세우고 책의 내용을 이해하는 것을 친구들과 함께 하거나 수업에 의존하는 것보다는 나 혼자 하는 게 편했다는 말이다. 어떤 친구들은 서너 명씩 스터디 그룹을 만들어 문제집도 같이 풀고, 모르는 것도 서로 물어보며 공부하기도 한다. 하지만 나의 경우 내 맘에 드는 문제집을 골라서 나 편한 대로 진도 나가면서 공부하는 것이 더 좋았다.

어떤 문제집이 다른 사람한테는 너무 쉬울 수 있지만 나에게는 꼭 필요한 것만 모아놓은 것일 수도 있고, 혹은 다른 사람보다 잘하는 과목은 좀 어렵다 싶은 문제집이 나에게 맞기도 하기 때문이다. 그리고 내용도 내용이지만, 나는 깔끔하고 종이도 반질반질한 문제집을 좋아해서, 예쁘장한 문제집을 골라 푸는 데에서 기쁨을 느끼기도 했다.^-^; 또 매일매일 일정 분량을 지켜가며 문제 푸는 것이 빡빡하고 부담스럽다면 잘 되는 날은 좀더 공부하고, 잘 안 풀리는 날은 다른 과목에 더 집중하는 등 진도도 내 마음대로 구성해서 공부하는 것이 더 편했다.

그리고 모르는 문제가 있으면 여러 참고서를 뒤져서라도 웬만해서는 내 스스로 납득할만한 답을 찾아보려고 노력했다. 정 모르겠으면 선생님한테 여쭈어도 봤지만, 내가 내 책들을 뒤적여가며 답을 찾는 과정에서 몰랐던 다른 부분을 새롭게 알게 되는 경우도 많고, 한번 이렇게 해서 알게 되면 어지간해서는 그 부분은 다시 잊어버리지 않기 때문이다.

이렇게 혼자 답을 찾아내려고 하는 것이 가장 도움이 되었던 과목은 수학이었던 듯하다. 지금도 그렇지만, 나는 어떤 일이든 내가 납득해야 비로소 받아들이는 성격이다. 그래서 수학 공식을 그냥 그대로 암기해본 적이 없는 것 같다. 어떻게 그 공식이 유도되었는지 그 과정을 이해하지 않고서는 공식을 이해할 수가 없기 때문이다. 그래서 정석에 나와 있는 모든 증명들을 스스로 해보았고, 그렇게 해서 그 과정이 납득되었을 때 비로소 공식을 외웠다. 사실 이렇게 유도 과정을 증명해가다보면 그 공식이 저절로 머릿속에 남아 있게 마련이어서, 어지간히 복잡하게 생긴 공식이 아니고서는 따로 수학 공식을 암기하지 않아도 된다. 또 이렇게 공식 하나하나를 정확히 이해하면 그 공식을 응용해서 푸는 문제에서도 핵심을 쉽게 파악할 수 있다.

그런데 이렇게 혼자 답을 찾아가며 공부 스케줄을 짜고 진도를 나가다보면, 쉽게 해이해질 수가 있는 게 사실이다. 그래서 나는 나름대로 공부 계획을 체계적으로 세우는 습관을 들이려고 했다. 공부 계획을 짜다보면 내가 부족한 부분과 집중해야 하는 부분을 알게 되고, 또한 시간을 효율적으로 이용할 수 있어서 좋다. 그래서 작은 수첩에 한 달의 계획, 일주일의 계획, 그리고 매일의 계획을 적고, 내 나름의 방식으로 나에게 맞는 공부 계획을 세웠다. 어떻게 공부 계획을 세울지 잘 모르는 친구들을 위해 여기에 나의 수첩을 살짝 공개하겠다.^^

한 달의 계획은 간단하게 영역별로 세운다

수학 — 함수 부분 마치기

윤리 — 윤리 사상부분 교과서 읽기

……

이런 식으로 큰 아웃트라인만 잡아 놓는다. 너무 자세한 계획은 맞추기도 힘들고 세우기도 어렵다. 각 영역별로 한 달의 목표량을 정하고, 구체적으로 어떤 단원을 공부할 것인지 정도만 생각해놓는다.

물론 모든 계획을 세울 때는 무리하지 않고 달성할 수 있는 만큼만 세워야 분량을 지킬 수 있다. 월초에 새로운 다짐으로 가득해서 잔뜩 계획을 세워놓다보면, 나중에 점점 그 일정에서 멀어지면서 그 계획 자체를 외면-_-해버리는(!) 상황이 생길 수도 있다.

일주일의 계획은 좀더 구체적으로 짠다

보통 아침자습, 수업, 저녁자습으로 매일매일의 하루가 같은 스케줄이기 때문에 하루의 순서대로 계획을 짜두면 더욱 좋다.

아침자습 — 언어영역 모의고사 풀기

저녁자습 1 — 과탐

저녁자습 2 — 사탐

:

그리고 요일별로 그날 특히 중점을 둬야 할 부분을 적는다.

월 — 경제

화 — 생물

수 — 국사

:

이런 식으로 말이다.

그날 중점을 두는 과목은, 그날 수업에 들어 있는 과목으로 하는 것이 좋다. 이때 수업시간에 한 것을 복습하면서 약한 부분을 개인적으로 더 공부하는 것이 바람직하다.

하루하루의 계획은 유동적으로 한다

매일매일 계획을 맞춰가는 정도에 따라서 그날 해야 할 일들과 어떤 시간에 무슨 공부를 할지 등을 적는다. 이때 일정을 하나씩 해나갈 때마다 ○ 등의 표시를 해 나가는 것이 계획을 지키는 데에 도움이 된다. 하루를 마칠 때 수첩에 ○가 하나도 없는 날이면, 나는 씁쓸한 기분으로 '나와의 약속'을 다시 읽어보곤 했다.-_-;;

꼭 월/주/일 단위가 아니더라도 그때그때의 상황에 따라 계획을 유동적으로 세우면 좋다. 방학이 되면 방학중의 계획을 학기와는 다르게 세우는 식으로 말이다.

한가지 더 권하고 싶은 것이 있다면 일정 수첩의 한쪽에 낙서를 하라는 것이다. 공부방법을 얘기하는 데 뜬금없이 웬 낙서인가 하겠지만, 말하자면 부담 없이 짧은 일기를 쓰라는 말이다. 매일 있었던 일들, 그러니까 어떤 일들이 작은 행복이 되었는지, 어떤 생각이 나를 흔들리게 하는지, 그런 것을 적는 것이다. 공부하는 게 힘들다 싶을 때는 나에게 힘을 북돋우는 말도 적고…… 매일 적어야 된다는 부담감 없이, 그저 내가 보고 미소지을 수 있는 만큼만 적곤 하던 것이 스스로를 다잡는 데 알게 모르게 도움이 되었던 것 같다.^-^

"웃어요~ 그게 더 보기 좋아요~
그대의 여린 마음에 언제나
작은 위로 돼줄게요~♪"

이건 당시 내 수첩 곳곳에서 자주 보이던 낙서다. 당시 즐겨듣던 라디오 방송의 시그널 송이었는데, 이런 낙서들은 지금 다시 봐도 미소가 지어진다.

마지막으로 하고 싶은 말은, 균형 있는 공부를 하라는 것이다. 어떤 한 과목이 취약하다고 해서 그 과목만 붙잡고 몇 시간 동안 그 과목만 공부하는 것이 능사는 아니다. 나 같은 경우 50분 공부하고 10분 쉬는 시간을 되도록 지켰다. 쉬는 시간에는 음악을 듣거나 친구들과 수다를 떨기도 했다. 그리고 쉬는 시간이 끝나면 새로운 과목을 공부했다. 개인마다 다르겠지만 이렇게 하는 게 나의 집중력을 최대로 높일 수 있는 방법이었기 때문이다. 또한 수능의 여러 영역에 대한 감각을 잃지 않기 위해서는 잘하는 과목이라도 꾸준히 문제를 접해보는 것이 좋았다.

그리고 각 과목의 바이블을 만들라고 권하고 싶다. 바이블이란, 어떤 과목을 공부할 때 중심이 되는 교재 하나를 일컫는다. 예를 들어 나의 윤리과목 바이블은 교과서였다. 교과서를 중심으로 공부를 하되, 중요한 부분은 표로 만들어 붙여놓기도 하고, 추가적인 설명이 필요한 부분은 적어두기도 하였다. 다른 과목은 주로 설명이 잘 되어 있는 자습서를 바이블로 삼았다. 바이블 자체의 설명이 상세할수록 추가적인 설명을 덧붙이는 수고를 덜 수 있기 때문이다. 내가 취약했던 언어영역의 경우 문학 작품 장르별로 해설이 잘 되어 있는 자습서와 더불어, 교과서 내용이 잘 정리되어 있는 책을 함께 바이블 삼아 공부했다.

이렇게 바이블을 과목별로 하나씩 만들고, 문제를 풀다가 틀리면 바이블에서 그 부분을 다시 공부하고, 어떤 점을 몰랐는지도 바이블에 적어놓았다. 나중에 수능 날짜에 가까워져 한 과목씩 마무리해나갈 때에도, 바이블을 차분히 읽어내려가는 것만으로도 충분했다.

글에서는 열심히 공부한 모습만 잔뜩 적었지만, 사실 친구들이랑 시간가는 줄 모르고 수다떠느라 수업에 안 들어간 적도 있고, 자습하기가 너무 싫어서 땡땡이 치고 노래방 간 적도 있었다.^-^;; 하지만 자기 페이스만 유지할 수 있으면, 공부 짬짬이 적당히 딴 짓 하는 것도 스트레스 해소에 도움이 된다. 나는 모의고사가 끝난 날은 괜히 책 붙잡고 있기보다는 차라리 나가서 놀아야 그 다음날 다시 공부를 시작할 때 더 집중이 잘 되었던 게 사실이다.

공부는 결국 혼자 하는 것이다. 얼마나 열심히 하는지, 얼마나 즐겁게 하는지도 결국은 자신에게 달렸다. 너무 힘들게만 생각하지 말고 공부하는 것 자체에서 흥미를 느꼈으면 좋겠다. 그것이 잘 안 된다면 공부 짬짬이 즐길 수 있는 취미라도 만들어두면 도움이 될 것이다. 수험생 때는 수험생만이 느낄 수 있는 재미가 있다. 수업시간에 몰래 하는 상상이 그토록 달콤하고, 자습 끝나고 집에 오는 길에 보이는 별이 그처럼 다정할 때가 또 있을까. 수능 끝나면 무엇부터 할지 적어도 보고, 멋진 대학생이 되어 캠퍼스를 거니는 상상도 해보고…… 이렇게 신나게 공부하는 후배들의 모습을 그려본다.

최고운 b-maru@hanmail.net
서울 영남중학교 – 명덕외국어고등학교 – 재수 • 1981년생
물고기자리 • A형 • 웃어요~^-^.

나는 올빼미족

김지현 서울대 영어영문학과 98학번

문득 며칠 전 신문에서 보았던 알파인 스키 금메달리스트의 말이 기억난다. 그는 국제무대에서 성공을 거두는 선수가 되기 위해서는 적어도 십 년 동안 자나깨나 늘 올림픽에 대한 생각을 하고 있어야 한다고 했다. 비록 십 년까지는 아니더라도 좋은 대학에 입학하기 위해서도 상당한 시간을 고민하고 준비해야 한다. 천재적인 머리를 지닌 일부 사람들은 나처럼 오랫동안 힘든 노력을 기울이지 않고도 소위 명문대에 입학했을지 모른다. 하지만 뿌린 만큼 거둔다는 평범한 진리는 그 사람의 머리가 얼마나 좋은가에 따라 달리 적용되는 것 같지는 않다.

나의 공부방법의 가장 큰 특징을 꼽으라면 야심한 시간을 이용한 철저히 계획된 공부라고 할 수 있겠다. 이러한 공부 습관은 중학교 때부터 틀이 잡혔는데, 나에게 있어서 중학 시절은 공부하는 습관을 기르고, 학습량과 스타일을 확립해 나갈 수 있었던 중요한 시기였다. 사람의 성격이 다양하듯, 개인에게 효과적인 공부법도 가지각색이라서, 어떻게 할 때 자기가 가장 공부를 잘 할 수 있는지를 아는 것은 대단히 중요한 일이다. 중학교를 다니는 삼 년 동안 몇 차례의 시행착오를 겪어보면서 나에게 가장 효과적인 방법이 무엇인지를 찾아내고, 고등학교에 올라가서는 그 방법대로 본격적으로 공부하는 것이 가장 이상적인 공부법이라고 생각한다.

야심한 밤에 공부를……

나는 아침 시간에는 거의 시체처럼 지내다가 아주 늦은 저녁이 되면 모든 뇌기능이 살아나기 시작해서 공부에 빠져드는 스타일이었다. 고3이 되어갈수록, 학교에서 오전 수업시간은 거의 포기하다시피 했고, 점심 시간이 지나야 비로소 제정신으로 교실에 앉아 있을 수 있었다. 혹자는 이러한 방식을 바보 같다고 할지 모르겠지만, 난 누구에게나 가장 정신이 맑은 시간이 있는 법이고 그 시간을 얼마나 효율적으로 이용하느냐가 관건이라고 생각한다. 그 시간이 오전이냐 오후냐, 혹은 나처럼 밤이냐는 그다지 중요하지 않다. 솔직한 이야기로, 나는 덜 중요하다고 생각한 몇몇 수업시간에는 전략적으로 일부러 잠을 청하기도 했다. 그런 방법으로, 난 나의 몸과 머리가 야간자율학습시간에 가장 공부하기 좋은 상태가 되도록 만들어두었던 것이다. 야간자율학습시간에는 주로 이해를 위주로 하는 수학이나 과학을 풀었고(이때는 주변에 친구들이 있어서 모르는 문제가 있으면 서로 논의를 할 수 있었다), 집으로 돌아와서는 주로 혼자서 하기 좋은 암기과목을 공부했다.

나는 아침 시간에는 거의 시체처럼 지내다가 아주 늦은 저녁이 되면 모든 뇌기능이 살아나기 시작해서 공부에 빠져드는 스타일이었다. 고3이 되어갈수록, 학교에서 오전 수업시간은 거의 포기하다시피 했고, 점심시간이 지나야 비로소 제정신으로 교실에 앉아 있을 수 있었다. 나는 덜 중요하다고 생각한 몇몇 수업시간에는 전략적으로 일부러 잠을 청하기도 했다. 그런 방법으로, 난 나의 몸과 머리가 야간자율학습시간에 가장 공부하기 좋은 상태가 되도록 만들어두었던 것이다.

밤 특유의 정적을 이용해서 암기과목을 요점정리하고 문제집을 풀고 있노라면 밤 2시가 넘는 것은 정말 금방이었다. 물론 이렇게 하면 어김없이 그 다음날 아침의 희생이 뒤따랐지만, 나름대로 나만의 황금시간을 잘 이용했다.

철저히 계획된 공부와 요점정리

또, 나는 그냥 닥치는 대로 공부하는 것보다 철저하게 계획을 세워서 하는 것이 효과적이고 내 성격에도 들어맞는 방법임을 알게 되었다. (소수이긴 하지만, 무턱대고 하는 것이 더 효과적이라는 사람도 분명히 있다!!) 특히 중간, 기말 등의 시험이 다가오면, 난 시험을 치를 과목 수보다 한 배 반 정도 많은 날짜를 계산해서 계획표를 작성했다. 우선 하루하루 공부할 과목들을 배치하고서, 그날이 되면 나만의 요점정리 노트를 만들기 시작했다. 나에게 있어서 요점정리란 대단히 중요한 것으로, 그것은 마치 잘 차려진 음식을 입으로 씹어서 내 몸 속에 집어넣는 과정에 비할 수 있었다. 문제집을 푸는 것은 일단 요점정리를 통해서 주요 개념을 잡은 다음에 했는데, 그렇게 함으로써 이미 잡고 있던 개념을 확실히 다지는 효과가 있었다. 이 방법을 사용하면 적어도 내가 정리해둔 부분에서 문제가 출제되었을 경우에는 틀리는 경우가 거의 없었다. 요점정리는 내가 중학교 때부터 시작해서 고등학교 때까지 내신 준비를 위해서 꾸준히 사용했던 방법으로, 지금도 그때 과목별로 요점을 정리해둔 노트를 보면 내가 무엇을 공부했었는지를 생생히 기억해낼 수 있을 정도이다. 단, 요점정리는 암기과목 공부에 탁월한 효과를 발휘하는 반면, 수학이나 외국어의 경우에는 그다지 큰 효과가 없었다. 오히려 이해를 필요로 하는 과목들은 많은 문제를 풀거나 다른 사람의 설명을 듣는 것이 더 효과적이다.

요점정리에 대해서 조금 더 말하자면, 나의 경우, 중학교를 거치면서 요점정리가 나에게 대단히 효과가 있다는 것을 알게 되었기 때문에 고등학교에 올라가자마자 정리를 시작했다. 내가 수능을 볼 때만 해도 사회탐구영역에서만 일곱 과목, 과학탐구에서 네 과목을 모두 공부해야만 했다. 그래서 난 각 과목별로 노트를 준비해서 차근히 요점을 정리해나가기 시작했다. 말하자면 나만의 자습서를 만들어나갔던 것이다. (일부 학생들은 시중에 유통되는 요점정리 노트를 구입해서 공부한다고 한다. 하지만 요점정리는 자신이 직접 한 것이 아니면 거의 도움이 되지 않는다.) 문제집을 풀면서 이해를 도와주는 설명이나 지도가 나오면, 어차피 문제집을 두 번 보는 일은 없으므로, 그것을 오려서 내 정리노트에 붙여두었다. 그리고 어려운 문제가 나오면 역시 오려서 정리노트의 뒷부분부터 붙여나가기 시작했다. 그런 방법으로 매 단원이 끝나거나 한 학기가 끝날 때마다 꼬박꼬박 정리해둔 자료들이 삼 년 동안 쌓이게 되니 꽤 쓸만한 과목별 맞춤자습서가 탄생했다. 이것은 고3의 마지막 순간에 말할 수 없이 큰 도움이 되었는데, 그때는 이미 많은 양을 공부한 상태이기 때문에 한두 가지 모르는 것을 찾자고 처음부터 다시 책을 보는 것도 부담스럽고, 그렇다고 공부를 하지 않자니 불안한 시기이다. 이때, 자신이 삼 년간 공부하면서 어려웠던 점들만 모아놓은 나만의 요점정리노트는 값진 보물과 같은 자료가 된다.

고등학교 때의 시간관리

고등학교 때의 시간관리에 대해서 말하자면, 가장 많은 시간을 투자해야 할 것은 뭐니뭐니해도 수학이다. 경험에 비추어볼 때, 고등학교 수학은 3학년이 올라가기 전에 끝내는 것이 좋다. 여기서 끝낸다는 말은 정석이나 개념원리와 같은 문제집을 이용해서 공통수학과 수학1을 적어도 두 번씩은 다 본다는 말이다(본격적인 문제풀이는 별도). 이렇게 해서 3학년이 되기 전에 수학에 대한 감각을 확립해놓으면 다른 과목 공부하기가 한결 수월해진다.

시기적으로 보면, 수학공부가 어느 정도 마무리되는 2학년 겨울방학이 고등학교에서 가장 중요하다고 할 수 있다. 이때는 선배들이 수능시험을 치른 직후이기 때문에, 이제 내가 실질적인 수험생이라는 심리적인 부담이 크게 밀려오는 시기이다. 그리고 그 부담이 적절한 스트레스로 작용해서 공부를 가장 열심히 하게 되는 시기이기도 하다. 이 시기에 앞으로 남은 일 년간의 고교 생활을 어떻게 보낼 것인지에 대해 구체적인 계획을 세워보는 것이 좋다.

먼저 장기적인 안목을 가지고 각 달마다 내가 주안점을 두어서 해야 하는 일이 무엇인지를 계획한다. 예를 들어, 2월까지는 수학 완성, 3월과 4월에는 언어, 5월은 중간고사와 과학탐구…… 이런 식으로 계획을 세운다. 그리고 나서 매월 첫째 날이 되면 그 달에 해야 할 것들을 날짜별로 세분해서 나누게 되는데, 이때는 수능에서 다루는 네 가지 영역들 각각에 대해 어떤 문제집을 몇 페이지부터 몇 페이지까지 풀 것인가를 기록할 정도로 아주 구체적으로 세워야 한다. 이때 주의해야 할 것은, 비록 수학이 이번 달의 주력목표라고 해도, 외국어나 언어영역 등 다른 영역의 공부도 매일 최소한의 양을 빠짐없이 해주어야 한다는 것이다. 그리고 일요일은 아무런 계획을 잡지 말고 비워두어서 혹시라도 계획이 밀리게 될 경우에 연쇄적으로 밀리는 일 없이 따라잡을 수 있도록 하는 것이 좋다. (나의 경우는 일요일에는 거의 공부를 하지 않았던 것으로 기억한다.) 이처럼 매일의 계획을 세우고 나면, 남아 있는 일 년 동안 내가 얼마나 조금밖에 공부할 수 없는가를 발견하고는 놀랄 것이다. 하지만 막연히 열심히 하겠다고 생각하는 것보다, 이렇게 장단기적인 계획을 세워서 공부하면, 전체의 흐름 속에서 내가 어느 부분에 와 있는지 알 수 있어 불안감도 훨씬 덜해지고, 오히려 매달의 계획을 지켜나가면서 성취감과 만족감을 느끼면서 공부할 수 있게 된다.

혼자서도 잘 해요?

많은 학생들이 학원이나 과외의 필요성을 느끼고 있다. 특히 수학의 경우는 학교 수업 이외의 지도를 받지 않으면 불안한 마음이 생길 정도로 점점 더 많은 학생들이 학원이나 과외에 의존하고 있다. 자칫 이것은 학원에서 내주는 숙제만 해가면 된다는 심리적인 안도감을 주기 때문에, 자기가 스스로의 학습을 계획하고 책임지는 면에서는 오히려 방해요인으로 작용할 수 있다. 사실, 난 중학교 시절은 물론 고등학교 때까지 정식으로 학원을 끊어서 다니거나 과외수업을 받아본 일이 없다. 아마도 이것이 내가 처음부터 치밀하게 계획을 세워서 혼자서 공부할 수 있게 만들었는지도 모른다. 그럼에도 불구하고, 난 학원이나 과외에서의 선수학습은 대단한 장점이 있다고 생각한다. 그리고 현실적으로, 소위 명문대라는 곳에 진학하기 위해서는 어느 정도의 선수 학습은 반드시 필요하다고 본다. 특히 요새같이 특별전형이나 경시대회 등에서의 성적이 중시되는 상황에서는 중학교 때부터 고등학교 수학을 공부하는 것이 거의 필수적인 것이 되어버렸다.

하지만 과외수업을 받을 수 있는 상황에 있지 못하다고 해서 그리 불안해 할 필요도 없다. 나도 중고등학교에 입학했을 때, 이미 선수학습이 되어 있는 무수한 아이들을 보고서 열등감을 느꼈고 심리적으로 위축되어 있는 상황에서 공부를 시작했지만, 계획적으로 공부한 덕분에 시간이 점점 흐르면서(일 년도 채 못 되어), 거의 대부분의 아이들을 따라잡을 수 있었고 오히려 그들을 앞서갈 수 있었다. 중요한 것은 옆에서 자꾸 누가 지식을 물어다주는 것이 아니라 자신이 알아서 찾아먹는 것이다.

김지현 mailme79@freechal.com
인천 만수북중학교—서울 대원외국어고등학교 • 1979년생 황소자리 • AB형 • None but the brave deserve the fair.(용감한 자만이 미인을 차지한다.)

공부에는 왕도가 없다…… 음, 맞는 말이긴 하지만 공부 잘하는 사람들에게선 공통점이 있습니다. 나만의 공부 스타일을 갖기 위해 선배들의 조언을 참고하세요.

1. 어느 시간대에 집중이 가장 잘 되었나요?

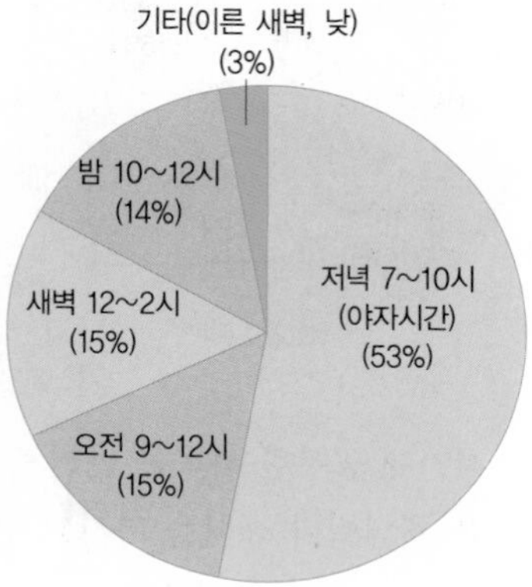

많은 학생들이 야간자율학습 시간에 가장 집중이 잘 됐다고 대답해주었습니다. 이런 말이 있죠? 놀아도 학교에서 논 사람이 대학 간다…… 가장 단순하고 평범한 말이 진리라는 생각이 다시 한번 들게 하는 설문조사 결과군요. 그 외에 오전 시간에 집중이 잘 된다는 친구들도 상당히 많았는데요, 이 경우 역시 학교에 등교해서 오전 시간에 딴 짓 하지 않고 집중해서 공부한 거라고 볼 수 있겠네요. 밤 시간에 집중이 잘 된 학생들도 꽤 많은 편이군요. 주의해야 할 점은, 낮에 딴 짓하고 밤에 자지 않고 책상 앞에 앉아 있었던 게 아니라는 점입니다. 막연히 밤에 늦게까지 책상에 붙어 있었던 게 아니라 밤 시간에 집중이 가장 잘 됐기 때문에 늦은 시간에 공부했다는 거죠. 이 설문에 답변해주신 분들은 자신이 가장 집중이 잘 되는 시간대를 정확하게 알고 있었다는 게 중요한 점이겠군요.

2. 가장 집중이 잘 되는 시간에 주로 어떤 과목을 공부했나요?

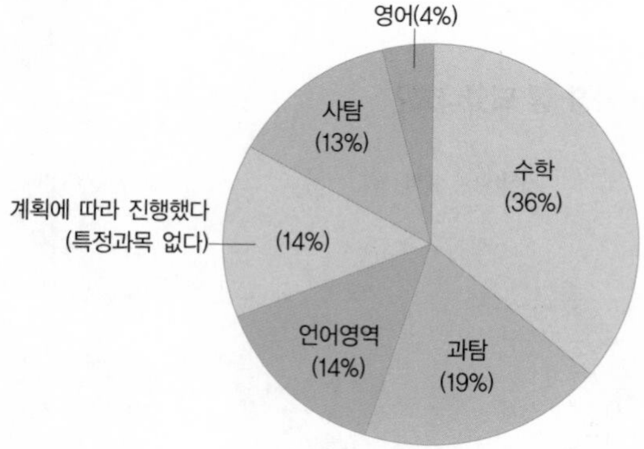

가장 집중이 잘 되는 시간에 공부한 과목은 단연 수학이네요. 그 뒤를 잇는 것은 과학탐구. 기본 개념이나 공식을 가지고 정신 차리고 머리를 써서 문제를 풀어야 하는 과목들이기 때문일까…… 특정 과목이 아니라 세워놓은 계획에 따라 공부했다는 답변도 꽤 높은 비율을 차지하고 있는 걸 보면, 학생들의 꾸준하고 성실한 공부 태도를 엿볼 수 있군요.

3. 공부했던 장소는 주로 어디인가요?

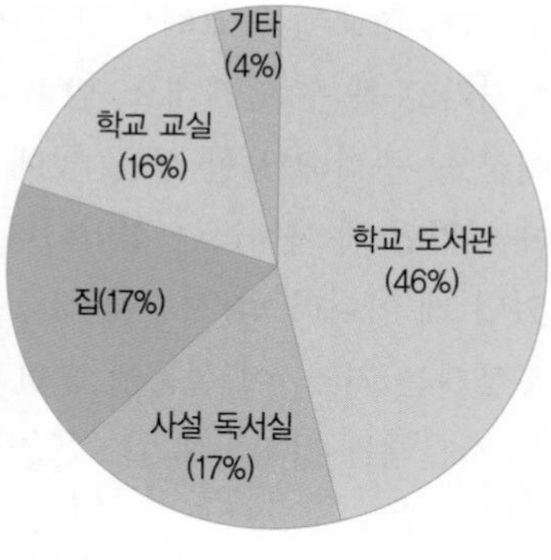

학교 도서관이든 학교 교실이든, 어쨌든 학교에서 충실히 공부한 학생들이 대부분이군요. 역시 학교 생활에 충실하는 게 공부 잘하는 지름길인가 봐요. 여러분, 학교에서 보내는 시간과 학교에서 마련해주는 장소를 잘 이용하자고요.

4. 공부할 때 주변 환경에 영향을 받나요?

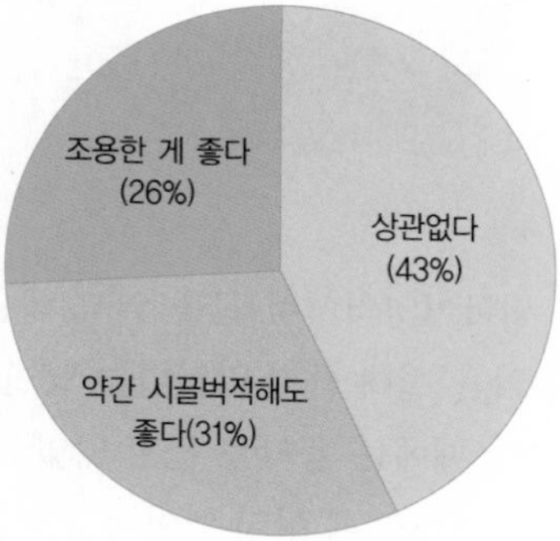

숨소리 하나 들리지 않는 아주 조용한 분위기에서는 오히려 집중이 잘 되지 않았다고 답해준 학생들도 많았습니다. 공부는 반드시 조용한 곳에서 해야 된다는 고정관념을 벗어버리고 어떤 분위기에서 자신의 집중력이 가장 높아지는지 한번 잘 따져보자고요. 약간 시끌벅적한 곳에서 오히려 집중이 잘 된다면, 사설 독서실보다는 학교나 공공 도서관을 이용하는 것도 좋을 것 같네요.

5. 공부할 때 음악을 들으면서 했나요?

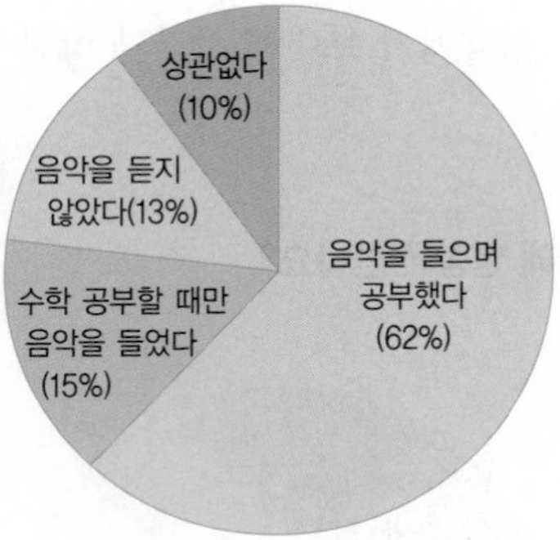

특히 언어영역이나 외국어영역처럼 글을 읽고 내용을 이해하면서 공부해야 할 경우에는 음악을 절대 듣지 않았다는 답변이 눈에 띕니다. 반면에 다른 과목을 공부할 때에는 음악을 듣지 않았지만 수학 공부할 때에만 음악을 들었다는 학생들도 꽤 여럿 있어서 주의를 끄는군요.
공부할 때 '집중' 하는 걸 굉장히 중시했다는 걸 알 수 있습니다.

5
목표를 갖게 된다

김희준 특별히 힘겨워하는 후배들을 위하여
설지인 꿈을 꾸는 사람은 다르다
길경환 Why not the best?
김민재 I Can Do It!
김나연 나의 전교 1등 도전기
이민희 지금 알고 있는 걸 그때도 알았더라면
김영후 지금에 충실하라
전현석 자기대화
정윤주 세상, 미래, 그리고 난?
류승민 변화는 작은 것에서부터

특별히 힘겨워하는 후배들을 위하여

김희준 서울대 의예과 01학번

Go With The Light

누구나 질풍노도의 시기를 겪는다. 세상의 모든 것에 저항하고 세상의 모든 것에 절망하며 세상의 모든 것을 알고 싶은 시기가 누구에게나 있다. 세상이란 아무것도 아니라는 자신감이 들다가도, 내가 죽어도 세상은 여전히 아무 변화 없이 지속될 거라는 허무감에 사로잡힌 적이 누구에게나 있을 것이다. 나에게도 물론 그런 시기가 있었다. 고등학교 때 시작된 이 무섭고도 고통스러운 시기는 군복무를 마쳤을 때 비로소 지나갔다. 그동안 많은 책을 읽었고 많은 생각을 했다…….

『한국의 정체성』(탁석산 지음, 책세상, 2000년)의 마지막 장을 읽으면서 깊이 공감했던 기억이 새롭다. 그랬다. 나도 질풍노도의 시기를 겪었으며 하루에도 몇 번씩 자신감에 들뜨다가 모든 것에 절망하기 십상이었다. 계속되는 수업과 보충수업, 늦은 밤까지의 '타율' 학습, 거의 3주 간격으로 모의고사, 정기고사 등의 시험이 반복되는 생활에 적응하지 못하고 내 삶 자체가 무의미하다는 성급한 결론에 휩싸이기도 했다. 급기야는 교육제도 자체가 그 시대에 필요한 사회구성원을 양산해내어 사회를 존속, 유지하기 위한 수단에 불과하며 나도 한낱 이용물에 불과하다는 '음모이론'의 신봉자가 되기에 이르렀다. 학교에서 가르치는 내용들은 내 삶과 전혀 상관없는 것들이 되어버렸고 나는 더이상 그와 같은 시스템에서 'another brick'이 되지는 않겠다는 치기로 가득 찼다. 그러던 어느 날, 데미안의 쪽지가 싱클레어에게 전달되어 싱클레어의 삶에 전환을 가져왔듯 나를 일깨우는 문구를 접하게 되었다.

"내 속에서 솟아나오려는 것, 바로 그것을 나는 살아보려고 했다. 왜 그것이 그토록 어려웠을까."

중학교 시절 약간 감동받긴 했지만 많은 부분 이해하지 못하고 넘어갔던 헤르만 헤세의 『데미안』의 첫 문장이었다. 처음 읽을 때에는 감당할 수 없었던 화두가 '나름대로' 삶에 치이고 있다고 느끼던 나에게 커다란 깨달음으로 다가왔던 것이다. 내가 고등학생이 되어 모든 일에 그토록 비관적인 시각을 갖게 되고 어울리지도 않게 '바닥까지의 절망'에 이르려고 몸부림쳤던 이유가 바로 그 문장에 담겨 있었던 것이다. 나는 '내 속에서 솟아나오려는 것', '나 자신이 누구인지'를 모르고 있었기에 그것을 아는 것이 가장 시급한 일이었다. 그때까지의 나는 외부로부터 주어지는 것에 대해 단순히 반응하는 '객체'에 불과했다. 즐거우면 즐거운 대로 힘들면 힘든 대로 수용하고 반응하기에 급급했다. 의미 부여라든가 반추의 과정이 결여되어 있었던 것이다. 어설프고 급작스럽긴 했지만 '그것이 나의 첫 깨어남' 이었다.

그후 삶의 의지를 다져보려는 의도적인 노력 탓도 있었지만 아무튼 나를 둘러싼 모든 것이 소중하게 여겨지기 시작했다. '세계의 여러 현상이 그곳에서 오직 한 번 서로 교차' 되고 있었기에 매 순간들은 '내 인생에 다시 못 올 순간들' 이었고, 친구들 심지어는 가장 싫어하는 과목의 선생님까지 '하나하나가 자연의 단 한 번의 소중한 시도' 였고 '한 사람 한 사람은, 어떻든 살아가면서 자연의 뜻을 실현하고 있다는 점에서, 경이로우며 충분히 주목할 만한 존재' 들이었다. 그래서 나는 생각했다.

내 속에서 솟아나오려는 것, 바로 그것을 나는 살아보려고 했다. 왜 그것이 그토록 어려웠을까. 그때까지의 나는 외부로부터 주어지는 것에 대해 단순히 반응하는 '객체' 에 불과했다. 즐거우면 즐거운 대로 힘들면 힘든 대로 수용하고 반응하기에 급급했다. '그것이 나의 첫 깨어남' 이었다.

'자연의 단 한 번뿐인 소중한 시도' 인 '나' 는 '내 속에서 솟아나오려 하는' 나 자신을 만나야 한다. 그렇기에 힘들게만 느껴지는 학교생활도 거쳐야 하는 하나의 과정일 뿐이다.' 인간으로 태어난 나에게 주어진 운명은 수많은 좌절과 절망이라는 필연적인 과정을 통해 나 자신을 찾아가는 것이다. 내가 학교에서 배우는 것들은 나와 같은 운명을 갖고 태어난 이전 세대의 사람들이 수많은 불면과 절망의 밤을 통해 이룩해낸 것들이고 그것들을 통해 나는 우회로를 덜 거치면서 나 자신을 만나는 길에 들어설 수 있을 것이다.

그리고 나는 그려보곤 했다. 『데미안』의 마지막 장면처럼 '내 친구이자 나의 인도자인 그' 와 완전히 닮아 있는 나를 만나는 모습을. 물론 미래는 여전히 불확실했고 '마음의 의지' 가 될 만한 그 어느 것도 그때까지는 발견하지 못했지만 말이다.

아인슈타인, 하루키, 그리고 나

#1

> "끝이 없는 어둠 속을 걷는 듯한 끊임없는 사고의 혼란, 여기에서 오는 견딜 수 없는 심적 고통, 그러다가 갑자기 모든 것이 이해되는 순간적 기쁨. 오직 이런 경험을 맛본 사람만이 이를 이해할 수 있다."

중학교 3학년 때 구입해서 고등학교 입학하기 전 겨울방학 때 열광하며 읽었던 『아인슈타인과의 두뇌게임』(나대일 지음, 동아일보사, 1993년)에 나오는 말이다. 아인슈타인이 한 말을 내가 이해할 수 있다니 신기하다. 물론 내가 상대성 이론을 이해한 것은 아니지만 말이다. 내 경험은 아인슈타인과는 차원이 다를 수밖에 없다. 정석으로 수학을 공부하면서 가끔씩 경험했던 기쁨에 불과하니, 연습문제를 내 나름대로 풀었는데 그게 뒤에 나와 있는 해설보다 더 간단한 방법이었을 때 가끔씩 느끼게 되는…… 그런 종류의 기쁨 말이다.

무슨 일이든, 특히 공부에서는 공부를 하게 되는 동기가 가장 중요하다는 말을 자주 듣는다. 『수능 막판뒤집기』(황치혁 지음, 진선출판사, 1998년)라는 책을 친구와 같이 읽고는 좀처럼 찾아지지 않는 '동기'를 찾느라 몇날 며칠 그 친구랑 이야기했던 기억이 난다. 하지만 지적으로 흥분하고 지적으로 감동한다는 것은 나 같은 범재(凡才)에게는 그리 자주 찾아오는 축복이 아니다. 그래서 나도 재미없는 공부는 한없이 재미없었고 어디 아인슈타인에게 감히 비할 수 있으랴만 어려운 수학이나 과학 문제가 해결되지 않을 때에는 '견딜 수 없는 심적 고통'을 경험하다가 내 자신에게 절망하기가 다반사였다. 그때마다 느끼는 점이었지만 나와 같은 보통 학생에게 공부를 하면서 느끼게 되는 즐거움과 재미가 바로 공부의 동기가 되는 것 같다.

아인슈타인에게는 '지적 호기심'이라는 강력한 동기가 있었다. 지금 내 주변의 친구들을 보면 천재의 풍모를 보이는 경우가 많기는 하다. 수학이나 과학 쪽에서 발군의 실력을 갖추고 있는 경우가 대부분이고 그래서인지 공부는 그들에게 지적 호기심이라는 욕구를 해소시켜주는 대상이다.

그런 경우에 비하면 범재에 속하는 나에게 있어서 공부의 동기가 될 수 있는 것은 '즐거움'이다. 그저 내가 몰랐던 것들을 하나하나 이해하고 알게 된다는 그 자체가 나는 기쁠 뿐이다. 사실 우리의 선배들이 수천 년간에 걸쳐 수많은 시행 착오 끝에 성취해낸 결과물들을 대학이라는 공간에서 배울 수 있다는 것은 행복하게 생각해야 마땅할 것이다. 뉴턴도 자기 자신을 '한없이 넓은 바닷가에서 예쁜 조개 껍질 하나를 발견하고는 마냥 기뻐하고 있는 소녀'에 비유한 적이 있지 않은가. 가만, 뉴턴도 천재였지. 이런.-_-;;

#2

"와타나베, 영어의 가정법 현재와 가정법 과거에 대해 제대로 설명할 수 있어요?"

"설명할 수 있을 거야."

"그럼 물어보겠는데, 그러한 게 일상 생활에서 무슨 도움이 되지요?"

"일상 생활 속에서 무슨 도움이 되진 않아. 하지만 구체적으로 무슨 도움이 된다기보다는, 그러한 게 사물을 보다 더 체계적으로 파악하기 위한 훈련이 된다고 나는 생각하고 있어…… 쓸모 있는 사람도 있을 테고 쓸모 없는 사람도 있을 테고. 하지만 그러한 것은 어디까지나 훈련이고, 쓸모가 있느냐의 여부는 그 다음 문제야."

와타나베라는 인물이 등장하는 이 소설은 무라카미 하루키의 『상실의 시대』이다. 와타나베의 말이 그럴듯하지 않은가? 공부를 '사물을 보다 더 체계적으로 파악하기 위한 훈련 과정'이라고 정의하는 것 말이다. 와타나베식으로 '공부하기'에 대해 나름대로 정의를 내리고 거기에 어떤 의무를 부여할 수 있다면 무작정 공부하기가 아닌, 동기가 부여된 공부가 될 수 있지 않을까.

주인공인 와타나베처럼 나도 곧잘 책을 읽었지만 '많은 책을 읽는' 독서가는 아니었고, 그저 마음에 드는 책을 몇 번이고 되풀이해서 읽기를 좋아하는 편이었다. 그래서 해마다 한두 번은 꼬박꼬박 『상실의 시대』를 읽게 되었다. 특별히 재미있다기보다는 시종일관 감성적인 문체와 분위기로 가득찬 이 소설은 자꾸 읽어도 질리지 않는 무언가를 갖고 있기 때문이다.

특히 공부에서는 공부를 하게 되는 동기가 가장 중요하다. 범재에 속하는 나에게 있어서 공부의 동기가 될 수 있는 것은 '즐거움'이다. 그저 내가 몰랐던 것들을 하나하나 이해하고 알게 된다는 그 자체가 나는 기쁠 뿐이다.

그런데 문제는 이 소설을 자주 읽으면서 나도 삶에서 무엇인가를 상실하고 있다는 것을 깨달았다는 데 있었다. 공부에 별 재미를 느끼지 못했고 삶 자체가 무료하기만 한 것으로 느껴졌다. 그래서 삶이 '영원한 것' 이 아니라 '유한한 것' 이라는 데 안도하기까지 했다. 이런 삶이 영원히 지속된다면 괴롭지 않을까. 외부에 존재하는 모든 것들이 나와는 전혀 다른 세계인 것처럼 느껴졌고 살아가는 데 별 감동이 없었다. 삶에 충실해야겠다는 생각이 들지 않았으며 당연히 열심히 공부해야겠다는 필요성을 느낄 일이 없었다. 물론 그렇게 산다는 것에는 여러 대가가 뒤따랐다. 부모님의 걱정을 사는 일, 선생님의 질타를 받는 일, 같은 반 친구들에 대한 콤플렉스에 시달리는 일, 나 자신에 대한 불안감 등등. 어떤 강력한 동기가 필요한 것만은 분명한 일이었다.

#3

어려서부터 여기저기 아픈 곳이 많았던 나는 병원 드나들기를 밥먹듯이 했다. 병원 가는 일이 동네 슈퍼에 라면 사러 가는 것처럼 대수롭지 않게 느껴졌기에 병원 가는 것이 별로 두렵지 않을 정도였다. 물론 내가 갖고 있던 병들이 중병이 아니었기에 이처럼 편하게 말할 수 있는 것일 게다. 그러다가 한번은 염증이 생겨서 수술을 받게 되었는데 지속적인 고통과 재발 위험이 상존한 나머지 큰 두려움에 휩싸였다. 그때까지 앓았던 병들 중 가장 심했다. 매일매일 끙끙 앓았고 불면의 밤이 계속되었다. 어느날 밤, 어머니가 내 방으로 건너오시더니 나에게 말씀하셨다.

"차라리 내가 아팠으면 좋겠다."

순간 나도 모르게 눈물이 나왔고 나의 관심 밖에 있던 가족들이 내 마음속에 들어오기 시작했다. 나에게 그렇게 말씀하신 어머니는 당신도 여러 가지 병으로 고통받고 계셨다. 부모님 세대에는 흔히 있는 일이라고 생각했지만, 어려서부터 집안일들을 해야 했고 아버지와 결혼하신 후에도 계속 고된 일을 하고 계신 어머니가 새삼 거대한 분처럼 느껴졌다. 어머니가 자기 자신만의 즐거움을 느끼면서 사신 것은 언제였을까. 결혼하시기 전 처녀시절의 몇 년 간이 아니었을까. 그것도 그나마 집안일을 하고 난 다음이라는 전제조건이 있었겠지. 그런 어머니께서 결혼하신 이후에도 가족을 위해서, 특히 나를 위해서 자신의 즐거움을 희생한 채, 아니 가족과 나에게서 자신의 존재이유를 찾으면서 살아오셨다는 것에 거대한 감동을 느낀 것이다. 어머니는 담석증 수술까지 하신데다 고혈압까지 있어서 내내 약을 드시면서도 내가 아파하는 것까지 떠안고 싶다고 말씀하시는 것이다. 내가 내 안에 갇힌 채 좀처럼 나오려 하지 않는 동안에도, 모든 관심을 나 자신에게만 집중하고 있을 때에도, 내 가족은 나를 걱정하고 있었고 언제나 내 옆에서 묵묵히 자신들의 역할을 하고 있었다. 그제야 나는 알게 되었다. 그토록 찾아 헤매던 실마리가 내 안이 아니라 내 밖에 있었음을 말이다.

나를 규정할 때 나 자신의 존재도 물론 중요하지만 그와 더불어 나에게 주어진 사람들이 꼭 포함되어야 한다는 생각이 들었다. 내가 누군가에게 어떤 의미가 될 수 있어야 내 존재는 더욱 소중해지고 건실해진다. 주어진 잔은 참고 마셔야 하고 존재는 지속되어야 하나 '나' 혼자가 아닌 다른 사람과 더불어 그리 해야 하는 것이다. 나는 목표가 생기기 시작했다. 내가 다른 사람에게 해줄 수 있는 일은 무엇일까.

"차라리 내가 아팠으면 좋겠다." 어머니의 그 한마디에 나도 모르게 눈물이 났다. 나는 목표가 생기기 시작했다. 내가 다른 사람에게 해줄 수 있는 일은 무엇일까. 아니, 어머니에게라도, 내 가족에게라도 내가 해줄 수 있는 일은 무엇일까.

굳이 범위를 넓히지 않더라도 어머니에게라도, 내 가족에게라도 내가 해줄 수 있는 일은 무엇일까. 어려서부터 특기를 계발할 기회를 갖지 못했기에 공부와 관련된 것에서 내 목표를 찾아야 한다는 생각을 하게 되었다. 그리고 가족들과 내가 병으로 아파하는 것들을 떠올리면서 의대에 진학하는 데 마음이 기울게 되었다. 물론 그만한 실력이 되지 못한다는 것을 알고 있었지만 이루는 것은 내가 아니기에 하나님께 맡길 수밖에 없다는 생각을 했다. 공부를 하면서도 항상 불안했고 생각만큼 실력이 늘지 않는 것 같아서 답답했지만 즐겁게 공부하려고 노력했다. 이해되지 않는 것을 최대한 내 식으로 쉽게 변환해서 이해해보려고 시도했고 체계화하려고 노력했다.

수능 전날에는 그때까지 했던 기도 중 가장 절실하고 정직한 기도를 했던 것 같다. 어머니와 그때까지 내가 살아온 모습을 생각만 해도 눈물이 났으니. 결국 수능이 쉽게 나와서 괜찮은 점수를 받았고 정말 다행히도 의대에 진학할 수 있었다. 지금도 나는 생각한다. 나는 생명현상이 일어나고 있는 하나의 유기체에 불과할지 모르지만 다른 사람들과의 관계 안에서 유기체 이상의 존재가 된다고. 나에게 주어진 소중한 사람들에게 작은 무엇이라도 해줄 수 있는 그런 사람이 되고 싶다.

나에게 결정적인 동기부여를 해준 것은 어머니의 한마디였지만 내 경우와 달리 초지일관 훌륭한 자세를 견지하는 경우도 있다. 내 친구 이야기를 해보고자 한다.

그 친구와 나는 용케도 고등학교 삼 년 내내 같은 반이었고 1, 2학년 때에는 짝이 된 적도 있었다. 그래서 그가 가진 '확실한 마음의 의지' 를 나도 슬쩍 엿볼 수 있었다.

그 친구의 하루는 기도로 시작된다. 등교 시간보다 약간 앞서 도착한 그는 학교 근처의 교회로 향한다. 한동안 교회에서 기도를 한 후 학교로 이동하여 7시 20분부터 시작하는 보충수업을 받는다. 쉬는 시간에는 다른 친구들과 어울리기도 하지만 영어로 된 성경을 읽는 모습과 정석을 공부하는 모습도 많이 보았다. 저녁 자율학습 시간에는 GT라는 것을 먼저 하고 자율학습을 시작한다. 그렇다고 그 친구가 마냥 '샌님+예수쟁이' 인 것도 아니었다. 농구도 즐겨하는데다 잘하기까지 했고 적을 만들지 않는 원만한 성격까지 볼 때 약간의 과장을 섞자면 『그 남자 그 여자』의 '아리마' 같은 인물이었다(그러나 실제로는 웨슬리 스나입스를 닮았다). 나름대로 삶에 대해 진지하게 고민하고 있다고 생각했고 '진실한 절망' 에 이르지 못했을 뿐 언젠가는 비상하리라는 막연한 기대를 갖긴 했지만 한낱 'dreamer' 에 불과했던 나는 질투 반 호기심 반으로 속으로 생각하곤 했다. '도대체 얘는 뭐하는 애야?'

오해와 궁금증이 풀린 것은 2학년 때 그 친구와 짝이 되어 같이 앉으면서였다. 어느 날 자율학습 시간에 그 친구는 나의 여러 질문에 대해 그 시간 내내 설명해주었다. 그때 나는 보았다. '진정한 자기 자신을 만난 사람' 의 모습을. 그에 대해 '예수쟁이' 라고 빈정댈 줄만 알았고 그를 '맹목적 자기 확신에 가득 찬 이' 라고 섣불리 규정지었던 나에게 그는 단순하면서도 명쾌한 자기 인식을 보여주었다.

같은 고등학교 2학년이었어도 그는 물리적인 나이로만 고2였을 뿐

이미 자기의 삶을 모두 살아본 것이나 다름없었고, 단지 그 삶을 구체화시켜가는 한 시점에 있을 뿐이었다. 종교의 경전에 불과하다고 생각했던 '말씀'이 내 옆에 앉아 있는 이의 육체 속에서 역동하고 있음을 체험했을 때 나는 비로소 알 수 있었다. 그 친구에게 내가 그토록 고대하던 '데미안'의 모습이 담겨 있었음을. 그 친구는 이미 오래전부터 자기를 비롯한 '인간'의 실존에 대해 확실한 해답을 얻고 있었기에, '의지하기 충분한' 굳건한 반석을 중심에 모시고 있었기에, 그에게 있어서 '신'은 추상이 아니라 '현실적 능력'이었기에, 절망할 이유가 없었다. 아니, 그는 너무나 뚜렷하고 선명하기만 한 자기의 미래를 실현하는 것만도 기뻐서 벅차할 지경이었다. 그가 매일같이 하던 GT라는 것은 Global Time의 약자로, 그가 가진 Good News를 미전도 종족에 전하기 위해 세계를 품는 시간임을 그때 알게 되었다.

그는 의료선교사가 되어 아프리카로 가는 미래를 그리고 있었다. 괜히 별명이 웨슬리 스나입스인 것이 아니었으며 그는 자기가 니그로와 흡사한 외모를 가졌다는 것마저 감사할 줄 알았다…… 내가 수많은 시행착오를 겪는 동안 그 친구는 이미 삶에 대한 애정과 인생의 확실한 비전을 갖고 있었고 결국 의대에 진학해 아프리카에서의 삶을 점차 현실화시켜가고 있다.

자기의 삶에 확신을 가질 수 있고 그 확신의 근거가 너무나도 뚜렷하다는 것, 그것이 그가 믿는 하나님의 매력이 아니었을까. 그리고 그 하나님의 말씀이 나에게도 힘이 되었음을 고백한다.

"너희가 오른쪽으로 치우치든지 왼쪽으로 치우치든지 네 뒤에서 말소리가 네 귀에 들려 이르기를 이것이 바른 길이니 너희는 이리로 가라 할 것이며"

— 이사야 30:21(성경전서 개역개정판)

김희준 gimmejun@freechal.com
안양 관양중학교—안양고등학교 • 1978년생 게자리 • B형 • 꾸미는 것은 사람이되 이루는 것은 다만 하늘일 뿐.

꿈을 꾸는 사람은 다르다

설지인 서울대 외교학과 01학번

"안녕하십니까."

"그래, 긴장하지 말고. 거기 자리에 앉게나."

"네, 감사합니다."

"앞에서 글 읽었지요?"

"네……."

2000년 10월 중순의 어느 날. 서울대학교 외교학과 고교장추천전형의 면접 시험은 그렇게 시작되었다. 여섯 명을 선발하는 외교학과 고교장추천전형에 엄청난 수의 학생들이 지원했고, 면접을 보러온 학생들은 이미 14대 1 정도의 경쟁률 속에서 1차 서류심사와 논술시험을 한 차례 치른 후 모인 사람들이었다. 면접을 보기 몇 달 전, 한참 수학계획서와 자기소개서를 써내려가고 있을 때 어떤 선생님께서 말씀하셨다. 왜 하필 외교학과냐고. 적은 인원을 뽑기 때문에 아무도 합격을 장담할 수 없는데 차라리 다른 학과를 지원하지 왜 외교학과냐고 말이다. 나는 그럴 때마다 길고 긴 설명을 늘어놓곤 했다.

아주 서서히, 그리고 희미하게나마 자신의 인간관과 세계관을 정립해나갈 고등학교 재학 시절부터 나는 세계 난민문제나 제3세계의 빈민문제에 관심을 가지고 있었다. 신문을 통해 접하게 되는 제3세계 빈민들의 소식들. 전쟁으로 인해 가족을 잃고 눈물을 흘리고 있는 어느 할아버지의 사진. 뜨거운 햇볕 아래 앙상히 마른 한 아이가 땅바닥에 엎드려 있고 멀리서 그 아이를 노려보고 있는 커다란 독수리 한 마리. 이러한 사진과 기사들을 보면 누구나 다 연민의 감정을 느끼는 것 같다. 고등학교 시절, 신문을 통해 에이즈로 고통받는 아프리카 빈민들의 기사를 함께 읽던 친구들도 그 사람들의 사정을 딱하게 여기고 동정심을 느꼈다. 내가 그랬던 것처럼.

하지만 그 친구들은 거기서 끝이었던 반면 나는 그들을 위해 무언가 해야겠다는 생각을 골똘히 하곤 했다. 그리고는 그 신문 기사들과 사진을 한곳에 스크랩해두었다. 왜 내가 그들을 내 힘으로 돕겠다고 생각한 것인지는 나 역시도 모르겠다. 동일한 사진과 동일한 기사를 읽었는데 주위에 있는 사람들 중 그 사람들을 동정하는 것에서 그치지 않고 자신이 직접 그들을 위해 일하겠다고 생각하는 사람들은 정말로 찾아보기 힘들었다. 그런데 나는 그런 생각을 너무나도 자연스럽게 했다는 것. 정말 종이 한 장 차이의 발상이지만 그 작은 차이가 나를 주위에 있는 사람들과는 크게 다른 사람으로 만들어놓는다는 생각을 하곤 했다. 어쩌면 내가 이 세상에 태어나 정말로 해야 할 일이기 때문에 누가 시키지도 않았는데 너무나도 자연스럽게 난민과 빈민들에게 관심을 가지게 된 것은 아닐까.

그러한 관심의 연속선상에서 자연스럽게 국제정치학이라는 영역에도 지대한 흥미를 가지게 되었기에 고등학교 시절 나의 머릿속에는 외교학과에 가서 국제정치학 공부를 해보겠다는 생각으로 가득 차 있었다. 삼 년 내내 세 분의 담임 선생님들께서 한결같이 "목표의식이 매우 뚜렷하다", "인생관과 가치관이 분명하다", "집중력이 강하다", "의지와 끈기가 있다"라는 말씀을 생활기록부에 적어놓으신 것도 나름의 이유가 있었던 것이다.

고등학교 재학 시절부터 신문을 통해 접하게 되는 세계 난민문제나 제3세계 빈민문제에 관심을 가지고 있었다. 그리고 그들을 동정하고 지나쳐버린 게 아니라 그들을 위해 무언가 해야겠다는 생각을 골똘히 하게 됐다. 그리고 그런 관심의 연속선상에서 외교학과에 가서 국제정치학을 공부해보겠다는 생각을 하게 된 것이다.

하지만 나는 외교학과 고교장추천전형의 마지막 관문에서 결국 떨어지고 말았다. 면접실에서 나를 주시하고 있는 교수님 여덟 분을 본 순간 지나치게 긴장해서 고등학교 시절 내내 준비해왔던 것이 한순간에 수포로 돌아갔던 것 같다. 외교학과 교수님들에 대해 너무나도 잘 알고 있었기 때문에 그분들의 연구 업적이나 학계에서 차지하고 있는 위치에 그만 나 스스로가 무척이나 위축되어 있었던 것이다. 전혀 그럴 필요가 없었는데 말이다. 고교장추천전형에서 떨어졌다는 발표가 난 것은 수능시험을 약 이 주 정도 앞둔 시점이었다. 고등학교 시절 나의 모든 에너지를 투자한 것이 일순간 물거품이 되어버린 공허감을 느끼며, 누구보다도 성실하게 준비했다고 자부할 수 있을 정도로 열심히 준비했는데 되지 않았다는 실망감을 느끼며, 하지만 겉으로는 그렇다고 해서 그 결과에 동요하지 않으려고 애써 노력하며 묵묵히 수능시험 준비를 계속해나갔다.

수능시험에서는 395점을 받았고 내신도 1등급인데다 글쓰는 것을 좋아하는 성격이라 논술 역시 자신 있었다. 그 정도면 충분히 정시로 외교학과에 지원해볼 수 있는 조건이었다. 하지만 나는 외교학과가 아닌 인문계학과군을 지원했다. 인문계학과군은 01학번 입학시에 있었던 모집단위로 철학, 미학, 종교학, 서양사학, 동양사학, 한국사학, 고고미술사학 이상 일곱 개 학과가 모여 있는 학과군이다. 나는 철학에도 흥미가 있었고, 그리고 이제는 지쳤다는 생각에 아예 안정지원을 해서 원서 역시 단 한 군데에만 넣었다. 정시 〈나〉군의 서울대학교 인문계학과군으로. 그렇게 해서 나의 대학생활이 시작되었다.

인문계학과군의 공통교과목 강좌를 수강하면서 가끔씩 놀랄 때가 있었다. 고등학교 때 내가 과연 이런 공부를 하고 있을 것이라고 상상이나 했던가 하는 생각에서 말이다. 종교학, 미학, 고고미술사학은 고등학교를 다닐 때에는 무엇을 연구하는 것인지조차 모르던 학문이었다. 철학을 바라보고서 들어온 곳이기는 하지만 인문계학과군 안에 있으면서 철학 이외에 다른 인문학을 접해볼 기회가 참으로 다양하게 주어졌고, 때문에 이 년간 역사와 철학 계열의 공부를 하면서 확실히 나의 인식의 폭이 상당히 넓어졌다. 이곳으로 들어오지 않았다면 내가 얼마나 무식해졌을까 하는 생각이 들 정도로 말이다.

그리고 인문계학과군 소속이었지만 외교학과의 전공 과목들을 동시에 들었다. 내가 앞으로 하고자 하는 것, 국제기구에 들어가 난민이나 빈민과 관련된 일을 하려면 국제정치학을 공부해야 한다는 고등학교 때의 판단에는 변함이 없었기 때문이다. 난민이 발생하는 원인, 지구적인 빈곤 문제가 발생하는 원인에 분명 인간이 어찌할 수 없는 자연재해도 있을 수 있다. 하지만 더 근본적이고 구조적인 문제는 세계화나 전쟁과 같은 국제정치학적인 요소에 있다. 그렇기 때문에 국제정치학에서 눈을 뗄 수가 없었다. 국제정치학으로부터 완전히 눈을 돌릴 수 없었기 때문에 나는 대학 입학 이후 이 년 동안 항상 고민에 둘러싸여 있었다. 앞으로 공부를 계속하게 될 터인데 철학을 하느냐 국제정치학을 하느냐라는 고민이었다. 그러던 중 3학년으로 올라가는 시점에서 전과의 기회가 내 앞에 찾아왔고, 또 한 번의 서류심사와 면접을 거쳐 결국 외교학과로 과를 옮겼다.

그렇다고 해서 철학 공부를 아예 접은 것은 아니다. 국제정치학과 철학이라는 학문이 서로 약간은 거리가 있어 보임에도 불구하고 내가 이 두 가지 모두에 흥미를 느끼는 이유는, 두 영역 모두가 앞으로 내가 이루고자 하는 꿈을 실현하는 데 있어 커다란 양대 축이 되기 때문이다. 내가 생각하는 인간 본래의 인간성이 전쟁과 가난으로 인해 철저히 파괴되고 있는 모습을 보고서 자연히 난민과 빈민문제에 관심이 간 것이며, 이러한 이념적인 부분을 나는 철학이라는 기둥에 의지하고 있다. 그리고 그러한 이념을 현실에서 실현하고 현실을 바꾸기 위하여 의지하고 있는 또 다른 기둥이 국제정치학인 것이다.

나는 지금도 계속해서 길을 찾아가고 있다. 세계난민이나 빈민을 돕겠다면 어떤 준비가 필요하고 어떤 실력을 갖추어야 하는지, 내가 어떤 분야에서 어떻게 그들을 도와줄 수 있는지 계속 고민하고 길을 찾고 있다. 그리고 이러한 고민과 준비는 대학생인 나뿐만이 아니라 한참 자신의 꿈을 키워가고 있을 중고등학생 후배들 역시 피해갈 수 없을 것이다. 나보다 더 성숙한 후배는 이미 중학교 때부터 그런 고민에 빠져 있었을지도 모르겠다. 그렇기 때문에 다소 장황하게 느껴질지 모름에도 불구하고 내가 전공을 선택하기까지의 과정을 적어보았다. 자신의 진로 문제로 고민하고 있을 후배의 손에 이 글이 닿아서 무언가 더 생각해볼 수 있는 거리를 던져주었으면 하는 바람에서 말이다.

논술 준비는 어떻게 하였는지, 영어와 수학은 어떻게 공부해야 하는지, 내신관리는 어떻게 했으며 교내외 상장은 무엇 무엇을 어디서 받았는지, 과학탐구와 사회탐구는 어떻게 준비해야 하는지, 체력과 시간 관리는 어떻게 했는지...... 정말 무수한 공부 방법이 있고 시간 관리 방법이 있다. 하지만 내가 이 글을 통하여 후배들에게 정말로 전달하고 싶은 것은 그러한 공부 방법을 발견하고 익히기 이전에 그 밑바탕이 되어야 할 좀더 근본적이고 중요한 문제에 대해 생각해보라는 것이다. 자신이 학교에서 공부를 왜 하는가? 이 공부를 도대체 왜 해야 하는가? 왜 하필 나는 지금 여기서 이 공부를 해야만 하는가?

답은 자신의 꿈과 이어진다. 자신이 하고 싶은 것, 자신이 이룩하고 싶은 것을 실현하기 위해 발을 딛고 지나가야 할 과정으로서 중고등학교 시절의 학습 내용이 있다고 생각해본다면 어떨까. 후배들 모두에게 자신이 추구하는 목표를 생각해보고 설정해보라고 권하고 싶다. 그 목표라는 것은 단순히 어느 대학 어느 학과가 되어서는 안 될 것이며, 자신의 인생에 있어서 정말로 해보고 싶은 일이 먼저 정해지고 난 다음에 그에 적합한 대학과 학과를 택하는 순서가 되어야 할 것이다. 아무리 공부를 잘한다고 해도 자신이 그 공부를 '왜' 하는지에 대한 생각이 없다면 그건 공부가 아니라 지식의 파편들을 머리 안에 집어넣는 단순반복의 기계적인 노동일 뿐일지도 모른다. 자신의 포부를 세우고 난 다음에, 어느 대학을 가든 어느 학과를 가든 좀더 나은 교육환경을 갖추고 있고 자기 자신을 자극할 수 있는 사람들이 많은 곳으로 가기 위해 노력하는 것은 그 누구도 나무랄 수 없다고 생각한다.

아주 가끔씩 고등학교 시절을 회상할 때가 있다. 작은 교실 안에서 함께 공부했던 친구들의 얼굴이 물론 가장 먼저 떠오르고, 또 삼 년 내내 학교라는 공간 안에서 거의 매일 마주쳤던 선생님들의 얼굴도 떠오른다. 그리고 그 사람들에 이어 연상의 꼬리를 물고 나타나는 것은 하고 싶은 공부를 해보겠다고 정말로 열심히 준비하던 나의 모습이다. 그 모습을 통해서 내가 얼마만큼 자신의 목표를 진실되게 추구할 수 있는 아이인지를 나 스스로 확인하였고 나 자신에 대한 자신감도 다질 수 있었다. 고등학교 때도 그러했고 지금 대학 생활을 하면서도 그러하지만, 별다르게 뛰어난 능력도 없는 내가 이토록 열정적으로 움직일 수 있는 이유는 내가 가지고 있는 '목표의식' 때문인 것 같다. 그렇기 때문에 후배들에게, 그리고 더 나아가서는 아직 자신이 하고 싶은 것을 찾지 못한 동기들에게도 꿈을 찾으라는 말을 꼭 하고 싶다. 다른 사람의 귀에는 들려오지 않지만 자신의 귀에만 들려오는 북소리를 놓치지 말라고 전하고 싶다.

후배들에게 무언가 절실하게 원하는 것이 있었으면 좋겠다. 자신에게 주어진 일생 안에서 꼭 하고 싶은 일이 생겼으면 좋겠고, 최소한 그런 대상을 찾기 위해 노력이라도 하길 바란다. 그렇지 않으면 입시 공부라는 것은 단순히 좋은 대학으로 가기 위한 하나의 수단으로밖에 다가오지 못한다. 이 글을 읽고 있을 후배들보다 단지 몇 년 더 일찍 입시 생활을 경험하였다는 이유로 후배들에게 이런 말을 할 기회가 주어졌다는 점에서 나는 행운아인 것 같다. 나보다 더 마음에 다가오는 조언과 격려를 보내줄 사람들이 이 글을 읽고 있을 후배들 주위에도 많을 텐데 말이다. 그러니 나에게 주어진 이번 기회에 후배들에게 꼭 하고 싶은 말을 한 마디로 축약해서 하고 그만 글을 닫으라고 한다면…… 글쎄, 뭐라고 해야 할까. 아마도 이 말을 해야 하지 않을까.

"꿈을 꾸는 사람은 다르다."

설지인 causasui@empal.com
창원여자중학교－창원 명지여자고등학교 • 1982년생 염소자리 • B형 • 위대한 사람은 단번에 그와 같이 높은 곳에 오른 것이 아니다. 남들이 밤에 단잠을 잘 때 그는 괴로움을 이기고 일어나 일에 몰두한 것이다.(로버트 브라우닝)

Why not the best?

길경환 서울대 산업공학과 01학번

지미 카터 전 미국 대통령이 해군에 입대한 후, 원자력잠수함 개발 계획에 참가하기 위하여 면접을 볼 때의 일이다. 면접관은 지미 카터에게 학교를 졸업할 때의 성적을 물어보았고, 카터는 수백 명의 학생들 중에서 4, 50등 안에 들었음을 자신 있게 대답하였다. 그러자 면접관이 다시 물었다.

"그대는 최선을 다했었는가?"

지미 카터는 자신이 최선을 다한 것은 아니었다고 대답했고, 면접관은 물었다.

"Why not the best?"

이 책을 읽는 후배들에게 가장 들려주고 싶은 말이다. 많은 경우, 머리가 나빠서가 아니라 최선을 다하지 않아서 원하는 성적을 얻지 못하게 된다. 오늘 하루도 정말 순간순간 나는 최선을 다했는가 묻고, 반성하고, 갱신하는 후배들에게 좋은 결과가 있으리라 확신한다.

The past

나의 경우에 다른 친구들과 전혀 다를 것 없는 초중고 시절을 보냈다. 그러나 우리 나라의 많은 사람들이 서울대생들에 대한 선입관을 가지고 있는 듯하다.

'서울대생이라고? 학창시절에 죽어라 공부만 했겠네.'

'서울대 갈 정도면 머리가 상당히 뛰어난가보다.' 등등.

그러나 나는 이러한 선입관들이 100퍼센트 옳다고는 생각하지 않는다. 나만 돌아봐도 나는 죽어라 공부만 하는 외골수적인 기질이 전혀 없었고, 그렇다고 아이큐 170이 넘는 소위 천재축에도 들지 않기 때문이다. 나는 다른 어떤 과목보다 체육 시간이 좋았고, 친구들과 어울리기를 좋아했다. 볼링이나 당구에 빠져들어 시간을 보낸 적도 있다. 대부분의 서울대생들이 나와 비슷한 학창시절을 보내지 않았을까 한다. 그러나 이들에게는 작지만 큰, 남들과는 다른 점이 분명히 있다.

그것은 바로 남들보다 좀더 큰 꿈과 좀더 강한 성취욕구를 가졌다는 점이다. 이것들이 나를 지금의 위치에 이르게 해주었다. 자라면서 꿈이란 것은 조금씩 변했지만, 그 꿈에 대한 열망은 식은 적이 없었다. 내가 한 것이라곤, 그 꿈을 이루기 위해 현재 나의 위치에서 내가 해야 할 일들에 최선을 다했다는 것이다.

고등학교 때 나는 남들과 마찬가지로 힘든 수험생활을 지내면서 자주 오락가락하는 교육 정책에 불만이 상당히 많았다. 아니 우리 나라 교육 체계와 스타일 자체에 대해 부정적인 생각이 많았다. 그러나 시간이 지나면서 내가 지금 아무리 불만을 토로하고 부정적인 생각을 가져봤자, 현실에 아무런 영향력도 미치지 못한다는 것을 깨닫게 되었다. 교육부 장관의 위치에 올라가야 교육 정책에 영향력을 미칠 수 있다는 것을 깨닫게 된 것이다. 그러기 위해서는 현재 나의 공부에 충실해야 하며, 앞으로도 그 꿈을 이룰 때까지 하나하나 단계를 거쳐야 하고 매 단계마다 최선을 다해야 한다는 것 말이다. 그래서 나는 꿈에 대한 성급함을 버리고, 현재 주어진 것들을 하나하나 최선을 다해 수행하는 자세를 가지게 되었다.

남들보다 좀더 큰 꿈과 좀더 강한 성취욕구. 이것들이 나를 지금의 위치에 이르게 해주었다. 자라면서 꿈이란 것은 조금씩 변했지만, 그 꿈에 대한 열망은 식은 적이 없었다. 그리고 그 꿈을 이루기 위해 현재 나의 위치에서 내가 해야 할 일들에 최선을 다했다.

이렇게 꿈에 대한 강한 열망과, 성급함을 버리고 꿈을 이루기 위해 최선을 다하는 자세와 더불어 지금의 나를 있게 해준 것이 한 가지 더 있다. 바로 강한 자신감이다. 학교 성적이 떨어져도, 고1 때 모의고사 점수가 잘 나오지 않아도 난 자신감을 잃은 적이 없다. 고3 때 어떤 친구는 모의고사 점수가 그래가지고 서울대에 갈 수 있겠냐는 짓궂은 질문도 하곤 했지만, 난 한 번도 나 자신에 대한 믿음이 흔들리지 않았다. 자신감의 근본은 자신에 대한 믿음에서 나온다고 본다. 든든한 배경이 없어도, 머리가 뛰어나지 않아도 나를 믿는 믿음이 강한 사람은 언제나 자신감에 넘친다. 나도 그러했다. 한번은 절친한 친구가 내게 자신감이 너무 넘쳐서 거만하게 보일 수도 있다고 충고한 적이 있으니 말이다.^^;

모의고사 성적이 낮게 나와도 항상 나에게 말하곤 했다.

'난 서울대에 갈 수 있어. 혹 못 가더라도 상관없어. 난 내 꿈을 결국에 이루고 말 테니까.'

학창시절을 돌이켜보면, 나보다 공부도 더 잘할 수 있고 더 좋은 대학에 갈 수 있었을 텐데 하는 친구들이 있다. 그러나 그런 친구들 중에는 항상 자기 자신에 대한 자신감이 부족한 친구들이 꽤 많았다. 나보다 머리도 좋고 더 뛰어난 부분이 있는데도 원하는 대학에 진학하지 못하는 친구들을 상당수 보면서, 결국 아무리 타고난 재능이 있다 한들 자기 자신에 대한 믿음이 부족하다면 빛을 발하지 못하는 것이라는 생각을 하게 됐다. 이 글을 읽는 모든 후배들은 항상 자기 자신에 대한 믿음을 확고히 가졌으면 한다. 성적이 어느 시점부터 오르지 않고, 하는 일들이 잘 진척되지 않을 때 그런 것들은 누구나 겪는 과정이고 난 이 과정을 잘 통과할 것이라는 자신감을 잃지 말았으면 한다. 당당하자!

The Present

현재 나의 소속은 서울대학교 산업공학과 2학년이다.

지금 나의 전공은 우연한 기회를 통해 진로 고민을 하면서 얻어진 결과이다. 사실 고등학교 3학년 가을까지만 해도 난 누가 뭐래도 기계공학을 전공하려고 했다. 그래서 목표도 서울대학교 기계항공공학부였고, 관련 분야에 대한 자료 수집과 독서도 틈틈이 하곤 했다. 그런데 나의 이러한 생각이 일순간에 깨지는 사건이 수능을 두 달 앞둔 고3 가을에 일어났다.

지금도 그렇겠지만 서울대학교는 고등학교의 인원수에 따라 비례적으로 수시모집 지원자 인원을 배정한다. 당시 내가 다니던 고등학교는 인원 규모가 작은 편은 아니어서, 수시지원자로 여섯 명이 배정되었다. 학교에서는 문과에서 두 명, 이과에서 네 명을 뽑아 지원자격을 주었다. 이과였던 나에게도 자격이 주어졌다. 사건은 거기서부터 시작되었다.

강한 자신감. 학교 성적이 떨어져도, 모의고사 점수가 잘 나오지 않아도 난 자신감을 잃은 적이 없다. 나는 항상 나에게 말하곤 했다. '난 서울대에 갈 수 있어. 혹 못 가더라도 상관없어. 난 내 꿈을 결국에 이루고 말 테니까.'

난 기계공학에 대한 꿈이 확실했다. 사실 대학에 어떠한 전공들이 있고 그 전공들이 실제 어떤 공부들을 하는지 잘 몰랐던 상태에서 조금은 막연하게 기계공학을 동경하고 있었던 것이다. 그런데 학교에서는 수시지원을 하되 기계공학을 피하라고 했다. 아니 아예 공대 지원을 피하라는 것이었다. 학교에서는 한 명이라도 서울대에 많이 보내기 위해서 안전한 지원을 요구한 것이었다. 그 일로 나는 학교측과 상당한 갈등을 빚게 되었다. 그리고 결국 수시지원 자격은 다른 친구에게로 넘어가고 말았다. 수능을 얼마 남겨두지 않은 시점이었기에 그 사건은 나에게 상당한 충격이었다.

그때 모 대학 공대 교수님들이 공대에 있는 학과들을 소개하고 그 학과에서 어떠한 공부를 하며, 졸업 후 어떠한 일을 하게 될지에 대한 내용들을 쓰신 책이 출간되었다. 그 책을 읽으면서 그때서야 내가 정말 하고 싶은 공부가 무엇인지, 정말 어떤 일을 하고 싶은지 깨닫게 되었다. 그리고 더 자세히 알고 싶어 대학들의 사이트에 접속하여 학과 정보를 얻고, 더 궁금한 건 직접 교수님들에게 메일을 보내 문의하였다. 그때 난 지금 전공하고 있는 산업공학에 대해 처음 접하고 알게 되었다. 그리고 아무런 갈등 없이 나의 진로를 산업공학으로 정하게 되었다. 수시지원에 얽힌 사건은 그 당시로선 심적인 충격이 컸지만,

지금 와서 생각해보면 내 인생에 정말 중요한 결정을 내리는 계기가 된 것 같아 감사할 따름이다.

The Future

현재 나는 공과대학에서 산업공학을 전공하고 있다. 산업공학이라는 학문은 공대에 속해 있지만, 인문학적인 특성도 참 많은 학문이다. 그리고 상당히 종합적인 학문이다.

현재 공부를 하면서 가장 관심을 가지고 있는 분야는 유비쿼터스 컴퓨팅 (Ubiquitous Computing)이라는 것이다. 유비쿼터스 컴퓨팅이란 홈 네트워크와 모바일 네트워크 등 언제 어디서나 다양한 기기로 인터넷에 접속해 정보를 얻고 공유하는 것을 말한다. 이 기술이 발달하게 되면 〈마이너리티 리포트〉와 같은 공상과학영화에서나 볼 수 있었던 것들을 실제 우리 생활에서 접할 수 있게 된다. 이 분야는 앞으로 더욱더 발달하게 될 것이다.

나의 일차적인 목표는 이 분야에서 세계적인 전문가가 되는 것이다. 이를 위해서 이 분야에 대한 뉴스나 정보에 언제나 관심을 기울이고 있다. 또한 실무 능력을 배우고 싶어서 학교를 휴학하고 벤처기업들을 다녀보기도 하였다. 앞으로도 학교공부에 만족하지 않고 더욱 열심히 나만의 공부를 할 생각이다.

전문성을 갖춘 후에는 전문성을 바탕으로 창업을 할 것이다. 끊임없는 기술 개발과 건실한 경영으로 내 분야에서 세계적인 기업으로 가꿀 것이다.

기업 활동을 통해서 돈을 벌게 될 것이다. 번 돈으로 하고 싶은 것들이 있다. 먼저 전 세계 곳곳에 청소년과 어른들을 위한 좋은 문화센터를 건립하고 싶다. 모든 사람이 편하게 쉬고, 재충전할 수 있는 공간을 제공하고 싶다. 또 학교를 짓고 싶다. 그래서 실력뿐만 아니라, 정말 바른 마음과 생각을 가진 리더들을 양성하고 싶다. 이러한 활동을 통해 이 세상에서 '빛과 소금처럼 살고 싶다'는 소망을 이루고 싶다.

길경환 BCEO@freechal.com
서울 백석중학교—영일고등학교 • 1982년생 양자리 • B형
• 知之者 不如好之者, 好之者 不如樂之者(알기만 하는 자는 좋아하는 자를 당하지 못하며, 좋아하는 자는 즐기는 자를 당하지 못하니라.—공자)

I Can Do It !

김민재 서울대 경제학부 02학번

입시걱정에 시달리던 고등학교 삼 년간의 생활을 접은 채, 부푼 꿈을 안고 서울대에 입학한 것이 이제 일 년 전의 일이 되어 버렸다. 준비가 부족했던 탓일까? 기대가 너무 컸던 것일까? 대학생활은 적어도 나에게 있어서는 그리 만족스럽지는 않다. 하지만 비록 성에 차지 않았던 대학 일 년간의 생활이었을지라도, 내가 하고 싶은 일에 나에게 주어진 소중한 시간들을 정말 열정적으로 투자하며 나 스스로의 삶을 꾸려나가는 경험을 할 수 있었던 일 년이었기에 그 의의는 충분하다고 생각하며 자위하고 있다. 적어도 입시 이외의 그 무엇에도 눈을 돌릴 수 없었던 일명 '입시와의 전쟁'에서 벗어날 수 있었으니까…….

의식적이었든 무의식적이었든, 자의에 의한 것이었든 타의에 의한 것이었든, 어려서부터 줄곧 서울대만을 생각하며 공부를 한 내게 있어서 '대입'이라는 것은 그야말로 전국 70여만 명 수험생들 모두를 '경쟁상대'로 생각하고 행동하도록 만드는 '전쟁'에 불과했다. 극단적인 논리이긴 하지만, 입시전쟁에서 누가 살아남느냐는 것은 내 진로를, 그리고 더 크게는 내 삶을 좌지우지할 수 있는 중요한 사안이었기에 난 고등학교 삼 년간을 정말 '전쟁' 에 임하는 자세로 생활했다.

하지만 고등학교 삼 년을 항상 전쟁에 임하는 긴장감을 가지고 생활한다는 것은 사람을 몹시도 피곤하게 만드는 일임이 분명하다. 그래서 나는 전쟁에 임하되, 나 자신과의 약속을 하기로 했다. '나는 할 수 있다!' 는 믿음을 지니고, 입시전쟁에서 꼭 살아남겠다고. 그리고 그 약속을 어느 정도는 지켜냈다. 그런데 중요한 것은 고등학교 3년 동안 내가 꿋꿋이 약속을 지켜낼 수 있었던 그 '방법' 이라고 생각한다.

모두들 '세뇌' 라는 말을 익히 들어봤을 것이다. 인간의 인격을 구성하는 사고회로는 물리적인 보완을 통해 교정 가능하다고 생각하는 것이 바로 세뇌인데, 이것은 어린이들이 자주 보는 만화영화에서 가끔 다루어지기도 한다. 그리고 실제로 아프가니스탄 전쟁에서처럼 전후 전쟁 포로를 대상으로 세뇌 기계를 이용해서 세뇌 실험을 한 적이 있기도 하다. 난 이러한 세뇌에 대한 이론을 믿는 사람들 중 한 명이다. 그리고 특별히 나는 타인에 대한 세뇌보다는, '자기 세뇌' 를 굳게 믿고 있다. 그리고 내가 나 자신과의 약속을 지킬 수 있었던 것 또한 자기 세뇌에 성공했기 때문이다.

나는 지금도 하루에 한 번 이상 거울을 꼭 본다. 물론 외모를 단정히 하려는 목적이 없는 것이 아니지만, 난 분명 더 중요한 것을 생각하며 거울을 바라본다. 10초 이상 지그시 내 눈동자를 바라보면서 마음속으로, 또는 입으로 중얼거린다.

'나는 할 수 있다!' 는 믿음을 지니고, 입시 전쟁에서 꼭 살아남겠다고. 나는 지금도 하루에 한 번 이상 거울을 꼭 본다. 10초 이상 동안 지그시 내 눈동자를 바라보면서 마음속으로, 또는 입으로 중얼거린다. "김민재! 난 할 수 있어! I can do it! 자신을 믿어라! 힘내!"

"김민재! 난 할 수 있어! I can do it! 자신을 믿어라! 힘내!"라고 .

고등학교 삼 년간 생활하면서, 매일 아침 일어나자마자 또는 매일 밤 마지막까지 혼자 남아 자기 위해 방에 들어오면서, 거울을 바라보며 내 믿음을 굳건히 하곤 했었다. 고등학교 생활은 '삼 년 전쟁' 이라고도 할 수 있지만, 분명 그 하루하루 또한 치열한 '자기 자신과의 전투' 이기 때문이다. 그 하루하루의 전투에서 이기기 위해서 난 아침저녁으로 자기 세뇌를 하곤 했었다. 그리고 내가 입시와의 전쟁에서 성공할 수 있었던 것은 삼 년간의 부단한 '자기 세뇌' 의 노력 때문이라고 나는 단언할 수 있다.

인간이란 동물은 정신력이 워낙 강하기 때문에, 불가능한 일들도 정신력으로 이겨낸 경우가 상당하다. 여러분들이 진정으로 입시전쟁에서 낙오하지 않고 성공하고자 한다면, 가장 먼저 자기 세뇌를 통해서 정신력을 다져나가기를 바란다. 자기 세뇌에 있어서 한 가지 더 당부하고 싶은 말이 있다. 그건 바로 진정 마음에서 우러나오는 자기 세뇌를 해야 한다는 것이다. 실제로는 그러한 마음이 전혀 없는데도 가식에 둘러싸인 채 하는 자기 세뇌는 오히려 전쟁의 실패를 가져올 뿐이다. 꿈과 미래에 대한 야망이 전혀 없는 자가 자기 세뇌를 시도해본들, 무슨 소용이 있겠는가?

갑작스레 자기 세뇌라는 말을 꺼내, 읽으면서 적이 당황하는 사람들이 많았을 것이라고 생각한다. 자기 세뇌라는 것 자체는 생활하면서 한 번쯤은 들어봤을 법하지만, 그 실천에 대해 들어보거나 혹은 개인적으로 자기 세뇌에 대해 생각해본 적이 있는 사람은 상당히 드물 것이다.

살면서 무슨 일을 하든지, 왜 그것을 하는지 그 목표 설정을 하지 않으면 일을 해나가는 데에 있어서 상당한 어려움을 겪기가 십상이다. 공부를 하는 것 또한 예외일 수 없다. 입시를 준비하면서 자신이 왜 공부를 해야 하며, 왜 자신이 거의 대부분의 시간을 공부에 투입하고 있는지에 대한 고민이 필요하다. 그리고 그 고민에 대한 각자의 결론 또한 있어야 한다. 그 결론은 개개인의 가치관에 따라 많이 다를 것이다. 이것이 바로 자기 세뇌의 목표 설정이라고 할 수 있는데, 이것은 자신의 진로에 대한 고민과 흡사하며, 자신의 삶을 살아가는 데 있어서 꼭 필요한 '방향성'을 확고히 하는 것이기 때문에 자기 세뇌를 위해서가 아니라 '자기'를 위해서도 꼭 필요하다. 간단히 예를 들자면 다음과 같다.

'난 진정 인간을 위한 경제학을 연구하고 발전시키겠다.'

자기 세뇌의 목표 설정에 있어서는, 우선 이렇게 큰 테두리를 잡은 후에 구체적으로 그 목표를 위해 자신이 해나가야 할 하나하나에 대해 세부 방향성을 명확히 해두어야 한다. 가령 본격적인 경제학 연구를 하게 될 대학생활을 위해 고등학생 시절에 다음과 같은 준비를 할 수 있을 것이다. 자신이 모범으로 삼고 싶은 현재의 세계적인 경제학자를 향한 바람을 자기 세뇌에 간단히 담을 수 있고, 고등학교 시절에 어떤 관련 서적을 꼭 읽어보고서 대학에 진학할지에 대한 자신의 목표를 자기 세뇌에 담을 수도 있다. 그리고 현재 직면한 현실에 있어서, 입시라는 큰 전쟁을 치르기 위해서 자신이 어떻게 해나갈지에 대한 자기 세뇌를 할 수도 있다. 더 세부적으로 나아간다면, 어떠한 일이 있더라도 하루에 수면 시간은 여섯 시간 이내로 제한하는 것, 매일 수리영역과 외국어영역은 각각 한 시간 이상씩 공부를 하고, 언어영역은 50분, 사회탐구와 과학탐구 영역은 각각 30분씩하고, 나머지 시간은 최소 두 시간 이상을 예습과 복습 시간으로 활용한다는 것, 일이 생겨서 날을 샜더라도 의지를 가지고 수업시간에 절대 졸지 않겠다는 것 등이 있을 수 있다.

하지만 이렇게 많은 사안들 하나하나에 대해서 자기 세뇌를 성공시키는 것은 쉽지 않은 일이다. 자기 세뇌에 있어서도 잡아야 할 토끼가 두 마리 이상인 것이 현실이다. 그렇다면 이러한 현실에서 우리는 과감하게 한 마리 토끼를 선택해서 그 토끼만을 좇아야 한다. 그럼 과연 어떤 토끼를 좇아야 자신의 삶에 있어서, 대학 입시에 있어서 가장 큰 이윤을 남길 수 있는 최대의 효율성을 취하는 것일까? 모두들 동의하겠지만, 그것은 바로 '삶의 목표'에 대한 자기 세뇌이다. 자신의 방향성을 확고히 해줄 수 있는 짧지만 어떤 세부적인 것도 다 아우를 수 있는 의미 깊은 한마디를 자기 세뇌의 목표로 삼아야 한다.

'난 진정 인간을 위한 경제학을 연구하고 발전시키겠다.'

항상 거울을 보면서, 길거리를 지나면서, 쉬는 시간에 잠시 쉬면서 단 10초 동안만이라도 속으로, 또는 입으로 이 말을 되뇌어, 자신의 방향성을 확고히 하는 것이 중요하다. 바로 '자기 세뇌'를 이용해서 말이다.

이제 본격적인 방법론에 대해 이야기해보자.

자기 세뇌의 철칙은 항상 자신이 목표하는 바를 자신의 머리에서 떠나지 않도록 하는 것이다. 하루하루 생각해야 할 것이 너무나 많은 입시생들에게 있어서 이것은 그리 쉬운 일은 아닐 것이다. 하지만 쉬운 일이 아니라고 해서 불가능한 일은 아님을 명심해야 한다. 자기 세뇌를 위한 구절은 언제나 자신의 생각과 함께 할 수 있도록 해야 한다는 것을 잊지 말자. 아침에 일어나서, 씻으면서, 밥을 먹으면서, 옷을 갈아입으면서, 등교하면서…… 앞에서 언급한 경우들은 모두 오전 중 한두 시간 안에 일어나는 일들이다. 이렇게 짧은 시간 동안에도 자기 세뇌를 할 수 있는 기회들이 많이 있음을 잊지 않도록 해야 한다.

진정 마음에서 우러나오는 자기 세뇌를 해야 한다. '삶의 목표'에 대한 자기 세뇌 말이다. 자기 세뇌의 철칙은 항상 자신이 목표하는 바를 머리에서 떠나지 않도록 하는 것이다. 자기 세뇌를 할 때는 '긍정적인 사고'를 해야 한다.

자기 세뇌를 함에 있어서 큰 목표를 중시하는 것도 중요하지만, 상황에 따라서 자기 세뇌의 '주제'를 유연성 있게 조절하는 것 또한 중요하다.

가령 수학 시간에 수업을 하는데 자기 세뇌를 한다고 해서, '난 매일 외국어영역을 한 시간씩 공부할 거야'라고 생각하는 우를 범해서는 안 된다. 수학 시간이면 수학 시간에 적절한 자기 세뇌를 시도해야 마땅하다. 예를 들면, '수학이 가장 하기 쉬워', '이 정도 수준의 수학 문제는 바로 풀 수 있어', '이건 좀 어렵긴 하지만 내가 공부를 조금만 더 하면 충분히 풀 수 있는 문제야' 라고 자기 세뇌를 할 수 있다. 각각의 처한 상황에 있어서 적절한 구절을 이용해서 자기 세뇌를 하는 것이 무척 중요하다.

그리고 자기 세뇌를 할 때는 '긍정적인 사고'를 해야 한다. 간단히 자기 세뇌의 목표만을 생각하더라도, 그 내용은 분명히 자기 발전을 위한 것이어야 한다. '나는 못해', '이건 너무 힘들어' 라는 식의 부정적인 생각으로만 일관한다면 그것은 자신을 벼랑으로 몰고 가는 자기 세뇌임이 분명하다. 자신의 발전을 위한 자기 세뇌라면, 철저하게 긍정적인 구절들을 이용해서 자기 세뇌를 시도해야 하는 것이다. 한편으로 지나친 낙관론에 빠질 우려가 있긴 하지만, 지나친 낙관론에서 범하기 쉬운 '실천의 부재' 에 대한 문제점을 자기 세뇌의 경우는 자신의 믿음이 굳어져감에 따라서 충분히 극복할 수 있기 때문에 걱정할 필요가 없다.

자기 세뇌를 하다 보면, 내가 매일 이렇게 생활해도 변하는 건 없다는 생각을 하게 되는 경우가 종종 있다. 이 '슬럼프' 를 어떻게 극복해내느냐가 어쩌면 자기 세뇌의 성공 여부를 결정짓는 것일지도 모른다.

그렇다면 이러한 슬럼프를 해결하기 위해서 어떠한 노력을 해야 하는 것일까? 답답한 대답일지도 모르겠지만, 꿋꿋하게 자기 자신을 믿는 것이 그 해결책이 아닐까 한다. 힘들면 힘들수록 '나는 할 수 있다' 는 자신감을 위한 자기 세뇌를 강화하며, 그 실천을 게을리하지 않는 것만이 해결책이라고 생각한다.

이것은 정말 대단한 은근과 끈기를 요하는 일이다. 하지만 그만큼 대단한 인내심을 지닌 사람만이 어렵고 힘든 일을 이겨낼 수 있는 것이다. 오히려 아무런 대가도 치르지 않은 채 좋은 결과만을 노리려는 생각, 그 자체가 잘못된 것이라고 할 수 있다. 자기 세뇌에 있어서도 마찬가지이다. 자신의 삶의 목표를 이루기 위한 자기 세뇌를 성공시키고자 한다면, 그에 상응하는 자기 세뇌의 노력과 구체적인 세뇌 행위들을 실천하는 데 최선을 다해야 하는 것이다. 기대에 상응하는 실천이 있을 때 슬럼프는 쉽게 극복될 수 있으며, 그 열매 또한 결코 자신을 실망시키지 않을 것이라고 굳게 믿는다. 힘들 땐 믿음과 인내만이 해결책임을 기억하자.

보통 사람들은 '죽을 사(死)'라고 해서 싫어하는 숫자 '4'를 나는 가장 좋아한다. 죽음을 두려워하지 않고, 죽음 앞에서도 당당히 자기 자신을 만들어나가는 사람이 가장 좋아하는 숫자는 '4'일 수밖에 없다고 생각하기 때문이다.

입시는 전쟁과 같다. 여러분들 각자가 자신의 인생 앞에서 스스로 자기 자신을 만들어가는 과정을 통해 그 전쟁을 승리로 이끌길 바란다.

김민재 logixkmj@korea.com
정읍중학교—호남고등학교 • 1983년생 사자자리 • B형 •
최.정.성. I CAN DO IT!! (최선. 정직. 성실. 난 할 수 있다!!)

나의 전교 1등 도전기

김나연 서울대 경영학과 01학번

Q: 어떻게 하면 전교 1등을 할 수 있어?

A: 전교 1등을 해보면 돼.

말도 안 되는 것 같지만 사실이다. 직접 해보기 전엔 아무리 방법을 말해줘도 깨닫기 어렵다. 나의 경우에도 막상 고등학생이 되기 전까지는 공부나 성적에 그다지 집착하거나 심각하게 생각하지는 않았다. 초등학생 때는 누구나 그렇겠지만 시험보기 전에 어느 정도 신경을 쓰면 성적이 곧잘 나왔기 때문에 성적 관리를 조금 하는 식이었다. 그러나 중학교에서는 이와는 좀 달랐다. 시험 성적에 따라 학생들을 평가하는 것, 대우하는 것 등이 조금씩 차별화되는 것 같았다. 이런 이유로 조금씩 성적에 관심에 가지게 되면서 스트레스를 받기 시작했지만 공부를 열심히 하지는 않았다. 뭔가 동기 부여가 안 되었다고 해야 되나.

사실 초등학생 때부터의 나의 관심은 공부가 아닌 비디오게임에 쏠려 있었기 때문이기도 했다. 남동생의 영향도 있었지만 제대로 된 공부의 성취감을 알기 이전에 나는 이미 비디오게임에 빠져 있었다.

다행인지 욕심이 많았던 성격 탓에 시험에 닥쳐서는 집중적인 당일치기로 반에서 3등 이내의 성적을 근근이 유지하는 정도였다. 중학교만 해도 암기가 많은 부분을 차지했고, 단순한 문제 유형이 많아서 단기적인 집중력을 잘만 이용한다면 그렇게 어려운 일은 아니었다. 물론 시험기간에 공부는 안 해놓았으면서도 점수는 잘 맞고 싶은 뻔뻔스러운 욕심이 필요하다.

본격적으로 종합학원을 다니면서 머릿속의 점수 상한선이 높아지게 된 것은 중학교 2학년이 되어 한 친구를 만나게 되면서부터였다. 그 친구는 전교에서 1, 2등을 다퉈할 정도로 무척 공부를 잘했다. 당시 나는 내신에 들어가는 중간, 기말고사만 당일치기를 하여 괜찮은 성적을 유지하고 있었는데 이 성적은 보통 전교 10~30등 사이를 오르내리거나 가끔 그 밖으로 벗어나기도 했기 때문에 그 친구의 성적을 거의 상상할 수 없는 경지로 우러러보았었다. (전교 1, 2등의 성적과 10등 밖을 넘어가는 성적은 등수로는 그렇게까지 큰 차이로 보이지 않아도 실제로는 엄청난 실력의 차이가 있다고 생각한다.)

사실 그런 성적을 내가 낼 수 있을 것이라고도 생각하지 못했었다. 그냥 부러워하는 정도였다. 그 전까지만 해도 나는 한 과목에서 2, 3개 틀리거나 하여 90점을 넘으면 잘했다고 생각하고 뿌듯해했었다. 그렇지만 소위 전교에서 날리거나 반에서 1등을 놓치지 않는 애들은 내가 90점을 맞은 과목에서 대부분 100점을 맞았고, 내가 100점을 맞은 과목을 틀리는 법이 없었다. 과목별로 따지면 한두 개 더 틀리는 정도였지만 그것을 모두 모아두고보면 평균 점수에서 상당한 차이가 나곤 했다. 나는 그때는 평균 95점을 넘는 것을 목표로 하고 있었기 때문에 그 이상을 맞으면 내가 몇 개를 틀렸는지, 다른 애들은 얼마나 잘했는지는 그렇게까지 신경을 쓰지 않았다.

그러던 내가 공부에 정진하게 된 계기는 고등학교 2학년이 되어 문과와 이과로 계열이 나누어지면서였다. 이때 나는 문과 계열을 선택했는데 공부를 잘하는 아이들은 대부분 이과를 선택한 덕분에 공부 못하는 문과, 공부 잘하는 이과라는 식으로 인식되었다. 이런 인식을 이유로 어디까지나 내 생각이지만 문과는 어느 정도 차별대우를 받았던 것 같다. 문과가 있는 쪽 건물에는 물 수요가 많은 여름에 보통 물이 잘 나오지 않아 이과 쪽 별관으로 달려가 얼굴을 씻은 일도 있고, 잘 가르치는 선생님들이 대체로 이과에 배치되었다는 소문도 들리는 식이었다. 나는 화도 나고, 문과라고 해서 공부를 못하는 것은 아니라는 것을 보여주고 싶었다. 그래서 시험을 어설프게 넘길 것이 아니라 정말 본격적으로 대비하기로 굳게 마음먹었다. 그리고 전에 최상위권에 속하던 친구들이 하던 사고방식, 공부방식을 떠올리며 그대로 해보려고 노력했다.

먼저, 시험 일주일 전에서야 공부를 시작하고, 특히 암기과목은 시험 3일 전 혹은 하루 전에야 공부하던 당일치기 방식에서 벗어나서, 시험 보기 15일이나 20일 전부터 대비를 시작했다. 암기과목은 일주일 전에 미리 한 번 이상은 봐두는 식으로 방법을 바꾼 것이다. 처음에는 여유를 가지고 공부하는 것이 익숙하지 않아서 느슨한 면이 없지 않았지만 문과라고 해서 못하지 않는다는 것을 보여준다는 것을 목표로 학교에서 그 누구보다도 좋은 성적을 얻겠다고 진정으로 생각했기 때문에 그런 열정이 나를 움직이는 원동력이 되었다.

나는 천천히, 꼼꼼히 시험 대비를 했다. 시중에 있는 대부분의 유명한 참고서를 과목마다 쌓아두고, 빠뜨리는 부분이 없도록 지식을 축적해갔다. 참고서와 함께 교과서를 이해한 후에는 심화 내용을 공부하고, 문제를 풀어 실력을 다지고, 마지막으로 선생님께서 강조하신 내용을 집중적으로 연구하는 식으로 공부했다. 당시 구체적 목표는 국어를 생각하면 국어에서 만점을 받는 것, 과학을 보면 과학에서 만점을 받는 것. 이런 식으로 과목마다의 목표였지만 어쨌든 할 수 있는 한 최고점을 맞는 것이 목표였다. 이를 위해 매우 꼼꼼히 작은 부분도 빠뜨리지 않고 공부해나갔다. 교과서 한 귀퉁이에 있는 '참고'에 나온 책 이름을 맞출 수 있을 정도로 말이다. 오늘은 국어 15페이지까지, 과학은 2장까지 공부한다는 식으로 하루 목표 공부량을 대강 머릿속에 그리면서 했는데 물론 반드시 이를 완수한 것은 아니지만 비슷하게 하도록 노력했다.

> **공부방법을 바꾸었다. 시험 보기 15일이나 20일 전부터는 대비를 했다. 노력의 결과는 전교 1등. 매우 기쁘고도 신기했다. 나도 하면 되는구나 하는 생각도 들었고, 뭔가 벽을 넘었다는 느낌이었다.**

참, 시험을 보면서 문제를 새로운 마음으로 3번 이상 다시 풀고 검토했던 인내도 잊을 수 없다.- -;; 노력의 결과는 전교 1등으로 나타났다. 평균 98.5였나. 그동안 전교 1등까지는 해본 적이 없어서 매우 기쁘고도 신기했다. 나도 하면 되는구나 하는 생각도 들었고, 뭔가 벽을 넘었다는 느낌이었다.

그 후의 시험들에서는 그 전에는 생각하지 못했던 등수를 얻을 수 있었다. 항상 전교 4등 이내였고, 3학년 때는 계속해서 1등을 할 수 있었다. 이렇게 되면서 성적에 대한 사고 방식도 변한 것 같다. 과목당 틀린 개수를 생각하는 것이 아니라 전 과목에서 몇 개 틀렸는가를 세는 수준에 이른 것이다. 평균을 계산하는 방식도 예전에는 시험이 끝난 후 합계를 내서 과목 수로 나누는 방식이었다. 그러나 2학년 때부터는 하루하루 시험 볼 때마다 평균 100점에서 점수를 깎는 식으로 그날까지의 평균 점수를 계산해나가는 방법을 사용했다. 즉, 총 과목 수가 열두 과목이라고 한다면, 평균 1점은 총점 12점으로 구성되는 것이다. 따라서 총 12점을 틀리면 평균 1점이 깎이는 식이다. 이런 식으로 계산을 해서 그날까지 시험 본 과목들의 평균이 99점이라면, 이를 유지하기 위해서는 다음 날 보는 시험부터는 더이상 틀려서는 안 된다는 구체적인 목표가 생긴다는 점에서 이 계산법은 유용했다.

학습은 계단형으로 성과가 쌓여가기 때문에 노력을 한다고 해서 처음부터 계속 꾸준히 실력이 상승하는 것이 아닌 만큼 나름대로 눈에 보이는 목표, 문제집을 몇 장 풀었다든지 어디까지 공부했다든지 하는 목표를 만드는 것이 중요하다.

그리고 진정한 자신감이 필요하다. 단지 '나는 할 수 있다' 는 정도가 아니라 진심으로 자신을 믿는 것이 필요한 것이다. 자신감이 없으면, 풀 수 있는 문제도 눈에 보이지 않는다.

나의 경우, 내신에 보다 많은 비중을 두다보니 상대적으로 모의고사 점수는 내신만큼 잘 받지 못했다. 수학 같은 것도 응용 문제는 풀기 힘들었고 생소한 문제가 나오면 떨어서 풀지 못하곤 했다. 대책이 필요한 시점이었다. 처음부터 모른다고 생각되는 부분만 찍어서 공부하는 방식은 그다지 좋은 것 같지 않다. 사실, 모르는 부분은 전체적으로 다른 부분에서도 기본이 부족해서 자꾸 드러나게 되는 것이기 때문이다. 한 번도 자신의 힘으로 체계적으로 공부를 한 적이 없다면, 초심으로 돌아가서 첫 페이지부터 꾸준히 넘기는 것이 좋겠다. 나는 정석을 천천히 넘기기 시작했고, 그렇게 문제 푸는 연습을 한 결과 수학 점수가 오르기 시작했다. 노력에 따른 점수의 상승으로 어느 정도 자신감이 생기기 시작하자 그 안정감을 바탕으로 어려운 문제도 어떻게 해서든 풀게 되고, 나중에는 수학을 틀리는 것이 운이 나쁜 일로 여겨졌다.

또한 공부에 정진하기 위해서는 공부 외에 자신이 좋아하는 것을 절제하는 노력도 있어야 한다. 나의 경우에는 비디오게임이 그랬다. 거의 인생의 반 이상을 비디오게임을 하는 데 보냈을 정도로 비디오게임에 빠져 있던 나는 굳은 마음을 먹고 게임하는 데 소비하는 시간을 줄이기 시작했다. 처음부터 완전히 안 하는 것은 무리였지만 하루에 세 시간 하던 것을 두 시간, 한 시간으로 줄여나가는 것은 가능했다.

생각해보면 공부는 일단 목표를 정하여 자신의 마음을 바로잡고, 꾸준한 실천을 통해 자신감을 갖고 나면 그 안정감과 노하우를 바탕으로 한층 높은 단계로 나아가게 되는 것 같다. 해보기 전엔 그 누구도 더 높은 단계로 가는 법을 가르쳐줄 수 없다. 슛은 쏘지 않으면 들어가지 않는 법이라고 하던가.

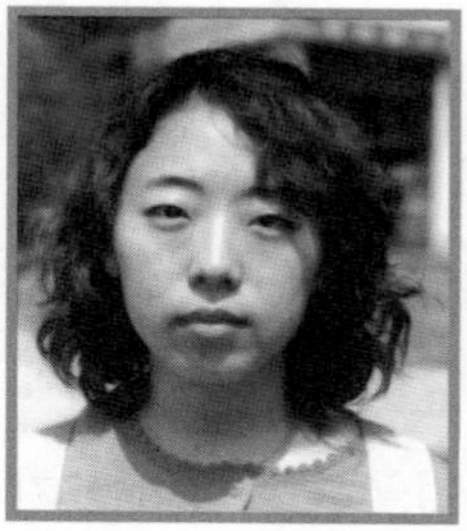

김나연 roiiy20@snu.ac.kr
서울 서문여자중학교—서문여자고등학교—재수 • 1982년생 물병자리 • B형 • 슛은 쏘지 않으면 들어가지 않는다. 하면 된다. 후회 없는 삶을 살자.

지금 알고 있는 걸 그때도 알았더라면

이민희 서울대 국어교육과 00학번

대학에 입학하면서부터 과외 선생님의 이름을 가진 나는, 적지 않은 학생들을 만나면서 지금 알고 있는 걸 그때도 알았더라면 하고 느낀다. 학생들을 가르치면서 접하게 되는 수많은 공식과 문제, 점수 그리고 그들을 둘러싼 푸념들을 대할 때에 나도 저랬었지 하면서 새삼 나의 지난 시절을 떠올리게 되는 것이다. 그때마다 지난 시절 왜 이런 것들을 알지 못했고, 왜 깨닫지 못했었는지 생각하면 웃음이 절로 난다. 대학교 4학년의 과외 선생님으로서 할 수 있는 말들을 그때는 모르고 있었다. 지금 나는 기억들을 되짚으며, 좀더 일찍 알았더라면 하는 것들을 이야기하고자 한다.

나의 지난 고등학생 시절을 떠올려보면 입가에 웃음부터 돈다. 누군가는 공부, 성적, 대학, 갑갑하기만 한 단어들로만 채워졌을 그때가 뭐 좋았겠느냐고 코웃음을 칠지도 모르겠다.

그렇다. 여느 친구들과 다름없이 나 역시 지긋지긋한 책더미들 가운데서 벗어나고 싶었다. 주기적으로 엄습해오는 불안감과 갑갑함, 머릿속에 자리한 해방의 꿈. 이 둘의 거리는 너무 멀었고, 시간은 생각처럼 빠르고 순조롭게 흘러주지 않았다.

그러나 이런 어려움을 인정하고 받아들여야 한다. 피하려고 하는 것이 아니라 한번 참아보자. 누가 이기나 해보자는 심정으로 기다리자. 고통을 감내해야 그에 걸맞은 결과가 찾아온다.

이러한 인고의 과정을 버텨내기 위해 무엇보다 중요한 것은 뚜렷한 목표이다.

목적지가 정해져야 여행길이 불안하거나 지루하지 않다. 힘들고 지칠 때는 목적지에 도달해 있는 자신을 상상해보라. 내가 가려고 하는 목적지는 구체적이어야 한다. 뜬금없이 떠나는 여행은 돈과 시간의 낭비를 가져오기가 일쑤다.

우리는 우리 앞에 닥친 '대학 입시' 라는 막연한 목적을 향해 달려서는 안 된다. 어느 학교 어느 과를 향하여 달려가겠다는 구체적인 계획이 있어야 한다. 그리고 그것이 목적지로서의 의미를 가지려면 다소 멀고 힘든 여정이어야 한다. 과연 도달할 수 있을까 없을까 하는 의문이 생길 정도의 길이라야 좋다. 너무 쉬운 길은 사람을 나태하게 할 뿐만 아니라 도착하고 나서의 희열을 삭감시킨다.

또한 그 여행길을 같이 해줄 동반자, 경쟁자를 구하는 것이 여행을 수월하게 한다. 비슷한 목표 수준을 정한 친구와의 경쟁은 순간순간 나의 위치를 체크할 수 있게 해주고, 쉬어가고자 하는 마음이 생길 때에 그것을 추스를 수 있게 한다.

고등학교에 입학하면서부터 대학에 대한 나의 목표는 확고했다. 다소 학과에 대한 고민이 있었지만, 서울대학교에서 국어에 대해 공부

내가 가려고 하는 목적지는 구체적이어야 한다. 우리는 우리 앞에 닥친 '대학 입시'라는 막연한 목적을 향해 달려서는 안 된다. 어느 학교 어느 과를 향하여 달려가겠다는 구체적인 계획이 있어야 한다. 또한 그 여행길을 같이 해줄 동반자, 경쟁자를 구하는 것이 여행을 수월하게 한다.

하겠다는 미래의 목표는 명확했다. 그 목적이 정해지고 나니 공부하는 것이 그렇게 지루하지만은 않았고, 모든 것이 미래를 위한 투자라는 생각을 수긍할 수 있었다. 수많은 입시 정보들 중에서 나에게 진정으로 필요한 정보는 무엇인지 식별하기도 수월했다. 목표가 명확해지고 나니, 부모님, 선생님, 친구들과의 대화나 상담이 추상적으로 흐르지도 않았다. 보다 구체적인 학습 동기가 마련되어 공부에 대한 의지가 더욱 강해졌던 것이다.

고등학생이었던 나를 가장 괴롭혔던 것은 무엇보다 점수였다. 남들 보기에는 걱정 하나 없을 것만 같았던 나 역시 오르락내리락 하는 점수 때문에 머리가 지끈거릴 때가 한두 번이 아니었던 것이다. 학년이 올라갈수록 숫자의 의미는 크게 다가왔고, 그럴수록 시험에 대한 불안은 커져갔다. 분명히 한다고 했는데 생각처럼 나오지 않는 성적, 오르겠지 오르겠지 하지만 점점 곤두박질쳐가는 등수를 지켜보고 있노라면, 자괴감마저 들었다. 이런 시험 후유증은 꽤나 길게 지속되어 생활 태도를 완전히 바꾸어놓는 경우도 있다.

그러나 시험으로 인한 좌절감은 하루면 족하다. 이미 끝나버린 시험에 대한 미련이나 후회는 시간 낭비가 될 뿐이다. 내 자신에 대한 고민이 당연히 뒤따르겠지만, 그러한 고민보다는 내가 어떤 부분에서 취약했는지, 공부방법이나 시험 과정에서 무엇이 문제였는지 직시하고 반성하는 것이 더 효율적이다. 과거를 떠올리기보다는 다가올 미래를 대비하는 것이 현명한 선택이라는 것이다.

물론 시험 후유증을 치유하기 위한 자신만의 독특한 방법이 필요하다. 이는 일종의 스트레스 해소법이라고도 할 수 있을 것이다. 음악 듣기, 영화 보기, 많이 먹고 자기 등 각자에게 어울리는 휴식 시간을 가져야 한다. 그런 휴식은 일종의 보상이라고 할 수 있다. 시험과 점수에 대한 강박관념을 날려버리고 몇 시간쯤은 자유롭게 보내는 것이 그 결과와 상관없이 그동안의 노력에 대한 일시적인 보상으로서 의미가 있는 것이다.

나의 경우에 시험 후유증을 해소하는 유일한 방법은 음악을 듣고 일기를 써가는 것이었다. 마음속에 생기는 고민과 아쉬움, 심지어 분노에 이르는 감정까지 모두 종이에 털어내었다. 혼자 생각하고 혼자 고민하는 것이 나를 더 억누르고 힘겹게 한다는 생각에서였다. 마냥 이야기를 들어줄 사람이 있다면 정말 큰 행운이지만, 그렇지 않다면 일기에 내 생각과 경험을 모조리 쏟아냈다. 그럼으로써 마음이 자유로워짐을 느끼곤 했다. 훗날에도 이 일기를 펴보면서, 그때 내 생각들이 어떠했으며 어떠한 마음가짐이었는지를 떠올리며 반성의 기회로 삼을 수 있었다.

시험 후유증을 비롯하여 수험생들만이 가지는 근심과 걱정, 우울한 기분은 우리의 생활 리듬을 엉키게 한다. 특히, 고3 수험생이 되면 예민함이 극에 달해서 가족 관계나 친구들과의 관계에서 어려움을 겪을 때가 많다. 사소한 일에도 신경이 쓰이고 또 신경질이 난다. 하지만 이런 불안정한 상황은 평소 생활 리듬을 잃게 하여 공부에 대한 집중력도 떨어지게 만들 수 있다. 될 수 있으면 좋은 쪽으로 생각하고, 이해하고, 웃을 수 있는 여유가 필요하다. 주변 상황에 무덤덤해지는 것

시험 후유증을 치유하기 위한 나만의 방법은 음악을 들으며 일기를 쓰는 것이었다. 일기에 내 생각과 경험을 모조리 쏟아내면 마음이 자유로워졌다.

이 나에게 유리할 수 있다. 주변의 사소한 일들에 촉각을 곤두세울 필요는 없다. 그것은 스스로를 지치게 하기 때문이다. 사각사각하는 볼펜 소리에도 괴로워하는 친구들이 있는데, 사소한 움직임에까지 반응하는 것은 집중력의 분산을 의미한다. 공부할 때는 주변 상황에 둔할 필요가 있는 것이다.

또한 강조하고 싶은 것은 학업이 계획대로 진행되지 않는다고 해서 무리하는 일 없이, 스스로를 챙길 줄 알아야 한다는 것이다. 피곤하고 힘들다면 적절히 쉬어주자. 그리고 잠은 학업의 효율성을 위한 투자라는 것을 잊지 말아야 하겠다. 잠을 줄이고 공부하는 것보다는 깨어 있는 시간을 최대한 활용하는 것이 현명하다.

지금까지 나의 수험생 시절과 과외 선생님으로서의 경험에 비추어 간단한 조언을 하였다. 이 내용이 시험을 대비하는 많은 학생들에게 작으나마 도움이 되었으면 하는 바람이다. 그리고 수험생들에게 무엇보다 필요한 것은 할 수 있다는 자신감과 긍정적인 사고방식, 그리고 뿌린 대로 거둔다는 진리를 인정하고 행동하려는 노력이라는 말을 덧붙이고자 한다.

이민희 benison4u@hotmail.com
대전 남선중학교－대전여자고등학교 • 1982년생 염소자리 • O형 • 후회는 하지 않는다, 다만 반성할 뿐이다.

지금에 충실하라

김영후 서울대 재료공학과 00학번

대한민국이라는 이 나라에서 고3이라고 하는 것은 인생을 공부에 완전히 저당잡힌 채로 대입이라는 하나의 목표에 엄청난 스트레스를 받으며, 하루하루를 힘들게 보내는 그런 시기로 알려져 있다. 실제로 대한민국의 苦3 학생들은 과도한 학업량과 주위의 기대, 또 자신과의 싸움이라는 삼중고에 시달리며 힘겨운 나날을 보내는 것도 사실이다. 멀게만 느껴졌던 대입이 어느새 부쩍 다가와 있고, 부모님으로부터 받는 지나친 기대는 더욱더 자신을 움츠러들게 하며, 생각하는 것만큼 따라주지 않는 몸은 남아 있던 일말의 자신감마저도 과욕인 양 만들어버린다.

공부를 하면서도 끝없이 떠오르는 '무의미하게 흘려보낸 듯한 아쉬운 시간들', '이제 와서 하는 공부가 성적을 올려줄 것인가에 대한 끝없는 의구심', '차라리 재수를 미리 선택해서 보다 나은 훗날을 도모하는 것이 더 나을 것인지도 모른다는 불안한 대안' 등등의 상념들이 머리에서 떠나질 않아 가뜩이나 되지 않는 공부를 더 안 되게 만든다.

"마음 편하게 먹고 공부해라", "고3도 늦지 않았으니 지금부터 열심히 하면 좋은 대학에 들어갈 수 있다", "나(부모)는 결과에는 신경쓰지 않을 테니 열심히 노력만 해다오" 등등 주위에서 이런저런 말들로 입시에 대한 부담감을 줄여주기 위해서 애를 쓰지만, 이런 말들로 수험생들의 스트레스가 줄어들 리가 없다. 오히려 가중되지 않으면 다행일 정도다. 수험생들은 공부하느라 걱정하느라 이래저래 힘들다.

하지만 한 가지 분명한 사실은 수험생활에서 받는 스트레스가 학업에 그다지 도움이 되지 않는다는 사실이다. 어느 정도의 스트레스는 수험생을 긴장 상태로 만들어서 집중도를 높여주고 나태해지지 않도록 만들어 학업 성취도를 높여주는 효과가 있다지만, 지나친 스트레스는 학업의 성취도를 저하시키고, 집중력을 저해하며, 심한 경우 수험생을 자괴감에 빠지게 하는 경우도 있다.

나도 고3 초기에는 불확실한 미래 때문에 심한 스트레스를 받았다. 지금 당장 공부는 할 수 있지만, 또 열심히 하고 있지만, 이렇게 하는 공부가 몇 달 후에 정당하게 보상받을 수 있을 것인가, 행여 실수로 고3 기간 내내 쌓아온 모든 것을 허사로 돌려버리지는 않을까, 남들은 내가 걱정하는 이 시간에도 더 열심히 공부해서 앞서 나아가고 있는데 나는 점점 뒤처지고 있는 것은 아닐까. 이러한 걱정들로 한동안 펜이 손에 잡히지 않았다.

하지만 어느 날 굉장히 평범한 사실을 새삼 깨닫게 되었다. 바로 '걱정만 한다고 해서 세상이 달라지지는 않는다' 라는 사실이다. 그리고 그 이후에는 마음 편하게 공부에 집중할 수가 있었다. 그렇다, 걱정만 한다고 해서 변하는 것은 아무것도 없다.

진인사대천명(盡人事待天命)이라는 말이 있다. 사람으로서 할 수 있는 최선을 다하고 하늘의 뜻을 기다린다는 말이다. 이 말은 고3 시절 내내 나의 좌우명이었다. 우선 사람으로서, 그리고 고3으로서 내가 할 수 있는 최선을 다하는 것이 나의 몫이고, 그 이후의 일은 내 영역을 벗어난 것이다. 그래서 일단 지금 주어진 시간에 최선을 다하기로 마음먹었다. 행여 '내가 지금 공부하는 것이 나중에 시험에 나오지 않더라도, 열심히 공부하고 나서 답안지를 못 채우는 불운한 일이 생긴다고 해도, 그건 나의 잘못이 아니다. 그건 하늘의 뜻이다. 오히려 주어진 시간을 그런 걱정으로 채워가고 있는 이 순간이 잘못된 것이다. 우선 지금 이 시간에는 모든 걸 잊고 주어진 것에만 매진하자. 그게 내가 할 수 있는 최선이다.'

> 주어진 시간을 걱정으로 채워가고 있는 이 순간이 잘못된 것이다. 우선 지금 이 시간에는 모든 걸 잊고 주어진 것에만 매진하자. 그게 내가 할 수 있는 최선이다. 미래에 대한 걱정을 떨치고 당장의 공부에 집중하라. 지금 이 한순간에도 충실할 수 없다면 당연히 미래는 없다.

일단 이런 마음을 갖고 공부하게 되자 많은 것이 변했다. 공부하는 순간에는 잡념 없이 공부에만 집중할 수 있어서 학업 효율이 크게 향상되었고, 밤마다 날 괴롭히던 불면증도 깨끗이 사라졌다. 고등학교 생활 내내 나를 괴롭히던 수학 노이로제도 해결되었고, 이에 따라 당연하게도(?) 성적은 나날이 향상되었다.

나는 지금도 어떻게 하면 공부를 잘할 수 있냐고 묻는 동생이나 과외를 하는 학생들에게는 미래에 대한 걱정을 떨치고 당장의 공부에 집중하는 것이 먼저라고 이야기해준다. 지금 이 한순간에도 충실할 수 없다면 당연히 미래는 없다.

많은 사람들이 공부는 요령이 중요하다고 말한다. '교과서를 많이 읽어보면 좋다더라, 무슨 문제집이 수능에 많이 나온다더라, 아침에 일찍 일어나서 공부하는 것이 집중력 향상에 좋다더라' 등등 수많은 공부에 관한 일설들이 있지만 나는 이런 이야기들이 모두에게 좋은 이야기라고는 생각하지 않는다. 요령은 말 그대로 '공부기술' 일 뿐이다. 사람마다 능력의 차가 있고 현재까지 쌓아놓은 공부의 양이 다르다. 따라서 모두에게 보편적인 요령이라는 것은 없다. 행여 누가 이런 것이 좋다더라고 해서 무작정 자신의 상황이나 능력에 비추어보지도 않은 채 받아들이려는 어리석은 행동은 하지 않기를 바란다. 이런 점을 염두에 두고 적어도 '나' 의 기준에서 있어서는 바른 선택이었던 공부하는 요령에 대해서 들려주고 싶다.

수능을 준비하는 데 있어서 우선적으로 염두에 두어야 할 사항은 수능은 한정된 범위에서 한정된 형태로만 나오는 시험이라는 것이다. 특히 수리탐구I, 수리탐구II 영역은 고등학교 교육과정의 한정된 범위에서만 출제된다. 그래서 교과서가 중요한 역할을 한다. 매번 대입 수석입학자들의 인터뷰를 보면 교과서를 중요 참고서 중에 하나로 언급하는 것을 볼 수 있다. 나도 처음에는 '교과서가 교과서지 별 수 있어? 괜히 거짓말하고 있네' 라고 생각했었지만, 모의고사를 보고 수능 기출문제를 풀어보는 동안 교과서만 잘 알아도 많은 문제를 풀 수 있다는 것을 알게 되었다. 매우 원론적이고 뻔한 이야기이긴 하지만, 교과서를 보는 것은 꽤 중요하다.

가령 수학에서는 교과서 범위 밖의 공식은 거의 수능에 출제되지 않는다. 많은 학생들이 알고 있는 로피탈의 정리는 정석에는 나오지만 교과서에는 나오지 않는다. 그리고 이 공식을 반드시 알아야만 풀 수 있는 문제는 수능시험에는 나오지 않는다. 즉 교과서에 수록된 공식들만 알아도 수능에 출제되는 모든 수학시험문제를 풀 수 있다는 이야기이다.

> 모의고사를 보고 수능 기출문제를 풀어보는 동안 교과서만 잘 알아도 많은 문제를 풀 수 있다는 것을 알게 되었다. 매우 원론적이고 뻔한 이야기이긴 하지만, 교과서를 보는 것은 꽤 중요하다.

국사나 한국지리를 예로 들어보자. 수탐Ⅱ는 과목의 특성상 많은 사진 자료, 문헌자료가 출제된다. 이때 문제를 위해 출제되는 자료는 우선적으로 교과서에서 나온다. 특히 사탐영역은 한국지리를 제외하고는 국정교과서로 1종 교과서만이 있을 뿐이다. 이런 과목에서 출제되는 수능 문제의 자료는 대개 교과서로부터 온다. 즉 사탐은 교과서를 정독해서 본문의 내용과 각종 자료의 의미를 파악하는 것이 기본이라고 할 수 있다.

두번째 사항은 문제를 파악하고 유형을 익히는 것이다. 앞서 말했다시피 수능은 일정한 범위와 유형을 가진 문제이다. 범위는 고등학교 교육과정으로 한정되며, 매년 신유형이 나온다고 하지만 8, 90퍼센트의 문제들은 이미 출제되었던 유형이 나온다. 즉 이미 나와 있는 문제를 능숙히 풀 수 있다면 8, 90퍼센트는 맞힐 수 있다. 어느 정도 교과서나 자습서 등을 통해서 기본적인 지식이 갖추어져 있다면 이제 문제를 풀 시기이다. 매일 규칙적으로 수많은 문제를 풀어본다면 점수는 상당히 많이 오를 것이다. 처음에는 조금 어렵고 괜히 내용도 잘 모르는데 문제를 풀어봐야 뭐할까 의구심이 들 수도 있지만, 풀어본 문제가 많으면 많아질수록 문제를 푸는 것은 쉬워질 것이다. 매번 푸는 문제집의 80퍼센트 정도는 지난번에 풀었던 문제집의 문제와 비슷하다는 것을 알 수 있다. 반복적으로 문제집을 풀어가다보면 그 단원

교고서나 자습서로 기본 지식을 갖추었다면 이제 문제를 풀 시기이다. 매일 규칙적으로 문제집을 풀자. 많은 문제집을 풀자. 이런 반복의 효과는 놀랍다.

에서 요구하는 핵심 사항은 항상 중요한 문제로 묻고 있다는 것을 알게 된다. 이러한 반복의 효과는 꽤 놀라워서 암기는 쉽게 이루어지고, 문제를 읽는 속도도 눈에 띄게 빨라지는 것을 느낄 수 있다. 나중에 가서는 과탐이나 사탐 과목은 문제를 읽지 않고 보기만 봐도 문제를 풀 수 있는 정도가 될 수도 있다.

문제집의 형태는 처음에는 자습서 형식의, 단원 내용을 정리하면서 문제를 풀어보는 형태의 문제에서, 나중으로 갈수록 모의고사 형식으로 된, 교과단원 전체에 걸쳐 문제가 나오는 문제집을 풀어볼 것을 추천한다. 개인마다 편차가 있겠지만 개인적으로는 3대 7 정도의 구성이 가장 좋다고 생각한다.

수험시기는 모두들 거쳐가는 통과의례의 시간이다. '피할 수 없다면 즐겨라' 라는 뻔한 말이 있다. 왜 뻔한 이야기가 될 수밖에 없는지 생각해보자. 진부하지만 그것 외에는 적당한 대안이 없다는 뜻이기도 하다. 지금 주어진 시간을 어디에 투자할 것인지는 각자의 자유다. 지금 당장의 편안함과 여유로움에 투자하는 것도 좋다. 힘들고 치열한 삶이 싫다면 혹은 분명한 자신만의 다른 대안이 있다면, 소중한 젊은 한때의 시간을 힘든 수험공부에 투자할 필요는 없다. 하지만 불행하게도 대부분 우리 나라 수험생의 경우에는 공부말고는 딱히 다른 대안이 없다. 당장은 다소 고통스러울지 몰라도 자기 발전에 투자하는 지금의 소중한 시간은 훗날 더 많은 편안함과 여유를 가져다줄 수 있을 것이다. 힘들고 지치는 수험기간이긴 하지만 그 기나긴 인고의 터널 반대편에는 분명 달콤한 시간이 기다리고 있음을 상기해보자. 그러면 지금까지의 고통이 헛되지 않도록 계속 노력하는 것이 지금에 있어서의 최선의 선택이고 유일한 선택일 것이다.

김영후 itki99@hanmail.net
서울 경성고등학교 • 1981년생 물고기자리 • O형 • 진인사대천명(盡人事待天命).

자기대화

전현석 서울대 법학과 01학번

저와 같은 길을 걷고 있는 후배 여러분들이 학교생활을 하면서 가장 많이 의문을 품지만 누구도 명쾌하게 풀어줄 수 없는 문제가 바로 '왜' 공부를 해야만 하는가의 문제입니다. 선생님들이 공부는 사회에서 성공하기 위해서 필요한 것이라고 말씀하시기도 하고 수많은 동기부여와 학습방법에 관련된 책에서는 공부는 본래 즐거운 것이라는 주장을 하기도 합니다.

하지만 한국의 교육상황에서 '공부'라는 것의 의미는 바로 국민 교육의 일환으로서의 교육입니다. 즉 사회 구성원으로서 조화롭게 살기 위한 기본적인 소양을 초등학교, 중학교, 고등학교의 과정을 통하여 교육하는 것입니다. 그리고 대학에서 학문을 하기 위해 필요한 논리적 사고, 탐구력, 언어이해능력 등을 배양하기 위한 공부를 하는 것이고 그러한 능력을 수능시험과 내신, 논술과 면접 등의 방법으로 측정하는 것입니다.

그러므로 왜 공부를 하느냐? 즉 학교공부를 왜 하느냐의 현실적인 답은 대학에 입학하기 위한 능력을 배양하고, 사회의 일원으로서 살아가기 위한 기본적인 소양을 학습하기 위해서라고 할 수 있습니다. 어떠한 일을 열심히 하기 위해서는 그 일의 정당성을 알고 필요성을 느껴야만 합니다. 마찬가지 이유에서 수험생은 공부를 해야 할 이유를 알아야 하는 것입니다.

위에서 말한 공부의 이유는 사실 누구나 어느 정도 알고 있는 것입니다. 하지만 중요한 것은 그러한 이유를 머리로 이해할 뿐만 아니라 마음으로 느껴야 하는 것입니다. 자신이 좋아하는 일을 열심히 하는 것은 그 일을 이해한다기보다는 그 일을 느끼기 때문입니다. 마찬가지로 싫어하는 과목은 그야말로 공부하기 싫고 당연히 그의 결과로 성적이 떨어지는 것입니다.

저는 공업이라는 과목을 너무도 싫어했습니다. 고등학교 시절 공업을 공부해야 할 이유를 찾지 못하였습니다. 난 문과이고, 공업은 수능에 나오지도 않고, 등등의 이유로 수업시간에 졸기도 하였는데 그 결과로 '미'라는 평가를 받게 되었습니다. (당시에는 내신을 좋게 하기 위해 시험을 쉽게 내는 경향이 있었습니다.) 그래서 고민을 하던 중에 공업 교과서의 머리말을 읽게 되었습니다. 그 머리말을 읽어보니 공업이라는 과목이 가지고 있는 목적을 이해할 수 있었고, 또한 저 나름대로도 몇 가지 이유를 찾을 수 있었습니다.

'내가 싫어하는 일을 해내는 것은 인내심을 기를 수도 있고 나 자신과의 싸움으로 향후 어려운 일이 있을 때 이겨낼 수 있는 힘을 길러줄 것이다'라고 내 자신에게 말하기 시작하였고 다음 시험에 좋은 성적을 거두었습니다.

후배들이나 친구들과 간혹 공부방법에 관해 이야기를 하다보면 가장 많이 하는 얘기 중의 하나가 바로 공부를 잘하는 사람은 욕심이 있어야 한다는 것입니다. 실제로 중학생의 경우에는 자신이 싫어하는 친구를 이기기 위한 수단으로 학교시험에 집중한다거나 자기 자신을 보여주기 위한 수단으로서 공부를 열심히 하는 경우가 있습니다. 그리고 초등학생은 부모님의 기대에 부응하기 위해 또는 단순히 1등을 하고 싶거나 최고가 되려고 공부하는 경우가 있습니다. 결론부터 말하면 이러한 공부는 오래 가지 않습니다.

한국 교육의 문제점이 경쟁을 조장한다는 주장은 논외로 하더라도 실제로 한국의 교실에서는 경쟁이 일어나고 있고 성적으로 사람을 평가하기도 합니다. 하지만 이러한 동기의 공부는 고등학교나 대학에 가게 되면 시들해져버리기 마련입니다. 고등학생이 되면 학생들이 그러한 경쟁에 대해 스스로 반성하기도 하고 비판하기도 합니다. 또한 그런 경쟁의식만으로 성적을 받기 어려운 구조로 되어 있습니다. 그리고 대학에 가면 경쟁보다는 학문에 대해 성취감을 맛보며 자기만의 공부를 하는 곳이기 때문에 단순히 경쟁의식에서 유발된 학습 동기로는 결국 공허함에 빠지게 됩니다. 간혹 공부를 잘하던 친구가 상급학교에 진학하면서 성적이 떨어지는 경우가 있는데 바로 공부할 이유를 찾지 못했기 때문입니다.

저는 삼수를 해서 대학에 들어왔습니다. 초등학교 때는 부모님이나 선생님의 칭찬이 좋아서 공부를 열심히 하기도 했고, 중학교 때는 마음에 들지 않는 친구를 이기기 위해 또는 주목을 받기 위해서 공부를 한 적도 있습니다. 고등학교 시절에는 부모님께 효도하기 위해 좋은 대학을 가야 한다고 생각한 적도 있고, 경쟁이라는 것이 의미 없다는 사실에 슬럼프에 빠지기도 했습니다. 재수를 하면서는 첫번째 입시에서의 실패를 극복하고자 자신에게 고통을 가하기도 하고 마냥 반항적이 되어 사람들을 피한 적도 있습니다. 그런데 삼수를 하던 중 한 권의 책을 만나고 제 입시생활에 대해 반성을 하면서, 공부는 이런 마음으로 해야 하는구나라는 나름의 결론을 찾을 수 있었습니다.

『자기대화』(쉐드 햄스터 지음, 비전코리아, 1997년)라는 책에는 사람의 두뇌와 마음이 움직이는 과정을 설명한 뒤 그 과정을 스스로 관장할 수 있다는 논리를 펴고 있습니다. 사람이 어떠한 일을 한다는 것은 그 일에 좋은 느낌(feeling)을 갖기 때문입니다. 좋은 느낌이라는 것은 그 일을 대하는 태도(attitude)에서 나오는 것입니다. 이러한 태도는 두뇌가 가지고 있는 일종의 선입견이고 판단인데 이것을 두뇌의 프로그램이라고 볼 수 있는 것입니다.

예를 들자면 어떤 학생이 수학을 매우 재미있어하고 잘한다는 생각을 가지고 있으면 수학문제를 대하는 데 좋은 느낌과 태도를 갖게 마련이고 수학을 열심히 하게 된다는 것입니다. 어떠한 일을 잘한다는 것은 그 일을 사랑한다는 것과 같습니다.

그런데 이 두뇌의 프로그램은 타고난 것이 아니라 아주 어릴 적부터 주변으로부터 듣는 말이나 자기 스스로에게 전하는 말과 생각으로 형성되는 것입니다. 저는 아주 어릴 적부터 법조인이 되라는 말을 많이 들었습니다. 그러한 말들이 제 머릿속에 난 법대를 가야 한다는 생각과 법대에 대한 좋은 느낌을 가지게 한 것입니다. 그런데 대부분의 학생들은 부모님이나 선생님들로부터 넌 잘할 수 있다는 긍정적인 말보다는 "넌 왜 이렇게 덤벙거리니?", "넌 꼭 실수를 하더라", "우리 아이는 수학적인 재능이 없어요", "우리 아이는 중요과목은 잘

'자기대화'를 통해서, 공부에 대해서 좋은 느낌과 좋은 태도를 가질 수 있게끔 두뇌와 마음의 움직임을 관장할 수 있다.

하는데 암기를 너무 못해요"라는 식의 부정적인 말을 듣게 됩니다.

잘 생각해보면 태어나면서부터 수학을 잘하고 못하는 사람은 없습니다. 뇌에 선천적인 장애를 가지지 않는 한 누구나 공부를 잘할 수 있습니다. 실제로 공부를 잘하는 학생들 중에 아이큐가 뛰어난 학생들보다 평범한 학생이 오히려 공부를 잘하는 경우가 많습니다.

전 스스로 생각해보았습니다. 진정한 학문(법학)을 하려면 우선 수능시험을 잘 봐야 하는데 내가 능력이 없는 것이 아니라 부정적인 생각을 했기 때문에 입시에서 실패했다는 것을 알게 된 것입니다.

그래서 스스로에게 할 수 있다는 말을 하였고, 누군가 나에게 부정적인 말을 하면 바로 그러한 말의 수정을 요구하기도 하였습니다. 또 테이프에 '나는 할 수 있다'는 식의 말을 녹음하여 듣기도 하였습니다. 그 결과 현재 저는 어려서부터 원하던 서울대 법대에서 공부를 하고 있으며 지금 사법시험 공부를 하는 데 있어서도 자기대화의 방법을 쓰고 있습니다.

전현석 cyrano80@hanmail.net
부천 중흥중학교—부천고등학교—고려대학교 법학과—삼수 • 1980년생 사수자리 • A형 • 그대가 하는 일은 행위 그 자체에 있다. 행위의 결과를 염려하지 말고 행위하지 않음에 집착하지 말라.(바가바드 기타)

세상, 미래, 그리고 난?

정윤주 서울대 인문계학과군 01학번

대한민국의 학생이라면 누구라도 대학입시의 압박을 받아봤을 것이다. 더군다나 점점 대학이 필수 학력처럼 되어가면서, 어떤 일을 하든지 '대졸'이라는 단어 하나를 이력서에 올리지 않으면 안 되는 것마냥 인식되고 있다. 물론 대학을 가지 않고도, 대학에서 공부한 것과는 상관없이 다른 분야에서 활발한 활동을 보여주는 사람들도 많다. 그러나 중고등학생들에게 그 길은 무척 어렵고 막연한 길이며, 사회적 편견에 의해 헤쳐나가야 할 난관이 무척 많은 길이기도 하다. 이런 상황에서 학생들에게 대학이란 가장 손쉬우면서도 당연한 선택이다.

이제 학생들은 이 당연한 선택을 후회 없이 만드는 효율적 과정을 생각해야 한다. 이 과정에는 목표 잡기, 계획 세우기, 방법 익히기, 노력하기가 포함된다. 그러나 학생들이 혼자서 좋은 방법을 찾기는 어려운 일이다. 잘 모르겠다고 해서 긴 세월 동안 시행착오를 거쳐서 혼자 해나가기에는 인생이 걸린 중요한 문제이기 때문에 섣불리 다가설 수 없을 것이다. 학생들의 어려움과 혼동을 줄이는 데 도움이 되고자 내가 대학 입시를 준비하며 생각한 것들과 주위 친구들을 보면서 아쉬웠던 점을 얘기해보고자 한다.

우선 대학입시에 대한 생각을 확실히 정해보자.

"넌 왜 공부하니?" 라고 물었을 때 무엇이라고 대답할 것인가.

"뭐, 다들 하잖아요."

"부모님이 하라고 하니까요."

비교적 저학년 학생들한테서는 이런 대답이 많이 나온다. 고학년들은 조금 다르게 말한다.

"대학 안 가면 할 일이 없다고 하더라고요."

"친구들은 가는데 나만 안 가면 그렇잖아요."

"대학가서 미팅도 하고……."

이 대답들은 형태만 다를 뿐, 다들 대학이 내게 꼭 필요한가를, 필요하다면 왜 필요한가를 제대로 파악하지 못했다는 것을 여실히 보여주고 있다.

대학은 일종의 수단이다. 자신이 원하는 대로 인생을 완성해나가기 위한 수단의 하나가 될 뿐이다. 자기가 하고 싶은 것이 뭔지, 자기가 무엇을 원하는지 그것부터 생각하고 나서 공부를 하고 대학을 생각해야 하는 것이다. "내가 어떤 일을 하고 싶은데 거기에는 이런 과정이 있고 그렇다면 내가 가야 할 대학은 이것이다"라고 학생들이 명쾌하게 대답하길 바란다.

직업에 관한 것이든, 결혼에 관한 것이든, 자유에 대한 갈망이든, 원하는 것이야 자기 마음이고, 대학 선택도 자기 마음이다. 그렇다면 다음으로 생각할 것은 부화뇌동하지 말라는 것이다. 이런 대학이 이래서 좋다더라, 무슨 과가 좋다더라 하는 주위의 말에 현혹되지 말자. 명문대학 인기학과를 나와서도 자신의 갈 길을 못 찾거나 도중에 아님을 깨닫고 다시 돌아서 다른 길을 가는 사람도 많다. 중고등학교 때 줏대 없이 이러저리 휩쓸리다가 결국 길을 돌고 돌아 늦깎이로 세상에 나설 것인가. 아주 조금만 마음의 여유를 갖고 차근차근 자신의 길을 찾길 바란다.

이런 말을 하는 나는 결코 여유가 있거나 소신이 있는 학생도 아니었다. 세상에서 '이게 좋다 저게 좋다' 라고 하면 거기에 현혹되기도 하고, 남들이 다들 생각하는 뻔한 길들을 걸어왔다. 그러나 이제 와서는 후회한다. 나에 대해서 알지 못한 것이, 내가 원하는 것이 무엇인지 마음에 귀를 기울여보지 못한 것이 안타깝다. 중학생 때는, 성적이 좋아서 과학고를 가거나 의사가 되고 싶다고 생각했었고, 고등학교에 와서는 이과로 진입해서 한의예과나 의예과에 가거나, 또는 문과로 진입해서 경영학을 해볼까라고 정말 피상적인 생각만을 했을 뿐이다.

그 생각들 중 내가 정말 하고 싶은 건 무엇이었을까.

시간이 오래 지나서 정확한 기억은 나지 않지만, 다른 것들은 정말 그냥 생각이었을 뿐이고, 그래도 순수하게 내 마음을 들여다보고 생각한 것은 한의예과가 아니었을까 싶다. 중간 중간, 고고학을 해야지, 사학을 공부해야지, 음악공부를 더 하고 싶다, 음악이나 연극 쪽에 관심이 있었기 때문에, 공부 외에 이쪽으로 시간을 투자해볼까 이런저런 생각을 해본 적이 있다. 이것들은 정말 내 마음의 소리였던 듯하다.

그런데 안타깝게도 난 이 중 어느 길도 택하지 못했다. 심지가 굳지 못해서, 확신이 없어서, 두려워서, 자포자기한 심정으로 말이다. 난

대학입학시험을 치렀고, 조금은 만족스럽지 못한 점수가 나왔고, 재수나 삼수를 통해서 다시 나의 길을 가려고 생각지도 않았으며, 그냥 점수 맞춰서 원서를 넣고, 한 달쯤 전에는 친구가 한의예과를 다시 시도해보는 게 어떻겠느냐고 말했지만 선뜻 나서지 못했다.

그래도 어느 정도는 지금 과에 정을 붙이고 있고, 하고 싶었던 다른 공부들도 같이 해가면서 만족하고 있긴 하다. 다만 내가 부러워하는 것은 이것이다. 고등학교 때부터 뜻을 가지고, 독단적이지 않고 근시안적이지 않으면서도 늘 자기의 길을 걷고, 확신에 차 있는 사람들. 그런 친구들. 그들은 내가 여기저기 기웃거릴 동안의 시간을 이미 벌어놓은 셈이다. 학창시절, 공부할 것도 많고 생각할 것도 많을 때이지만, 그때야말로 자기의 길을 생각해놓을 시기인 것 같다.

나는 이렇게 시행착오를 겪고, 다른 공부에 취미를 붙이고, 늦깎이로 다른 길을 가볼까 생각하고 있는 동안, 고등학교 때부터 인문학에 관심을 가지고 그쪽으로 진로를 생각하고 있던 친구는, 유학을 갈 것이고, 간다면 어디로 갈 것이고, 유학 갔을 때 이러저러하고의 판단을 내리고 사회동향과 유학 과정 전반에 대한 날카로운 평가를 내리며, 거기서 자기가 찾을 길은 무엇이다를 냉정하게 판단해가고 있었다.

난 여러분이 내 친구의 길을 택하기 바란다. 그리고 대학에 와서 세상을 보는 안목을 넓히고 갈 길을 찾는 것도 좋겠지만, 순수한 열정은 고등학생 시절에 시작하는 것이라고 나는 믿는다. 여러분이 지금 고등학생 때부터 남보다 진취적이고, 조금 더 앞서 나갈 수 있는 길을 택하기를 바란다.

마음의 여유를 갖고 자신의 인생의 청사진을 대충이나마 잡았다면,

이제는 마음가짐에 대해 생각해보자. 영화 〈매트릭스〉에 '사람은 자신의 마음의 감옥에서 살고 있다' 라는 대사가 있는데, 우리는 정말로 마음에 어떤 한계나 벽을 두고서 나 자신을 옭아매버리는 일이 많다. 못한다든지, 이건 내 길이 아냐, 또는 다른 사람이 다 해서 싫어, 다른 사람이 아무도 안 해서 싫어, 이런 생각은 한편으로 제쳐버리는 것이 좋겠다. 어떤 일이든 모두 잘 할 수 없는 게 사람이고, 실제 한계가 있는 것은 사실이지만, 마음까지도 그렇게 구속할 필요가 있겠는가. 마음은 자유롭게 풀어놓자. 그리고 진취적이 되자. 내가 가야 할 길에 대학이 필요하지 않다면 그때는 버리고, 늦었다고 생각될 때라도 시도할 수 있는 과감한 마음을 갖자.

서울대학교 학생들 각자는 천차만별로 다르지만, 다들 비슷한 생각 구조를 갖고 있는데 그것은 이것이다.

"까짓 거 이걸 못하겠어."

"내가 하면 다 할 수 있어."

조금은 건방진 생각일지도 모르고, 이런 생각에 태만함이 더해지면 곧바로 폐해로 나타나지만, 노력하고자 하는 사람에게는 이런 마음이 꼭 필요하다고 본다.

내 길을 찾는 데에는 방만하여 어려움을 겪었지만, 난 마음속 한계를 치우는 일에는 성공적이었다. 은근히 욕심이 많고 자존심이 셌던 나는 뭔가를 못한다는 것을 못 견뎌했다. 과목 중에 못하는 게 있는 것도 싫었고, 그림도 잘 그리고 싶었고, 노래도 잘 하고 싶었고, 경시대회에도 나가고 싶었다. 과학경시대회, 영어경시대회, 논술경시대회. 나는 이 세 군데에 다 기웃거렸다. 내가 우수했던 것은 아니다. 당연히, 좋은 성과가 있는 것도 있고, 아닌 것도 있었다. 그래도 거기에

마음의 여유를 갖고 자신의 인생의 청사진을 대충이나마 잡았다면, 이제는 마음가짐에 대해 생각해보자. 이건 내 길이 아냐, 또는 다른 사람이 다 해서 싫어, 다른 사람이 아무도 안 해서 싫어, 이런 생각은 한편으로 제쳐버리는 것이 좋겠다. 마음은 자유롭게 풀어놓자.

내가 도전할 수 있었던 것은, 그리고 어느 정도의 성과를 거두고 인정을 받을 수 있었던 것은, 일종의 '마인드 컨트롤'에서부터 시작된 것이다.

"핵심을 보자."

"이런 것쯤은…… 다른 사람들도 다 하는데."

"안 되면 시간을 투자하면 될 거야."

나는 이런 말을 항상 마음속으로 되뇌였다. 적어도 나는 내가 관심 있는 것은 내가 잘 할 수 있는 것이다라고 생각하거나 또는 안 되는 것도 즐기면서, 스스로 과제를 만들어서 그것을 푸는 것을 좋아했다. 그렇게 해서 한계를 넘으면 그 모든 일이 수월해지고 즐겁다. 최선을 다할 수 있도록, 마음을 가다듬어보자.

마음속 한계를 치워버렸다면 이젠 나를 수준 이상으로 끌어올리자. 공부도 잘 하고, 특별 활동도 열심히 해서 사람들이 정말 감탄하던 선배가 있었다. 일이 잘 안 되서, 또는 잘 못하겠어서 "어려워요, 이런 걸 제가 어떻게 해요"라고 말했을 때 그 선배는 의아하다는 듯 말했다.

"왜 자기들을 자꾸 끌어내리려고 하냐. 자기 등급을 업그레이드시켜서 노력해야지."

그 말에 얼마나 뜨끔했던지…… 눈이 높고 콧대 센 사람을 사람들은 비웃지만, 콧대가 세고 눈이 높으면 그렇지 않은 사람보다 더 좋은 걸 얻을 수 있는 법. 우리 자신에 대한 눈을 높이고 내가 그만큼이 되지 않을 때 나를 채찍질해보는 게 어떨까.

나는 용감히 시도는 많이 했지만, 나를 수준 이상으로 끌어올리는 데에는 좀 무관심했던 듯하다. 시간이 지나면서 그냥 나아지고 있구나, 또는 지금 하고 있는 일이 잘 나오면 그걸로 만족하고 또 시간이 지나면 잘 되겠지라고 생각했던 적이 있다. 특히 고등학교 때. 그래서 입학할 때와 졸업할 때 별반 다를 게 없었던 걸까. 그리고 대학에 와서도 그 경향이 계속 남아 있어서 남들이 두 배 세 배 나아질 때에, 나는 나아지지 않는 때가 많았다.

마음속 한계를 치우면서 '내가 어려우면 똑같이 남들도 어려울 거야. 괜찮아' 라고 생각하는 것으로 시작하는 것까지는 좋다. 그런데 나는 그 다음에 노력해야지라는 자세로 이어지는 게 아니라, 그렇기 때문에 괜찮다라는 풀어진 생각을 했던 것 같다. 그래서 어렵고 시간이 많이 걸린다는 핑계만 늘어놓았었다. 바보 같은 일이었다. 핑계와 자기합리화는 나를 무능하게 만들 뿐이다. 늘 오늘보다 나아지는 내일을 만들기 위해 노력해야 한다.

이제 내가 가야 할 길을 위해 대학을 선택했다면, 최선을 다해 공부하는 일이 남았다. 계획은 치밀하게, 실천은 확실하게 하기 위해서 어떻게 해야 할까?

위인들은 노력의 중요성을 항상 강조한다. 소위 천재라고 일컬어지는 사람들이 더더욱 그런 말을 많이 남겼다. 공부의 제일 좋은 방법은 노력이다. 그러나 무식한 노력은 칭찬받지 못한다. 그래서 요령을 익히고 치밀한 계획을 세워야 하는 법.

일반적인 이야기를 하자면, 공부도 자기에게 맞게 해야 한다. 원하는 것, 대학 선택 모두 자기 마음대로 해놓고서 공부방법은 다른 사람

것만 이것저것 써보는 것은 그리 현명한 일이 아니다. 그러나 참고는 할 수 있을 듯하다. 공부도 기술이므로 공부를 잘하는 사람은 같은 시간 안에 더 좋은 성적을 낼 수 있는 요령을 터득하고 있다.

나의 경우 중학교에 들어오기 전에 친분이 닿아서 어떤 아저씨께 수학과 영어를 배운 적이 있다. 공부 내용도 중요했지만, 내가 그 시간 동안 더욱 중요하게 배운 것은 공부하는 태도였다. 그분은 회사원이었는데도 늘 공부에 대한 관심을 놓지 않았다. 그분의 장점은 오랜 시간 동안 흐트러지지 않을 수 있는 집중력, 세세한 부분까지 놓치지 않는 꼼꼼함, 공부 내용에 대한 분명한 체계를 잡는 것, 이 세 가지였다.

그 아저씨와 처음 함께 공부를 할 때, 얼마나 그 시간이 지겨웠는지 모른다. 한번 시작하면 한두 시간은 기본이었고, 그 시간 내내 엉덩이를 가만히 두는 일은 견디기 힘들었다. 그러나 점차 하다보니 나아졌다. 정신을 집중하고서 문제집을 풀다보면, 어느새 한 시간 정도는 쉽게 보낼 수 있게 되었다. 하루 종일 밥만 먹고 나머지 시간은 공부했던 적도 있다. 물론 그 시간 내내 능률이 올랐던 것은 아니지만, 나름대로 이렇게 저렇게 분위기를 바꾸면서 하다보니 전보다 많은 시간을 집중하면서 공부할 수 있게 되었다. 여기서 중요한 것은 분위기를 바꿔가면서라도, 또는 나름의 소소한 목표를 정하면서라도 앉아 있을 수 있는 시간을 늘리는 것이다. 아침에 잠을 잘 때 5분만 더 자야지를 5분만 더 이걸 풀어보는 거야라고 바꾸어 생각하면 쉽게 이해될 것이다. 그후로 고등학교에 다닐 때 학교에서 많은 시간을 자습하면서 나름대로 집중력을 높이기 위해 이것저것 시도했는데 거기에서도 핵심은 분위기 바꾸기와 목표량 채우기였다.

그 아저씨는 세세한 부분 하나하나에 주목하셨다. 수학을 할 때는 공식의 미묘한 차이점, 문제들 간의 유사성과 차이점을 항상 보도록 하셨다. 공식을 그대로 적용할 수 있는 것인지 아니면 다시금 체계를 정해야 하는 것인지 파악하는 것, 토씨 하나의 차이, 이런 것을 늘 주목하셨다. 사실 그런 미묘한 차이를 구분하는 것은 영어에서 더 빛을 발했다고 할 수 있겠다. 단어를 외울 때, 동사로서는 어떤 뜻이, 명사로서는 어떤 뜻이, 여기에는 전치사가 왜 들어가고 안 들어가는가를 세세하게 항상 보도록 하셨다.

집중하기, 꼼꼼히 하기, 체계 잡기. 내가 공부할 때 강조하고 싶은 것은 이 세 가지이다.

공부에 집중해보자. 집중력을 높이는 방법은 각자 찾아보길 바란다. 나의 경우 수학과목은 음악을 들으면서 했는데, 공부하기 지루해질 때면 '이 테이프 하나를 다 들을 때까지 해야지' 라고 마음을 잡곤 했었다. 언어계열 과목은 음악을 들으면서 하지는 않았다. 그 대신 국어와 영어는 시간을 정해놓고 그 시간 안에 풀기 같은 것을 주로 하여 그 시간 안에 집중할 수 있도록 하면서 정신이 흐트러지는 것을 방지했다.

학교의 자습시간을 활용하는 것도 도움이 될 것이다. 학교 자습시간 내내 이 문제집의 한 회를 풀어내겠다는 식의 소소한 목표를 계속 세워서 할당량을 채워나가는 것이 집중력을 높이는 데 도움이 된다. 공부 자체를 즐기면서 집중력을 발휘하면 좋겠지만 그러기 힘들 때는 이런 방법들을 써보자.

세세한 부분을 놓치지 않기 위해서는 구석구석 공부해야 한다. 구석구석 공부하기 위해서 '내가 지금 이것을 가르친다면……' 이라고 가정해보는 것은 어떨까. 스스로 질문해보고 무엇이 중요할까를 생각하다보면 저절로 구석구석 내용을 보게 될 것이다. 수업을 들을 때도 이 자세를 잃지 말자. 선생님들은 과연 어떻게 가르치시는지, 무엇이 중요하다고 하시는지 꼼꼼하게 들어보자. 선생님 말씀에서 잘못된 것을 지적하거나 세세한 것을 질문해서 '거 참 그냥 넘어가지'라는 생각이 들게 하는 친구가 있을지 모른다. 그러나 그것은 그만큼 그 친구가 수업 구석구석까지 듣고 있다는 이야기이다. 이 글을 읽는 여러분들도 그렇게 해보시길…… 이런 방법은 나중에 문제를 찍는 데도 도움이 될 것이다. 무엇이 주요 흐름이 되는지 예측할 수 있게 해줄 테니 말이다.

이건 고3 때 써먹은 방법인데, 그 전에 써먹어도 무방할 듯하다. 사회탐구나 과학탐구를 공부할 때 쓰면 좋다. 문제에 제시된 지문과, 1, 2, 3, 4, 5번 답안들을 그냥 넘어가지 말고, 꼭 어느 시대를 설명할 때, 또는 어느 부분을 설명할 때 나온 설명이다를 짚어주고 넘어가는 것이다. 이왕이면 그 부분을 교과서에서 찾아서(특히 사탐은 답안들도 그대로 토씨 하나 안 틀리고 교과서에서 나오는 경우가 많다) 페이지까지 손수 적어주면 좋다. 그러다보면 나왔던 게 또 나오네, 그리고 이건 어느 부분이었지, 이것과 지문은 관련이 없겠군. 이런 판단을 자연스럽게 내릴 수 있게 될 것이다.

과외하는 학생에게도 내가 주로 써먹는 방법인데, 이를테면 난 가르치는 입장이므로, 학생이 어느 부분을 물어볼지 예측할 수가 없다. 따라서 모든 지문을, 하다못해 전혀 관련이 없는 답안까지도 본다. 그리고 문제 풀 때 혹은 정답을 맞힌 이후에도 모든 보기를 하나하나 보면서 이것은 이래서 답이다, 이건 반은 맞고 반은 틀린 설명이다, 틀린 말은 아닌데 전혀 문제와는 관련이 없는 내용이다라고 그 보기들을 분석하는 작업을 한다. 가르치는 자세로 꼼꼼히 공부하자는 것은 이런 의미이다.

> 집중하기, 꼼꼼히 하기, 체계 잡기. 분위기를 바꾸거나 목표량을 정해서 집중력을 높이자. 스스로 질문하면서 구석구석 공부하자. 교과서의 큰 제목부터 작은 제목을 주욱 보면서 체계를 잡자.

선생님의 설명을 들으면서 내가 했던 작업은 이런 것이다. 중요하다고 하는 건 우선 표시를 해둔다. 선생님이 어떤 것에 대해서 설명하면, 그 표현 외에 자신의 표현으로 정리해서 적어본다. 그런 후 내가 더 나은지 선생님의 표현이 더 나은지를 판단한다든지, 선생님이 예시문을 세 개 들어주면, 그 중 다 필요한지 판단하면서 한 개 정도만 적는다든지. 이건 너무 반복을 많이 해서 지겹다, 내가 선생님이라면 세 개 예문 중 하나만 할 텐데, 이렇게 생각해보는 것이다. 즉 가르치는 입장에서 보자는 것은 공부할 때 수동적 자세로 임하지 말고 적극적인 자세로 임해보라는 말이다. 학생들은 지각해도 선생님들은 지각하지 않는다. 직접 누군가를 가르쳐보면 알겠지만, 그만큼 책임감을 느끼게 되고 당연히 더 공부해가게 된다. 내 공부에서도 그런 마음을 다잡아보자는 것이다.

이제 공부에 대한 체계를 잡아보자. 머릿속에 마구 집어넣지 말자. 방 정리를 해주듯이 머릿속도 정리를 해주어야 한다. 이 정리를 할 때는 교과서의 큰 제목부터 작은 제목을 주욱 보는 것이 도움이 된다. 손수 표까지 작성하진 못한다 하더라도, 이 부분에서는 이런 내용들이 있었고 이런 게 나오지, 그리고 이 문제와 저 문제는 이렇게 연결될 것이라고 대강이나마 잡고 있기를 바란다. 무턱대고 많은 양을 머릿속에 넣으려고 하는 것, 특히 많은 학생들이 문제집만 풀어서 이런 방법을 쓰는 경우가 많은데 이렇게 하지 말자.

삼국 시대, 고려 시대, 조선 시대의 관제에 대해서 배웠다고 하자. 외울 때, 그냥 제도 이름만 외워봤자 단기간에 잠시 암기 시험 볼 때 외에는 별 도움이 안 될 것이다. 관제가 시대에 따라 변화된 순서대로 외워본다든지 하는 것도 나름의 체계를 잡는 것이다. 또는 수학에서 방정식과 부등식, 함수는 불가분의 관계임을 깨닫고 생각해본다면, 판별식이 왜 자꾸 부등식 부분에서 나오는지 의아해할 것이 아니라, 판별식은 방정식, 부등식에서 근이 일정하게 정해지지 않은 상태에서 계수에 대한 의문을 풀어주는 아주 당연한 것이고 당연히 떠올려야 하는 공식임을 알게 될 것이다. 이렇듯 공부에 대한 체계를 잡으면 문제 유형을 파악할 때 도움이 될 것이다.

이상 글을 마친다. 부족한 글이지만, 학생들이 대학을 준비하는 데에, 인생의 목표를 위해 공부하는 데에 도움이 되길 바란다.

정윤주 amensita@hotmail.com
대전 갑천중학교–만년고등학교 • 1982년생 양자리 • O형 • 순간을 즐기자. 후회하지 말자. 솔직해지자.

변화는 작은 것에서부터

류승민 서울대 인문학부 02학번

초중고 시절 대학입시를 준비하며 일관되게 가졌던 생각은 폭넓은 분야의 공부와 활동을 하자는 것이었습니다. 그리고 이를 통해 궁극적으로 사고의 틀을 넓히고 판단력의 정확성을 높이기를 기대했습니다.

제가 생각하는 폭넓은 공부는 학교 공부시간을 줄여가며 해야 하고 현 교육과정의 큰 목표라 할 수 있는 대입 준비와는 동떨어진다는 비난을 피할 수 없을지도 모릅니다. 그러나 오히려 저의 경우 이를 통해 더 많은 것을 얻을 수 있었습니다. 교과과정 이외의 것들을 다양하게 보고 듣는 것은 그 자체로도 의미 있는 수확일 뿐 아니라 교과공부에도 직접 큰 도움을 줄 수 있다고 생각합니다. 봉사활동을 하는 것이나 시사정보를 아는 것이 숫자를 매개로 하는 수학공부에 무슨 도움을 주겠느냐마는 이런 것들을 통해 눈에 보이지는 않지만 우리들의 사고능력이 커질 수 있고, 이는 수학문제를 푸는 가장 기본적 능력과 직결됩니다.

그렇다고 특별하고 새로운 것을 찾아가며 배운 것은 아니었습니다. 시사정보에 민감하기 위해 일간지와 주간지를 구독하여 틈틈이 읽었습니다. 처음에는 딱딱한 내용들이라 읽기 싫었지만 관심 있는 내용부터 읽어나가 사회 돌아가는 모습을 조금이나마 파악하려 노력했습니다

영어나 제2외국어는 교과과목이 아닌, 평생을 두고 유용하게 사용할 외국어라 여겨, 학교공부와는 별도로 공부했습니다. 회화 연습은 따로 듣기 공부를 할 필요성을 줄여줬고 독해나 문법 구문을 공부하는 데에도 큰 도움을 줬습니다. 독서는 사고력을 넓힐 수 있는 가장 좋은 도구입니다. 새로운 정보가 넘실대는 지금에도 명작소설을 비롯한 고전이 필독서 목록에 빠지지 않는 것은 그 이유가 있지 않겠습니까? 고3을 앞둔 겨울방학, 과감히 선택하여 다녀온 해외 선교활동과 몸이 불편하신 분들과 함께 했던 봉사활동을 통해서도 많은 것을 배웠습니다. 제 자신의 틀 안에 갇혀 무관심과 몰이해의 벽에 가로막힌 채 볼 수 없었던 것들을 타인의 생활 속에서 이해하고, 한국 안에서 국한된 시야를 넓혀 세계의 현 주소를 바라봐야 하는 필요성을 느꼈기 때문입니다.

지금부터 제가 공부했던 방식을 좀더 구체적으로 말씀드리겠습니다.

가장 먼저 떠오르는 것은 노트정리입니다. 깔끔하거나 한눈에 알아볼 수 있는 노트보다 제 노트는 오히려 지저분했는데 그 이유는 선생님의 말씀을 되도록이면 한마디도 빠뜨리지 않고 적기 위해 노력했기 때문입니다. 다른 친구들 중에는 노트정리만 하다가 선생님 말씀을

봉사활동을 하는 것이나 시사정보를 아는 것이 숫자를 매개로 하는 수학공부에 무슨 도움을 주겠느냐마는 이런 것들을 통해 눈에 보이지는 않지만 우리들의 사고능력이 커질 수 있고, 이는 수학문제를 푸는 가장 기본적 능력과 직결된다.

놓치면 수업 내용을 이해할 수 없기 때문에 핵심내용만을 받아 적는 경우도 많았지만, 저는 만약 수업 내용을 놓치면 앞뒤 옆 친구들에게 묻고 또 수업 후 선생님을 따라가서 빠뜨린 부분을 채워넣곤 했습니다. 그리고 수업 내용이 복잡하여 노트에 필기된 내용이 난잡할 때는 공부한 내용을 잊기 전인, 쉬는 시간을 이용해서 다시 볼 때 이해하기 쉽도록 재정리하였습니다. 이렇게 정리된 내용은 다른 어떤 핵심 요약집보다 알아보기 쉬운 시험 준비의 기본 자료가 됩니다. 또한 수업시간에는 범상하게 여겨졌던 선생님 말씀 한마디가 중간, 기말 고사의 키워드가 될 수 있습니다. 더 중요한 것은 이 노트 정리가, 소홀히 하기 쉬운 교과내용을 평소에 공부해두는 데 큰 도움을 줬다는 것입니다. 다들 소위 말하는 벼락치기 공부로는 좋은 결과를 얻지 못한다는 것을 알지만 사실 평소에 공부를 꾸준히 해나가는 것도 아주 어렵습니다. 그러나 제 경우 따로 공부하진 않았지만 노트 필기를 하며 아는 내용이라도 선생님 말씀을 한 번 더 받아 적은 것이 부지불식간에 평소에 공부하는 것과 같은 효과를 냈다고 생각합니다. 한마디로 일석이조의 효과를 얻은 셈이죠.

부족한 과목을 보충해나가는 것도 중요하지만 자신 있는 과목을 완벽하게 하는 것도 중요합니다. 한두 과목 정도 특별히 신경쓰지 않아도 문제없이 평가받을 수 있는 과목이 있다면 다른 사람보다 훨씬 더 적은 노력으로 시험에서 좋은 결과를 얻어낼 수 있을 것입니다. 저는 평소에 수학과 영어공부에 시간을 할애해 깊이 있는 분야까지 다루려

내 노트는 오히려 지저분했는데 선생님의 말씀을 되도록이면 한마디도 빠뜨리지 않고 적기 위해 노력했기 때문이다. 노트 정리가 소홀히 하기 쉬운 교과내용의 공부에 평소 큰 도움을 줬다. 따로 공부하지 않아도 수업 시간 때 집중해서 열심히 노트 정리를 하다보면 공부가 된다.

노력했습니다. 특히 수학은 단순히 많은 문제를 풀어나가기보다는 시간이 걸리더라도 난이도가 있는 문제를 증명해나가며 풀었습니다. 시험기간에는 주로 암기과목 위주로 공부했는데 미리 해왔던 노트 정리를 기본으로 하여 교과서를 요약해나가는 방식을 택했습니다. 노트정리와 마찬가지로, 미리 요약되어 있는 요약집을 사서 보는 것보다 교과서 내용을 스스로 요약해나가는 것이 시간은 걸리지만 자신이 무엇을 알고 모르는가를 알 수 있고 빠진 내용 없이 공부할 수 있는 방법입니다.

많은 유형의 문제를 풀어보는 것이 중요하다는 것은 학습지 광고에 나올 만큼 익히 알려진 사실입니다. 거기에 저는 한 가지 사항을 더 고려했는데, 바로 어느 정도 내용을 알고 있는 부분이라면 문제를 먼저 풀고 놓친 부분에 해당하는 이론을 찾아서 공부하는 것입니다. 이렇게 공부하면 아는 것과 모르는 것을 확실히 구분할 수 있기 때문입니다. 이것은 고등학교 화학선생님께서 말씀해주신 것으로 특히 많은 문제를 다루게 되는 고3 때 큰 도움이 됐습니다.

'열심히' 란 단어는 무슨 일을 하든지 적용할 수 있는 공통의 방법입니다. 이는 물론 배움의 길에도 마찬가지입니다. 하지만 우리에게 주워진 시간은 하루 24시간으로 공평하고 모두 열심히하는 가운데서는 뭔가 다른 것이 필요합니다. 즉 한 발 앞서 가기 위해서 공부에 있어서도 '효율성' 을 고려해야 한다는 뜻입니다. 그리고 이 효율성은 인간의 잠재력을 몇 배로 끌어올리는 집중력에서 비롯됩니다. 집중해서 한 시간 공부한 것이 아무 생각 없이 열 시간 공부한 것보다 낫다고들 합니다. 그러나 한 가지에 장시간 몰두하기란 말처럼 쉽지 않습니다. 네 시간 자면 붙고 다섯 시간 자면 떨어진다는 '사당오락' 이란 웃지 못할 말도 있지만 저는 고3 기간에도 하루 여섯 시간 이상의 숙면을 취했습니다. 학교 수업시간과 자습시간에 충분히 공부를 하고 집에서는 거의 가방을 열지도 않은 채 휴식을 취했습니다. 또한 주일마다 교회생활을 하여 1, 2학년 때는 일요일 하루는 책을 덮어두었습니다. 근육도 수축 긴장만 하고 이완하지 않으면 경련이 일어납니다. 그렇듯 저도 충분한 휴식을 가졌기 때문에 효율적으로 공부할 수 있었습니다.

고등학교 2학년 후반부의 일입니다. 초등학교와 중학시절 도전했지만 모두 낙선했던 학생회장 선거가 있어 다시 한번 도전장을 내밀었습니다. 그런데 문제가 있었습니다. 선거시기와 학교 중간고사, 그리고 따로 준비를 하고 있던 시 영어웅변대회 기간이 겹친 것이었습니다. 평소에는 시험준비 하나만으로도 벅차했던 저에게 세 가지를 동시에 해내는 것은 불가능처럼 여겨졌습니다. 모든 것을 다 완벽히 해내겠다는 것은 과한 욕심일 뿐이라는 생각도 들었습니다. 그때 영어웅변을 도와주시던 외국인 선생님께서 저에게 이런 말씀을 해주셨습니다.

"큰 성공은 없고 작은 성공만 있다. 작은 것을 포기하고 큰 것을 이루려는 것은 망상이다."

그렇습니다. 공부방법이 어떻든, 무슨 학습지를 사용하든, 진정 중요한 것은 작은 것 하나라도 포기하지 않는 집념과 소신이라고 생각합니다. 설령 성적과 무관한 쪽지시험 하나일지라도 소홀히 하지 않고 정성껏 최선을 다하는 소신이 있다면 이루지 못할 목표는 없을 것입니다.

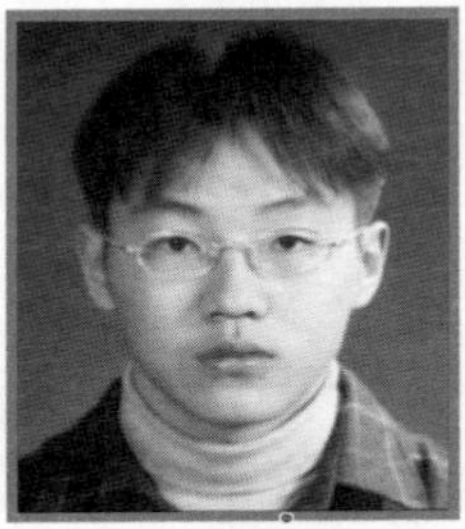

류승민 goodheaven83@hanmail.net
광주 진흥중학교—진흥고등학교 • 1983년생 게자리 • B형 • 진정으로 좋은 것은 싸우지 않고 이기는 것이다.(손자병법)

대부분 자신의 진로는 고등학생 때 결정했다는 답변이 많았습니다. 수능 점수를 받고 나서, 아니면 대학 입학 원서 쓸 때 어떤 대학, 어떤 학과에 지망해야 하는지를 결정했다는 현실적인 답변도 눈에 띄는군요.

1. 진로를 언제 확고히 결정했나요?

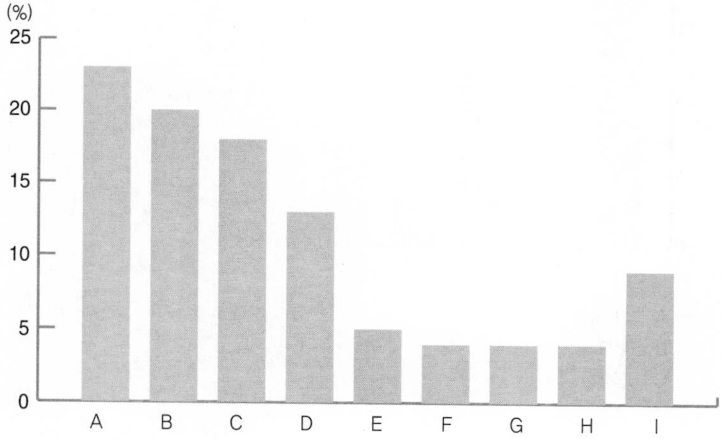

A 고3
B 고1
C 고2
D 수능 치르고 나서
E 대학 와서
F 원서 쓸 때
G 중 3
H 아직도 결정 못함
I 기타

2. 진로 결정시 나에게 영향을 미친 사람은?

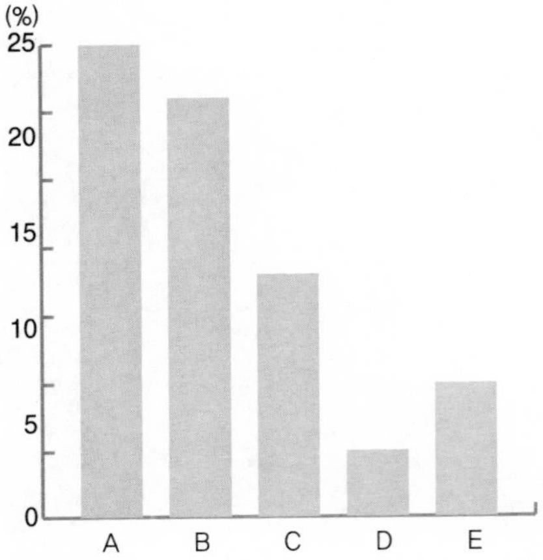

A 나 자신
B 부모님
C 선생님
D 친구들
E 기타

혼자서 자신의 진로를 결정한 학생들도 많지만, 그래도 역시 부모님과 선생님의 영향이 크다는 걸 설문 결과를 통해 알 수 있습니다.

3. 진로 결정을 하는 데 어떤 정보를 참고했나요?

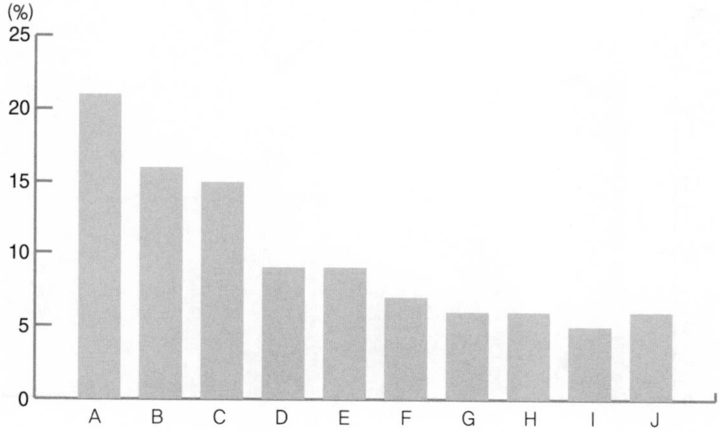

A 부모님
B 선생님
C 인터넷
D 친구
E 선배
F 신문
G 학교 학과 소개지(전공 소개 책자)
H 없음
I 나 자신
J 기타

진로 결정시 인터넷이나 신문, 학과 소개 책자 등을 통해 다양한 정보를 참고한 것도 눈에 띄네요.

4. 고민을 주로 누구와 의논했나요?

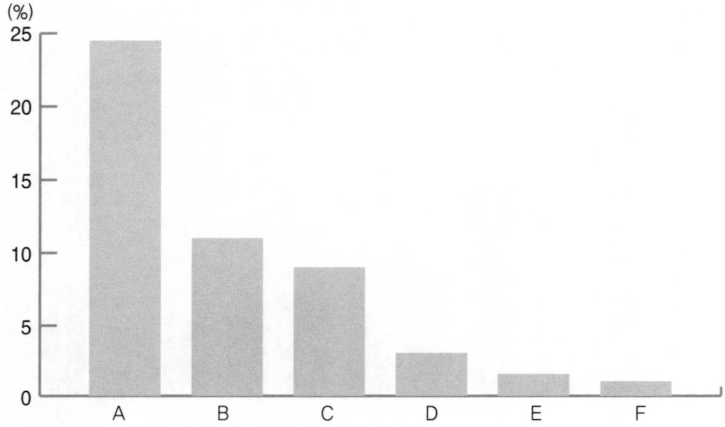

A 친구
B 혼자
C 부모님
D 선생님
E 종교 생활
F 선배

고등학생 때 고민을 털어놓을 수 있었던 대상은, 뭐니뭐니해도 역시 '친구' 군요. 그런데 생각 외로 부모님과 고민을 의논한 학생들도 많았고요, 반대로 혼자서 고민한 학생들도 많았네요.

6

'현역' 이 아니어도 합격된다

이경호 **등고자비**

허유진 **돌아서, 다시 내 자리로**

최정성 **삼수를 통해 자신감을 얻다**

등고자비 登高自卑

이경호 서울대 정치학과 02학번

> 군자의 도는 비유컨대 먼 곳을 감에는 반드시 가까운 곳에서 출발함과 같고, 높은 곳에 오름에는 반드시 낮은 곳에서 출발함과 같다.
>
> ― 중용 제15장

고로, 움츠렸던 개구리가 멀리 뛰고, 늦게 일어난 벌레는 살아남았다!

저는 불과 일 년 전만 해도 누가 학생이냐고 물으면 그냥 "네"하고 어줍잖게 대답하던 삼수생이었습니다. 삼수…… 고3 때는 생각지도 못했던 단어였죠. 그러나 저는 삼수까지 하고 지금은 서울대 사회과학대학에 다니고 있습니다. 삼수생 이경호. 굳이 삼수 경험까지 들먹이는 까닭은 이 글을 읽는 여러분 누구나 서울대생이 될 수 있고, 서울대란 특별한 사람들만이 입학하는 학교가 아니라는 것을 말씀드리고 싶어서입니다. 그럼 이제 제 다년간의 수험 일기를 들어보세요.

앞마당 — 수험일기

입학식

1997년 3월 초 어느 날.

고등학생이 되었다. 고등학생! 내가 고등학생이 되다니. 새 교복은 낯설고 어색하기만 하고 여기저기 서 있는 낯선 얼굴들은 벌써부터 나를 묘한 기분에 사로잡히게 했다.

'난 몇 반인 거지? 내 담임선생님은 누구일까?'

여러 가지 생각들은 동시에 머릿속을 어지럽도록 가득 메웠고 이제 '대학' 이라는 곳을 가기 위해 밤낮으로 공부만 해야 한다던 고등학교에 다니게 된다는 사실은 새로움에 대한 동경을 일순간 두려움으로 만들고 있었다.

1학년 5반. 고등학교 첫 학급에 배정되고, 새로운 담임선생님과 새 짝, 그리고 여러 친구들을 만날 수 있었다. 새롭고 어색한 얼굴들 속에서 어리둥절한 채로 시간을 흘려보내는 가운데 입학식은 끝나가고 있었다.

우리 중학교에서 충북고등학교에 진학한 학생은 겨우 여섯 명이었기에 고등학교는 정말이지 별천지같기만 했다. 다행이었다. 중학교 동창 녀석이 같은 반, 짝이 되었던 것이다.

입학식이 끝나고 집에 돌아온 나는 앞으로 걸어야 할 가시밭길을 위한 보약 한 재를 선물로 받고 두근거리는 마음을 이불 속에서 잠재워야 했다.

수학 23점의 비애

1998년 1학기 중간고사가 끝난 어느 날.

고등학교 생활은 생각했던 것보다는 힘들지 않았다. 새로운 친구들을 사귀고 이러저러하는 사이에 어느덧 계절은 몇 번 바뀌었고 나는 2학년이 되었다. 고등학교에 서서히 적응해가면서 나의 공부시간은 그 익숙함에 비례, 아니 제곱 비례하여 줄어들고 있었다. 1학년 1학기 중간고사는 2주일을 공부했었다. 그러나 그 후로 시험마다 공부시간은 줄어들어 2학기 기말고사는 열흘, 2학기 중간고사는 일주일, 급기야 2학기 기말고사에 와서는 당일치기를 하는 대담함을 보이기도 했다.

하지만 평소 수업시간에는 절대 졸지 않고 수업에만 열중한다는 굳은 신념을 갖고 있었던 터라 수업시간을 잘 활용했기 때문인지 전교 석차는 늘 2퍼센트 안팎을 유지하고 있었다. 하지만 수업시간에 열심히 해도 떨어지기만 했던 과목이 하나 있었고, 그 과목은 끝내 입시 때마다 나의 발목을 붙잡았다.

'수학.'

그 복병은 바로 수학이었다. 1학년 입학하고부터 줄곧 떨어져왔던 나의 수학 성적은 나를 문과생이 되게 했고, 그 이후에도 수학이 나에게 퍼부은 저주는 그칠 줄 모르고 계속되었다. 수학을 피해 문과로 도피했지만, 나는 그 표적에서 쉽사리 벗어날 수 없었다. 결국 나는 수학을 외면하기 시작했다. 가뜩이나 수학이 싫어 죽겠는데 여러 가지 수열과 그 공식들을 외우는 것은 거의 죽을 맛이었다. 워낙 하기 싫은 것은 못하는 성격인지라 나는 수학 시험범위를 쳐다보지도 않았다. 그것은 수학 시험이 있은 며칠 후 나에게 놀라운 결과를 가져다주었다.

수학 23점. 경이로운 점수였다. 게다가 수학성적은 우리 반 서열 3

위였다. 뒤에서부터. 더욱 놀라운 사실은 수학을 그렇게 죽 쑨 뒤에도 난 반 1등을 했다는 사실이다. ^^; 하지만 이날 이후 나의 별명은 23 혹자는 마이클이라고도 했다. (마이클 조던의 등 번호는 23번이다.) 그리고 그 학기 수학은 '미' 였다.

대통령상

1998년 11월 어느 날.

수학은 언제나 나에게 시련과 아픔을 가져다주었지만, 그것만 제외하면 나의 고등학교 생활은 즐겁기 그지없었다. 그러던 어느 날 나에게 뜻하지 않은 행운이 찾아왔다. 국어 선생님에 의해 떠밀리다시피 참가한 백일장에서 장원을 차지하고 대통령상이라는 영예를 안게 되었던 것이다. 지금 생각해도 꿈만 같은데 그 당시엔 오죽했으랴. 여러분도 교내 백일장을 비롯하여 자기가 관심 있는 분야라면 어떠한 대회건 참가해보기를 권한다. 그러한 경험은 수상 여부를 떠나 훗날 소중한 재산이 될 것이다.

그후 나는 여러 글쓰기 대회를 통해 통일부 장관상과 대전 국세청장상 등 여러 상들을 수상했다. 그리고 그것들은 서울대 비교과 영역 점수를 따는 데 지대한 공을 끼친 것 같다.

낙방의 시련

2000년 1월 어느 날.

늘 나에게 웃음보다는 눈물을 가져다주었던 수학은 대입 수능에서도 어김없이 나의 뒤통수를 때렸다.

'안 되겠다 싶어 정석도 공부했었는데, 왜 나에게 이러한 시련이 찾

아오는지.'

그러나 믿었던 다른 과목들 또한 부진을 면치 못한 것도 사실이었다. 게다가 눈은 높아 배치표상의 가고 싶은 대학은 왜 그리도 꼭대기에만 붙어 있던지. 원서철이 되고, 선생님과의 긴 면담 시간은 여러 번 나를 괴롭혔다.

'왜 이 학교는 안 된다는 거지? 난 논술도 자신 있는데.'

결국 선생님도 나의 고집을 꺾지 못하셨고, 당시 내 점수로는 감당하기 힘든 곳에 원서를 냈다. 그러면서도 어린 마음의 치기인지, 젊은 패기인지 모를 자신감만 넘쳐 내가 지원했던 대학에 떨어진다는 생각은 단 한 번도 해보질 않았다.

그러나 얼마 후 나의 자신감은 철저히 뭉개지고 나는 생각지도 않았던 학교에 진학하고 말았다. 결국 생애 처음으로 인생의 고배를 맛보게 된 것이다.

삼수의 길로 접어들다

2001년 3월의 어느 날.

원치 않던 학교에 진학했던 나는 결국 한 학기를 못 채우고 집으로 돌아오고 말았다. 절치부심으로 공부를 하려 했지만 여자 친구를 만나게 되고, 공부는 어느덧 뒷전으로 미뤄져 나의 재수 시절은 그야말로 어설픔의 시간이었다. 이게 공부를 하는 건지 마는 건지. 결국 그러한 어설픔은 나에게 서울대의 교문을 드나들게 할 기회를 주지 않았다.

복학을 결심하기도 하고, 서울로 학원을 알아보기도 하고, 그 시절 나는 굉장히 방황했었다. 친구들은 하나둘 군대에 가기도 하는데 나는 무얼하고 있었는지 한심한 생각에 잠을 이루지 못한 날도 많았다.

마지막 지푸라기라도 잡는 심정으로 찾아갔던 청주의 어느 학원. 뜻하지 않게 그곳에서 고등학교 선배 선생님의 따뜻한 이야기를 들었다.

"야! 너 같은 놈이 서울대 못 가면 도대체 누가 간다는 거냐?"

잇따른 진학 실패로 풀이 죽어 있던 나는 그 추임새 한마디에 사기 충천했고, 부모님의 응원에 힘입어 다시 한번, 그러나 마지막이 될 도전을 결심했다.

나의 삼수 시절은 정말로 치열하면서도 즐거웠다. 수학이 나에게 퍼부은 저주로 수학에 한이 맺혔기에 공부를 시작한 지 두 달만에 공통수학과 수학1의 정석 두 권을 한 문제도 빠짐없이 풀었다. 그 뒤로 모의고사 때마다 수학문제집 한 권씩을 풀기로 작정하고 정말이지 치열하기 그지없는 수학과의 전쟁을 시작했다.

그 와중에도 평소에 좋아하던 여러 책들을 많이 읽었다. 누가 뭐라 하지 않아도 괜스레 스트레스를 받는 것이 수험생이기에 나도 모르게 쌓였던 스트레스를 책을 읽으면서 풀었다. 삼수를 통해 많은 후배, 친구, 선배들을 알게 된 것도 내 인생의 큰 수확이었다. 그들과의 대화를 통해 이전 스무 해 남짓의 시간보다 삼수하는 한 해 동안 더 많은 생각을 할 수 있었다. 기고만장하기만 했던 나를 되돌아보고, 나를 낮추고 고개 숙일 수 있는 그런 시간들이었다.

여러 친구들과 함께 즐겁게 공부했던 나의 삼수 생활 동안 성적도 눈에 띄게 향상되었다. 수 차례 모의고사에서 390점 이상 득점했고, 전국 석차 30등 내에 들었다.

돌이켜보며

2002년 3월의 어느 날.

삼수를 성공할 수 있었던 가장 큰 원인은 아마도 절실함에 있을 것이다. 사실 멋모르던 고3 시절, 나는 늘 내가 최고인 줄만 알았고, 남들 다 가는 대학, 나 역시 몇 달만 열심히 하면 서울대쯤은 문제 없다는 안이한 착각에 사로잡혀 있었다. 자습 땡땡이는 물론이었고, 다들 열심히 했던 여름방학 보충수업 기간에 지리산으로 놀러다녔다.

재수 시절 역시 아직은 덜 깨져보았기 때문인지 나의 기고만장함은 식을 줄 몰랐고, 여자 친구를 사귀며 공부와는 완전히 담을 쌓았었다. 학원 수업은 언제나 뒷전이었고, 선생님과 부모님 몰래 여자친구와 놀러다니는 기쁨에 빠져 재수 생활에서 느껴야 할 불안감마저 망각했었다.

하지만 재수 역시 실패하며 나는 방만했던 삶을 진지하게 되돌아볼 수 있었다. 아마 이런 기회가 없었다면 나는 지금 역시 또 다른 착각에 빠져서 어디에선가 덧없는 시간을 흘려보내고 있을 것이다.

그러나 삼수를 하면서는 정말 내 삶에 있어 어느 한 순간도 소홀히 하지 않았다고 느껴질 만큼 알찬 시간을 보냈다. 그 밑바닥에는 절실함이 있었다. 농담 섞인 얘기처럼 들리겠지만 삼수를 실패하면 군대에 갔다가 말단 공무원 시험을 볼 각오를 했었다. (사실 말단 공무원 시험도 대단히 어렵다는 사실은 알고 있다. ^^;) 현역과 재수 때 나는 내가 생각해도, 아니 그 누가 보더라도 공부를 열심히 하지는 않았다. '내가 놀면서 공부해도 이 정도는 하는데, 정말 열심히 하면 서울대 정도는 못 가랴?' 하는 생각이 늘 내 머릿속을 맴돌았다. 하지만 정작 내 생각과 마음속에 자리잡고 있었던 것은 '열심히 해도 안 되면 어떻게 하지?' 하는 불안감이었다. 그렇게 잘났다고 생각하던 나 스스로에게 실망하기가 무서웠던 것이다.

하지만 삼수를 하면서 생각했다. 언제까지나 그런 불안감에 사로잡혀 도전하지 않으면 아무것도 될 것 같지 않았다. 그래서 도전하기로 마음을 먹었던 것이다. 남들이 들으면 웃겠지만 나에게 있어 삼수란 서울대에 입학하기 위한 것이 아니라, 지금까지 유예해온 내 자신의 가능성을 시험해보는 마지막 도전장과도 같은 것이었다.

이러한 절실함은 나에게 재수 동안 함께 했던 여자 친구도 멀리하면서 공부에 매진하게 만들었고 그 결과 '내 인생의 도전'이란 타이틀 매치에서 당당히 성공이라는 벨트를 차지하게 한 것이다.

힘들었지만 즐거웠던 삼수를 마치고 그토록 바라던 서울대에 다니고 있는 지금, 나는 내가 멀리 돌아온 재수, 삼수의 이 년을 전혀 후회하지 않는다. 오히려 그 시간이 없었다면 오늘의 나는 있지 못했을 것이다. 고3 수험생 역시 그러할 테지만 재수, 삼수, 혹은 그 이상의 장수생들은 시험이라는 부담과 스트레스, 그리고 뜻하지 않은 시련에 힘겨울 것이다. 허나 최선을 다했다면 그 결과는 신의 뜻에 달려 있다. 옛 성현들도 말씀하시지 않았던가? 진인사대천명(盡人事待天命). 최선을 다한다는 것 자체가 중요한 것이다. 물론 그로 인한 결과에 자신이 만족한다면 더할 나위 없겠으나 그것보다는 최선을 다한 노력이야말로 그 어느 것보다 값지기 때문이다.

뒤뜰 — 공부는 도 닦는 것

공부는 도를 닦는 것과 같다. 수험생활을 하다보면 나와 무관한 일에, 하다못해 친구의 도시락 반찬이 내가 싫어하는 것이기 때문에도 스트레스를 받곤 한다. 그러나 그러한 사소한 일에 신경을 쓰다보면 공부가 잘 될 리 없다. 공부는 곰처럼 하라고 하지 않던가? 도 닦는 마음으로 곰처럼 무디게 해야 하는 것이 바로 공부인 것이다.

하지만 곰처럼 해야 한다고 해서 반드시 아무 생각 없이 무식하게 해야 좋은 성적이 나오는 것은 아니다. 공부에는 왕도가 없다지만 저마다 가질 수 있는 첩경은 있다.

나는 어떻게 공부를 해왔는지, 나만의 요령은 어떤 것들이 있는지 기억을 더듬어 몇 가지 짚어보겠다.

하나, 공부는 리듬이다. 리듬을 타야 한다!

잠은 충분히 자두는 것이 좋다. 신체는 지속적인 습관에 따라 생체 리듬을 갖는다. 매일 늦게까지 공부한답시고 새벽 3시경에 잠들어 아침 7시에 일어나고 등교해서 수업시간을 달콤한 데이드림(daydream)의 시간으로 전용한다면 우리의 몸은 그러한 리듬에 길들여지게 된다. 그러나 수능 시간은 오전 8시 40분부터 시작해서 낮 시간 동안 진행된다는 것을 염두에 두어야 한다. 낮잠으로 길들여진 우리의 몸은 수능일이라고 예외를 두지 않고 시험 시간에도 졸음에 빠져들 것이기 때문이다.

수면과 더불어 중요한 것은 놀 때 확실하게 놀아야 한다는 것이다. 나 역시 토요일 오후부터 일요일까지는 확실하게 놀았다. 때론 좋아하는 텔레비전 프로그램이 있는 날엔 자습을 빠지기까지 했다. 휴일은 쉬라고 있는 날이다. 그러나 대부분의 학생들은 휴일 역시 공부를 한다. 그러나 그 공부의 능률은 100퍼센트라고 자신할 수 없다. 쉬는 날은 쉬고 공부하는 날은 확실히 공부해야 공부 효과를 배가할 수 있다.

그럼 어떻게 놀아야 할까? 공부방법에 왕도가 없듯이 쉬는 방법 역시 왕도는 있을 수 없다. 사람마다 각양각색으로 스타일이 다르기 때문이다. 나의 경우, 주말에 부족했던 잠을 보충하기도 했다. 하지만 잠은 술보다 취하기 쉬워 잠에 취하면 하루, 이틀, 심하면 일주일을 몽롱한 잠 속에서 보낼 위험이 있다. 그래서 나는 평소 즐기던 운동을 했다. 어려서부터 아버지와 함께 했던 볼링, 스케이트 등을 하며 열심히 땀을 흘리고 목욕을 하고 나면 머릿속을 가득 메웠던 잡념들이 사라지는 것 같았다. 볼링을 치며, 스케이트를 타며, 목욕을 하며, 아버지와 나누는 대화도 많은 도움이 되었다.

주말에 했던 또 하나의 휴식 방법은 절을 찾아 명상에 잠기는 것이었다. 할머니와 어머니께서 불교 신자시기에 집안 분위기가 불교적이었지만, 나는 무신론자에 가까웠다. 하지만 어머니와 조용한 절에 들러, 예를 갖춰 절도 해보고, 어머니께서 불공을 드리시는 동안 법당 한쪽 귀퉁이에 앉아 조용히 눈을 감고 마인드 컨트롤을 하고 나면, 수험 생활에서 느끼던 불안이 어느 정도 해소되고, 마음이 평온해짐을 느낄 수 있었다.

평일에는 생활을 타이트하게 조이고, 휴일에는 다소 풀어주며 생활의 완급을 조절하면서 리듬을 타는 것은 수험 생활에 크게 유익할 것이다. 이런 자기만의 리듬을 제대로 파악하게 된다면, 수능 당일의 리듬 역시 예측할 수 있게 되고, 때에 따라 전략적으로 리듬을 조율한다면 수능시험날 최상의 컨디션으로 시험지를 받을 수 있을 것이다.

둘, 음악 NO. 초음파 학습 보조기 NO. 습관이 중요하다

사람마다 다르겠지만 자습시간에 보면 저마다 이어폰을 끼고 있다. 물론 듣기 평가다 해서 공부해야 할 것도 많지만, 대부분은 음악을 듣거나 초음파 학습보조기를 사용한다. 그러나 그것은 별로 좋은 습관은 아닌 것 같다. 잠과 마찬가지로 신체는 반복되는 자극을 학습하게 된다. 공부를 하면서 음악 혹은 초음파 학습보조기의 소리를 지속적으로 듣게 되면 결국 그러한 분위기에 길들여지고, 사각사각 연필 소리만이 들려오는 수능 날엔 귀에 익은 소리가 들리지 않아 은연중의 불안을 느끼게 되는 것이다.

이와 더불어 강조하고 싶은 것은 바로 해답의 유혹이다. 일정 수준 이상이 되면 어느 과목이건 해답의 유혹을 뿌리치는 자가 승리의 여신의 미소를 받는다. 누구나 해답을 보면 '아! 그거지' 하고 금세 답을 고를 수 있다. 우리가 해답을 보는 건 정말 조그마한 실마리 하나를 보지 못하기 때문이다. 그럼에도 자꾸만 해답의 유혹에 굴복한다면 실마리를 찾는 데 필요한 실력은 나날이 저하되어 해결의 단서를 전혀 알아채지 못하게 된다. 게다가 수능시험 와중에는 해답이 제공되지 않는데 매일 보던 해답을 못 보는 불안감은 시험으로 인한 긴장감을 더욱 가중시킨다.

셋, 오답노트와 공부수첩

오답노트는 정말 중요한 공부 습관이다. 틀리는 문제는 언제나 실수를 하게 마련이다. 나의 약점이 그 어디엔가 숨어 있기 때문이다. 따라서 자주 틀리는 유형은 늘 오답노트에 옮기는 습관이 필요하다. 그러나 단순히 옮긴다고 끝나는 것은 아니다. 나는 노트의 한 면에 한 문제씩, 위쪽에 문제를 옮기고 맨 아래 해답과 해설을 옮기고 가운데는 나만의 팁이나 공식들을 적어놓고 시험 때마다 수시로 읽고 풀고, 또 읽었다.

정작 시험 전날 정석이나 교과서들을 읽고 있을 시간은 없다. 요약집은 거의가 아는 내용인 듯하기에 별다른 도움이 되지 못한다. 따라서 시험 전날 혹은 직전에 내가 매일 틀리던 문제와 해설, 그리고 나만의 공식을 읽어보는 것은 나의 약점을 다시 한번 되짚어볼 수 있는 소중한 시간이 될 것이다.

또 공부수첩을 갖고 일별, 주일별, 월별 계획을 과목별로 혹은 나름의 방법으로 적고 평가하는 것도 도움이 될 것이다. 처음에는 모르겠지만 공부를 하다보면 내가 이렇게 열심히 공부를 했구나 하는 생각도 들고, 때론 잘못된 공부 습관을 바로잡을 수도 있다. 나 역시 삼수를 하며 가장 크게 달라진 점 중 하나가 공부수첩을 만들어 계획과 목표를 세우고 또 실행했던 점이었다.

일단 자기 마음에 드는 수첩을 골라야 하는데, 가능한 한 스케줄을 기재할 월별 스케줄란이 쓰기 편한 것을 고르는 것이 중요하다. 수첩을 골랐다면 우선 자기가 가장 취약한 과목, 혹은 비교 우위가 있는 과목을 생각해본다. 그 다음 취약과목을 중점으로 해서 비교 우위의 과목 혹은 그 외의 과목을 소외시키지 않는 한도 내에서 수능을 대비한 전반적인 레이아웃을 잡는다. 이때 중요한 점은 취약과목에 집중하되 다른 과목을 소외시키면 안 된다는 것이다. 수능은 어느 한 과목만을 잘한다고 성공하는 것이 아니다. 아무리 반영 영역이 따로 있다지만 취약과목만 확실히 잡아 그 과목을 만점 맞았다고 대학에 가는 것도 아니므로 여러 과목을 고루 고득점하는 것이 관건이다.

그 다음 분기별 계획을 세운다. 수학이 취약했던 나로서는 3~5월, 6~8월, 9~10월 이렇게 세 단위로 분기를 나누고, 3~5월에는 정석 다잡기, 6~8월에는 응용력 배양하기, 9~10월에는 유형 파악 및 고득점 전략을 세워 수학을 잡았다.

수능을 준비하면서 중요한 점 중 또 하나는 숲만 보아서도 안 되고, 나무만 보아서도 안 된다는 것이다. 거시적 관점과 미시적 관점을 두루 살피는 전략적인 안목이 요구된다. 따라서 일별 계획 역시 잘 세워야 한다. 하루하루 공부해야 할 과목들을 나날이 적어두고 그날 공부를 마치고 오늘의 결과를 체크할 때, 그리고 시간이 흐른 뒤 지난날 공부했던 자취들을 더듬어갈 때 느껴지는 뿌듯함이란…… '공부하는 맛이 이것이구나!' 하는 느낌이 절로 들게 될 것이다. 단, 주의할 점은 계획을 너무 빡빡하게 세우면 오히려 해가 된다는 점이다. 대부분의 계획이 뜻대로 실행되지 않기 때문에, 본말이 전도되어 계획표를 따라가야 한다는 스트레스를 피하기 위해서는 다소 여유로운 계획을 세우는 것이 좋다.

그리고 나는 모의고사를 볼 적마다 목표 점수를 상정하고, 결과에 맞춰 그 차이를 비교 분석하는 그래프를 공부 수첩에 그려놓았다. 목표치를 나타내는 곡선과 실제 점수가 그려가는 곡선이 만들어내는 쌍곡선의 함수는 나를 울고 웃게 만들었지만, 내가 자만할 때 회초리를 대고, 낙담할 땐 격려를 주는 좋은 친구이자 반성의 계기였다.

넷, 모의고사의 압박

나의 공부 경험으로 미루어볼 때 모의고사는 잘 봐도 해가 되고 못 봐도 해가 된다. 내 경우, 모의고사 점수가 잘 나오면 쉽게 자만에 빠졌다. 공부 수첩에 적힌 모의고사 그래프가 목표치를 상회할 적마다 '야, 조금만 하면 이렇게 오르는데, 까짓 놀면서 하지 뭐' 하는 생각이 머릿속을 가득 메웠고, 이내 당구장을 향했다. 모의고사 그래프가 목표치에 미달되면 '난 왜 해도 안 되는 것일까?' 하는 자괴감에 소주 한 잔을 걸칠 수밖에 없었다.

이런 그릇된(^^;) 사고관 아래서는 모의고사는 어떤 점수가 나오더라도 수험 생활에 장애가 될 뿐이다. 모의고사 점수가 잘 나왔다면 '공부한 것에 비해 운이 좋았구나!' 하고 자신을 추스르는 기회로 삼고, 점수가 잘 안 나왔더라도 '조금만 더 하면 오를 거야!' 라고 생각하며 자기 독려의 기회로 삼아야 한다.

사람마다 나름의 공부방법이 있다. 각인각색이란 말이 있듯 각자의 개성은 이루 말할 수 없이 다양하다. 그럼에도 어떤 사람은 손쉽게 공부하여 좋은 결과를 얻어내고, 어떤 사람은 피나는 노력 끝에도 보잘것없는 성과를 거둔다. 물론 과정에서의 노력이 중요하겠지만 냉혹한 현실에서 결과 없는 과정을 운운하는 것은 아직은 힘겨운 일이다. 이렇게 보잘것없는 나의 이야기를 쓰는 까닭은 나의 공부방법을 그대로 따라하기를 바라서가 아니라, 예전

모의고사는 잘 봐도 해가 되고 못 봐도 해가 된다. 내 경우, 모의고사 점수가 잘 나오면 쉽게 자만에 빠졌다. 모의고사 점수가 잘 나왔다면 '공부한 것에 비해 운이 좋았구나!' 하고 자신을 추스르는 기회로 삼고, 점수가 잘 안 나왔더라도 '조금만 더 하면 오를 거야!' 라고 생각하며 자기 독려의 기회로 삼아야 한다.

에 내가 그러했던 것처럼 각자 자기만의 방법을 정말 효과적이게끔 전략적으로 활용해주길 바라기 때문이다.

인생도 그렇다지만 공부하는 것은 곧잘 마라톤을 하는 것과 같다 하지 않던가. 수없이 자신과의 싸움을 겪어야 하고, 때로는 숨이 턱에 차 곧 멎어버릴만치 고통스럽기도 하다. 이러한 모든 것을 이겨내야 결국 마라톤의 긴 노정을 완주할 수 있다. 1등을 바라는 것이 아니다. 다만 자신과의 싸움에서 지지 않고 완주할 수 있으면 족하다. 이 글을 읽는 여러 사람들이 모두 자신들의 마라톤에서 완주할 수 있는 사람이 되었으면 좋겠다.

이경호 singme81@hanmail.net
청주 청운중학교—충북고등학교—2000년도 아주대 법학부 입학 후 재수 • 1981년생 게자리 • B형 • 일주명창(一炷明窓. 시대의 창을 밝히는 하나의 심지가 되어라—장준하), 단심(丹心), 역지사지(易地思之), 진인사대천명(盡人事待天命).

돌아서, 다시 내 자리로

허유진 서울대 식품영양학과 00학번

2000년 겨울, '정말 내가 서울대에 합격할 수 있을까?' 마음 졸이며 논술고사와 면접을 보기 위해 처음 서울대학교 정문을 들어설 때의 감회가 아직도 새롭다. 반 포기 상태의 호기심 어린 눈으로 생활과학대학 사층에서 어머니와 함께 긴 시간 면접을 기다리던 그때가 삼 년이나 지났지만 지금도 입시 때문에 찾아오는 고등학생들을 바라볼 때면 아련히 떠오르곤 한다.

나는 전주에서 태어나서 서울대에 입학하기 전까지 줄곧 전주에서 자랐다. 고액과외나 전문입시학원을 다닐 생각은 할 수 없는 평범한 교육자 집안이었다. 중학교 때부터 고등학교 1학년 때까지 동네학원을 다니며 수학과 영어의 기초를 닦았고 그후엔 전적으로 학교 선생님들의 가르침을 받아가며 독학에 가까운 공부를 하였다.

중고등학교 때의 나의 성적은 줄곧 상위권을 유지할 정도여서 나름대로 공부 잘하는 편에 속하기는 했지만 눈에 띌 정도로 최상위권은 아니었다. 솔직히 말하면 반에선 거의 2등을 도맡아할 정도로 우리 반에는 정말 전교 1등 친구들이 매년 끼어 있었다. 솔직히, 반에서 2등만 하는 아이들은 의외로 굉장한 피해의식에 사로잡힌다. 1등보다 공부는 훨씬 열심히 하지만 늘 2등에 머물기 때문에 좌절감에 빠지기도 한다. 물론 세상의 모든 학교, 모든 반의 2등들이 그런 것은 아니지만 혹시라도 이 글을 읽은 사람들 중에 자신이 그런 처지에 있고, 현재 그 때문에 심한 스트레스를 받고 있다면 그런 스트레스는 과감히 떨쳐버렸음 좋겠다.

처음 나도 반에서 1등을 놓치지 않으려 애도 써봤고 2등일 땐 아쉬워하며 1등을 시기해본 적도 있었지만 그것은 쓸데없는 시기심이었다. 비록 사회에선 최고를 원하며 독려하는 분위기지만 지금 모의고사나 학교시험에서 1등이 되는 것보다 앞으로 세상에서의 나의 삶이 1등이 되는 것이 더욱 중요하다.

그렇다고 지금의 자리에 안주하지 말았으면 좋겠다. 등수에 신경쓰기보다는 자신의 취약부분을 찾아내는 데 주력해야 한다. 한참 사춘기라 예민할 때는 성적이 잘 나오지 않으면 그냥 시험지를 덮어버리고 만다. 하지만 그 덮어버린 시험지에는 다음번 나의 실력 향상에 도움을 줄 알짜가 고스란히 담겨져 있다. 틀린 부분을 다시 보지 않는다면 매번 시험을 볼 때마다 비슷한 문제들을 또 틀리게 될 것이다. 그러므로 시험을 본 후 틀린 것은 다시 한번 꼼꼼히 체크하고, 맞았다 하더라도 찍었거나 애매하게 생각했던 문제들도 다시 표시를 해서 정확한 문제풀이 방법을 알아둬야 한다. 비록 나는 반에서 1등보다 2등을 많이 했지만 가끔은 1등도 하게 되는 기분 좋은 일이 일어나기도 했다. 등수보다도 더 중요한 것은 내가 앞으로 무엇을 할 것인가? 하는 자기 목표이다. 목표를 너무 허황되고 크게 잡는 것도 문제지만 지금 자신의 능력보다는 조금 더 높은 목표를 잡아야 실력을 향상시키는 데 도움이 된다.

나는 어렸을 때부터 줄곧 의대 외에는 다른 목표를 생각하지 않았었다. 그래서 모의고사를 볼 때마다 지망학과에 꼭 의대를 써넣곤 했다. 하지만 나는 명문대 의대에 들어갈 실력이 아니라는 건 스스로 알고 있었다. 내 실력이 어느 정도인지 그 위치를 알고 있었던 것이다. 그리고 모의고사 결과를 봐도 내 점수가 최상위 의대에는 턱없었지만 매번 그런 학교들을 적어넣으면서 조금씩이라도 성적이 향상되기를 기원하며 공부에 더욱 힘을 썼다. 그래서 조금이라도 목표에 다가가면 내 꿈에 가까이 간다는 즐거움이 그동안 느꼈던 좌절감보다는 더 컸었다. 지금 난 의대는 아니지만 서울대에 들어올 수 있을 정도로 실력이 향상된 데 감사하고 있다.

내가 서울대에 들어올 수 있었던 건 결코 나만의 실력으로 된 것이 아니었다. 바로 스스로 공부할 수 있도록 분위기를 조성해주고 나 몰래 기도하시며 체력관리에 힘 써주신 부모님이 계셨기에 가능할 수 있었다.

부모님은 한 번도 공부하라고 재촉한 적이 없으시다. 내가 항상 상위권을 유지하다 어느날 성적이 뚝 떨어지더라도 야단을 치시기보다 "다음엔 더 잘할 수 있을 거야. 사람이 언제나 잘할 순 없지만 최선을 다하는 것이 더욱 중요하단다" 하시며 늘 격려를 아끼지 않으셔서 공부에 대한 부담감을 덜 수 있었다.

그리고 부모님께 지금도 진심으로 감사드리고 싶은 것은 아침밥을 꼭 챙겨 먹게 하신 것이다. 부모님 두 분 모두 선생님이셨기 때문에 아침 6시 정도에 일어나셔서 출근준비를 하시며 아침밥을 하셔서 나는 늘 아침밥을 먹을 수 있었다. 학교가 멀었기 때문에 어쩌다 아침밥을 놓칠 땐 도시락을 싸주셔서 차 속에서 먹게 할 정도였다.

그 덕분에 난 든든히 하루를 시작할 수 있었고 자타가 공인하는 자지 않는 아이였고 집중력 짱이었다. 그 당시만 해도 아침밥을 먹고 오는 학생들이 거의 없었고 아이들은 아침 수업중에 졸고, 쉬는 시간에 간식을 찾아 매점을 헤매곤 했지만, 난 잠을 떨칠 수 있었고 수업시간에 선생님의 말씀을 놓치지 않을 수 있었다.

고등학교에 올라오면 주일 아침예배시간을 아깝게 여기며 그 시간에라도 공부를 하려는 학생들이 늘어난다. 나는 중고등부 교회활동은 열심히 하진 못했어도 그러나 주일 예배만은 빼먹지 않았다. 그 시간은 공부를 하지 못하는 아까운 시간이 아니라 오히려 일주일 동안의 나를 돌아보며 마음가짐을 새롭게 다질 수 있는 시간이었다. 아무리 수험생이라 하더라도 공부만 하는 기계가 아니고 엄연한 사람이기 때문이다. 그리고 살면서 쉽게 좌절하기도 하고 실패를 겪기도 할 때 절대자이신 하나님께 기댈 수 있다는 것이 큰 위안이 되었다. 성경말씀 중에서 내가 좋아했던 구절은 '할 수 있거든이 무슨 말이냐 믿는 자에게는 능치 못한 일이 없느니라' 이다. 이 구절은 내가 힘들 때, 포기하고 싶어질 때, 기도로써 마음가짐을 다잡을 수 있도록 도움을 준 구절이었다.

나는 이런 가정생활과 종교생활을 기반으로 실패에 쉽게 굴하지 않고 목표를 향해 정진할 수 있었다.

나는 학교에서는 거의 자지 않았다. 아침에도 졸지 않았지만 졸음의 최절정기인 점심을 먹고 난 후의 오후에도 자지 않는 '불굴의 정신' 을 보였다. 수업시간 50분에 자고 쉬는 시간 10분에 공부하는 것보다 50분 공부하고 10분 쉬는 게 훨씬 효율적이었다. 그리고 사람은 스스로 공부하는 데는 한계가 있으며 당시 나는 학교 선생님들의 가르침만이 전부였기 때문에 수업시간 50분을 자면서 놓쳐버린다는 것이 너무 아까웠다. 그 50분을 헛되이 소비해서는 안 될 것 같았다. 예습을 해가는 수학 같은 과목은 이미 다 알고 있기 때문에 그 시간에 다른 과목을 공부하거나, 암기 과목시간엔 지겹고 졸립기 때문에 자거나 수학공부를 하는 아이들이 많았다. 나도 처음엔 그래볼까 했는데 곧 그만두었다. 선생님의 눈치를 살피며 조마조마 다른 공부하는데 신경을 쏟는 것도 싫었을 뿐더러 동시에 여러 감각을 사용하니 제대로 집중도 안 되었다. 어찌보면 다 아는 거 왜 또 듣는가 미련하다고 생각하는 사람들도 있겠지만 반복해서 선생님들의 수업을 듣다보면 다 알고 있다고 생각했지만 내가 놓쳤던 것도 발견할 수 있었다.

영어과목의 경우 우리 학교 영어과 선생님들은 특이하게 영어 원서를 채택하셨다. 처음엔 한국에서 편집된 영어문제집도 어려웠던 시절이라 영어 원서로 공부한다는 게 너무나 벅찼었다. 하지만 영어 원서를 공부하니 단어들을 매번 찾는 수고는 했지만 그만큼 단어 실력도 늘었고 어려운 지문들도 선생님의 설명을 들으며 독해를 하다보니 독해 실력 향상에도 도움이 되었다. 그때는 토익공부를 할 생각은 전혀 못했지만 그때의 원서 공부가 수능뿐만 아니라 토익 등 다양한 영어 시험의 기반을 다져주었다.

고등학교 1학년 첫 모의고사는 간신히 300점을 넘길 정도여서 충격이 컸었다. 수능이란 형식을 처음 접했기 때문에 받은 충격이기도 하지만 내가 언어영역에 너무 취약하다는 것을 알게 되었기 때문이기도 했다. 솔직히 나는 교과서나 문제집 이외의 책들은 보지 않았다. 왠지 다른 소설책들을 읽는 게 시간낭비 같았고 시간이 아까웠다. 하지만 그 대가는 너무나 쓰라렸다. 그래서 난 언어영역을 단시간에 잡기 위해서 언어영역 기본편, 문학편, 그리고 모의고사형 이렇게 세 권의 문제집을 동시에 풀어나갔다. 일주일에 한 권씩 끝내는 것을 목표로 모의고사(6회 정도의 분량)를 풀었고 적어도 두 달에 한 권씩 언어영역 문제집을 풀어댔다. 문제집을 통해서 수많은 지문들과 문학을 접했고 모의고사 문제집을 통해 수능 언어영역의 출제 유형을 익히고 언어영역에 대한 감을 길렀다. 그 결과 육 개월만에 언어영역 모의고사 성적이 몰라보게 월등히 높아졌다. 그래서 고3 시절 수능 이전까지 언어영역은 그냥 맘 편히 생각했는데 그게 또 화근이었다. 2000년도 언어영역이 다른 해에 비해 갑자기 어려워졌기 때문이다.

평소 책 한 권을 모두 읽지 않고 문제집을 통해서만 부분부분 글을 접하다보니 전체적인 맥락을 파악해야 풀 수 있는 문제나 새로운 유형의 문제에 매우 당황하지 않을 수 없었다. 문학부분도 스스로 깊게 생각하기보다는 바로 해답에 의지했던 게 잘못이었다. 언어영역은 아무리 문제집을 많이 풀고 유형들을 익혔다 하더라도 정말 책을 여러 권 읽어야 한다는 것을 실감했고 대학교에 들어와서도 고등학교 때 틈틈이 책을 읽어둘 걸 하는 후회가 들었다. 고등학생 시절, 책이 읽기 싫더라도 꾸준히 책 읽는 습관을 들여놓을 필요성이 있는 것이다.

2000년 수능 성적이 발표되었다. 언어영역에서 치명타를 입었기 때문에 명문대 의대 진학은 비록 실패에 돌아갔지만 지방대 의대를 합격하게 되었고 동시에 서울대학교 의류식품영양학과군 생활과학대학에 합격하게 되었다.

꿈을 이루는 것도 어렵지만 이제껏 바라보던 이정표대로 가지 않고 다른 길로 가려는 것도 참 어렵고 내키지 않는 일이었다. 초등학교 때부터 내내 의사의 꿈만 꿔왔던 나는 수능 점수로 인해 많은 갈등을 하게 됐다. 지방에서라도 지금껏 바란 의사의 꿈을 이룰 것인가, 아니면 처음 들어보는 학과지만 서울대를 갈 것인가. 고민하기엔 솔직히 시간이 적었다. 그래도 서울이니까 미처 생각지 못한 기회가 많이 있을 것이라고 여기고 서울대를 선택했다.

고향에서 같이 올라온 친구들도 없고 과 애들도 잘 알지 못하는 상황에서 처음 접하는 대학생활이었기에 처음 입학해서 일주일 동안은 나에게 너무나 버거웠다. 그러던 중 친구들이 의대를 목표로 다시 재수하는 분위기였으므로 다시 한번 의사의 꿈을 가지고 재수를 해보기로 했다. 재수하면 뭐든지 잘될 줄 알았던 생각에 전공에 대한 아무런 정보도 얻지 못한 채 입학한 지 일주일만에 덜컥 재수를 하게 된 것이다.

재수한 지 몇 달 동안은 정말이지 앉아서 공부만 했다. 하지만 나는 이때까지 나의 문제점을 간과했다.

우선 난 공부하다가 스스로 질문하고 생각해보는 걸 잘 하지 않았다. 이게 왜 이러지? 이런 생각들 말이다. 모르면 계속 생각해봐야 하는데 '에이, 나중에 하지 뭐' 하고 쉬운 문제를 계속 풀어나가면서 자기기만에 빠졌다. 왠지 다른 사람들에게 물어본다는 것이 부끄럽기도 했다. 워낙 혼자서 공부해오던 스타일인데다가 많은 분량의 공부를 하면서도 쉬운 문제, 아는 문제만 계속해서 풀어댔기 때문에 공부 내용에 의문점을 가지고 스스로 생각해보며 사고력을 기르지 못했던 것이다. 지금 내 공부방법을 되돌아보면서, 어려운 문제를 잡고 한번 오래 생각해보거나 선생님이나 더 잘 아는 친구들에게 물어봤어야 했는데라는 아쉬움이 든다.

그래서 나는 비록 성적은 상위권이긴 했지만 늘 틀리는 문제를 또 틀리곤 했다. 그로 인해 뭔가 조금은 아쉽고 찜찜한 성적들이었다. 물론 어려운 문제를 혼자 해결하는 것만큼 더욱 좋은 공부 태도는 없으나 하루 내내 그 문제만을 붙잡을 시간적인 여유가 없는 경우 다른 사람에게 물어보는 것도 좋은 방법이다. 여러분은 조금은 자신의 고집과 자존심을 버려 많은 것을 얻었으면 한다.

재수를 하면서 슬럼프 조절에 실패한 것도 치명적이었다. 나는 고향집이 아닌 서울에서 재수를 했는데, 계속 그 상태로 끝까지 서울에 남아 공부를 했으면 결과가 좀더 좋게 나왔을지도 모르겠다. 하지만 수능을 거의 한 달 남겨두고 다들 집으로 가는 분위기에 휩쓸려, 객지의 불편함보다 집의 편안함이 너무 그리워 나도 고향으로 내려갔다. 남은 한 달, 동네 독서실에서 혼자 재수공부를 했지만 오히려 외로운 혼자만의 싸움이었고 그것에 너무 지쳐버렸다. 결국 나는 원하는 대학교, 원하는 학과를 들어가지 못했다. 그러나 그렇다고 내 인생이 실패라고는 생각지 않는다.

다시 복학하려는 나에게 가장 큰 시련은 '재 재수하다가 그냥 복학했대……' 하는 얄궂은 시선들이었다. 가뜩이나 복학해서 학교생활에 적응도 안 되고, 00학번이면서 01새내기들과 수업을 들어야 하는 등 이래저래 고생이었는데 거기다 재수하다가 복학한 나를 인생의 낙오자나 실패자로 보는 시선이 너무나 싫었다. 아마 나뿐만이 아니라 재수해서 다시 복학한 사람들이라면 십분 그 심정이 이해가 될 것이다.

하지만 난 결코 실패하지 않았다. 아직 내 인생에 대해 평가를 내릴 때도 아니었다. 다시 복학을 하면서, '삼수할까?' 하는 생각도 처음엔 들었지만 어쨌든 이번에는 한번 전공탐색과목을 배워보기로 했다.

난 공부하다가 스스로 질문하고 생각해보는 걸 잘 하지 않았다. 모르면 계속 생각해봐야 하는데 '에이, 나중에 하지 뭐' 하고 쉬운 문제를 계속 풀어나가면서 자가기만에 빠졌다. 왠지 다른 사람들에게 물어본다는 것이 부끄럽기도 했다. 지금 내 공부방법을 되돌아보면서, 어려운 문제를 잡고 한번 오래 생각해보거나 선생님이나 더 잘 아는 친구들에게 물어봤어야 했는데라는 아쉬움이 든다.

과에 대한 거부감은 1학기가 지나자 서서히 매력으로 바뀌었다. 의류학과 수업과 식품영양학과 수업은, 생활과학대학을 제대로 알지 못한 상태에서 느꼈던 학과에 대한 편견을 씻어주었다.

의류학과도 나름대로 멋있는 과였지만 난 의사가 되려던 꿈을 떠올리면서 2학년 올라갈 때 식품영양학과를 선택했다. 의사를 꿈꾸었던 것은 사람들의 건강을 회복시켜주고 그들이 새로운 생명을 갖도록 도와주고 싶었기 때문이다. 그런데 식품영양학에서 배우는 내용들 중에 식품과 그 속에 포함되어 있는 영양소들로 사람들에게 건강한 삶을 유지할 수 있도록 해주는 것이 있었다. 병이 일어나기 전에 균형 잡힌 식사로 병을 예방해주고 병이 일어났다 하더라도 그 병에 걸맞은 건강식으로 병을 완화시킬 수 있다. 이 외에도 식품회사의 마케팅분야에 진출하거나 벤처사업을 할 수도 있다. 정말 매력적인 분야들이 많아 요즘은 어떤 진로로 나가야 할지 행복한 고민을 하고 있다. 지금은 식품영양학과 공부가 너무나 재미있고 유익하기 때문에 이곳을 선택한 것에 보람과 자긍심을 느낀다. 그리고 예전에 미처 제대로 알아보지 못한 채 성급한 선택을 했던 것을 많이 후회하고 있다.

만일 재수를 하고 싶은 학생들이 있다면 무턱대고 의대나 한의대만을 목표로 할 것이 아니라 우선 다른 전공에 대해서도 자세히 알아보길 바란다. 인생에는 여러 가지 길들이 있을 수 있다는 것을 알고 나서도 지금의 학과가 정말 적성에 맞지 않다고 생각된다면 그때 재수할 것을 권한다.

만일 자신이 원치 않는 과에 들어왔다면 무턱대고 재수를 선택하기보다는 좀더 넓은 다른 세상을 경험하며 그것을 바탕으로 재수를 해야 할지 말아야 할지 선택하는 것이 낫다. 나에겐 서울대 식품영양학과를 선택한 것이 보이지 않는 사각지대에 놓인 또 하나의 성공적인 삶의 길이었고 그 길을 다행히 제대로 찾았다는 게 감사하다.

되돌아간 시간은 다시 돌아오지 않는다. 이미 지나간 일들을 돌이켜보며 후회만 하고 주저하지 않기를 바란다. 나의 좌우명은 '후회 없는 생활을 하자', 즉 무슨 일을 하든지 매순간마다 최선을 다하자는 것이다. 한때 나는 목표했던 의대에 실패하고 재수에도 실패하여 많이 흔들리며 좌절하기도 했지만, 거기에 그대로 주저앉지 않고 다른 길을 융통성 있게 모색한다면 주위에 얼마든지 내 능력을 발휘할 나의 자리가 있다는 것을 알았다.

나의 공부방법과 나의 실패담 그리고 지금의 과에 만족하며 열심히 대학 생활을 하고 있는 현재의 내 모습을 통해 수험생들에게 진로 설정과 공부방법에 많은 도움이 되기를 바란다. (- -)(_ _)

허유진 ses5359@hanmail.net
전주 전라여자중학교—한일고등학교—현역이었지만 재수했다가 복학 • 1981년생 사자자리 • A형 • 할 수 있거든이 무슨 말이냐. 믿는 자에겐 능치 못한 일이 없느니라.

삼수를 통해 자신감을 얻다

최정성 서울대 정치학과 02학번

1999년 12월 수능성적표를 받던 날이 기억난다. 담임선생님은 너무나도 냉정하게 같은 반 아이들의 성적표를 성적순으로 나누어주기 시작하셨다. 내 이름이 언제 불릴까 기다리며 숨죽이고 있을 때 열다섯번째로 내 이름이 들렸다. 자연계 상위 약 20퍼센트, 330점대 점수였다. 그래도 평소 10등 밖으로 떨어지지는 않았는데 하며 수능 탓을 했던 그때의 그 충격은 아직도 잊혀지지 않는다.

친구들과 술을 마시며 눈물을 흘리다가, 믿고 있던 아들을 기다리던 부모님이 계신 집으로 가서 재수시켜달라고 다시 한번 눈물을 흘리며 애원했다. 어머니는 어쩌다가 이렇게 됐냐며 울음 섞인 말씀을 하셨고, 아버지는 한숨을 내쉬고 담배를 태우시러 마당으로 나가버리셨다. 평소 넉넉치도 않은 가정형편에 아들 하나 타지로 보내 고등학교까지 보내고 대학 잘 가기만 바라시던 부모님께 너무나 죄송했다. 며칠이 지나고 아버지는 어쩔 수 없으시다는 표정으로 한 번 더 기회를 주셨다.

그리고 석 달이 지나 친구들이 신입생 환영회다 새터다 하고 기뻐할 때 나는 학원으로 향했다. 지금 생각해보면 새천년의 2월이 지금까지의 내 삶에서 가장 큰 반전의 시간이었던 것 같다. 십이 년의 정규 교육과정 동안 내 스스로 책을 펴고 공부에 대한 의지로 책장을 넘기며 하나하나 알아가는 것에 만족했던 적은 없었다. 그러나 내가 처한 상황의 절박함에 대한 인식과 꼭 해내야겠다는 의지가 한데 모여 내 나이 스물은 시작되었다.

자연계면서 수학2의 뒷부분은 펴보지도 않고 끝냈던 나에게, 내가 진정 하고 싶은 것이 무엇이고 어떻게 살고 싶어하는가를 생각할 수 있는 시간이 고등학교를 마치고 시련을 겪는 와중에 찾아왔다. 나는 목표를 정했다. 서울대에 가면 내 꿈들을 이룰 수 있을 것만 같아서, 지금 생각하면 부끄럽지만 그렇게 정했다. 고등학교 때부터 '넌 인문계 체질이야' 라는 말을 들었던 나는 수학공부 덜 해도 되고 과탐 선택과목 안 해도 되는 게 너무나 좋았고, 사탐 선택과목이 정말 재미있었다. 하고 싶은 것을 찾아서 목표에 대한 열의를 불태우던 재수할 때의 내 모습이 나를 여기 서울대까지 데려다준 가장 큰 힘이었다.

재수를 시작하며 가장 먼저 했던 것은 고3 시절 모르는 것도 아는 것처럼 여기고 이 정도야 괜찮겠지 하며 쌓아올렸던 나의 모래성을 허무는 일이었다. 재수학원이라는 곳의 교육시스템은 대개, 모든 수능 과목을 처음부터 쭉 훑는 반 년과 문제풀이와 정리의 시간으로 나머지 시간을 보내게 짜여져 있다. 나는 모든 과목의 처음부터 매월 모의고사 범위를 샅샅이 뒤지며 공부했다. 급하게 마음먹지 않고 천천히 열심히 해야겠다는 생각으로 공부했다.

수학을 예로 들자면 기본서 한 권을 잡고 첫 장부터 마지막 장까지

재수를 시작하며 가장 먼저 했던 것은 고3 시절 모르는 것도 아는 것처럼 여기고 이 정도야 괜찮겠지 하며 쌓아올렸던 나의 모래성을 허무는 일이었다.

나는 모든 과목의 처음부터 매월 모의고사 범위를 샅샅이 뒤지며 공부했다. 급하게 마음먹지 않고 천천히 열심히 해야겠다는 생각으로 공부했다.

나오는 내용들을 이해하고 증명해보고 한 문제도 빠뜨리지 않고 풀어서 그 내용을 A4 용지에 옮겼다. 책 구석 빈자리에 갈겨서 나중에는 알아볼 수도 없었던 풀이과정을, 문제집에 나오는 답안처럼 깨끗이 풀어나갔다. 공통수학과 수학1 기본서 각 한 권씩을 다 보았을 때 생각의 과정을 정리해나가야지 하며 썼던 그 종이들이 모이고 모여 한 묶음이 되어 있었다. 그 과정에서 내 실력은 말할 수 없을 정도로 향상되었고 전에 없던 자신감을 갖게 되어 행복했다.

물론 재수하는 약 구 개월 동안 처음의 마음이 언제나 강했던 것은 아니었다. 불안한 내 미래에 대한 공포로 공부가 손에 잡히지 않은 적도 있었고, 이성문제로 가슴앓이한 적도 있었고, 현실에 대한 자탄을 술과 담배로 잊으려다 더욱 가라앉고 있는 나를 만난 적도 있었다. 그때마다 나는 마지막이 될 도박판에 일 년이라는 시간을 배팅한 빈털터리에 불과하다는 생각이 너무나도 강하게 들었다. 그리고 물에 빠지지 않기 위해 허우적대듯 탈출을 꿈꿨고 어느새 다른 것들을 서서히 잊고 또다시 공부를 하고 있었다.

하지만 수능시험 결과 서울대에 원서를 넣을 만큼의 성적은 얻지 못했고, 뒤늦게 알았지만 내신이 안 좋아서 원래 서울대 응시는 거의 불가능했다. 그리고 우연인지 필연인지, 또 다시 어느 대학에서도 나에게 합격증을 주지 않았다. 특차대, 특차, 정시 가, 나, 다, 라군 모두 나에게 실망을 넘어선 절망을 안겨주었다. 재수니까 더이상은 시간을 끌 수도 없었기에 나름대로 하향지원까지 충실히 했는데 운조차도 따라주지 않았다.

벼랑 끝에 서 있다는 생각이 들었던 재수생활의 끝이 벼랑 아래로 떨어지는 것만 같았다. 그때 너무도 감사하게 아버지는 쉽지 않은 판단을 하시고 살며시 웃으시며 한 번 더 해보라고 용기를 주셨다. 두 다리에 힘이 풀려 주저앉고 싶은 생각이 들었지만 가족들이 나에게 준 격려는 다시 한번 해보자는 용기를 주었다. 전에는 친구들이 해주는 응원의 한마디도 그냥 인사치레겠지 하며 넘어간 게 사실이었다. 그러나 나에게 두 번씩이나 찾아온 시련의 시간 동안 주위의 사람들을 둘러볼 수 있었고 그들에게 고마웠다. 그리고 용기를 얻어 다시 학원으로 갔다.

삼수는 죽어도 못하겠다고 생각했었는데 학원으로 간 내가 얼마나 비참하게 느껴지던지 길을 가다가 아는 사람을 만나는 것이 무서울 정도였다. 나중에 대학에 붙고난 뒤 어머니 말씀을 들으니 아버지가 가장 걱정하신 것이 내가 대학을 못 가는 것이 아니라 성격파탄자처럼 되지 않을까 하는 것이었단다. 삼수를 할 때 재수할 때만큼 마음의 정리가 되지 않았는지 성적이 잘 나오지 않았다. 마음의 조바심은 갈수록 더해가고 성적은 오히려 떨어지고 있으니 도저히 참아낼 수 없는 고통을 겪는 것만 같았다. 그래서 삭발을 했다. 그때는 추울 때라 귓가를 스쳐가는 바람에 머리가 시원해져오는 느낌이 너무 좋았고, 그 바람에 내 고민들을 털어버리고 싶었다.

2월 중순에 삼수를 시작하고 4월초에 삭발까지 했는데도 크게 변한 것이 없었다. 재수 때처럼 공부했지만 아무것도 더 얻는 것이 없었으니 답답하기만 했다. 그래서 한동안 책을 덮어버렸다. 그리고 생각했다. 내가 왜 삼수를 하고 있는지, 남들이 대학생활을 즐기고 있을 때 나는 왜 사서 고생을 하고 있는지, 그리고 내가 어떻게 해야 하는 것인지…… 나에게는 꿈이 있었다. 내가 꿈꿔왔던 것들을 위해 공부를 해야 했다. 난 내가 한 마리 개구리처럼 멀리 나아가기 위해 몸을 좀 더 오래 움츠리고 있다고 굳게 믿었다. 재수생활은 고등학교 때와는 다른, 해본 사람만이 알 수 있는 재미가 있지만, 삼수 생활은 무미건조한 시간이었다. 그 속에서 나는 나 자신을 강하게 다스리려고 노력했다. 이 정도도 이겨내지 못하면 앞으로 힘든 세상에서 혼자서 할 수 있는 것은 아무것도 없다고 믿었기에 꼭 해내야만 한다고 하루에도 몇 번씩 다짐했다. 그리고 수능을 치르게 되었다.

세번째 들어가는 수능시험장은 다시는 가고 싶지 않은 곳으로 기억된다. 세 번의 시험을 치르는 동안 어찌 그렇게도 변덕 심하게 문제가 나오던지 아직도 해마다의 정부 교육책임자들의 이름이 잊혀지지 않을 정도다. 삼수 때 치른 수능은 하루 종일 정신을 놓을 수가 없었다. 문제가 쉬웠던 그 전년도와 비슷한 난이도라는 말만 믿었던 순진한 나는 언어영역부터 외국어영역까지 어느 영역 하나 조금의 긴장도 늦출 수 없었다. '여기까지 와서 더이상 물러날 수 없다' 고 매순간 순간 자기최면을 걸면서 시험을 치렀고, 시험이 끝나고 운동장을 걸어나올 때는 정신이 혼미할 지경이었다. 그리고 나는 몇 년만에 정말 행복한 겨울을 맞았다. 서울대 사회과학대와 동국대 한의예과 합격증을 두 손에 쥐고 갈등하면서 내 입가에 돌던 미소와 온 가족이 눈물을 훔치던 모습이 아직도 기억난다.

서울대가 뭐길래 그토록 나를 열망하게 만들었는지 지금 생각해보면 웃음이 난다. 서울대에 들어와서 학교를 보면 여러 가지 문제점도 많이 지니고 있는데 그땐 왜 그렇게 철이 없었는지…… 지금 생각해 보면 무엇보다 중요한 것은 대학의 이름보다는 자신의 삶을 보다 의미 있게 사는 것인데 말이다.

부끄러움을 무릅쓰고 나의 수험생활을 이렇게 당당하게 말할 수 있는 것은 내가 열심히 했다고 말할 수 있다는 것이 뿌듯하기 때문이다. 삶에서 중요한 것은 시간이 흐른 뒤 자기가 얼마만큼 열심히 살았는지 말할 수 있느냐와 연관이 있다고 본다. 대학에 가서 보다 많은 지식을 얻는 것이 당신의 목표라면 좋은 대학에서 당신이 원하는 것을 배울 수 있게 될 때 얼마나 행복하겠는가? 그러기 위해 공부해야 한다면 보다 더 열심히, 굳은 의지와 신념을 가지고 공부할 수 있길 바란다.

최정성 kaiser1202@hanmail.net
삼천포 제일중학교－진주고등학교－삼수 • 1981년생 사수자리 • A형 • 없다.

1. 슬럼프를 어떻게 극복했나요?

서울대에 합격한 선배들이 소개한 슬럼프 비법은 가장 평범하면서도 가장 보편적인 것들이었습니다. 특별한 비법 없이 그냥 꾸준히 공부하다 보면 괜찮아진다, 슬럼프라고 자꾸 생각하면서 지나치게 신경을 예민하게 하지 않고 자신감을 가지기 위해 애썼다, 공부가 아닌 다른 활동(운동, 영화, 비디오, 음악 등)을 통해서 잠시 휴식을 취하면서 마음의 안정을 되찾았다, 마인드 컨트롤로 동기부여를 했다, 가까운 사람과 대화를 나누며 마음의 안정을 찾았다, 대략 이 정도로 분류할 수 있겠네요.

그 밖에 눈에 띄는 답변으로는, 아무 생각 없이 계속 문제를 풀었다, 열심히 공부했던 때의 내 모습을 떠올렸다, 계획을 더 꼼꼼하게 세우고 그 계획을 실천했다, 공부할 만한 새로운 장소를 탐색했다, 일기를 썼다, 이곳저곳 돌아다니며 마음의 여유를 다시 되찾았다, 서울대학교 교정을 찾아가 목적의식을 고취했다 등의 답변이 있었습니다.

왜 이리 공부가 안 되지? 나, 슬럼프인가봐…… 이렇게 자꾸 초조하고 불안하게 생각하지 마세요. 공부하다보면 잘 되는 날도 있고 안 되는 날도 있는 게 당연하잖아요. 마음의 여유를 가지고 멀리 보면서 긍정적인 마음을 갖는 것이 가장 좋은 슬럼프 극복 비법이랍니다.^^

2. 나만의 스트레스 해소법은?

스트레스 해소법은 다들 비슷비슷하네요.^^ 음악을 듣거나 자신이 다룰 수 있는 악기를 연주하면서 스트레스를 해소하거나, 만화책을 읽으면서 기분 전환을 했네요. 그 중에서 선배들이 추천한 만화책은 다음과 같습니다. 『닥터 노구찌』 『오디션』 『도박묵시록 카이지』 『슬램덩크』 『원피스』 『열혈강호』.

좋아하는 운동을 하면서 땀을 빼면서 스트레스도 날려버리는 활동적인 유형도 있었습니다.

그 외에, 잠을 잤다, 오락실에서 펌프나 디디알을 했다, 게임을 했다, 짧은 여행을 다녀왔다, 수다를 떨었다, 독서를 했다(그 중에서도 『페르마의 마지막 정리』〔교우사〕를 추천해주었습니다), 엄마와 대화를 나누었다 등의 답변이 있었습니다.

음악을 통해서든, 만화책을 보면서든, 혹은 운동을 하면서든 뭐든 자신이 좋아하는 걸 즐기면서 잠시 머리도 마음도 쉬게 해주는 것. 그러면 새로운 힘이 다시 차오르겠지요.

3. 스트레스 해소시 조심하거나 피해야 할 점이 있다면?

스트레스를 잘 해소하는 것은 정말 중요한 일이지요. 하지만 분명히 주의해야 할 점이 있습니다. 텔레비전 드라마 시청, 컴퓨터 게임이나 채팅, 인터넷 서핑 등 중독성이 있는 건 아예 하지 말 것. 만약 게임의 중독에 빠졌을 경우에는 컴퓨터를 아예 없애버리거나 게임 시디를 부숴버렸다는 과격한(?) 증언도 있었습니다. 그리고 평소의 공부 리듬을 깰 정도로 무리하게 놀지 말 것. 스스로 절제할 것. 놀 때는 즐겁게 놀고 그리고 나서 싹 잊어버리고 다시 공부에 집중할 것.

그 외에, 반항적이고 폭력적인 방법으로 스트레스를 해소하는 건 오히려 해가 된다, 노는 것과 쉬는 것을 혼동하지 말 것, 운동을 너무 심하게 해서 부상을 당하거나 지칠 정도로 하는 것은 피해야 한다, 공부해야 한다는 죄책감에 쫓기는 마음으로 놀지 말고, 즐기는 순간은 최대한 즐겨라, 인스턴트 음식을 피하라 등의 체험에서 나온 실제적인 조언들이 눈에 띄었습니다. 반면에 너무 참아도 병이 되니 정 하고 싶은 건 하라는 답변도 재미있군요.

결국 스트레스 해소할 때 주의사항은, 놀 땐 확실히 놀고, 공부할 땐 집중해서 공부하자! 이 말이군요.

7

수시 합격, 준비하는 사람에게 기회가 오게 된다

김혜영 '제대로' 아는 것이 중요하다

심효정 03학번 새내기의 수시 합격기

강명훈 수시냐 정시냐

이슬기 Make hay while the sun shines

김은경 대학입시는 정보 전쟁

'제대로' 아는 것이 중요하다

김혜영 서울대 법학과 00학번

사실 나는 공부를 뛰어나게 잘하는 학생이 아니었다. 단지 '잘하는 편' 이었을 뿐이다. 더욱이 그다지 공부를 열심히 하는 학생도 아니었다.

나의 고등학교 시절은 무척이나 힘들었다. 집안의 경제적인 사정도 좋지 않았고, 2학년 때는 어머니께서 세상을 떠나셔서 한동안 정말 살고 싶지 않을 만큼 절망에 빠지기도 했었다. 그리고 그 이후 한동안은 혼자 살면서 스스로 도시락을 싸서 학교에 다녀야 했다. 혹 주변에서 보기에 내가 지금 서울대학교 법학부 학생이 되어 있는 모습이 다소 신기할 수도 있을 거라고 생각한다. 그러나 내 스스로는, 단지 운이 좋아서 여기까지 올 수 있었던 것이라고 말하고 싶지 않다. 가능성은 누구에게나 있고, 그 가능성을 실현하는 방법도 모두 제각각이다. 나는 내가 하고 싶고, 할 수 있는 일을 최선을 다하여 함으로써 내 안에 있는 가능성을 실현한 것이다.

나는 학교장 추천전형을 통하여 대학교에 입학했다. 따라서 내가 보다 실질적으로 후배들을 위하여 도움을 줄 수 있는 부분은, 공부하는 방법이나 성적 관리에 대한 것보다는 학교장 추천전형에 대한 것이 아닌가 생각된다.

중학교 3학년 때 전국 논술 경시대회에 참가하여 큰 상을 받은 적이 있다. 교육부에서 주최하고 서울대학교에서 주관하는 대회였는데, 학교 대표로서 지역 예선을 치르고 대구광역시 대표로 선발되어 전국 대회에까지 참가하게 되고 금상을 받게 되었던 것이다. 논술이라는 것이 무엇인지도 잘 모르던 때인데, 나에게 이런 재주도 있었나 싶어 매우 놀라웠다.

그 전까지 나는 화학자가 되고 싶어 과학고등학교에 가려고 마음먹고 있었다. 그러나 그 상을 받게 된 이후로 서서히 나의 꿈이 바뀌기 시작했다. 주변 사람들은 나의 논리적인 글쓰기 재능을 살려 법대에 가라고 권하기 시작했다. 때맞춰 학교에서 실시한 모든 적성검사에서도 과학적 재능보다 언어적 재능이 뛰어나다는 결과가 나왔다. 주변의 상황이나 남들의 말에 그렇게 쉽게 휩쓸리다니, 지금 생각하면 좀 부끄럽지만, 그때 나는 별 고민도 없이 내가 정말 좋아하는 것은 과학이 아니라 국어 아니면 사회라는 결론을 내렸다. 솔직히 말해서, 특기적성 교육을 확실하게 받지 못하는 우리 나라 학생이 중학교 때부터 확고한 자아를 가지고 진로를 설정하기란 무척 힘든 일일 거라 생각한다.

아무튼 그 순간부터 나는 법과대학을 꿈꾸기 시작했고, 국어와 논술에 더욱 신경을 쓰기 시작했다. 신경을 썼다고 해서 매일 몇 시간씩 거기에 매달리거나 특별한 교육을 받거나 아니면 문제집을 사다가 풀거나 한 것은 아니다. 단지 평소에 하던 대로 여러 가지 글을 많이 읽고, 생각을 정리해보고, 그와 관련된 대회가 있을 때에는 꼭 나가보려고 애를 쓰는 정도였다. 내가 겪은 여러 가지 일이나 사회 문제 등에 대한 나의 생각을 일기장에 자세히 적곤 했던 것도 많은 도움이 되었다. 일기건 편지건 어떤 글을 쓸 때에도, 항상 이 글을 통하여 남들을 설득할 수 있어야 한다는 생각을 기본적으로 염두에 두고, '이것만은 내가 잘할 수 있는 일이다' 라고 내 자신을 굳게 믿었다.

고등학교 때에도 전국 국어 경시대회에 대구광역시 대표로 참가하게 되었고, 좋은 결과를 거두었다. 중학교 때 참가했던 논술 경시대회가 국어 경시대회로 명칭이 바뀌어 있었던 것이다. 논설문이 아닌 보다 자유로운 형식으로 글을 쓸 수 있도록 되어 있었고, 말하기 부문도 추가되어 있었다. 이러한 경험이 학교장 추천전형을 치르는 데 많은 도움이 되었음은 두말할 나위도 없다. 그때에 대구광역시 고등부 대표로 함께 전국 대회에 참가한 열 명 중에 다섯 명이 지금 나와 같은 학과 동기생이 되어 있다. 상을 받은 학생들에게 특별히 주어지는 가산점 같은 것은 없었지만, 국어 경시대회 때의 글쓰기와 말하기 경험이 논술과 면접을 치르는 데 매우 큰 도움이 된 것이라 생각한다.

이제 본격적으로 학교장 추천이나 수시모집 전형에 대한 이야기를 시작해보자.

수학능력시험을 치르기 전에 모집을 시작하는 모든 전형에서 중요한 기준으로 삼는 것이 우선 내신 성적이다. 그러나 나의 경우, 내신 성적이 그다지 좋지 못했음에도 별다른 문제가 되지는 않았다. 솔직히 과목별 등수를 보면 아주 참담할 정도였다. 음악과 체육 같은 과목은 다른 학생들에 비하여 절대적으로 못했다. 1학년 1학기 기말 성적표의 음악 등수는 8백여 명 중 6백여 등이었던 것으로 기억한다. 독일어나 가정과 같이 수학능력시험을 보지 않는 과목은 별로 신경을 쓰지 않았던 것이 사실이다. 객관적으로 '못했다' 라고 하기엔 무리가 있는 점수이지만, 완벽과는 거리가 멀었다.

흔히 말하는 주요 과목, 그러니까 영어와 수학 같은 것도 사정이 크게 다르지는 않았다. 학교 수업은 교과서가 아닌 여러 가지 문제집을 병행하면서 진행됐고, 그런 문제집에서 문제를 뽑아서 시험을 보는 등 내 개인적으로는 시험이라는 것에 대한 애착과 신뢰를 가질 수 없는 상황이었다. 시험에 나올 문제를 외우는 등의 방식으로, 단지 대학에 가기 위하여 재미도 없고 납득이 가지 않는 공부를 하기에는 내가 너무 고집이 셌나 보다. 1학년 때부터 매달 치르던 수학능력시험 모의고사에서는 내신 성적보다 월등히 좋은 성적이 나오곤 했기 때문에 별다른 위기의식도 없었다. 그러나 고등학교 2학년 때 어머니께서 돌아가시고 난 이후에는 마음의 상처를 잘 극복하지 못하여 내신 성적이 더욱 떨어지기도 했다.

사실 서울대학교에 원서를 내는 학생들의 내신 성적은 모두 완벽에 가까울 정도라고 들었다. 그러나 그것을 거꾸로 생각해보면, 그렇기 때문에 내신 성적으로는 우열을 가리지 못한다는 이야기가 된다. 나는 솔직히 전혀 걱정이 되지 않았다. 복잡한 내신 계산 과정을 일일이 따져보며 합격 가능성을 점치지도 않았다. 내가 신경써야 할 부분은 논술과 면접이었다. 더욱이 불합격한다 할지라도 수학능력시험을 잘 치르면 또다시 도전할 수 있다는 여유도 있었다.

논술과 면접을 치르기 전에 우선 자기소개서를 써서 내신과 함께 일차 서류전형에서 통과되어야 한다는 과제가 있었다. 자기소개서의 경우, 당연한 이야기이지만, 어찌 되었건 자기 손으로 써야 한다. 고교장 추천전형을 같이 준비하던 친구들 중에는 학원 선생님이나 학교 선생님에게 부탁해서 자기소개서를 대신 쓰게 하는 경우도 분명히 있었다. 그러나 그런 친구들 중 좋은 결과를 얻은 사람은 한 명도 없었다. 자기를 소개하는 일을 자기 자신보다 더 잘할 사람이 어디 있겠는가. 그런 정도의 자신감도 없다면 이루어낼 수 있는 일이 무엇이겠는가. 그리고 본인이 아닌 다른 사람이 쓴 소개서는 교수님들께서 당연히 다 알아보시고 걸러낸다고 생각한다. 물론 자기소개서를 본인이 직접 작성하고 난 다음 여러 사람에게 보여주며 조언을 얻고 형식을 다듬는 정도의 과정은 필요하다. 그러나 그런 경우에도 절대로 주변 사람들의 의견에 휘둘려서는 안 된다. 백 명에게 물어보면 백 가지 조언이 나올 것이다. 따라서 언제나 자기가 쓰고 싶은 내용을 쓰고 싶은 방식으로 쓴다는 원칙을 무너뜨려서는 안 된다.

한 가지 이야기하고 싶은 것은, 누구나 할 수 있는 천편일률적인 이야기는 피해야 된다는 것이다. 연말 시상식에서 수상소감을 이야기하는 배우나 가수들을 생각해보자. "여기까지 올 수 있게 도와주신 모든 분들께 감사하고요, 앞으로 더 열심히 하겠습니다" 이런 수상소감을 듣고 감동하는 사람은 아무도 없을 것이다. 설사 그것이 사실이라고 해도 말이다. 자기소개서의 경우, '어려서부터 부모님께 정직해야 한다는 것을 배웠고, 모든 일에 최선을 다해야 한다는 마음가짐으로 살고 있으며' 등등의 내용은 그냥 생략해도 된다. 그것보다는 특별한 에피소드나 자신을 바꿔놓은 작은 계기를 사실적으로 묘사하는 것이 더 인상적일 것이다. 그러나 천편일률적인 듯한 내용도 독특하고 신선하게 표현해낼 수만 있다면 별 문제는 없다.

그리고 자기소개서를 쓰면서 '오버하지' 않도록 주의해야 한다. 아직 대학 입학 전이므로 그 학과에 대하여 아무것도 모르는 것이 당연하다. 한 친구가 썼던 자기소개서가 기억이 난다. 같은 학과에 지원한 것은 아니었지만 아무튼 그 친구는 너무나도 철저한 조사 끝에 고등학생의 일반 상식으로는 도저히 알 수 없는 그 학과와 관련된 전문적인 직업들을 언급해가며 자기소개서를 썼다. 정말 내가 쓴 자기소개서가 형편없어 보일 정도로 혀를 내두르게 만드는 내용이었다. 그러나 그 친구는 서류전형에서 탈락하고 말았다. 면접을 볼 기회조차 얻지 못한 것이다.

그후 내신도 거의 완벽하고 활동 경력도 화려한 그 친구가 서류전형에서조차 합격하지 못한 이유에 대하여 많은 생각을 해봤는데, 내가 내린 결론은 이것이다. 교수님께서는 그 친구가 너무 앞서간다는 생각을 하셨던 것이 아닐까. 어떤 학과를 지원하는 고등학생에게 그 학문을 선택하게 된 대략의 동기라든가 그 학문에 대한 상식적인 관념 정도는 있을 수 있다. 그러나 정작 그 학문을 공부해보지 않고는 정확한 진로를 설정하기 힘든 것이 당연하다. 나도 고등학교 때에 생각하던 법이라는 것과 지금 생각하는 법은 판이하게 다르고, 그에 따른 약간의 진로 수정이 불가피하였다. 그러나 일개 고등학생이 그 학문의 세계에 발을 들여보지도 않고서 이런 직업 저런 직업 떠들어댔으니 조금은 건방지게 보였을지도 모른다. 아니면 대학을 공부하는 곳이라고 생각하기보다는 성공적인 직업을 갖기 위한 하나의 발판 정도로 생각하는 것이 아닌가 하는 의심을 품게 하였을 수도 있다. 물론 그것이 엄연한 우리 사회의 현실이기에 그런 생각이 잘못되었다고 보기는 힘들지만, 교수님들 입장에서는 조금 서운하기도 할 것이다. 본

질적으로 대학은 학문 연구, 즉 공부를 하는 곳이니까 말이다.

정말로 그 분야에 대하여 전문적인 지식을 가지고 있다면 넌지시 암시하는 정도가 적당하다고 본다. 그것은 나의 경력이 증명해주거나 아니면 면접과정에서 당연히 드러날 것이기 때문이다.

논술의 경우, 내가 시험을 본 해에는 비교적 평이한 문제가 나왔고, 그것이 서울대학교 논술 문제의 대체적인 경향이 아닌가 생각된다. 평이하다는 말은, 주제 자체가 평이하다기보다는 문제의 형식이 평이하다는 이야기다. 평이한 주제는 아예 논술 문제가 될 수 없다. 이미 답이 나와 있는 문제라면 더이상 논의의 여지가 없는 것이 아니겠는가.

그때에 나왔던 문제는 소시민화 현상에 대한 것이었다. 문제의 형식이 정확히 기억나진 않지만, 예를 들면 'A와 B의 입장을 각각 비교 분석하고, 그 중 어느 한쪽의 입장을 선택하여 옹호하는 글을 써라' 는 식이었다. 얼마나 친절한 문제인가. 그냥 하라는 대로 하면 된다. 서론을 쓰고, 본론의 첫 문단은 A의 입장, 다음 문단은 B의 입장, 마지막 문단은 그 중 하나를 옹호하는 문단으로, 결론은 글의 내용을 정리하고 자신의 주장을 한 번 더 강조하는 형식으로 계획하면 개요 짜기는 끝난 것이다. 본론의 마지막 문단은 중요한 내용, 즉 글의 주제를 담고 있으므로 두 문단이나 세 문단 정도로 쪼개어 길게 쓰는 것도 좋을 것이다.

고등학교 3학년 때 연세대학교와 고려대학교에서 실시하는 논술대회에 나가본 적이 있는데, 두 학교 모두 문제가 매우 어려운 편이었다. 일단 주어진 글의 주제가 모호할 뿐만 아니라, 글의 형식에 대한 어떠한 힌트도 없어 자신 있게 글을 쓸 수가 없었다. 예를 들면 주제가 모호한 소설 중의 한 부분을 지문으로 주고, 다른 어떤 지시도 없이 단지 주인공의 입장에 대한 자신의 생각을 서술하라는 문제를 달랑 내는 식이었다. 이런 경우, 결과는 전적으로 평소의 자질에 달렸다고 생각한다. 문제에 나온 글을 한 번이라도 접해보고, 또 그 주제에 대하여 많이 고민해본 학생이 압도적으로 유리하다는 것이다. 어떻게 생각하면 운이 좌우한다고 볼 수도 있다. 그러나 서울대학교의 논술 문제는 그렇지 않은 것 같다. 누구나 자신감을 가지고 꾸준히 연습하면 좋은 결과를 얻을 수 있다.

너무 상식적인 이야기지만 또한 너무 중요한 이야기라 꼭 짚고 넘어가고 싶은 것은, 논술을 쓰기 전 꼭 개요를 짜야 한다는 사실이다. 아니 논술을 쓰기 전 개요를 짜는 것이 아니라, 개요 짜기가 거의 논술의 전부라고 보아도 무방하다. 개요를 짜지 않은 글은 아무리 좋은 내용을 담고 있다 하더라도 그것이 적절하게 배치되어 있지 않아 읽는 사람을 혼란스럽게 하고 설득력이 떨어지게 된다. 맞춤법과 같은 기본적인 사항은 많이 읽고 많이 쓰는 것만이 최선의 해결책이다. 그런 부분은 하루아침에 되는 일은 아니다.

요즘은 일찌감치 학원 등을 통하여 논술에 대비하는 학생들이 많은 것 같다. 글을 쓰는 능력은 많이 읽고 많이 생각하는 데서 나오는 것이기 때문에 학원에 크게 의존하는 것은 좋지 않다. 너무 형식적인 면에 치우친 글만 쓰게 될 수도 있다. 그러나 학원에서 독서와 토론 등을 통하여 폭넓게 생각을 키워주는 방식으로 지도한다면 많은 도움이 될 것이다. 나의 경우 평소에 학원을 다닌 적은 없고, 고등학교 3학년 때 학교장 추천전형을 준비하면서 한 달 조금 넘게 논술 학원을 다녔다. 입시가 얼마 남지 않은 상황에서 실전에 대비하는 마음으로 다닌 학원이니만큼, 문제 해석과 개요 짜기 등 기술적인 측면에서 다소의 도움을 받았다고 생각한다.

면접에 대해서도 하고 싶은 이야기가 꽤 많다. 면접을 보러 서울에 올라왔을 때 내가 가지고 간 옷가지는, 입고 있던 교복과 하룻밤을 지내기 위한 잠옷뿐이었다. 그런데 면접 전날 받은 안내서에는 면접시 신분 노출을 막기 위하여 교복은 안 되고 사복만 허용한다는 내용이 나와 있었다. 할 수 없이, 조용하게 마음을 가라앉혀야 할 면접 전날 저녁에 부랴부랴 아버지 몰래 통장에 숨겨두었던 돈 몇 만원을 출금해서 어디인지도 모르는 동네로 옷을 사러 가는 어처구니없는 사태가 벌어지기도 했다.

면접 당일, 내 앞번호 학생이 면접실에 들어간 후 면접실 문 바로 바깥에 있는 의자에 앉아 기다리게 되자, 정말 너무너무 떨렸다. 내 생애 가장 떨리는 순간이 아니었나 싶다. 진행을 도와주시던 대학원생 같은 분이 어쩔 줄 모르고 안절부절하는 내 모습을 재밌다는 듯이 싱글싱글 웃으며 쳐다보고 있었다.

들어오라는 말을 듣고 일부러 조금도 망설이지 않고 벌컥 문 손잡이를 돌렸다. 그리고 안으로 들어가 조심스레 문을 닫는 바로 그 순간, 지금까지 그렇게도 떨리던 마음이 거짓말처럼 싹 가라앉았다. 아마도 나를 보며 온후하게 웃고 계신 교수님들 덕분이 아니었을까. '나를 곤란하게 하려는 것이 아니야. 나와 이야기를 하려는 거야.' 이런 생각이 은연중에 들었던 듯하다.

면접은 편안한 분위기로 진행되었다. 교수님들은 나를 당황하지 않게 하려고 애쓰시는 듯했다. 읽은 책에 대하여 질문하시는 교수님도 계셨고, 내가 생각하는 나 자신의 장점 등에 관하여 질문하시는 교수님도 계셨다. 장래 희망을 물어보시기에 '높은 지위나 뚜렷한 업적을 바라기보단 법조인으로서 내가 옳다고 생각하는 일을 하면서 평생을 사는 것' 이라고 대답했더니 '여기는 그런 소박한 법조인을 키우는 곳이 아닌데' 하시는 교수님이 계셨다. 그러나 사람마다 가치관은 다르기 마련이라는 것을 교수님께서도 충분히 생각하고 계셨을 것이고, 그래서 나에게 좋은 점수를 주신 것이 아닐까.

심층 면접은 한결 어려웠다. 일단 학생 자신이 사례 문제를 뽑고, 그에 대하여 5분 정도 생각할 시간을 가진 다음, 면접실에 들어가 대답하는 방식으로 진행되었다. 내가 뽑은 사례문제는 동아리방에서 자유롭게 노래를 부르기 원하는 학생들과 조용한 연구 환경을 원하는 교수님들 사이의 마찰에 대한 내용이었다. 나는 '학교는 일차적으로 공부를 하는 곳이기 때문에 시끄럽게 굴어서 다른 사람들에게 피해를 주면 안 된다' 라는 내용으로 실컷 교수님들 편을 들었다. 그리고 공교롭게도 입학 후 나는 그 문제를 실제로 일으켰던 노래 동아리에 들어가 활동하게 되었다.^^;;

면접에서 주의할 것은, 너무 긴장해서 자기 자신을 잃어버려서는 안 된다는 것이다. 나는 그렇게 잘난 사람도 아니지만 그렇다고 못난 사람도 아니며, 특별하게 잘난 사람은 별로 많지 않다는 생각을 가져야 한다. 다 똑같은 고등학생들일 뿐이다. 결국 좋은 점수를 받는 방법은 솔직하게 자기를 보여주는 것뿐이다. 면접도 일종의 대화이므로, 대화를 할 때 솔직하고 자연스러운 사람에게 더욱 끌리는 이치를 생각해보면 된다.

한 가지, 교수님께 반문을 하는 것은 좋지 않게 보인다. 예를 들면 "교수님이라면 그러실 수 있겠습니까?" 라는 식의 화법을 쓰는 것 말이다. 면접은 자기 자신을 드러내는 것이다. 남을 끌어들이는 것은 비겁해 보인다. 교수님뿐 아니라 다른 사람을 끌어들이는 것도 마찬가지이다. "보통 사람이라면 이렇게 하지 않겠습니까?" 등의 표현을 사용하는 것은, 내가 특별하지도 자주적이지도 않으며, 남들이 하는 대로 휘둘리는 사람임을 드러내는 꼴이 된다. 물론 그러한 화법이 공감대를 끌어내는 경우도 있다. 하지만 만에 하나 그러지 못했을 경우에 그 결과는 상당히 부정적이다.

면접에서 주의할 것은, 너무 긴장해서 자기 자신을 잃어버려서는 안 된다는 것이다. 다 똑같은 고등학생들일 뿐이다. 결국 좋은 점수를 받는 방법은 솔직하게 자기를 보여주는 것뿐이다.

무엇보다도 면접은 그냥 대화이다. 정답은 없다. 최선을 다해서 상황에 맞게 자신을 드러내면 된다. 논리적이고 똑똑해 보이도록 대답해야 한다는 부담은 갖지 않는 것이 좋다. 모르면 모른다고 대답하면 된다. 단, '모르는데 어쩌라고' 라거나 '그런 걸 누가 알겠냐' 는 식으로만 들리지 않으면 된다. 나도 면접 도중 모른다고 얘기한 경우도 있고 때로는 말문이 막히기도 했다. 그러나 당락에 전혀 지장이 없었으니 내가 지금 이 자리에 있는 것이 아니겠는가. 면접 또한 학원 같은 곳에서 많이 도와준다고 들었다. 그러나 그 효과에 대해서는 솔직히 의문이다.

학교장 추천전형에 대한 대략의 중요한 이야기는 거의 한 듯하다. 꼭 덧붙이고 싶은 말은, 일단 자기가 좋아하는 것을 찾고, 그런 다음 그것에 관해서는 확고한 자신감을 가지라는 것이다. 서슴없이 자기 자신을 믿고, 자기가 좋아하는 일을 하며, 그에 관한 기회가 왔을 때에는 놓치지 말고 붙잡을 것. 내가 원하던 대학에 올 수 있었던 비결은 바로 그것이다. 만약 내가 망설이고 또 망설이다가 결국 논술 대회

같은 건 나가지 않았더라면, 혹은 학교장 추천전형 같은 것에는 아무 관심 없이 수학능력시험 공부만 했더라면 지금쯤 어떻게 되었을까.

지금까지 한 이야기는 그냥 친한 선배가 떠는 수다 정도로 들어줬으면 좋겠다. 자신에게 맞는 부분이 있으면 귀 기울여도 좋지만, 그렇지 않다고 생각하면 과감히 무시해야 한다. 사람의 성공에는 수만 가지 변수가 복합적으로 작용하기 때문에 어떤 변수 몇 가지만을 가지고 옳고 그름을 판단하는 것은 어리석은 노릇이다.

이 글을 읽는 분들 모두 자기 나름대로의 공부방법과 성공의 비법을 찾길 바란다. 그리고 지금 내가 목표하던 대학에 와서 원하는 공부를 하고 있어 몹시 행복하듯이, 이 글을 읽는 여러분들에게도 행복이 찾아오길 빈다.

김혜영 editor81@hanmail.net
대구 상인여자중학교－원화여자고등학교 • 1981년생 게자리 • A형 • 없다.

03학번 새내기의 수시 합격기

심효정 서울대 약학과 03학번

고3 초에 담임선생님과 상담을 하면서 수시냐 정시냐의 갈림길에서 고민했었다. 내신 전교 석차와 모의고사 전교 석차가 거의 비슷했던 나는 고민 끝에 수시와 정시 모두에 도전하기로 했다. 그래서 1학기 동안은 내신과 수능을 동등한 비중을 두어 공부했다. 수시에는 좋은 내신 성적이 필수적이었기 때문이다. 큰 비중을 차지하는 면접에도 신경을 써야 했지만 따로 시간을 내기는 힘들었기 때문에 선택 과목이었던 화학2를 조금 더 깊게 공부하는 정도로 했다. 그리고 서울대학교는 자기소개서의 비중이 꽤 높다고 들어서 공부하다가 틈틈이 소재 등을 정리하고 조금씩 써뒀었다. 수상경력을 쌓기 위해 수학경시대회에 응시하기도 했다.

어느덧 여름방학이 되었다. 날씨가 더워 1학기 때 공부했던 수능 과목을 한 번 정리하는 것도 힘들었다. 수험생활중에는 슬럼프가 한번씩은 찾아온다고 들었는데 나는 이때가 슬럼프였던 것 같다. 집중력이 떨어지고 공부시간은 점점 줄어들고 공부가 안 되서 자습시간에 몇 번 빠지기도 했다. 그런데 나는 그 당시 슬럼프를 자각하지 못했고 여름방학이 끝나자 자연스럽게 슬럼프가 없어졌다. 주변에는 슬럼프를 너무 심각하게 생각하고 '나는 이제 끝이야, 공부가 안 돼' 등의 비관적인 생각을 하는 친구들이 있었다. 그런 친구들은 대부분 슬럼프 기간도 길었고 타격도 컸다. 슬럼프 기간에는 그것을 자연스럽게 받아들이고 기분전환의 시간을 갖는 것이 가장 좋다.

여름방학 기간에 슬럼프에 빠진 탓에 면접 준비를 거의 못한 아쉬움을 남긴 채 어느새 2학기가 다가왔고 수시모집 원서를 쓰게 되었다. 과는 전부터 약학과로 정해두고 있었다. 나는 원래 과학자가 되는 것이 꿈이었는데 안정된 직장을 갖기가 힘들다는 것이 마음에 걸렸다. 그러나 약학과는 대학원까지 진학해서 연구소에서 근무하는 경우가 많다. 그리고 연구원으로서 정년퇴직하더라도 약사로서 일할 수도 있어 가히 평생직장이라 할 만하다. 평소 신약 개발 쪽으로도 흥미가 많던 터라 나에게 딱 맞을 것 같았다. 나의 희망과 안정성이 결합된 최적의 학과를 찾은 것이었다.^-^ 담임선생님께서는 경쟁률이 높아서 떨어질지 모른다며 안정권으로 다른 과를 권유하셨지만 나는 혹여 떨어지더라도 내가 가고 싶은 약학과에 꼭 지원해야겠다고 결심했다. 그리고 그동안 조금씩 준비했던 자기소개서와 생활기록부, 원서를 접수하면서 꼭 합격하기를 빌었다.

수시원서를 접수하고 나자 수능이 한 달 남짓밖에는 남지 않았다. 아직 부족한 부분이 있긴 했지만 총정리에 들어가야 할 시기였다. 이 한 달간은 수능시험날 시간표에 맞춰서 공부를 했고 실전문제를 많이 풀어보았다. 수면패턴도 수능날 가장 실력을 잘 발휘하기 위해서 조절하기 시작했다.

한 달이라는 시간은 금방 지나가고 대망의 수능시험날…… 어머니와 고사장 앞에 도착했다. 떨지 않으려고 마음먹었지만 막상 오늘이 수능시험일이라 생각하니 무척 긴장되었다. 표시를 잘못하거나 밀려 쓰면 어쩌나 하는 생각도 들었다. 불안한 마음을 달래기 위해 심호흡을 몇 번 하고 후배가 주는 커피를 마셨다. 마음이 어느 정도 진정되는 것 같았다. 어머니와 작별인사를 하고 시험장 안으로 들어갔다.

주변에는 슬럼프를 너무 심각하게 생각하고 '나는 이제 끝이야, 공부가 안 돼' 등의 비관적인 생각을 하는 친구들이 있었다. 그런 친구들은 대부분 슬럼프 기간도 길었고 타격도 컸다. 슬럼프 기간에는 그것을 자연스럽게 받아들이고 기분전환의 시간을 갖는 것이 가장 좋다.

1교시 언어영역. 모의 수능에서 예고된 대로 난이도가 꽤 높았다. 간혹 짐을 싸서 집으로 가는 아이들과 몇 장씩이나 못 풀었다며 우는 아이들이 보였다.

2교시 수리영역. 난이도는 그냥 그랬던 것 같다. 어려웠던 건 아니지만 그렇다고 아주 쉬운 것도 아니었다.(집으로 돌아가는 길에 라디오에서 수학이 난이도가 너무 낮다고 나와서 약간 황당했었다.)

3교시 과학탐구와 사회탐구영역. 중요하게 여기는 과학탐구부터 풀었다. 과탐은 확실히 난이도가 좀 낮았던 것 같다. 실수를 방지하려고 두 번 풀었다. 남은 시간 동안 사회탐구를 풀었는데 사탐에 거의 신경을 안 쓰던 나에게는 상당히 어려웠다. 난이도도 평소 모의고사보다 꽤 높았다. 정신을 집중하려고 시험 감독관에게 부탁해서 화장실에 가서 세수를 하고 와서 사탐을 계속 풀었다.

4교시 외국어영역. 내가 치던 시험장 방송 상태가 별로여서 듣기 시험 칠 때 소리가 좀 울렸다. 독해 문제들은 난이도가 보통 정도였다.

결과야 어떻든 최선을 다했으니 됐다고 생각하고 후련한 마음으로 집에 돌아왔는데 텔레비전 뉴스를 보니 작년보다 점수가 많이 올라갈 것 같다는 것이었다. 그때 기분은 정말 암울했었다. 내 예상 수능 점수는 평소 모의고사보다 몇 점 떨어진 것이었기 때문이다. 그런데 다행히도 며칠 후 정정기사가 나왔다.

수능 치고 이틀 후에 수시 1차 합격자 발표가 있었는데 결과는 합격이었다. 혼란스러운 마음을 추스르고 면접일까지 십여 일간은 최선을 다해서 준비해야겠다고 생각했다. 우선 구술면접에 대한 정보를 많이 얻고 실전 경험을 쌓기 위해서 집 근처의 학원을 수강했고 화학2 교과서와 기본서를 공부했다. 수능 끝나고 많은 아이들이 자유를 만끽하며 신나게 놀고 있는 상황에서 면접 준비를 하기는 쉽지 않았다.

11월 19일 면접날. 내가 오늘 하루 어떻게 행동하느냐에 따라 나의 합격 여부가 결정된다고 생각하니 긴장되기도 하고 꼭 잘 해야겠다는 마음이 들었다. 내가 선택한 면접과목은 화학이었다. 대기실에서 다른 학생들과 함께 순서를 기다리다가 내 차례가 되어서 문제지를 받고 10분간 문제를 풀었다. 10분은 눈 깜짝할 사이에 지나갔고 면접실에 들어갔다. 들어가보니 교수님 세 분이 앉아계셨다. 교수님들께 인사한 뒤 내가 푼 과정과 답을 말씀드렸다. 심화전공문제를 푼 다음에는 기초소양문제에 대한 답을 말씀드린 후 인사를 드리고 나왔다.

내가 푼 구술 면접 문제는 다음과 같다.

기본소양: 이지메에 대한 자신의 생각

심화전공 : 화학

1. 탄소화합물 다섯 종류의 화학식이 주어져 있고 제시문을 토대로 그 다섯 종류의 상온(25도라고 가정)에서의 상태를 추정하는 문제.
2. 고분자 화합물에 관한 문제. 단위체 두 종류가 제시되어 있고 그 단위체들이 이루는 중합체가 어떤 것인지, 중합체의 화학식량과 그것을 구성하는 단위체의 화학식량이 제시되고 단위체의 개수를 구하는 문제.

정말 떨리는 순간이었다. 이윽고 시간이 흘러 12월 4일 합격자 발표날이 되었다. ARS에서는 "합격을 축하드립니다"라는 음성이 흘러나오고 있었다.

심효정 shj8453@hanmail.net
부산 초읍여자중학교—성모여자고등학교 • 1984년생 황소자리 • B형 • 매순간 최선을 다하자.

수시냐 정시냐

강명훈 서울대 정치학과 02학번

저는 수시모집을 중점적으로 공략하면서 정시모집에 대비하는 작전을 세웠습니다.

우선 수시모집에 대비하기 위해서는 내신공부를 열심히 할 필요가 있습니다. 보통 제 주위 친구들은 수업시간은 소홀히 보내고 밤늦도록 학원에 가서 공부하는 것에 반해 저는 수업시간에 충실히 임한 후 밤에는 복습을 하고 충분한 휴식을 취했습니다. 학교 시험은 학교 선생님께서 출제하시는 것인 만큼 수업시간에 충실한다면 그 외에 따로 많은 시간을 들일 필요가 없다고 생각했기 때문입니다. 또한 이런 내신이 뒷받침된다면 자연스레 수능에 대한 기초 공부를 쌓을 수 있으리라 생각했습니다. 그리고 밤에 충분한 수면을 취하게 되므로 신체 리듬을 깨지 않아서 체력적인 문제가 없었습니다. 보통 내신공부와 수능공부를 따로 하는 경향이 있지만, 내신공부를 잘 닦아놓으면 수능공부는 내신공부에 기초하여 수능 스타일에 맞는 연습만 해주면 되기 때문에 내신공부를 수능공부의 한 갈래로 생각하는 것이 좋습니다. 저는 하루에 60퍼센트 정도를 내신공부에 투자하여 개념을 이해하고 나머지 40퍼센트의 시간은 수능 문제를 통해 그것을 다시금 복습하고 소화하는 작전을 세우고 진행했습니다.

그러나 한 가지 팁이 있다면, 내신에서는 지엽적인 개념까지 다루는 경향이 있어서 내신시험이 끝나고 나면 그런 지엽적인 개념에 얽매이지 않고 보다 중심이 되는 개념을 중점적으로 공부해야 한다는 것입니다.

그리고 서울대에서는 단순히 공부만 잘하는 학생이 아닌, 여러 방면에서 다양한 경험을 쌓은 학생을 뽑는다고 생각합니다. 수험생활을 하면서도 다양한 분야의 봉사활동과 클럽활동 등의 경험을 쌓는 것이 중요합니다. 저 같은 경우에는 매달 한 번씩은 쉬는 시간을 가지며 그 시간을 봉사활동으로 이용했습니다. 그 활동은 정말 다양한 경험을 가능케 했고, 구술면접고사와 대학생활에 많은 도움이 되었습니다.

2002학년도부터 구술면접고사가 서울대뿐만 아니라 대부분의 대학에서 중요한 변수로 떠오르고 있습니다. 특히 수시모집 2단계에서는 100퍼센트 구술면접을 통해 당락이 결정되기 때문에 빼놓을 수 없는 부분입니다. 이 구술면접고사는 단기간에는 준비하기가 매우 어렵습니다. 하지만 혼자서 준비할 수 없을 정도로 매우 어려운 시험도 아닙니다. 매일 매일 꾸준히 연습하는 길밖에 없습니다.

저는 매일 신문을 보면서 그날의 중요 이슈를 스크랩해두고 제 생각을 일기 형식으로 간단하게 정리하는 연습을 해보았습니다. 잠자기 전 몇 분만 투자해도 가능한 것이었기 때문에 그리 어렵지 않게 할 수 있었습니다. 그리고 이런 연습이 진행될수록 점점 사고의 틀이 잡혀가고 있다는 것을 알 수 있었습니다. 중요한 점은, 아주 간단한 생각이라도 스스로의 생각을 정리하고 스스로 비판해볼 수 있어야 한다는 것입니다. 그리고 이런 과정을 일관성 있게 계속 진행했을 때 스스로가 놀랄 정도로 사고력이 발달하는 걸 경험할 수 있을 것입니다.

또한 저는 구술면접고사를 대비하여 친구들과 많이 토론을 했습니다. 다 같이 대학입시를 준비하는 입장에서 서로 시간을 내기가 빠듯한 경우에는 점심 시간에 같이 밥을 먹으면서 간단하게나마 서로의 생각을 확인하고 비판하고 보충하는 시간을 가졌습니다. 그러면서 면접을 치르기 전 긴장감을 많이 해소하고, 토론의 기본 수칙들을 몸에 익힐 수 있었습니다. 게다가 자신의 생각을 다시 한번 정리하는 좋은 기회였고요.

그리고 구술면접고사를 너무 어렵게 생각하지 않고 교과서를 중심으로 준비했습니다. 사실 대학에서 배우는 개론 수준의 문제가 나온다면, 고등학생으로서 풀 수 없는 것이 당연합니다. 만약 고등학생이 그런 문제를 풀 수 있다면 왜 대학에서 개론을 가르치겠습니까? 그래서 저는 고등학교 교과서에 나오는 중심개념들을 확실히 이해하고자 노력했습니다. 그리고 그것들을 중심으로 사회현상과 관련지어 생각하는 연습을 했습니다. 예를 들어서, 한국 정치와 IMF 위기의 상관성을 생각할 때에는 교과과정에서 배운 '정경유착'이라는 개념을 중심으로 사고하면서 나름의 생각을 전개해나가는 연습을 했습니다.

이렇게 수시모집에 대비하면서도 정시모집에 대한 준비 역시 소홀히 할 수 없었습니다. 그래서 정시모집에서 가장 중요한 요소인 수능 공부도 열심히 했습니다. 학교에서 수업시간에 충실히 공부한 것을 바탕으로 저만의 노트를 마련하여 영역별 공부를 진행한 것이 큰 도움이 되었습니다. 각 영역별로 중요한 부분들을 직접 노트에 정리하여 틈날 때마다 넘겨본 것이 도움이 되었는데, 이때에 정리는 나만의 독특한 방법을 써서 쉽고 재미있게 만들었습니다.

예를 들어서 과학탐구 물리 과목에서 등장하는 소리의 온도에 따른 운동성을 정리할 때 '소찬휘(소리는 찬 곳으로 휜다)' 라고 정리하여 쉽게 이해할 수 있었습니다. 그 외에도 많이 힘들어하는 부분인 사회탐구 윤리 부분에서는 마인드맵 기법을 사용하였습니다. 예를 들어 사상가들을 정리할 때 노트 가운데 중심이 되는 개념을 그림으로 표현하고 그것에서부터 가지가 뻗듯이 하나하나 가지를 그려가면서 그림과 글을 같이 사용하여 사상가들을 표현해보았습니다. 이렇게 마인드맵을 이용하면 단순히 암기하는 지식이 아니라 머릿속에 이미지로 기억이 남기 때문에 쉽게 이해할 수 있었습니다. 다시 한번 강조하자면, 이렇게 자신의 것으로 정리한 노트는 그림책 넘겨보듯이 틈날 때마다 자주 넘겨보면서 머릿속의 기억을 자극해주고, 또한 정리가 부족한 부분은 덧붙여 보완하면서 자신만의 노트의 완성도를 높이는 것이 중요합니다.

구술면접고사를 대비하여 친구들과 많이 토론했다. 서로 시간을 내기가 빠듯한 경우에는 점심 시간에 같이 밥을 먹으면서 간단하게나마 서로의 생각을 확인하고 비판하고 보충하는 시간을 가졌다. 그러면서 면접을 치르기 전 긴장감을 많이 해소하고, 토론의 기본 수칙들을 몸에 익힐 수 있었다.

공부를 하면서 부끄러워하지 않는 것 역시 매우 중요하다고 생각합니다. 불치하문(不恥下問)이라는 말도 있듯이 자신이 모르는 것이 있다면 누구를 막론하고 물어보고 그 해답을 알아내는 것이 중요합니다. 특히 수업시간에 선생님께 질문하는 것을 부끄럽게 여기는 친구들이 많았는데, 질문 시간을 알차게 이용하는 것은 전혀 부끄러운 것이 아닙니다. 저는 가능한 한 선생님들을 많이 우려먹는(?) 것이 학생으로서 올바른 도리라고 생각하고 궁금한 점이 있으면 무엇이든지 물어보았습니다. 그리고 지하철 안이나 쉬는 시간 등 자투리 시간에 나만의 노트를 계속 넘겨보았습니다. 남의 눈을 의식하지 않고 자신에게 필요한 것을 시간을 아껴가며 행하는 자신감이 있을 때 공부실력은 조금씩 늘어갑니다.

'삼당사락' 이라는 말이 있었습니다. 세 시간 자면 합격하고, 네 시간 자면 떨어진다는 말이지요. 즉 잠을 아끼면서까지도 열심히 공부하라는 말이 되겠는데요, 저는 그렇게 생각하지 않았습니다. 저는 수면시간은 억지로 줄이면서까지 공부하지 않았으며, 항상 적절한 휴식을 취하고자 노력했습니다.

이것이 가능하려면, 우선 계획을 세워서 알찬 시간분배가 이루어져야 했습니다. 수업시간에 충실하고 자투리 시간을 잘 활용하면 수면시간을 줄일 필요 없이도 충분한 공부가 가능했습니다. 또한 계획을 어기지 않으면서 하루 계획한 대로만 시간을 보내면 공부의 양은 충분했습니다. 적절한 휴식이 없으면 체력을 망쳐서 오히려 더 많은 시간을 공부하지 못하게 될 것이고, 몸이 아파서 공부 못하는 것만큼 서러운 일은 없다고 생각했습니다. 컨디션이 나쁜 상태에서 공부하는 것은 그리 효율적이지 못하니까요.

이렇게 저만의 공부방법이 있었지만, 가장 중요한 것은 항상 자신감을 갖는 것입니다. 스스로에 대한 신뢰 없이는 그 어떤 목적이라도 이루기 힘들 것입니다. '나는 꼭 해낼 수 있다' 라는 마음가짐을 갖고 내일의 나의 모습에 거침없이 하나하나 가까워지고 있는 과정이 바로 지금이라는 마음가짐을 갖고 공부에 임했습니다. 때때로 힘들 때에는 서울대학교 교정을 찾아가 마음을 다잡기도 했습니다. 그곳의 수많은 사람들을 바라보면서 내 모습도 이 풍경 속에서 찾아볼 수 있을 것이라고 스스로에게 다짐하고 나면 다시금 힘이 솟는 것을 느낄 수 있었습니다. 이런 자신감은 힘든 수험생활을 지탱해낼 수 있는 힘이 되었습니다. 하지만 자신감이 자만감으로 변하지 않기 위해 늘 주의하고 경계했습니다. 결국 대학입시는 자신과의 싸움에서 이기는 것이기 때문입니다.

좀더 긍정적인 사고로 수험생활을 보내시기 바랍니다. 저는 구술면접고사를 시험이 아닌, 학문적으로 유명한 분들과 대화를 나눌 수 있는 절호의 기회로 생각했습니다. 자신의 생각을 석학들과 나눌 수 있다는 생각은 긴장감보다는 기대감이 들게 하여 좀더 적극적으로 구술면접고사를 준비할 수 있었습니다. 오히려 구술면접고사 보는 날이 기다려지기까지 했습니다.

제가 생각하기에 지금 여러분이 머물고 있는 학창시절, 그리고 수험공부는 단순히 고등학교에서 끝나버리는 것이 아니라고 생각합니다. 지금 여러분이 하는 공부는 지금까지 배운 학업을 정리하며 앞으로 다가오는 대학과정을 준비하는 것이기에 매우 중요합니다. 따라서 맹목적으로 공부하기보다는 자신이 지원하고자 하는 학과 공부를 위한 기초를 닦는다는 마음으로 확고한 목적의식을 품고 공부하시길 바랍니다. 대학생활을 하면서 느낀 점이 있다면, 그동안 입시를 앞두고 해왔던 공부들이 대학에서 하는 공부의 가장 기본이 된다는 것입니다. 그리고 나름대로 열심히 공부해왔다고 자부하지만 고등학교 때 좀더 많은 지식들을 쌓지 않았던 것들이 후회될 때도 있습니다. 고등학교 때만큼 두뇌회전이 빠르고 많은 것을 유연하게 받아들이기에 좋은 적이 없었다고 생각합니다.

이제 대학생활 이 년째에 접어들면서, 어떻게 보면 수험생일 때가 편했다는 생각이 들 때도 더러 있습니다. 대학이라는 공간이 반(半)사회라는 점을 상기해볼 때, 어떤 일을 하든 간에 스스로에게 책임을 져야만 합니다. 공부를 할 때도 아주 광범위한 지식 속에서 자신이 필요한 것들을 찾아내고 받아들여야 합니다. 수험생일 때에는 주어진 범위 속에서 공부만 하면 되고, 다른 것들에 대해서는 신경을 쓰지 않아도 되지만, 대학이라는 공간은 더이상 그렇지 않다는 것이죠. 이런 의미에서 볼 때, 힘겹다고 느껴지는 수험생활은 어쩌면 대학생활을 앞둔 하나의 시험의 장이라는 생각이 듭니다.

부디 건승하시길 바랍니다.

강명훈 punxkid@hanmail.net
서울 문일고등학교 • 1983년생 황소자리 • A형 • 결자해지(結者解之 일을 저지른 사람이 그 일을 해결해야 한다).

Make hay while the sun shines

이슬기 서울대 서어서문학과 03학번

서울대학교…… 누구나 한 번쯤은 꿈꾸어봤을 만한 대학일 것이다. 나 또한 그런 사람들 중의 한 명이었다. 그렇지만 나는 어렸을 때부터 수재라고 불린 적도 없었고, 전국 규모의 대회에서 상을 받은 적도 없었으며, 특수목적고등학교에 다니지도 않았다. 그래서 나에게 서울대학교는 단지 화중지병에 불과해보였다. 그러나 어느 날, 나에게 생각지 못했던 기회가 찾아왔고 그 기회를 잘 이용하여 난 꿈에도 그리던 서울대에 입학하게 되었다. 앞서 언급했던 '생각지 못했던 기회'는 바로 '수시 제도'이다. 수능 점수가 기대만큼 나오지 않는다면, 수시의 기회를 잘 이용해 대학 합격의 문을 넓혀보는 건 어떨까.

내가 다닌 고등학교는 좋은 곳이었지만 주변에서 들리는 학교에 대한 평은 그리 좋진 않았다. 인성교육 중심의 학교였기 때문이다. 이는 분명 이상적인 교육 목표지만, 우리 나라의 현실에 비추어봤을 땐 결코 현실적이지 않았다. 안타깝게도 교육청에서 금지한 모의고사를 대부분의 사립고들이 공공연히 시행하고 있었고 상대적으로 모의고사를 보지 않는 우리 학교는 입시 정보 면에서나 수능 점수 면에서 타 학교에 비해 뒤처져 있을 수밖에 없었다.

서울대 몇 명 갔다는 수치가 학교의 수준을 결정해버리는 현실이었기에 우리 학교는 상대적으로 저평가되었고, 공부 좀 잘한다는 아이들은 고등학교 입학하자마자 전학을 가버려 전학 러시를 이루기도 했다. 물론 나도 심각하게 전학을 고려해보기도 했지만, 중요한 건 나 자신이지 학교의 수준이 아니라는 결론을 내렸다. 그리고는 이 학교에서 최고가 되기로 마음먹고 적어도 반에서 1등 자리만은 놓치지 않으려 했다. 이와 같은 나의 결정과 욕심은 생각보다 좋은 내신 성적을 만들어주었고, 수시 모집의 기회를 잘 활용할 수 있는 기본바탕이 되었다.

학교가 좋다고 그 학교의 모든 구성원이 공부를 잘하는 것은 아니다. 나의 친구 중 한 명은 수준이 낮다는 학교에서 수준 높다는 학교로 전학을 갔다가 오히려 성적이 떨어지고 학교생활에 적응하지 못해 괴로워하기도 했다. 중요한 건 개인의 하고자 하는 의지와 노력이지 결코 학교의 수준이 아니다.

만약 수시를 이용해 서울대에 입학하고자 한다면 필수 요건으로 다음의 두 가지를 준비해야 할 것이다.

좋은 내신점수와 면접에서 합격하기.

사실 내신공부는 수능공부보다 훨씬 쉽다고 볼 수 있다. 수능은 시험범위가 광범위하지만 내신은 일 년에 네 번을 나누어 시험을 보기 때문에 범위가 훨씬 작다. 게다가 학교에서 채택한 교과서만 공부하면 되니 수능보다 훨씬 수월하지 않겠는가? 내신공부를 어렵게 생각하지 말라. 수능공부는 더 괴로울 것이다.

내신에서 좋은 점수를 받기 위해선 첫째로 선생님의 수업을 잘 들어야 한다. 시험문제는 선생님이 내신다. 선생님은 평소에 가르치고 강조했던 것을 분명 시험에 내실 것이다. 수업시간에 집중해서 듣다 보면 선생님의 어투나 목소리의 크기, 판서할 때의 분필 색깔 등으로 중요한 주제와 중요하지 않은 주제를 알아낼 수 있다. 교과서만 봐서는 선생님이 어떤 걸 강조했었는지 알 수 없을 뿐만 아니라, 선생님의 의도와는 전혀 다르게 이해해버리기 일쑤다. '수업에 집중해서 듣기'는 누구나 아는 공부방법이지만, 이를 실행하는 사람은 소수이며 그 소수가 바로 공부 잘하는 아이들의 자리를 차지하게 된다.

두번째로 필요한 것은 완벽한 암기이다.

내신공부에는 필수적으로 '암기'가 필요하다. 이해하는 것만으로 풀 수 있는 문제만 나오는 것이 아니기 때문이다. 이해하면서 완벽히 암기한다면 대부분의 과목에서 좋은 성적을 얻을 수 있는데, 교과서를 외우면서 선생님께서 수업시간에 말씀하셨던 부분들을 연관시키면 이해와 암기가 저절로 될 것이다. 나는 완벽한 암기를 위해 같은 구절을 읽고 또 읽는 반복학습을 택했다. 반복해서 읽어 시험범위의 끝에 다다르면, 다시 처음으로 돌아가 또 읽고 어느 정도 외워졌다고 생각되면 책을 덮고 외웠던 것들을 줄줄이 말해보았다. 이 과정을 몇 번 반복하니, 시험 볼 때에는 머릿속에서 책장이 넘어가면서 글자가 선명히 보였다. 게다가 일 년이 지나도 암기했던 내용이 쉽게 잊혀지지 않았다. 머리가 그리 좋은 편이 아닌 나는 암기가 잘 되지 않아 우울해하거나 화를 내버린 적도 많았지만, 인내심을 가지고 계속 노력해서 결국 성공을 거두었다.

나는 완벽한 암기를 위해 같은 구절을 읽고 또 읽는 반복학습을 택했다. 반복해서 읽어 시험범위의 끝에 다다르면, 다시 처음으로 돌아가 또 읽고 어느 정도 외워졌다고 생각되면 책을 덮고 외웠던 것들을 줄줄이 말해 보았다. 이 과정을 몇 번 반복하니, 시험 볼 때에는 머릿속에서 책장이 넘어가면서 글자가 선명히 보였다.

반복학습을 통한 암기는 많은 노력이 필요하지만 기억이 오래 간다는 최고의 장점을 가지고 있으니 꼭 시도해보길 권한다.

세번째 중요 요소는 의지력이다.

'소를 물가로 끌고 갈 수는 있어도 물을 먹일 수는 없다'는 속담이 있다. 아무리 주위에서 공부하라고 떠밀고 과외와 학원을 시켜줘도 본인의 의지가 없으면 전혀 효과가 없을 것이다.

의지력을 키우기 위한 한 방법으로 자신과 성적이 비슷하거나 높은 친구를 라이벌로 삼고 선의의 경쟁을 해보는 것은 어떨까. 선의의 경쟁을 통해 성적이 오름과 동시에 승리의 기쁨(^^)도 같이 맛볼 수 있을 것이다.

또 다른 방법은 공부할 때에 작은 목표를 정해놓고, 그것을 달성했을 때 자신에게 작은 보상을 해주는 것이다. 예를 들면, 어떤 교과서의 몇 페이지까지 완벽히 외우면 텔레비전을 몇 분간 볼 수 있게 한다든지 말이다.

면접에서 합격하기 위해서는 우선 여러 분야에 대한 많은 지식이 필요하다. 그렇다면 이러한 많은 지식들을 모을 수 있는 가장 쉬운 수단은 무엇인가? 바로 신문이다. 신문에는 시사, 경제, 사회, 논설, 스포츠 등에 대한 온갖 지식이 담겨 있다. 이 지식창고가 매일 매일 새로운 정보들을 담아 집으로 배달되어 오는 것이다. 그러므로 아침에 등교하기 전이나 하교한 후 잠시 쉬는 시간에 짬을 내어 신문을 꼼꼼히 보는 것이 여러 분야의 지식을 늘리는 데 가장 쉬우면서도 효과적인 방법이다.

신문 외에도 폭넓은 독서는 각 분야를 깊게 파고드는 데 효과가 있고, 나의 경우 다독을 함으로써 수능 언어영역에 큰 도움이 되기도 한다. 특히 조금은 어렵게 느껴질 수도 있는 철학가들의 책들을 한 번쯤 읽어보길 권한다. 이들의 책을 통해서 생각의 깊이를 더할 수 있을 뿐만 아니라, 다양한 가치들에 대한 자신의 입장을 정리하는 데 도움을 받을 수 있을 것이다.

지식을 얻는 것 외에 면접에서 중요한 것은 조리 있게 말하는 표현력이라고 할 수 있다. 아무리 자신의 머릿속에 많은 지식이 있고 생각이 깊어도 그것을 제대로 표현하지 못하면 무용지물이 되고 만다.

표현력을 향상하기 위해서는 우선 여러 사람 앞에서 발언하는 것에 대한 두려움부터 없애는 것이 좋겠다. 특히 학급이나 학교의 임원을 맡는 것이 좋은데, 이는 여러 사람 앞에서 여러 번 발언할 기회가 자주 주어질 뿐만 아니라 자신의 리더십을 증명할 수도 있어서 일석이조의 효과가 있다.

이것은 면접시험이 가까워질 즈음에 썼던 방법인데, 어떤 주제를 정해서 발언시간을 정해놓고 자신의 대답을 녹음해서 들어보는 것이다. 주제들은 각 대학 홈페이지에 실려 있는 면접 기출문제들이나, 최근의 시사 논쟁거리들을 선정해보라. 이 방법은 자신이 말할 때 어떤 단점이 있는지, 논리적인지 등등을 객관적으로 체크할 수 있게 해준다. 이렇게 자주 말하는 연습을 하다보면 자연스레 각각의 주제에 대한 자신의 입장도 정리되고, 표현력도 점점 논리적으로 발전할 것이다.

그리고 전국 대회 규모의 경시대회 등에 적극적으로 참가해보길 권한다. 이는 경험을 쌓는데도 좋고, 자신보다 뛰어난 다른 학생들을 보며 좀더 열심히 해야겠다는 의지력도 기를 수 있을 뿐만 아니라, 입상을 하게 되면 수시 전형에서 플러스 요인이 되기 때문이다. 사실 고3이 되면 경시대회 등에 적극적으로 참가할 시간이 부족함을 크게 느끼기 때문에, 고1, 고2 때에 적극적으로 참가해야 한다. 비록 수상은 하지 못하더라도 그 경험이 분명 언젠가는 도움이 될 것이다.

경시대회 외에도 토익, 토플, 텝스 등에서 높은 점수를 받아놓는 것도 유리하며, 일본어 자격증 같은 언어 자격증들을 따놓는 것도 다른 학생들과의 차별화에 도움이 될 것이다.

힘든 고3 생활을 거치면서 내가 절실히 느낀 것은 열심히 하면 분명 그만큼의 보상이 따른다는 것이었다. 나는 고3 일 년간을 거의 눈물로 지냈다고 해도 과언이 아닐 만큼 스트레스를 많이 받고 뜻대로 잘 되지 않는 결과에 많이 속상해하곤 했다. 그러나 절대 포기는 하지 않았고, 결국 원하던 대학에 진학하게 되었다. 결실이 보이지 않았던 그동안의 노력이 늦게나마 빛을 발하게 된 것이다.

비록 지금 아무리 공부가 힘들고 자신의 노력에 대한 성과가 보이지 않더라도 그 노력이 쌓이고 쌓이면 언젠가는 큰 결실을 맺을 수 있다. 지금 당장 보이는 성과가 없다고 포기하면 평생을 후회하게 될지도 모른다. 절대 포기하지 말고 열심히 학업에 매진하길 바란다.

이슬기 -yume-@hanmail.net
서울 삼성고등학교 • 1984년생 전갈자리 • B형 • Now or Never.

대학입시는 정보 전쟁

김은경 서울대 경영학과 01학번

대학입시는 정보의 전쟁이라고 말씀드리고 싶습니다. 서울대를 비롯하여 많은 대학들이 입시제도를 다양화하고 있어서 각자의 특성에 맞추어 여러 가지 방법을 활용할 수 있기 때문입니다.

저의 경우 내신과 논술 실력이 상당히 좋았기 때문에 '학교장 추천전형'을 활용해서 입학하게 되었습니다. 수능과 내신, 수상경력 등을 조합해보면 자신의 능력을 최대한으로 활용할 수 있습니다. 자신이 내신이 월등히 좋다고 여겨지면 수시나 학교장 추천전형을 겨냥하여 일찍 논술 준비를 하라고 권하고 싶습니다.

물론 자신의 적성에 맞는 과를 선택하는 것도 무척 중요합니다. 그러나 대학에 들어와서도 복수전공이나 전과, 또는 부전공을 통하여 상당히 다양한 선택을 할 수 있다는 점을 생각해볼 때 한 가지 학과에 집착하는 것은 그다지 효율적이지는 않다고 생각합니다. 물론 아주 오래 전부터 자신의 적성에 대해 주저 없이 말할 수 있는 학생이라면 이야기가 달라집니다. 자신의 목표를 위해 열심히 매진한다면 최고의 학교라고 사람들이 칭하는 학교에 진학하지 않아도 성공은 언제나 찾아올 수 있습니다.

그러나 고등학생들의 경우 자신이 하고 싶은 것이 무엇인지 뚜렷한 목표를 가지고 있지 않은 경우가 대부분이기 때문에 자신의 진로를 결정하는 데 다양한 정보를 활용할 필요가 있습니다. 물론 대학에 대한 충분한 정보를 가지고 있는 것도 입시제도에 대한 정보 못지 않게 도움을 주리라고 생각합니다.

자신이 전략적으로 선택할 수 있는 입학방법이 있다면 이를 위해 꾸준히 준비하는 것이 좋습니다. 저의 경우 논술을 고3 일 년 동안 계속 공부했습니다. 논술의 경우 일대 일 교정이 매우 중요하기 때문에 개인 과외를 권하고 싶습니다. 개인적으로 몇 명이 모여서 논술 공부를 해본 적이 있었지만 별다른 도움이 되지 않았습니다.

글쓰기의 경우 학생마다 너무 다른 특성이 있기 때문에 아무리 좋은 선생이라도 학생들의 저마다 다른 장점과 단점을 구별해내기란 불가능하다고 생각합니다. 저는 일주일에 두 편 정도의 논술을 쓰며 연습했습니다. 그리고 매번 논술 선생님께 교정을 받아가며 틀린 점을 확실히 기억해두었던 것이 도움이 되었습니다.

내신관리의 경우 과외나 학원이 전혀 도움이 되지 않는다는 것이 저의 결론입니다. 물론 학원에서 내신관리를 위한 특강도 해주긴 하지만 그것이 내신성적에 영향을 미쳤다고 생각하지는 않습니다. 수학이나 영어 같은 과목은 기초가 매우 중요하기 때문에 계속적인 공부가 필요하지만 다른 과목들은 솔직히 말해서 암기과목에 불과합니다. 물론 선생님이 어떤 문제를 낼 것인가에 대한 혜안이 생긴다면 매우 좋겠지만 저는 공부하는 데 요령을 피우는 것이 바람직하지 않다고 생각합니다.

학교장 추천을 받기 위해 전교에서 최고의 성적을 받으려면 그야말로 책에 나오는 모든 것을 다 외워버리는 것이 가장 손쉬운 방법입니다. 한 과목당 이틀 정도면 시험범위를 외울 수 있습니다. 소위 말해 벼락치기라는 것이 저에게는 상당히 통했다고 볼 수 있습니다.

최상의 공부방법은 모두들 '자율적' 인 공부라고들 합니다. 사실 이것은 변치 않는 진리라고 할 수 있습니다. 하지만 자율적인 의지가 있다 하더라도, 이것이 자율적인 행동으로 이어지기란 결코 쉽지 않습니다. 그렇기에 자신의 '기질' 을 객관적으로 명확히 바라보고 인정하는 것은 수험생 자신에게 무척이나 중요합니다. 자신이 독서실에 앉으면 몇 시간이고 멍하니 몽상만 하는 타입이라면 다소 타율에 의한 스케줄을 꾸준히 병합하는 것이 좋습니다. 학원이나 과외, 방송 과외 등이 그 예입니다.

하지만 무리한 계획은 차라리 아니함만 못합니다. 사실상 많은 학생들이 과도한 계획을 세우고 절망하곤 합니다. 그러나 인간이 앉아서 집중할 수 있는 시간은 세 시간을 넘기 힘들다고들 하지요. 하루에 열대여섯 시간 꼬박 공부할 계획보다는 일고여덟 시간이라도 알찬 계획을 세워 그것만이라도 실천하고 자신에게 상을 주십시오. 그것이 스트레스를 피하고, 목표도 이룰 수 있는 방법입니다.

모두들 건투를 빕니다.

수험생 여러분, 물론 시간이 충분하지는 않지만, 조급한 마음은 더욱더 그 시간을 짧게 느껴지도록 합니다. 여유를 가지고 목표를 향해 정진하시기를 빕니다.

김은경 coinlockerbaby@hanmail.net
서울 개원중학교—경기여자고등학교 • 1982년생 처녀자리 • O형 • 없다.

1. 과외나 학원 수업을 받아본 적이 있나요?

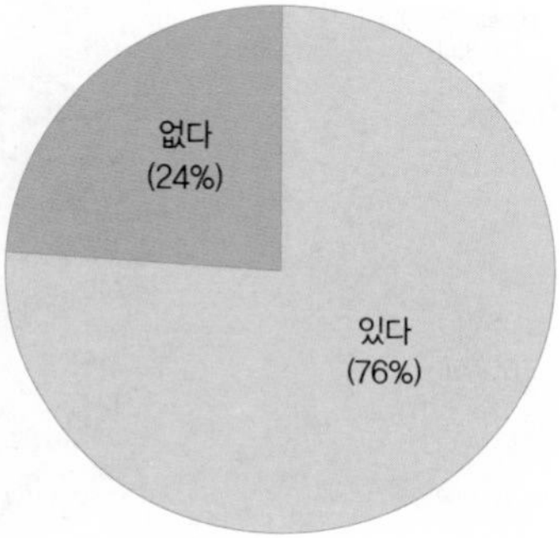

대부분이 과외나 학원 수업을 받아본 적이 있다고 답변했습니다. 그러나 무작정 과외나 학원에 의지하지 않고 각자 마음을 다잡고 하나하나 단계를 밟아가면서 공부와 직접 부딪혀갔던 것이 공통점이었습니다. 중요한 건 과외나 학원을 가장 효과적으로 활용해서 확실하게 도움을 받는 거겠죠?

2. 과외나 학원 수업을 받아본 적이 있다면 주로 어떤 과목 수업을 들었나요?

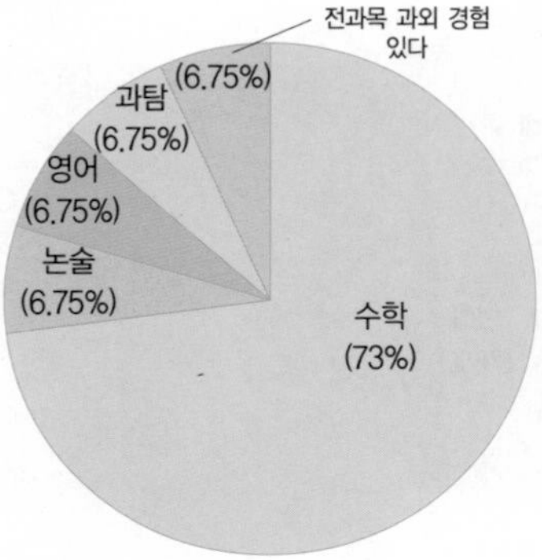

과외를 받은 경우

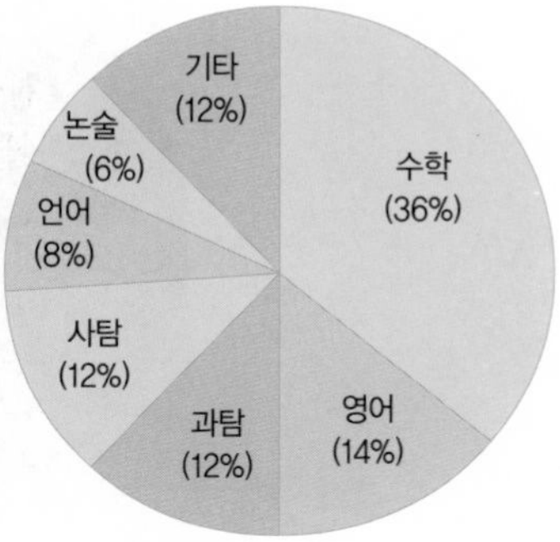

학원 수업을 들은 경우

과외든 학원이든 가장 많이 들었던 과목은 수학이네요. 수학의 경우 혼자서 잘 이해하지 못하는 부분이 있을 때 과외수업이나 학원수업을 통해 구체적인 도움을 받을 수 있어 좋겠군요. 또 하나 수학은 학원을 통해서 선수학습을 해도 도움이 된다는 답변이 있었답니다.

수학 이외에는 언어영역, 논술, 영어, 암기과목이 다양하게 분포하고 있군요.

8

남들과 조금은 다른 나의 꿈, 펼치게 된다

김재연 **향상음악회**
신경진 **저만의 노하우, 들어보실래요?**
이민우 **서울대 체육교육과 합격 전략**
김정은 **독하게 마음먹어라**

향상음악회

김재연 서울대 작곡과 02학번

1999년 5월, 고등학교 생활에 이제 막 적응하려던 무렵, 우연히 게시판에 붙은 초대장을 보게 되었다. 3학년 예체능반 언니들의 실기 능력 향상을 위한 연주회였다. 일곱 살 때부터 피아노를 배우며 예고에 진학하려던 꿈을 중학교 2학년 때 접으면서 이제 다시는 기회가 없을 것이라 생각했었는데 인문계 고등학교에 예체능반이 있으리라고는, 더구나 서른 명 정도의 인원이 음악실기와 공부를 병행하리라고는 생각지도 못했다.

어렸을 때부터 피아니스트 외에 다른 꿈이 없었던 나는 중학교 때 들어서야 음악을 전공하는 사람이 갖추어야 할 여건 중에 열심과 노력 외에도 여러 가지 경제적 조건이나 환경 등이 필요하다는 것을 알게 되었다. 중학교 1학년 때 우리 반 담임선생님이 첼로를 전공하신 음악 선생님이셨기 때문이다. 첫번째 상담 때, 선생님께서는 계속 음악을 전공할 것이 아니라면 이제 피아노보다는 공부하는 시간을 더 늘리는 것이 좋겠다고 말씀하셨다. 물론 음악을 전공하는 일이 얼마나 힘든 일인지 충분히 설명하신 뒤에…….

결국 중학교 1학년 가을부터 겨울방학까지 보습학원을 다니며 공부했다. 초등학교 때 이미 중학교 과정을 배우던 친구들이 다니는 학원이라기에 무작정 들어갔다. 처음으로 학원에 있는 독서실이란 곳도 가보고, 여러 학교의 아이들을 보면서 학교에서 배우는 교과서가 전부가 아니라는 것도 알게 되었다. 정석이니 영문법 책이니 하는 것들도 그때 처음 구경했던 것 같다.

학원을 다니면서 중학교부터 고등학교까지의 커리큘럼이 조금 눈에 잡히고, 다른 아이들의 공부법과 학원에서 제시해주는 주요과목 공부방법을 알게 되자 다시 피아노를 치고 싶다는 생각이 들었다. 그때가 중2였는데 혼자 공부해서 좋은 성적을 유지할 수 있다고 부모님을 안심시켜드리고 다시 피아노를 시작해야겠다고 생각했다.

학원에서는 여러 학교 아이들이 있기 때문에 어떤 한 개념을 가르칠 때, 여러 교과서를 포괄할 수 있는 내용을 모두 제시하고 시험 때 각 학교별로 주요 내용을 다시 복습한다. 학원에서 이미 배워서 아는 내용이라고 자만하지만 않는다면 학원에서 얻은 다양한 배경 지식으로 수업에 더 적극적으로 참여할 수도 있고 요점을 더 잘 정리할 수도 있으며, 또 학원에서 한번 들은 내용을 복습하는 효과도 얻을 수 있다. 이렇게 학원 수업과 학교 수업을 긴밀하게 연결시켜 활용한다면 학습 내용이 기억에도 더 오래 남는다. 하지만 내가 음악공부를 다시 시작할 경우 이런 공부방법은 나에게 시간적으로 사치가 될 수 있었다. 그래서 나는 학교 수업과 교과서에 충실한다는 너무도 일반적이어서 식상하기까지 한 공부방법을 택했다.

일단은 내신이 중요했기 때문에 교과서와 학교 선생님들의 특성에 충실했다. 학생이라면 누구나 느끼는 것이겠지만, 선생님에 따라 공부방법이나 시험 형식이 다양하기 때문에 이 점을 간과할 수가 없다. 또한 무엇보다 중요한 것이 교과서인데, 수업시간에 교과서에 충실한 공부를 했다면 자습서나 문제집을 볼 때에도 요점들의 우선순위를 정할 수 있게 된다. 처음부터 내용을 다 알겠다는 자세보다는 같은 내용이라도 여러 번 보는 것이, 그리고 여러 교재를 보는 것이 집중력을 떨어뜨리지 않고 효과적으로 공부할 수 있는 방법이다. 이렇게 교과서와 기본 개념을 완전히 숙지한 후라면 다양한 교재들의 내용을 단시간에 정리할 수 있다. 그리고 그제야 학원을 가지 않아서 우물 안 개구리식의 공부를 하는 것은 아닌지에 대한 염려를 놓을 수가 있다.

집중해서, 짧은 시간에, 정해놓은 분량만큼 공부하는 방법이 몸에 익을 때쯤, 부모님께 예고 진학에 대해 말씀드렸지만 역시 여러 가지 이유로 반대하셨다. 비록 음악공부를 다시 시작할 수는 없었지만, 그것을 계기로 나름대로의 공부자세가 잡힌 것이 지금까지도 많은 도움이 된다. 결국 공부는 혼자 하는 것이지만, 좋은 책들과 선생님들은 훌륭한 촉매 역할을 해준다. 그리고 요즘은 어떤 촉매를 어떻게 잘 사용하느냐가 관건인 것 같다.

한 시간 반 가량의 음악회가 끝나고 집에 오면서 계산했다. 계산이라는 표현이 정확한 것이, 고등학교 생활을 하면서 추가로 음악 실기를 준비할 시간과 경제적 능력, 환경을 생각해야 했기 때문이다. 일단 좋은 레슨 선생님을 찾는 것도 만만치 않은 일이었다. 더욱이 음악대학으로 진학하기 위한 과정과 필요한 것들이 무엇인지 아는 바가 전혀 없지 않은가.

그때부터 정보를 수집하기 시작했다. 예체능반 언니들과 얘기도 해보고, 학교 음악선생님과 상담도 해보고, 마침 반 아이 중에 작곡 공부를 시작하는 친구가 있어서 레슨 선생님을 만나보기도 했다. 얼만큼 가능성이 있는지 계획하기 위해 여러 곳에서 나의 음감을 테스트 해보기도 했다. 그러던 중 드디어 내가 다닐 수 있는 음악 입시 학원을 알게 되어 부모님께 말씀드렸다.

"재연아, 너도 알다시피 요새 아빠 회사가 많이 힘들잖니. 당장 그나마 모아놓은 아파트도 팔아야 하게 생겼는데……."

"엄마, 어차피 저 시집 보낼 때 쓰신다고 모아놓은 돈이잖아요. 그 돈 일찍 주신다 생각하시면 안 돼요? 대학 가면 학비는 제가 벌어서 쓸게요."

"왜 고생을 사서 하니? 지금 성적이면 그거 안 하고도 좋은 대학 진학할 수 있잖아. 괜히 음악공부 한답시고 공부할 시간 뺏겨서 이것도 저것도 아니게 되면 어떡하려고…… 그렇다고 우리 집이 재수시킬 수 있는 형편도 아닌데."

"서울대요. 서울대 갈게요. 어차피 처음부터 음악하려고 공부한 거였잖아요."

당시엔 얼토당토 않은 말에 부모님께서 "우린 모른다…… 어디 니 마음대로 해봐라" 하셨지만, 나는 "감사합니다" 하고 내 방으로 뛰어 들어왔다. 퉁퉁 부은 눈으로 세수하고 와 보니 새벽 3시였다. 그래서 1학년 7월부터 정식으로 피아노 레슨을 받기 시작했다.

그 후로도 한참 의대, 법대, 약대만을 얘기하시던 친척 어른들께 꾸중을 들었고, 그때마다 좋은 대학에 입학하겠다는 다짐으로 언제나 이야기가 마무리되었다. 이러한 다짐이, 특히 특정한 학교를 목표로 입시 준비를 계획하고 마음가짐을 매번 다잡는 것이 긴장을 늦추지 않는 데 큰 도움이 되었다. 물론 앞으로의 일이 걱정되긴 했지만 하고 싶은 것을 선택하고 배울 수 있는 용기는 나이가 들면 들수록 나지 않는 것이라 생각했다. 아직 어리다는 '무기'로 다른 사람들이 다 무모한 결정이라고 생각하는 일에 뛰어든 것이 때론 대견하기도 했다.

2학년이 되어 새 선생님과 맞는 첫 상담 때도 예체능이 얼마나 힘든 길인데 그 성적으로 왜 헛수고를 하느냐는 꾸중 아닌 꾸중을 들었다. 그때 절대로 성적을 떨어뜨리지 않겠다고 또 다시 다짐했다. 네시쯤 학교수업이 끝나고 아이들이 야간자율학습을 하거나 과외와 학원 수업을 받으러 갈 때, 나는 왕복 두 시간 사십 분 거리의 음악학원에 레슨을 받으러 가거나 실기 연습을 했다. 더욱이 내신은 우리 학교 학생들과 겨룬다 해도, 나와 입시를 치룰 학생은 예고 학생들이었다. 양쪽의 균형을 잡는 것이 시간적으로 보나 체력적으로 보나 쉽지 않은 일이었다.

2학년 여름방학이 시작될 무렵부터는 피아노 연습 외에도 화성학을 공부하고, 시간이 지나자 매 레슨마다 곡을 써내야 했다. 어느 것 하나 소홀할 수 없는 상황에서 잘 계획하고 나 자신부터 관리해야 했다. 아무것도 모르고 서울대 가겠다고 했던 것이 속상하게만 느껴지기도 했다.

실기와 내신관리를 병행하기란 마치 줄타기와도 같다. 긴장을 늦추어서도 안 되고 한눈 팔 틈도 허락되지 않는다. 하지만 적응이 되면 사방의 경치들이 눈에 들어오고 약간의 여유도 생긴다. 실기와 내신관리 둘 사이에서 균형을 잡으려면 우선순위를 세워 철저히 시간 계획을 하는 것이 중요하다.

방과 후에는 실기준비를 해야 했기 때문에 되도록 모든 공부는 학

실기와 내신관리를 병행하기란 마치 줄타기와도 같다. 긴장을 늦추어서도 안 되고 한눈 팔 틈도 허락되지 않는다. 하지만 적응이 되면 사방의 경치들이 눈에 들어오고 약간의 여유도 생긴다. 실기와 내신관리 둘 사이에서 균형을 잡으려면 우선순위를 세워 철저히 시간 계획을 짜는 것이 중요하다.

교에서 끝낼 수 있도록 노력했다. 수업시간이 50분이라면 실제로 선생님과 함께 집중해야 할 시간은 2, 30분인 경우가 많았다. 그런 경우 그 50분을 모두 사용해서 복습하고, 다른 문제집을 풀고, 남는 시간은 예습을 했다. 이렇게 하려면 밤에 잠을 충분히 자야 한다. 다른 아이들은 야간자율학습을 하고 또 학원을 가거나 과외를 받기 때문에 전날 늦게까지 잠을 못 자서인지 수업시간에 잠을 자곤 했다. 하지만 숙면으로 집중력을 향상시켜놓고 수업시간에 내신관리를 하면 따로 시간을 많이 뺏기지 않을 수 있다. 내 경우, 물론 실기준비를 해야 했지만 늦어도 12시 전엔 자려고 노력했다. 방과후에 한눈팔지 않고 집에 와서 부지런히 움직이면 충분히 잠 잘 시간을 확보할 수 있었다.

학교를 마치고 돌아와서 피아노 앞에 앉으면 보통 4, 5시 정도 되는데 그때부터 9시나 10시까지는 실기준비에 충실했다. 그리고 밤에 수능준비나 학교 시험준비를 했는데, 그런 공부는 같은 장소에서 같은 시간대에 하는 것이 효과적이다. 또 실기준비를 할 때나 공부를 할 때 모두 쉬는 시간을 철저히 지켰다. 집중력에도 한계가 있기 마련, 50분 정도 하고 10분 정도는 몸을 움직여주면서 쉬어야 다시 시작하는 마음으로 자리에 앉을 수 있다.

이렇게 공부하고, 실기준비하고, 잠자는 생활에만 충실하다보면 자연히 스트레스가 쌓이게 된다. 그렇게 되면 효율도 떨어지고 아무것도 하기 싫어지기 때문에 친한 친구와 놀 때에는 정말 열심히 놀아야 한다. 나는 특히 쉬는 시간이나 식사한 후에 가만히 앉아 있지 않고 학교 잔디밭 주위를 걷거나, 높은 곳에 올라가 탁 트인 논과 산을 보면서 보냈다. 시험기간엔 주말이 끼기 마련인데, 그럼 토요일은 항상 노는 날이었다. 어차피 다음날이 휴일이라 공부도 되지 않고, 시험기간엔 실기 양도 많지 않기 때문에 실컷 놀았다. 유람선도 타고 불꽃축제도 보고 놀이공원도 갔다.

3학년이 되어 첫번째로 본 모의고사에서 인문계열 전체 1등을 했다. 학교 내에서 공부와 관련해서는 거의 소외되던 예체능반(22반 중 2반이 예체능계열, 내가 속한 반은 음악, 미술, 체육 입시생이 있었고, 그 중 음악을 하는 학생은 약 20명 정도 되었다.)에서 좋은 성적을 거둔 경우는 처음이었기 때문에 나는 금세 알려졌고, 그 후로는 인문계 고등학교였지만 실기준비하는 데 어려움이 없도록 배려를 받았다.

사실 수능시험이 가까울수록, 몸과 마음이 쉽게 지치기 때문에 실제로 공부해서 얻는 지식의 양은 많지 않다. 그때부턴 얼마나 자기관리를 잘해서 최상의 페이스를 유지하는지, 그리고 그동안 익혀온 내용들을 얼마나 잘 정리해서 응용할 수 있도록 만들어놓는지가 중요하다. 그런 면에서 수시에서 떨어진 일은 여러모로 나를 지치게 했다. 하지만 아무리 짧은 시간이라도 공부할 때는 집중해서, 그저 시간만 보내는 일이 되게 하지 않으려고 노력했다. 그렇게 하면 스트레스의 양도 줄어서 과도한 긴장으로 인한 실수를 줄일 수 있다.

수능시험이 끝나고 실기준비를 할 때도 마찬가지였다. 할 수 있는 한 최선을 다해서 가능한 짧은 시간에 원하는 목표에 도달하고자 집중했다. 해야 할 분량을 정해놓고 시간을 할당하는 것이 집중력 향상에 많은 도움이 되는데, 특히 규칙적이고 정기적으로 시간을 분배하면 그 계획이 몸에 익어서 그 시간엔 자연스레 실기 연습에만 전념할 수 있었다. 이렇게 해서 남는 시간에 실기준비에 도움이 되는 음악도 골라 듣고, 숙면을 취하면 입시 스트레스에서 벗어나는 데 조금은 성공할 수 있다. 실제로 그 기간 동안 나는 밤 12시를 넘겨본 기억이 없다. 그만큼 잠 역시도 나에게는 합격을 위한 전략 중 하나였다.

그 결과로 나는 이대 작곡과에 합격하고, 곧 서울대 작곡과 이론 전공에 수석으로 입학했다. 아쉬움이 있다면 입학 전에 전공에 대한 사전 지식이 부족해서 1학기 초에 조금 방황을 했던 점이다. 공부하고 남은 시간을 효율적으로 보내기 위해 자신이 진학할 학과에 대한 정보를 수집해보는 것도 추천하고 싶다.

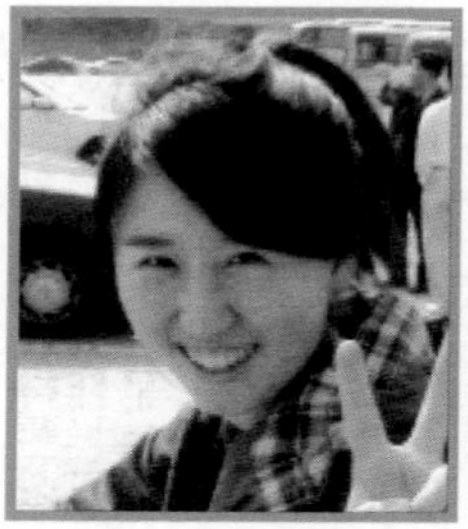

김재연 blueswan@hanmail.net
서울 화곡여자중학교–명덕여자고등학교 • 1983년생 천칭자리 • A형 • 오늘이 마지막이다.

저만의 노하우, 들어보실래요?

신경진 서울대 조소과 02학번

자신이 무엇을 하고 싶은지, 또 무엇을 잘하는지를 파악하는 것은 매우 어려운 일입니다. 그런데 그것을 학창시절에 선택하고 결정하다니, 이것이야말로 굉장히 벅차고 어려운 일이겠죠? 그래서 대부분의 학생들은 수능을 본 후의 점수 또는 첫 모의고사 점수 등으로 진로와 목표대학을 결정하게 됩니다. 하지만 충분히 생각하지 않고 성급하게 진로를 결정하게 되면 대학입학 후에도 계속 후회로 남거나 급기야 전과나 재수 등으로 연결되기도 한답니다.

물론 '자신의 적성을 어떠어떠한 방법으로 찾아라'라고는 누구도 설명하기 어려울 것입니다. 그것은 왕도도 없고 누가 가르쳐주는 것도 아니니까요. 신중히 고찰한 자신의 미래에 대한 계획과 청사진은 앞으로 공부를 해나감에 있어서 중요한 원동력으로 작용합니다.

저 같은 경우에는 이미 중학교 때 '미술'이라는 큰 흐름으로 들어섰습니다. 어릴 때부터 워낙 미술을 좋아했고 잘한다는 말도 많이 들어서 큰 망설임 없이 시작하게 되었고 중간에 진로에 대한 갈등도 많이 했지만 부모님의 격려 속에서 고등학교 때에도 계속 미술공부를 할 수 있었죠. 그리고 그 중에서도 '조소과'를 선택하게 된 것은 고등학교 1학년 때 '조소'라는 입체미술의 매력에 푹 빠지게 된 것이 계기가 되었습니다. 여학생이 하기엔 너무 힘이 드는 전공이라는 부모님과 주변 사람들의 반대에 부딪혔지만 너무 공부하고 싶어서 끝까지 고집한 사랑스런(?) 전공이랍니다. 이렇게 강한 동기 덕분에 실기준비와 학과공부를 병행하면서도 꿋꿋하게 잘 버텨낸 것 같아요.

여기서 제가 한 가지 가르쳐드리고 싶은 노하우가 있는데요, 공부하다가 힘들고 지쳐서 다 그만두고 싶어질 때, 산만해지고 해이해져서 집중이 안 될 때 제가 하곤 했던 일종의 마인드 컨트롤 방법입니다. 제가 '거꾸로 생각하기'라고 이름 붙였는데요, 말 그대로입니다.

내 미래의 모습 ↓ 그러려면 내가 공부해야 할 것들 ↓ 그것을 가장 효과적으로 이룰 수 있는 곳 ↓ 그곳을 향한 지금 나의 공부!!

이런 식으로 거꾸로 생각해보면 지금 내가 이렇게 힘들게 공부하고 있는 것에 대한 성공적인 성과가 머릿속에 그려지면서 이내 마음을 다

잡고 다시 공부하게 됩니다. 결국 모든 것은 자신의 마음에 달려 있는 것입니다. 막연히 공부하기보다는 자신의 가능성을 십분 발휘할 수 있게 끊임없이 마음을 환기시키며 공부하는 것이 가장 효과적입니다.

저는 수시로 서울대학교에 합격했고 고등학교 3년간 내신관리에 아낌없는 투자를 했으므로 내신관리 부분에 치중해서 설명하겠습니다.

제가 고등학교 1학년에 올라갔던 해의 서울대학교 입시요강에는 학교장 추천제라는 것이 있었어요. 저는 고1 때부터 학교장 추천제에 선발되리라 결심했기에 고등학교 1학년 1학기 때부터 내신관리에 들어갔답니다.

우선 내신관리에 있어선 선생님 스타일을 파악하는 것이 중요합니다. 내신이 수능과 확실히 다른 점은 선생님이 하시는 수업내용이 시험과 직결된다는 것이죠. 비록 흘려듣더라도 일단 수업내용을 들어놓으면 나중에 시험공부를 할 때 훨씬 쉽다는 것을 알 수 있습니다. 선생님들의 스타일은 정신을 바짝 차리고 수업을 몇 번 들어보면 알게 되는데 학기초에는 이러한 선생님의 수업방식을 파악해서 거기에 빨리 익숙해지는 것이 중요합니다. 가령 칠판을 필기내용으로 가득 채운 다음에 설명에 들어가는 선생님, 특별한 필기 없이 자연스럽게 설명하면서 중요한 것을 알게 모르게 체크하고 넘어가시는 선생님, 수업시간중에 시험예상문제를 직접 찍어주시는 선생님 등…… 각각의 수업방식에는 그것에 맞는 공부방식이 뒤따르겠죠.

다음은 암기과목을 공부할 때의 노하우인데요, 우선 암기과목 공부를 시작할 때 목차부터 외우는 것은 기본이겠죠? 커다란 줄기 파악을 위해 목차나 제목을 외우는 것은 이미지를 이용하는 방법을 통해 섭

렵할 수 있었어요. 이것을 '마인드맵'이라고도 하는데, 먼저 가장 큰 흐름들을 파악한 후 그 속의 흐름들을 점차 구체적으로 파악해나가는 방법입니다. 비교적 커다란 종이에 굵은 펜으로 대주제들을 큼직하게 적고 펜 굵기나 글씨 크기를 점차 줄여가면서 점차 소주제들을 적어 나가는 것도 전체 이미지를 떠올리는 데에 도움이 될 것입니다.

이와 비슷한 방법이 머릿속에서 책장을 넘기는 것인데요. 암기과목 암기를 마친 후에 잠깐 눕거나 편히 앉아 쉬면서 머릿속에서 공부한 책의 책장을 넘긴다고 상상하는 거예요. 그리고 그 책의 어느 위치에 어떤 그림과 글이 있었는지 떠올릴 수 있게 되면 시험지를 받아서 갑자기 기억이 나지 않더라도 당황하지 않고 이를 떠올릴 수 있게 되는 것이죠.

내신관리는 공을 들이면 그만큼 얻을 수 있기 때문에 더욱 큰 보람을 느낄 수 있을 것입니다.

저는 수시를 준비했기 때문에 여름방학 때가 가장 힘들었습니다. 여름방학이 끝나갈 때쯤엔 이미 포트폴리오가 어느 정도 완성이 되어 있어야 했기 때문에 실기하랴 공부하랴 정신이 없었어요. 그럴 때면 정시로 보기 때문에 수능에만 전념할 수 있는 친구들이나 인문계 친구들이 한없이 부럽기만 했답니다.

가끔 후배들로부터 공부와 실기의 비중을 어떻게 안배했는지를 질문 받는데요, 일주일 동안의 제 생활 패턴은 대략적으로 다음과 같았어요(학기중일 경우에요).

월요일부터 금요일까지의 주중에는 오전엔 학교수업을 받고 점심을 먹은 후부터 10시까지는 실기를 했습니다.(예술고등학교여서 가능했던 점이기도 해요.) 이때 학교에서는 주로 포트폴리오 작품을 만들되 실기시험을 염두에 두고 작업을 했습니다. 주중에 두 번 정도는 학원에 갔고요. 그리고 집으로 돌아와서 밤엔 수능 공부를 했습니다.

토요일 낮엔 학원에 갔다오고 일주일에 한 번 가는 화실에 나가서 데생 시험을 준비했습니다. 역시 밤엔 수능 공부를 했고요.

암기과목 암기를 마친 후에 잠깐 눕거나 편히 앉아 쉬면서 머릿속에서 공부한 책의 책장을 넘긴다고 상상해보자. 그 책의 어느 위치에 어떤 그림과 글이 있었는지 떠올릴 수 있게 되면 시험지를 받아서 갑자기 기억이 나지 않더라도 당황하지 않고 이를 떠올릴 수 있게 된다.

일요일은 나름대로 특별하게 관리했다고 생각하는데, 낮 동안엔 미술관련 책을 읽고 포트폴리오와 실기, 면접시험 준비를 하는 시간을 가졌어요. 그리고 포트폴리오 작품에 쓸 자료를 구하기 위해 직접 돌아다니거나 사진을 찍으러 다니기도 했답니다. 어떻게 보면 너무 한가해 보일지 모르겠지만 그렇게 하면서 일주일 동안 쌓였던 피로를 풀기도 하고 전공 관련 지식을 폭넓게 해서 포트폴리오, 면접 준비가 동시에 되도록 한 것이죠.

공부와 실기를 병행하다보면 자투리 시간이 매우 많아진다는 것을 느끼게 됩니다. 실기를 위해 이동하는 시간이 생기기도 하고 실기를 하다가 잠깐 쉬는 시간을 가지기도 하니까요. 이러한 자투리 시간을 잘 활용해야 똑같은 24시간을 더욱 알차게 쓸 수 있겠죠? 저는 그래서 이동하는 시간을 단어 외우는 시간으로 활용하기 위해 영어단어 테이프를 주로 들었는데 지루할 땐 가끔 CNN 방송 테이프도 들었어요. 그 외에 짧은 글을 읽거나 오답노트를 보는 것도 좋은 방법입니다.

예체능을 전공하면서 공부와 실기를 병행하는 것은 수험생들에게 매우 큰 스트레스로 작용합니다. 저 또한 가끔 너무 힘들고 지칠 때에는 이 점을 핑계로 대기도 했었죠. 하지만 스스로 선택한 길이니 만큼 투덜대기보다는 오히려 '나는 상반된 두 가지 공부를 하면서 정신을 환기시킨다'는 긍정적인 기분을 가지세요.

서울대학교 미술대학에 진학하고 싶어하는 학생이라면 미리부터 준비해야 하는 것이 있어요. 바로 포트폴리오인데요. 저 같은 경우엔 포트폴리오의 본격적인 준비는 고1 겨울방학 때부터 했지만 그 전에 했던 작품들을 차곡차곡 잘 모아두었기 때문에 나중에 그 중에서 선별할 수 있었어요. 특히 저학년 때 해놓은 전공 외의 작품은 저의 다양한 경험을 보여줄 수 있어서 좋았고요. 전공 작품, 즉 조소 작품들은 조소의 기본인 양감, 조형성 등을 고민한 흔적을 보여줄 수 있도록 성실하고 완성도 높은 것들로 뽑았습니다. 물론 재료는 흙을 석고나 폴리코트로 뜬 것뿐만 아니라 철사, 금속 등 다양한 표현가능성을 보여주는 것도 잊지 않았죠. 중간에는 학생으로서의 신선하고 독창적인 아이디어가 돋보이는 작품을 한두 개 넣기도 했습니다. 포트폴리오는 저처럼 제작연도 순으로 나열할 수도 있고, 한 가지 작품을 가지고 여러 가지 작품을 파생시키는 방법도 있습니다. 또 한 가지 모티브를 가지고 여러 가지 재료와 표현기법으로 표현해서 표현력을 보여주는 방법도 있습니다.

방법 면에 있어서는 이렇게 여러 가지가 있지만 학생들이 놓치지 말아야 할 점은 학생 작품으로서의 성실성을 담고 있어야 하며 기본기에 충실해야 한다는 것이지요. 또 다른 사람의 도움을 받은 포트폴리오는 교수님들이 한눈에 알아보신다는 거예요.

실기시험은 미술대학 입시에 있어서 당락을 결정하는 매우 중요한 시험입니다. 배점이 높은 만큼 실기시험을 통해 점수차가 커지기 때문이죠. 서울대학교 미술대학 실기시험은 항상 다른 학교와는 다르게 새로운 시험방법을 도입하곤 해왔는데요. 그렇다고 해서 전혀 새로운 눈으로 평가하기 위해서가 아니라 오히려 학생의 기본기를 더욱 효과적으로 평가하기 위해 도입된 방법입니다. 우선 실기시험장에 들어가면 자리를 뽑고 시험을 시작하게 되는데, 마음이 급해서 막 시작하기보다는 시작하기 전 10분 정도 내 작품이 어떤 모습으로 완성될지 한번 머릿속에 그려보고 시작하는 게 좋습니다. 그러면 속도와 완성도에 도움을 주어서 나중엔 남들보다 더욱 빨리 완성도 있게 만들 수 있어요. 가끔 후배들이 실기시험 때 완성을 못하게 될까봐 걱정하기도 하는데요, 실기시험장에서는 평소보다 작품을 만드는 속도가 배는 빨라진답니다, 정 불안하다면 주변 학생들의 대략적인 속도에 맞추는 것도 좋은 방법이 되겠죠.

'평소에 하던 만큼만 해도 붙는다' 는 말이 그냥 나온 것이 아니라는 걸 저는 실기시험을 끝내고 나오면서 깨달았답니다. 너무 욕심을 부리기보단 제시된 조건을 차분하게 잘 살펴보고 평소에 하던 느낌으로 하면 좋은 결과가 있을 것입니다. 실기시험 역시 기본기에 충실한 것이 중요하다는 거 잊지 마세요.

면접은 교수님과 직접적으로 만난다는 데에서 오는 부담이 매우 큰데요. 이때 중요한 것은 '자신감 있되 예의바르게' 입니다. 제가 면접을 할 때 느낀 것은 학생은 주어진 문제에 대해 혹시나 비논리적일까봐 바짝 긴장해서 말하고 있는데 교수님들은 그 학생의 자세와 표정 등을 찬찬히 살피고 계신다는 거예요. 그만큼 학생의 자세를 눈여겨 보신다는 뜻이겠죠? 그리고 미술대학의 면접에서는 포트폴리오를 교수님들과 함께 보기 때문에 이에 대해 미리 준비를 해둬야 합니다. 또 어떤 경우엔 실기시험을 본 작품을 펼쳐놓고 이에 대해 작품의 의도나 주제에 관한 질문을 받을 수도 있어요.

대학입학 전에 교수님들을 만나뵙고 대화해본다는 것은 정말 좋은 기회겠죠? 입시라는 생각으로 너무 긴장해서 떨기보다는 '내가 진학하고 싶어하는 대학의 교수님들이다' 라는 생각으로 기분 좋고 편안하게 면접을 이끈다면 좋은 결과가 있을 거라 믿습니다.

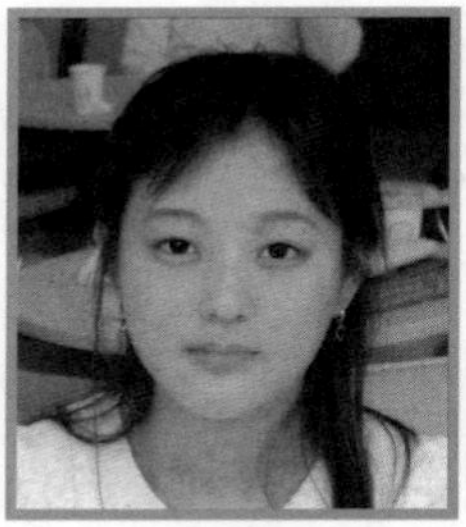

신경진 522love@hanmail.net
서울 선화예술학교－선화예술고등학교 • 1983년생 쌍둥이자리 • A형 • 없다.

서울대 체육교육과 합격 전략

이민우 서울대 체육교육과 02학번

난 재수를 해서 서울대학교에 입학했다. 변명인지는 몰라도 난 그 이유를 수도권에서 벗어난 내 고향의 지역적 위치에서 찾는다. 나의 고향은 그리 작지 않은 지방의 중소도시였음에도 체육 관련 학과의 입시를 지도하는 학원이 없었다. 비록 지금에서야 하나 둘씩 생겨나기는 하지만 내가 고3이었던 불과 이 년 전까지만 해도 체대입시학원은 지방에서 찾아보기 힘들었다. 소규모로 행해지는 비체계적인 과외형식만이 체대진학 방법의 전부였다. 체대입시학원의 부재는 곧 체육관련 대학에 대한 정보의 부족으로 이어졌고 그 때문에 지방의 수험생들은 이미 조직적인 체대입시학원의 가르침 아래에서 입시를 준비하던 수도권 수험생들에 비해 현저히 경쟁력이 떨어지고 있었다.

정보의 부족은 곧 불합격으로 연결된다. 더군다나 수능시험 위주로 입시를 준비하는 타학과와는 달리 체육관련 학과에는 실기라는 중요한 변수가 존재하기 때문에 실기에 대한 정보를 남보다 빨리 획득하는 것이야말로 진정한 합격의 비밀이라 할 수 있다.

나는 이 글을 통해 서울대학교 체육교육과를 목표로 노력하는 전국의 많은 수험생들이 느끼는 정보의 갈증을 속 시원하게 해결할 수 있길 바라며 서울대학교 체육교육과에 입학하기 위한 전략적 방법에 대해서 말하고자 한다.

수학능력시험

서울대학교 체육교육과는 2002학년도부터 수학능력시험 성적으로 모집정원의 두 배수를 1차 전형에서 선발하고, 그 합격자들을 대상으로 하여 최종적으로 2차 전형을 실시하는 이른바 2단계 입시전형 제도를 도입했다. 따라서 수험생들에게는 수학능력시험 성적에서의 고득점이 무엇보다 중요한 선결과제가 되었다.

수학능력시험의 문제들은 몇 가지 한정된 유형들로 구성된다. 이것은 문제의 유형만 파악한다면 문제해결이 훨씬 수월해진다는 것을 의미한다. 그렇다면 어떠한 방법을 통해 문제의 유형에 익숙해질 수 있을까? 나는 최대한 많은 실전문제를 접해볼 것을 권장한다. 실전문제를 많이 접하다보면 그 문제가 요구하는 답을 짧은 시간 내에 정확히 찾아낼 수 있는 능력이 길러지게 된다. 나의 경우가 바로 많은 실전문제들을 통해 효과를 본 전형적인 모델이라 할 수 있다.

나에게는 수리탐구I영역이 취약점이었다. 일단 문제를 읽고 한참 생각하고 나서야 풀이방법을 생각해낼 수 있었기에 항상 시간에 쫓길 수밖에 없었다. 결국 문제를 좀더 효율적으로 풀어야겠다는 결론에

도달하게 된 나는 시중에 있는 수학문제집을 모두 풀어버릴 정도로 많은 문제풀이에 집착했다. 전략은 적중했다. 남들은 문제해결의 길을 찾기 위해 헤매고 있을 때 나의 펜은 이미 문제풀이 공식을 그려나가고 있었던 것이다. 이 학습방법은 비단 수학과목에서만 효과가 있는 것이 아니다. 언어, 사회탐구, 과학탐구, 외국어영역 등 유형이 정해져 있는 수능시험문제에서는 언제나 탁월한 효과를 발휘한다. 많은 문제를 접해봄으로써 문제의 요지를 정확히 파악하고 그것을 해결하는 데 걸리는 시간을 최소화하는 이 방법은 짧은 시간 내에 많은 문제를 풀어야 하는 수학능력시험 제도에 딱 어울리는 해결책이다.

내신성적

서울대학교 체육교육과 2차 입시전형에서 내신성적은 실기고사만큼이나 중요하다. 그리고 실기능력이 부족하더라도 그것을 보충해줄 수 있는 것이 내신성적이다. 내신성적은 고등학교 3년 동안 6학기의 중간고사와 기말고사 성적을 토대로 산출된다. 그렇다면 내신에 대비한 공부방법으로는 어떠한 것들이 있을까?

첫번째, 수업시간에 집중하고 수업내용을 필기한다.

중간, 기말고사의 문제를 출제하는 당사자가 바로 자신을 가르쳐주신 선생님이기 때문에 수업시간에 선생님의 말씀을 경청하고 요약, 정리하는 것은 대단히 중요한 학습태도이다. 수업시간에 선생님께서 강조하시는 부분은 반드시 표시해두고 심지어는 간간이 흘리는 우스갯소리나 말장난 따위도 꼼꼼하게 노트에 체크해두자. 그것도 결국엔 수업내용의 범위 안에 포함된 것들이기 때문이다. 그리고 자율학습 시간에 혼자 공부할 때에도 수업시간에 정리한 내용을 처음부터 쭉 훑어보다보면 어느새 그 수업을 다시 한번 듣는 듯한 느낌을 받을 수 있다. 그것은 어쩌면 잊고 지나갈 뻔한 중요한 요점의 단서를 상기시켜줄 것이다. 그 단서를 빌미로 다시 한번 수업내용에 대해 고민한다면 그것으로 꽤 완벽한 수업내용 정리가 될 것이다.

두번째, 문제집을 통해 수업내용의 응용부분을 파악한다.

중간, 기말고사는 교과서의 내용을 바탕으로 만들어진 응용문제들을 출제하기 마련이다. 아마도 각 수업마다 부교재로 선택한 문제집이 있을 것이다. 그 문제집을 먼저 학습한 다음에 자신이 선택한 다른 문제집을 한 권 더 푼다면 응용문제를 대비한 가장 이상적인 학습방법이 될 것이다.

면접고사

2단계 입시전형이 도입되면서 면접 또한 합격의 중요한 변수로 대두되었다. 일선의 학원가에는 이미 많은 면접학원들이 생겨났고 수많은 수강생들이 몰린다고 한다. 하지만 난 이러한 면접학원을 그리 신뢰하지 않는다. 면접은 학습이 아니라 실전이기 때문이다. 그리고 학원에서 가르쳐주는 구체적이고 상세한 지식 등은 면접에 있어 그다지 도움이 되지 못한다. 오히려 그것은 역효과를 초래할 수 있다. 섣부른 지식은 그 방면의 전문가인 교수님에게 불쾌감만 가져다줄지 모른다.

예를 들어, 내가 입시를 치를 때에는 이런 문제들이 출제되었다.

—요즘 조직 폭력배를 소재로 한 영화들이 많은 인기를 끌고 있는데, 그 이유는 무엇일까?

—이른바 왕따 문제를 해결할 수 있는 방안에 대한 나의 생각은?

—현대에는 생활체육이나 사회체육 등 체육에 대한 사람들의 관심이 증대되고 있다. 그 이유는 무엇일까?

—체육 선생님은 비도덕적이고 폭력적이다라는 학생들의 편견과 고정관념에 대한 나의 생각은?

이 문제들은 모두 체육에 관심이 있는 사람이라면 누구라도 한 번쯤은 생각해봤음직한 것들이다. 따라서 면접준비는 당시의 사회적 이슈나 쟁점 등에 대해 생각해보고 자신의 입장을 간단히 정리해보는 정도에서 이루어지는 것이 가장 좋을 것이다.

체육에 대한 지식을 공부함에 있어서도 가장 일반적이고 상식적인 범위 내에서 학습하도록 하자.

거듭 말하지만 체육에 대한 섣부른 지식은 그 방면의 전문가이신 교수님에게 불쾌감을 안겨줄 수 있다. 생각해보라. 체육에 대해 기초부터 공부하겠다고 찾아온 사람이 마치 체육에 대해 이미 많이 알고 있다는 듯이 말한다면 전문가의 입장에서 어찌 가소롭지 않겠는가? 그렇다고 공부하지 않고 마냥 손을 놓은 채 있을 수도 없는 노릇이다. 최소한의 기본 지식 정도는 소유하고 있어야 한다. 가장 일반적이고 상식적인 체육지식을 갖고 있긴 하지만 앞으로 체육학에 대해 누구보다 열심히 공부할 준비가 되었다는 것을 교수님께 어필하는 것이야말로 가장 성공한 면접이라고 여겨진다.

앞서 말했듯이 훌륭한 면접의 비결은 주입식 학습이 아니라 실전에서의 태도이다. 어떤 말을 하는 게 좋은지, 어떤 포즈를 취하는 것이 좋은지에 대해 아무리 많이 연습해봤자 정작 실전에서 그것을 제대로 발휘하지 못한다면 그야말로 헛수고다. 가지고 있는 지식과 상식이 좀 얕더라도 자신의 재능을 실전에서 100퍼센트 발휘하는 것이 더욱 효과적인 방법일 것이다.

일단 고사장에 들어가면 수험생은 교수님의 권위에 눌려 주눅이 들기 마련이다. 마음을 편히 갖고 교수님을 고등학교 담임선생님이라 생각하자. 그리고 교수님의 질문에는 공손히 예의를 갖추면서 최대한 자신의 생각을 이해하기 쉽도록 전달하자. 이런 식으로 일단 말문을 터놓으면 그 후로는 한층 말하기가 수월해진다. 교수님의 질문도 이제 더이상 두렵지 않게 되고 자신의 생각에도 자신감이 붙게 될 것이다.

실기고사

서울대학교의 실기종목은 크게 기초실기와 전공실기로 나뉜다.

기초실기는 말 그대로 기초적인 실기능력을 평가하는 종목이다. '턱걸이' 는 근력(strength)과 근지구력(strength endurance)을, '10미터 왕복달리기' 는 민첩성(speed)을, '제자리 넓이뛰기' 는 순발력(power)을, 그리고 '핸드볼공 멀리 던지기' 는 어깨부터 손가락 끝부분까지의 적절한 동작연계성을 평가한다. 이와 같은 서울대학교 체육교육과의 기초실기 종목은 단기간에 몸에 숙지시키기가 상당히 어렵다. 장기간의 계획을 세워 미리미리 준비를 해놓아야 기록을 향상시킬 수 있는 종목들이다.

그리고 전공실기는 자신이 선택한 한 종목의 운동실기 능력을 평가한다. 자신이 가장 능숙하게 할 수 있는 운동을 선택하는 것이 좋다. 여기서 능숙한 운동이란 자신이 남들보다 뛰어나게 잘할 수 있는 종목을 말한다. 경쟁자들과 비슷한 정도의 실력이라면 좋은 점수를 기대하기 힘들다. 많은 노력과 연습을 통해 실력을 향상시켜야 할 것이다.

훌륭한 면접의 비결은 주입식 학습이 아니라 실전에서의 태도이다. 어떤 말을 하는 게 좋은지, 어떤 포즈를 취하는 것이 좋은지에 대해 아무리 많이 연습해봤자 정작 실전에서 그것을 제대로 발휘하지 못한다면 그야말로 헛수고다. 가지고 있는 지식과 상식이 좀 얕더라도 자신의 재능을 실전에서 100퍼센트 발휘하는 것이 더욱 효과적인 방법이다.

그렇다면 실기준비는 언제부터 시작하는 것이 좋을까? 개개인에 따라 그 기간이 천차만별이겠지만 체육교육과에 지원할 정도라면 웬만큼 운동능력이 있으리라 생각되니, 운동능력이 평균 이상인 사람의 경우를 기준으로 설명하겠다.

서울대학교는 일단 수학능력시험 점수와 내신성적이 뒷받침되어야 합격할 수 있으므로 3학년 1학기 때까지는 학업에 열중해야 한다. 그리고 나서 3학년 여름방학 때부터 기초실기 준비를 시작하는 것이 좋다. 제자리 넓이뛰기나 핸드볼공 멀리 던지기, 10미터 왕복 달리기는 이때부터 시작해도 체육에 웬만큼 소질이 있는 사람이라면 무난할 것이다. 그러나 턱걸이는 서울대학교 체육교육과에 입학해야겠다는 생각을 했을 때, 즉시 시작해야 한다. 턱걸이만큼 운동량에 정직한 종목이 없기 때문이다.

전공실기는 그 종목에 따라 준비기간이 다르다.

수영의 경우, 최소한 일 년 이상은 준비해야 할 정도로 오랜 준비기간이 필요한 종목이고, 핸드볼이나 럭비의 경우는 운동신경이 발달한 사람이라면 보름만에도 입시실기를 준비할 수 있는 종목들이다. 그 외, 축구나 배구, 테니스, 농구 등은 기초실기와 마찬가지로 3학년 여름방학 때부터 시작해도 괜찮을 것이다.

나의 글이 서울대학교 체육교육과를 목표로 하는 전국의 많은 수험생들에게 조금이나마 도움이 되기를 거듭 기도해본다.

이민우 killermw@hanmail.net
전주한일고등학교—재수 • 1982년생 전갈자리 • O형 • 매사에 정직하라, 매사에 만족하라, 매사에 충실하라.

독하게 마음먹어라

김정은 서울대 국악과 01학번

나는 인문계 고등학교를 다니며 음악을 공부하고 대학에 왔다. 인문계 고등학교에서 음악을 공부한다는 게 그렇게 쉬운 일은 아니지만, 자세히 알아보면 그런 학생이 적은 것도 아니다. 내가 다닌 학교는 고3 때에만 예체능반을 따로 만들었기 때문에(8학급 중 1학급이 예체능계열이면 그리 적은 인원이 아니다), 고2 때까지는 문과계열에서 다른 문과 학생들과 똑같이 공부해야 했다.

인문계 고등학교에서 예능계로 대학을 가려면 여러 가지 문제에 부딪힌다. 나도 음악을 전공하며 여러 가지 어려움이 있었다. 예를 들자면, 내신 성적 관리가 어렵다는 것과 실제로 나와 경쟁할 사람들의 실기 실력이 어느 정도인지를 알 수 없다는 것 등이었다.

내가 거만하게 '이것이 서울대학교 간 비결이요' 하고 말할 위치는 아니지만, 내 고등학교 생활을 적은 이 글이 누군가에게 도움이 됐으면 하는 생각에 몇 자 적어본다.

자기 자신을 객관적으로 평가해서 정확한 목표를 잡는 게 가장 먼저 해야 할 일이다. 과대평가해서 너무 높게 잡는 것도, 과소평가해서 너무 낮게 잡는 것도 결코 좋지 않다. 나를 가르치는 선생님들에게서 정확한 평가를 받고 확실하게 학교를 잡고, 그 학교 문을 두드리기 시작해야 한다. '열심히 하다보면 X대 정도는 가겠지……' 하는 생각은 절대 하지 않았으면 좋겠다.

그리곤 최대한 '독하게' 마음을 먹어라. 아무리 독하게 마음먹어도 느슨해지기 마련이니, 주변에서 자극받을 때마다 잡초처럼 '독하게' 마음을 먹는 게 중요하다.

나는 '서울대학교'를 목표로 잡고 공부했다. 솔직히 쉽지 않은 목표였다. 그래서 남들보다 더 열심히 해야 한다고 스스로 마음을 다스렸다. 목표를 잡고보니, '서울대학교'는 실기만큼 성적을 매우 중시함을 알았고, 내신, 수능 그리고 실기…… 어느 것도 소홀히 해서는 안 되겠기에 독해져야 했고, 그 점이 늘 뒷심이 부족했던 나에게는 조금 힘들었다.

학교생활

잘 알지 못하는 선생님들은 '음악한다' 하면 베짱이처럼 흥얼흥얼대며 놀고먹는 일을 한다고 생각해서 무시하기도 했지만, 사실 절대로 그렇지 않다. 나는 문과계열로 내신 수업을 받아야 하기 때문에 학교 공부도 잘해야 했지만, 실기 시험을 위해서 예고 학생들이 하는 만큼, 아니 그 이상으로 음악공부도 해야 했다. 그래서 우리 학교에 나를 비룻해서 예능계열을 준비하는 친구들은 하루 24시간이 늘 바빴다.

내가 학과 공부를 할 수 있는 시간은 정말 수업시간밖엔 없었다. 그래서 수업시간엔 정말 열심히 귀기울여 들었다. 난 평소 말도 많고 시끄러운 편인데, 수업시간만큼은 철저히 집중하려고 노력하며 지냈다. 내가 수업시간에 제일 싫어하는 일은 누가 말을 거는 것이다. 그러면 선생님 말씀을 바로 놓치기 때문에 심하게 방해될 때는 화를 낸 적도 있었다. 다행히도 내 친구들은 내가 수업시간 외엔 책을 잡지 못함을 알기에, 그런 나를 배려해서 수업시간만큼은 장난치지 않고 진지하게 대해주었다. 그래서 성적은 상위권에 머물 수 있었고, 선생님들에게 받는, '공부를 잘한다' 라는 평가는 학교 생활에 플러스면 플러스가 되지, 결코 마이너스가 되지 않았다.

흔히 예능계 학생들이 수학을 무척이나 싫어하고 못한다고 한다. 왜인지 모르지만, 무척이나 싫어하고 못하는 경우가 많긴 하다. 그런데 다행히 고등학교 때 나는 수학 선생님을 굉장히 좋아했다. 그 나이 때 선생님을 좋아하면 미리 공부해가서 뭐라도 하나 따로 물어보고, 친해지는 재미 때문에라도 그 선생님 과목에 충실하게 된다. 나 역시 예외는 아니었다. 게다가 내가 좋아하는 선생님은 학교에서 인기가 제일 많았던 선생님이라 조금이라도 이해가 안 되면 다른 애들이 오기 전에 재빨리 교무실로 달려가 질문하는 재미에 공부하기도 했다. (그 당시 많은 학생들이 경쟁적으로 수학을 공부했다.^^) 덕분에 수능에서 수학 성적이

내가 학과 공부를 할 수 있는 시간은 정말 수업시간밖엔 없었다. 그래서 수업시간엔 정말 열심히 귀기울여 들었다. 난 평소 말도 많고 시끄러운 편인데, 수업시간만큼은 철저히 집중하려고 노력하며 지냈다. 내가 수업시간에 제일 싫어하는 일은 누가 말을 거는 것이다. 그러면 선생님 말씀을 바로 놓치기 때문에 심하게 방해될 때는 화를 낸 적도 있었다.

최고였다. 당연히 나는 선생님의 기쁨으로 남았다. 그 시절 그 선생님을 좋아한 것은 커다란 행운이었던 것 같다. (안타깝게도 졸업과 동시에 선생님은 내가 아는 세계 최고 멋쟁이가 아니라, 평범한 중년의 아저씨로 보이기 시작했지만.)

실기 공부

학교 수업이 끝나면 실기 공부가 시작됐다. 대부분의 학교 친구들은 학원을 가거나, 과외를 하는 시간에 나는 레슨을 받으러 다녔다. 전공의 특성상 이것저것 레슨을 많이 받아야 했던 나는 거의 매일 학교를 마치면 곧장 레슨을 가기에 바빴다. 가끔 레슨을 갈 때까지 시간이 조금 남으면 학교 연습실에서 친구들과 수다도 떨어가며 이런저런 공부를 하곤 했다. (인문계 학교지만 음악 전공자들에게 피아노 있는 연습실이 두세 명에게 한 방 정도로 주어졌다.) 레슨을 받고 밤 늦은 시간에 집에 돌아올 때는 레슨 숙제가 한가득 주어져 있었다. 그러면 집에 돌아와서 레슨 숙제들과 씨름을 했다. 일단 집에 오면 악기 연습을 했고, 식구들이 모두 잠든 새벽에 곡을 쓰고 화성법 공부를 했다. 다음날 레슨이 있는 분야를 집중적으로 하느라 잠은 늘 새벽에야 잘 수 있었다.

레슨을 받는 시간은 언제나 초긴장 상태였다. 학교 선생님들과는 직접적인 만남이 없어서였는지 모르지만, 레슨 선생님 말씀은 언제나 법이었다. 예전 나의 일기장에 "선생님은 100, 나는 0……"이란 말이 적혀 있던 게 기억난다. 그 당시 나는 백지상태였기 때문에 무조건 선생님의 가르침을 흡수할 수밖에 없었고, 흡수해야만 한다고 생각하고 지냈다. 그래서 매 시간 잘하려고 하긴 했지만, 잘 되는 날이 있는가 하면 뜻대로 안 되는 날도 있었다. 그래서 잘 되는 날은 기분 좋고, 안 되는 날은 한없이 속상해지며 내 기분은 온통 레슨에 좌우되기도 했다. 레슨이 끝나면 칭찬을 받건 야단을 맞건, 늘 불안해했다. 칭찬을 받으면 솔직히 기분은 좋지만, 내 자신이 자만에 빠질까봐 '그냥 하시는 말일 거야……' 하며 불안해했고, 야단을 맞은 날은 정말 좌절해서 밤새 혼자 울기도 했다. 어쨌든 레슨 선생님의 한마디 한마디는 놓치지 않아야 한다고 생각한다. 게다가 인문계에서는 예고에서처럼 음악 위주의 수업을 받을 수 없으므로, 따로 하는 레슨에서나마 부족함을 채우려면 남들보다 훨씬 더 의욕적이어야 할 것이다.

고등학교 3학년

고등학교 생활 중 고3 때가 가장 신경이 예민했던 시기였다. 입시를 코앞에 뒀으니 너무나 당연한 일이었다.

수업은 완전히 수능 위주의 수업과 자습으로 바뀌어가고, 불안한 마음에 하루에도 열두 번씩 기분이 오락가락했다. 이 년 동안 가져온 생활과 조금 다른 생활을 시작했다. 어쩌면 3년중에 가장 내 멋대로인 생활이었을지도 모르겠다.

밤을 꼬박 새가며 공부한 날엔, 다음날 학교 와서 불필요하다고 생각되는 시간을 이용해 양호실이나 연습실에서 부족한 잠을 잤다. 바람 쐬고 싶을 때는 친구랑 몰래 나가서 길거리를 돌아다니기도 했다.

학교가 끝나고 내 생활도 레슨을 조금 접고 공부 위주로 바뀌어갔다. 레슨이 없는 날은 집에 와서 과외를 받았고, 밤늦게까지 독서실에서 공부했다. 독서실에서 또 친구들과 친해지는 바람에 수능 앞두고 한 달 전쯤에는 레슨도 잠시 중단하고, 두 명씩 근처 독서실로 모두 흩어져 막판 공부를 하기도 했다.

내가 있던 예체능 반은 분야별로 자리가 나눠져 있었다. 따라서 나는 음악하는 친구들에 둘러싸여 일 년을 보냈다. 같은, 혹은 비슷한 공부를 하는 친구들과 함께 있는 것은 문과계열에 섞여 있을 때와는 사뭇 다른 느낌이었다. 말이 통하고, 정보 교류도 활발해지고, 내 전공이 아닌 다른 전공의 친구를 통해 얻는 새로운 느낌들이 좋았다. 그런 가운데도 은근히 경쟁도 생겨났다. 특히 같은 전공을 하는 사이에는 드러나지는 않지만 끊임없는 신경전이 있었다. 경쟁을 하게 되는 게 꼭 나쁜 것은 아니었다. 각자 마음이 흐트러지려고 하면 바로잡게 되고, 강하게 마음먹게 되곤 했으니까…… 다양한 예술분야를 공부하는 친구들과 일 년을 보낸 건 여러 가지로 도움이 되었다.

지금까지 학교와 그 밖의 시간에 내가 지내온 얘기를 해보았다. 여기서 정리라고까지 할 수는 없지만, 내가 내 동생쯤 되는 예체능계열 고등학생들에게 나의 경험을 통해 조언을 한다면 이러한 이야기를 하겠다.

학교에 있는 시간과 그 외의 시간으로 크게 나누어보자. 학교에 있는 시간은 학교공부에 충실해야 시간을 번다는 게 나의 생각이다. '나중에 해야지' 란 생각은 주어진 시간을 포함해서 다른 일에 쏟을 수 있는 시간마저 빼앗으니, 수업시간엔 수업 내용에 집중하도록 연습을 해나갔으면 좋겠다. 그리고 그 외의 시간에는 실기공부를 하자. 실기를 효율적으로 하기 위해서는 실기레슨과 연습시간에 대한 시간표를 스스로 만들어보는 것이 어떨까. 한 과목만 보는 실기시험에 대해서는 잘 모르겠으나, 나의 경우처럼 여러 과목을 시험 본다면, 손에 잡히는 대로 공부할 것이 아니라, 방과후 자기 시간에 대한 계획을 세우는 것이 좋다. 만약 일주일 단위로 시간표를 짠다고 생각하면, 하루 정도는 비워두는 것이 좋다. 부족하다고 생각되는 것을 보충하거나, 혹시 일이 생겨 실행하지 못한 레슨이나 연습을 위해서 말이다.

위에서 얘기한 것처럼 학교와 학교 외의 시간을 모두 잘 활용하는 것이 좋지만, 정말 아무것도 안 되는 슬럼프가 온다면 몸과 마음을 푹 쉬는 것이 가장 좋은 방법이다. 조금 뜻대로 안 된다고 '슬럼프구나' 하고 쉬면 안 되겠지만, 정말 많이 지칠 때는 그 상태에서 효과 없이 공부나 실기준비를 하는 것보다는 재충전을 하라고 권하고 싶다.

수능이 끝나면 학교 생활은 끝나며, 그 동안의 생활과 많이 달라진다. 나 역시 그랬다. 내 생활은 100퍼센트 실기로 이뤄졌다. 대부분의 친구들은 수능이 끝나서 한껏 멋을 내고, 이것저것 재미있는 일들을 하며 지내는데, 나는 그야말로 발등에 불이 떨어진 것처럼 정신없이 바쁘고 긴장된 생활을 했다.

나와 경쟁을 하게 될 예고 애들은 성적이 어떨지, 실기 실력이 어떨지…… 나는 정확히 알 수가 없었다. 그저 내가 할 수 있는 것은 '열심히' 뿐이었다. 그래서 그냥 '미쳤다' 생각하고 실기를 준비했다. 레슨이 줄줄이 있는 날은 밥을 한 끼도 못 먹기도 했지만, 그때 나에게 그런 건 중요한 게 아니었고, 이동하는 차안에서밖에 잠을 못 자고 온통 꼬박 밤을 새는 날이 많았지만, 역시 그때 나에게 그런 건 중요한 게 아니었다. 내가 '최고' 라고 생각한 내 실력이 남들과 비교하여 '최저' 가 될 수도 있다는 생각이 그때의 나를 그렇게 미칠 수 있게 만들었던 것 같다.

수능이 끝난 뒤, 정시 준비를 하는 학생이라면 그때의 나처럼 정신없을 것이 분명하다. '어떻게 하는 것이 가장 좋은 방법이다' 라고 말하지 않아도 이미 그때는 자기 자신이 어떻게 실기 준비를 해야 하는지 깨닫고 있을 것이다. 또 만약 누가 '이러이러하게 준비해야 좋다' 라고 말해도, 갑작스럽게 자기 방식을 바꾸어 연습하고 준비하는 것보다는 해오던 대로 꾸준히 하는 것이 안정된 방법이라고 생각한다.

분명 인생에 있어서 '대학' 이 목표는 아니라고 생각한다. 그저 자신의 큰 꿈을 위해 '대학' 이란 조건이 필요하다고 생각되면 열심히 하는 것이다. 나는 그저 대학만 보고 공부했던 것 같다. 그래서 처음 대학 들어와서 참 많은 생각을 했었다. 마지막으로 '대학' 이 꿈이 아니라 는 것, 먼저 자신의 먼 미래에 대해 막연하게라도 방향을 잡고 공부할 것을 당부하고 싶다.

좋은 공부법을 찾아 책을 읽었을 후배들에게 좋은 과정과 좋은 결과가 있기를 바라며 글을 마친다.

김정은 queen1983@korea.com
서울 명성여자중학교—계성여자고등학교 • 1983년생 물고기자리 • B형 • 없다.

1. 고등학생 때 대학에 대해 생각했던 것과 막상 대학에 입학하니 다른 점은? 그리고 대학생이 되어 좋은 점은 무엇인가요?

가장 많은 답변은 바로 대학생으로서 누리게 되는 '자유'에 대한 것이었습니다. 고등학생 때에 비해 엄청나게 허용된 자유의 공기가 한없이 달콤하기도 하지만 한편으로는 그만큼 자신이 감당하고 책임져야 할 부분이 늘어난 것에 대해서 조금은 어깨가 무겁다고 느끼는, '자유'에 대한 양가적인 감정을 많은 학생들이 토로하고 있군요.

그 외의 답변으로는, 다양한 사람들과 만남을 가질 수 있어서 좋다, 기대보다는 실망이 크다. 왜냐하면 대학은 막연히 낭만적인 곳이 아니라 미래를 위해 무언가를 준비해야 하는 현실적인 공간이기 때문이다, 서울대생에 대한 주변의 기대감이 부담으로 느껴진다, 자유로운 이성교제를 할 수 있어 좋다, 대학에서 공부할 수 있다는 것 자체가 감사하고 좋다 등의 답변이 있었습니다.

2. 당신에게 대학은 어떤 의미인가요?

사실 고등학생 때까지는 대학에 대해서 막연한 환상을 가지고 있잖아요. 그러나 막상 대학생이 되고 나면 대학에 대한 생각도 많이 달라지는 게 당연합니다. 이 질문에 대한 답변은 대략 두 가지 흐름으로 구분됩니다. 자신의 꿈을 이루기 위한 중간 단계(학문 연구의 장, 다양한 인간관계를 통해 경험의 폭을 넓히는 곳, 나 자신을 알아가는 과정 등등)라는 이상적인 답변이 그 하나이고, 사회인이 되기 위해 여러 가지 실력을 쌓는 단계라는 현실적인 답변이 다른 하나입니다.

그 외에도, 대학은 실질적인 사춘기의 공간이다, 대학은 사교장이다라는 재미있는 답변도 눈에 띄고, 대학은 강력한 상징자본(다른 말로 '간판')이고, 유력한 인맥을 대량으로 얻을 수 있는 최적의 장소이다라는 매우 현실적인 답변도 눈에 띄네요. 알아야 할 것도 많고 대단한 사람들

고 많고, 그래서 대학은 내가 한없이 겸손해지는 공간이다라는 정말 겸손한 답변도 있군요.^^

3. 고등학생 시절에서 후회되거나 후배들에게 꼭 권하고 싶은 것이 있다면?

늘 그렇지 않습니까? 그 시절을 지나서 돌아보면 그때 왜 그리 힘들어 했었는지 아쉽기도 하고 그때는 너무 힘들었지만 지금은 그게 소중한 추억이고 경험이어서 다시 한번 한다면 더 열심히 해보고 싶기도 하고요. 후배들에게 권하고 싶은 것 중에 단연 압도적인 건 독서를 많이 하라는 거네요. 얼핏 보면 너무 범생이 같은 당부인 것처럼 느껴질 수도 있겠지만, 막상 대학생이 되고 나자 고등학생 때 책을 통해 쌓은 교양, 지식, 그리고 감수성이 대학생활에도 정말 소중함을 절실히 느꼈기 때문이죠. 빈둥빈둥 시간 죽이거나, 텔레비전 오락 프로그램에 너무 정신 빼기지 말고, 여러분, 책! 책! 책! 책을 읽읍시다. 역시 책은 마음의 양식인가봐요.^^

그 외에 고등학생으로서 만들 수 있는 추억거리를 꼭 만들라는 당부도 있네요. 예를 들어, 학교행사에 적극적으로 참여해보세요, 각종 경시대회에 참가해보세요, 바쁘고 힘들어도 한 가지 운동 정도는 꾸준히 해보세요, 악기 하나쯤 익혀두면 좋을 것 같아요, 이성친구를 사귀어보세요, 서클 활동을 열심히 하세요, 친구 관계를 소중히 하세요, 학교 축제를 적극적으로 즐기세요 등의 의견이 있었습니다. 그 외에, 자신감을 가지고 공부하지 못한 것이 후회된다, 아침을 잘 먹으세요, 대학 이후까지의 인생 계획을 한번쯤 세워보세요, 사진을 많이 찍어두세요, 많이 고민하고 많이 생각하세요 등의 답변의 눈에 띄네요. 결국 고등학생 시절을 즐기면서 열심히 적극적으로 그 순간 순간을 살라는 말이겠지요.^^